현대 몽골/한국어 회화

ОРЧИН ЦАГИЙН МОНГОЛ/СОЛОНГОС ХЭЛНИЙ ЯРИАНЫ ДЭВТЭР

현대 몽골/한국어 회화

ОРЧИН ЦАГИЙН МОНГОЛ/СОЛОНГОС ХЭЛНИЙ ЯРИАНЫ ДЭВТЭР

김 기 성(Ким Гисонг)

도서출판 역락

머 리 말

이 책은 몽골/한국어를 체계적으로 깊이 있게 습득하기 위한 어떤 전문적 성격을 띤 교과서나 교재는 아니다. 다만 몽골어나 한국어를 전혀 모르는 사람일지라도 어떤 필요에 의해 해당국을 처음 방문한다거나, 또는 여행·관광 등을 계획하고 있는 이들을 위해 현지에서의 의사소통을 조금이라도 도와주기 위한 일종의 회화 입문서이다. 즉 처음으로 몽골/한국어를 접하고 배우게 되는 이들에게 현지에서 필요한 그때마다 언제 어디서 건 즉시 꺼내어 보고 말할 수 있도록 해주는 데에 큰 비중을 두고 있다고 할 수 있다.

이에 제 1 장에는 일상생활에 있어서 가장 빈번하게 사용하고 있는 인사말 등의 일상용어 및 어구들을 모아 놓았으며, 제 2 장에는 실생활과 관계된 표현들을(기본 회화) 각 필요 상황에 맞게 적절히 활용하고 배울 수 있게 준비하였다. 또한 각 단어 및 어구, 문장들의 밑부분에는 한국/몽골어로 발음을 전부 달아 놓았는데, 이는 될 수 있는 한 해당 언어를 현지의 한국/몽골어발음과 가깝게 말할 수 있도록 배려한 것이다.

한국과 몽골은 1990 년의 정식 수교 이후 점차 문화 및 경제적인 교류가 급증하고 있으며 이에 따라 필요에 의한 양국의 방문자들 수도 폭등하고 있다. 이러한 시점에서 이 책은 해당 양국을 방문하는 이들에게 간편한 의사소통이라는 즐거움 외에도 그 나라의 문화를 직접 체험하고 느껴볼 수 있게 해 주는 데에 조그만 일익을 담당할 수 있으리라고 생각한다. 즉 몽골/한국을 알고자 하는 일반 여행객들 및 사업자들, 기업 파견 근로자들, 또는 해당 양국어를 배우고 있거나 배우려고 하는 학생들까지도 두루 이용할 수 있으리라고 보며, 앞으로 이 책이 한걸음 더 나아가 한국과 몽골의 우호 관계 및 각종 문화교류의 조그만 디딤돌 역할이라도 해낼 수 있게 된다면 그 이상의 더 큰 바람은 없을 것이다.

이 책이 세상에 나오기까지에는 적지 않은 우여곡절과 여러 사람들의 도움이 함께 묻어 있다. 본래 이 책은 1997 년 10 월 울란바타르에서 발행한 바 있으나, 당시 적은 발행부수로 독자들의 호응과 요구에 크게 모자랐고, 수 년간 그러한 채 원고가 컴퓨터 속에 남겨져 있었다. 그러다가 이제서야 많은 분들의 관심과 도움으로 다시 빛을 보게 된 것이다. 초고를 쓰던 당시 몽골어 교정 등에 도움을 주신 몽골국립대학교의 체.소브뜨, 게.어유옹치메끄 선생님과 과학아카데미 어문학연구소 어학분과장 엘.벌뜨 선생님, 친우 데.아리옹벌뜨, 그림을 그려 준 예술대학교 학생 엔.바트벌뜨와 원고 교열에 힘써 준 이선아, 서정원, 제.할리옹 그리고 그 외에도 송병국, 장윤희, 김성현, 배현철 등에게 이 자리를 빌어 다시 한번 감사를 드린다.

앞으로 이 조그만 책이 양국 독자의 필요에 따라 다소라도 도움이 되기를 바라며, 부족한 점은 계속 수정, 보완하여 추후에 보다 더 완벽한 개정판을 낼 수 있도록 노력하겠다.

끝으로 이 책의 가치를 알아 주시고 세상에 나올 수 있도록 물심양면으로 도와 주신 역락출판사 이대현 사장님께 깊은 감사의 마음을 전한다.

2002 년 7 월

ОРШИЛ

Энэ ном бол монгол/солонгос хэлийг гүнзгий нарийвчлан сурах, судлахад зориулсан сурах бичиг биш юм. Харин монгол болон солонгос хэлийг огт мэдэхгүй хүн ямар нэг хэргээр тухайн улсыг анх удаа зорих юм уу, эсвэл аялал.жуулчлалын шугмаар явахаар төлөвлөж байгаа хүмүүст тухайн орон нутагт очсон үедээ уул нутгийн хүмүүстээ харилцахад нь бага зэрэг ч гэсэн дөхөм үзүүлэхийг хүсэн бичсэн ярианы дэвтэрийн нэг зүйл юм аа. Мөн монгол/солонгос хэлийг анх удаа сурч байгаа хүмүүст нэгэн адил хэрэгтэй үед нь хэзээ, хаана ч гэсэн тус нэмэр болохыг хүссэнд энэ номын хамгийн том ач холбогдол оршино гэж хэлж болно.

Иймээс нэгдүгээр бүлэгт нь өдөр болгон хамгийн өргөнөөр хэрэглэгддэг мэндлэх үг зэрэг өдөр тутам хэлэлцдэг үг, хэллэгийг оруулсан бөгөөд хоёрдугаар бүлэгт нийгмийн харилцаат тусгасан харилцан яриануудыг зөв, зохистой хэрэглэж сурахад нь зориулан оруулсан юм. Бас үг, хэллэг, өгүүлбэр тус бүрийн доор монгол/солонгос хэлээр тухайн хэлний дуудлагыг бүгдийн тэмдэглэсэн нь тухайн хэлийг хамгийн ойролцоогоор зөв дуудаж болохыг хүсэн зүтгэсэн юм аа.

Солонгос, Монгол хоёр улс 1990 онд дипломат харилцаа тогтоосоноос хойш тус хоёр улсын соёл, эдийн засгийн харилцаа холбоо их өргөжин бэхжиж байгаатай холбогдон харилцан зочлож байгаа хүмүүсийн тоо ч маш их болж байгаа билээ. Иймээс энэ ном нь тэдгээр хүмүүст уул хэлийг сурахад практик ач холбогдлоо үзүүлэхийн гадна, тухайн улсынхаа соёл иргэншилтэй танилцахад ч нэг адил тус үзүүлж чадна гэж найдаж байна. Тухайлбал Монгол/Солонгостой танилцья гэж бодож байгаа жуулчид болон албаны хэргээр тухайн улсад ажиллаж амьдарч байгаа төлөөлөгч нар, хоёр улсын хэлийг сурч байгаа буюу сурья гэж байгаа оюутнууд ч энэхүү бүтээлийг ашиглаж болно гэж үзэж байгаа бөгөөд цаашдаа солонгос ба монголын найрсаг харилцаа болон соёлын харилцаатай гүнзгий танилцахад уул бүтээл маань жижиг гүүрийн үүргийг гүйцэтгэж чадвал зохиогчийн зорилго бүрэн биелэгдэж илүү хүсэх юм байхгүй болно.

Уг нь энэ ном 1997 оны 10 сард Улаанбаатарт цөөхөн хувь гаргасан боловч хэрэглэгчидийн хүсэлд хангаж чадсангүйгээр одоо хүртэл миний компюте-рийн дотор хадгалж байсан юм. Тэгэж байгаад одоо олон хүмүүсийн туслалцаагаар дахин гаргах боллоо. Энэ номыг тухайн үед анх бичихдээ монгол хэлний алдааг засаж өгсөн МУИС–ийн Ц.Сувд, Г.Оюунчимэг багш, ШУА–ийн Хэл зохиолын хүрээлэнгийн хэл шинжлэлийн салбарын эрхлэгч доктор Л.Болд багш, эрхэм нөхөр Д.Ариунболд, зураг зурч өгсөн ДУИС–ийн оюутан Н.Батболд, уг эхийн зарим хэсгийг засаж туслалсан Лий Сона, Со Жонгвон, Ж.Халиун болон Сунг Бёнгү, Жанг Юнхый, Ким Сонгхён, Баэ Хёнчол нарт энэ мөчийг ашиглаад дахин талархал илэрхийлье.

Цаашид энэ номоороо уншигч олонд бага ч гэсэн тус нэмэр болохыг хүсэн, дутуу дульмаг зүйлийг нь үргэлж засаж, нэмэлт оруулан дахин хэвлүүлэхийг хичээн зүтгэе.

Эцэст нь энэ номыг хэвлүүлэхэд гүн туслалцаа үзүүлсэн Ёграг хэвлэлийн газрын захирал Ноён Лий Даэхён–д гүн талархал илэрхийлье.

2002 он 7 сард

차 례

머리말(ОРШИЛ) 3
일러두기(ХЭРЭГЛЭГЧДИЙН АНХААРАЛД) 9
몽골어자모(МОНГОЛ ХЭЛНИЙ ЦАГААН ТОЛГОЙ) 33
한글자모(ХАНГЫЛ ЖАМУ) 36

제 1 장. 일상용어 및 어구
(ӨДӨР ТУТАМ ХЭЛЭЛЦДЭГ ҮГ, ХЭЛЛЭГ)

■ 소개 및 만남(ТАНИЛЦАХ, УУЛЗАХ) 40
■ 인사 및 작별(МЭНДЛЭХ, САЛАХ) 48
■ 감사 및 사과(ТАЛАРХАХ, УУЧЛАХ) 54
■ 부탁/청원(ГУЙХ) 60
■ 승낙 및 거절(ЗӨВШӨӨРӨХ, ТАТГАЛЗАХ) 64
■ 초대/초청(УРИХ) 70
■ 축하 및 축원(БАЯР ХҮРГЭХ, ХҮСЭХ) 72
■ 유감/동정(ХАРАМСАХ) 74
■ 질문/의문사 및 어구(АСУУХ / АСУУХ ҮГ, ХЭЛЛЭГ) 76
■ 호칭(ХАНДСАН ҮГ) 86
■ 숫자/수사(ТООНЫ НЭР) 90
   기본수사(ҮНДСЭН ТОО) 90
   서수사(ДЭС ТОО) 92
   분수/소수(БУТАРХАЙ ТОО) 94
■ 시간(ЦАГ ХУГАЦАА) 96
■ 달력/년,월,일(ХУАНЛИ / ОН, САР, ӨДӨР) 106
   년도/해(ОН/ЖИЛ) 108
   띠(АРВАН ХОЁР ЖИЛ) 110
   달/월(САР) 114
   날/일(ӨДӨР) 114
   요일/일주일(ГАРИГ/ДОЛОО ХОНОГ) 115
■ 날씨 및 계절(ЦАГ УУР, УЛИРАЛ) 116
   📖 참고단어 및 부가단어(ЛАВЛАХ ҮГ, НЭМЭЛТ ҮГ) / 126
■ 직업(АЖИЛ) 130
   📖 참고단어 및 부가단어(ЛАВЛАХ ҮГ, НЭМЭЛТ ҮГ) / 136
■ 나이 및 가족(НАС, ГЭР БҮЛ) 140
   📖 참고단어 및 부가단어(ЛАВЛАХ ҮГ, НЭМЭЛТ ҮГ) / 148

■ 국가, 국민, 언어/말(УЛС, ҮНДЭСТЭН, ХЭЛ) 152
　📖 참고단어 및 부가단어(ЛАВЛАХ ҮГ, НЭМЭЛТ ҮГ) / 158
■ 색깔(ӨНГӨ) 162
　📖 참고단어 및 부가단어(ЛАВЛАХ ҮГ, НЭМЭЛТ ҮГ) / 164
■ 대명사(ТӨЛӨӨНИЙ ҮГ) 166
　✿ 인칭대명사(БИЕИЙН ТӨЛӨӨНИЙ ҮГ) 166
　✿ 지시대명사(ЗААХ ТӨЛӨӨНИЙ ҮГ) 168
■ 도량형(ХЭМЖИГДЭХҮҮН) 170
　✿ 길이단위(УРТ ЖЭМЖЭЭ) 172
　✿ 면적단위(ТАЛБАЙ ХЭМЖЭЭ) 172
　✿ 체적단위(ЭЗЭЛХҮҮНИЙ ХЭМЖЭЭ) 173
　✿ 용량단위(БАГТАМЖИЙН ХЭМЖЭЭ) 173
　✿ 중량단위(ЖИН/ХҮНДИЙН ХЭМЖЭЭ) 174

제 2 장. 기본회화
(ҮНДСЭН ХАРИЛЦАА ЯРИА)

Ⅰ. 비행기에서(ОНГОЦОНД) 176
　📖 참고단어 및 부가단어(ЛАВЛАХ ҮГ, НЭМЭЛТ ҮГ) / 184

Ⅱ. 공항에서(ОНГОЦНЫ БУУДАЛД) 188
■ 도착 및 입국/여권심사(ОРОХ, ПАСПОРТЫН ШАЛГАЛТ) 188
　📖 참고단어 및 부가단어(ЛАВЛАХ ҮГ, НЭМЭЛТ ҮГ) / 196
■ 세관심사(ГААЛИЙН ШАЛГАЛТ) 198
　📖 참고단어 및 부가단어(ЛАВЛАХ ҮГ, НЭМЭЛТ ҮГ) / 204
■ 시내까지(ХОТ ХҮРТЭЛ) 208
■ 출발 및 출국(ГАРАХ) 212

Ⅲ. 호텔에서(ЗОЧИД БУУДАЛД) 216
■ 방 구하기(БАЙР, ӨРӨӨ АВАХ) 216
　📖 참고단어 및 부가단어(ЛАВЛАХ ҮГ, НЭМЭЛТ ҮГ) / 226
■ 호텔 서비스(ЗОЧИД БУУДЛЫН ҮЙЛЧИЛГЭЭ) 228
　📖 참고단어 및 부가단어(ЛАВЛАХ ҮГ, НЭМЭЛТ ҮГ) / 240
■ 환전(ВАЛЮТ СОЛИХ/МӨНГӨ СОЛИХ) 244
　📖 참고단어 및 부가단어(ЛАВЛАХ ҮГ, НЭМЭЛТ ҮГ) / 246

Ⅳ. 레스토랑,술집,까페에서(РЕСТОРАНД,БААРАНД,КАФЕНД) 248
■ 주문하기(ЗАХИАЛАХ) 260
　📖 참고단어 및 부가단어(ЛАВЛАХ ҮГ, НЭМЭЛТ ҮГ) / 266

■ 메뉴(XOOЛНЫ ЦЭС) 269
   ✍ 전채요리/애피타이저(ЗУУШ) 270
   ✍ 스프류음식(НЭГДҮГЭЭР ХООЛ) 271
   ✍ 식사류/메인음식(ХОЁРДУГААР ХООЛ) 271
   ✍ 음료 및 주류(УНДАА, АРХИ) 273
   ✍ 후식(АМТТАН/АМТАТ ЗУУШ) 274

V. 시내에서(ХОТОД) 278
■ 거리에서(ГУДАМЖИНД) 278
   ✍ 표지판 및 간판(ХАДСАН БИЧИГ, ХАЯГ) 286
   ✍ 방위/방향(ЗҮГ ЧИГ/ТАЛ) 289
   📖 참고단어 및 부가단어(ЛАВЛАХ ҮГ, НЭМЭЛТ ҮГ) / 291
■ 탈 것/교통수단(УНААНЫ ЗҮЙЛ/ХОТЫН ТЭЭВЭР) 294
   ✍ 버스, 전차(АВТОБУС, ТРОЛЛЕЙБУС) 294
   ✍ 택시(ТАКСИ) 298
   📖 참고단어 및 부가단어(ЛАВЛАХ ҮГ, НЭМЭЛТ ҮГ) / 300
■ 이발소/미용소(ҮСЧИН/ГОО САЙХНЫ ГАЗАР) 304
   📖 참고단어 및 부가단어(ЛАВЛАХ ҮГ, НЭМЭЛТ ҮГ) / 318
■ 신발수선(ГУТАЛ ЗАСВАР) 322
   📖 참고단어 및 부가단어(ЛАВЛАХ ҮГ, НЭМЭЛТ ҮГ) / 324
■ 시계수리(ЦАГ ЗАСВАР) 326
   📖 참고단어 및 부가단어(ЛАВЛАХ ҮГ, НЭМЭЛТ ҮГ) / 328

VI. 상점에서/쇼핑(ДЭЛГҮҮРТ/ХУДАЛДАН АВАХ) 330
■ 백화점에서(ИХ ДЭЛГҮҮРТ) 334
   ✍ 옷매장(ХУВЦАС/ЦАМЦ/КОСТЮМ/ПАЛЬТО) 338
   📖 참고단어 및 부가단어(ЛАВЛАХ ҮГ, НЭМЭЛТ ҮГ) / 344
   ✍ 문구매장(БИЧГИЙН ХЭРЭГСЭЛ) 348
   📖 참고단어 및 부가단어(ЛАВЛАХ ҮГ, НЭМЭЛТ ҮГ) / 350
   ✍ 화장품/향수매장(ГОО САЙХНЫ БАРАА/ҮНЭРТЭН) 352
   📖 참고단어 및 부가단어(ЛАВЛАХ ҮГ, НЭМЭЛТ ҮГ) / 354
   ✍ 귀금속매장(ҮНЭТ ЭДЛЭЛ/АЛТ МӨНГӨН ЭДЛЭЛ) 356
   📖 참고단어 및 부가단어(ЛАВЛАХ ҮГ, НЭМЭЛТ ҮГ) / 358
   ✍ 가죽,모피매장(САВХИ, ҮСЛЭГ ЭДЛЭЛ) 360
   ✍ 레코드,전자제품매장(ДУУНЫ БИЧЛЭГ, ЦАХИЛГААН БАРАА) 360
   📖 참고단어 및 부가단어(ЛАВЛАХ ҮГ, НЭМЭЛТ ҮГ) / 364
■ 식료품점에서(ХҮНСНИЙ ДЭЛГҮҮРТ) 366
   📖 참고단어 및 부가단어(ЛАВЛАХ ҮГ, НЭМЭЛТ ҮГ) / 368

■ 담배가게에서(ТАМХИНЫ МУХЛАГТ) 378
　　📖 참고단어 및 부가단어(ЛАВЛАХ ҮГ, НЭМЭЛТ ҮГ) / 380

■ 서점에서(НОМЫН ДЭЛГҮҮРТ) 382
　　📖 참고단어 및 부가단어(ЛАВЛАХ ҮГ, НЭМЭЛТ ҮГ) / 386

■ 신문가판대에서(СОНИНЫ МУХЛАГТ) 388
　　📖 참고단어 및 부가단어(ЛАВЛАХ ҮГ, НЭМЭЛТ ҮГ) / 390

■ 사진관에서(ГЭРЭЛ ЗУРГИЙН ГАЗАРТ) 392
　　🖋 카메라수리(ГЭРЭЛ ЗУРГИЙН АППАРАТЫН ЗАСВАР) 394
　　📖 참고단어 및 부가단어(ЛАВЛАХ ҮГ, НЭМЭЛТ ҮГ) / 398

VII. 우체국에서/전화걸기(ШУУДАНД/УТСААР ЯРИХ) 400
■ 우편/소포(ЗАХИДАЛ/ИЛГЭЭЛТ(ИЛГЭЭМЖ)) 400
■ 전화/전보(УТАС/ЦАХИЛГААН МЭДЭЭ) 406
　　📖 참고단어 및 부가단어(ЛАВЛАХ ҮГ, НЭМЭЛТ ҮГ) / 416

VIII. 여행/관광(АЯЛАЛ/ЖУУЛЧЛАЛ) 420
　　📖 참고단어 및 부가단어(ЛАВЛАХ ҮГ, НЭМЭЛТ ҮГ) / 426

■ 비행기여행(НИСЭХ ОНГОЦООР АЯЛАХ) 428
　　📖 참고단어 및 부가단어(ЛАВЛАХ ҮГ, НЭМЭЛТ ҮГ) / 436

■ 기차여행(ГАЛТ ТЭРГЭЭР АЯЛАХ) 438
　　📖 참고단어 및 부가단어(ЛАВЛАХ ҮГ, НЭМЭЛТ ҮГ) / 446

■ 자동차여행(АВТОМАШИНААР АЯЛАХ) 448
　　📖 참고단어 및 부가단어(ЛАВЛАХ ҮГ, НЭМЭЛТ ҮГ) / 454

IX. 도난/분실/사고(ДЭЭРЭМ(ХУЛГАЙ)/АЛДАГДАЛ/ОСОЛ) 458

X. 의료/몸이 아플 때(ЭМЧИЛГЭЭ/БИЕ ӨВДӨЖ БАЙХАД) 460
■ 병원에서(ЭМНЭЛЭГТ) 462
　　🖋 치과의사에게(ШҮДНИЙ ЭМЧИД) 468
　　🖋 안과의사에게(НҮДНИЙ ЭМЧИД) 470
　　🖋 이비인후과의사에게(ЧИХ ХАМАР ХООЛОЙН ЭМЧИД) 472
■ 약국에서(ЭМИЙН САНД) 474
　　📖 참고단어 및 부가단어(ЛАВЛАХ ҮГ, НЭМЭЛТ ҮГ) / 478

참고문헌(АШИГЛАСАН НОМ) 487

일 러 두 기

　　이 책은 몽골/한국어를 처음 접하는 사람들을 위해 만들어진 것이다. 때문에 어떤 문법적인 설명을 하기보다는 해당 상황에 필요한 말들을 독자가 직접 말해 볼 수 있도록 하는데 비중을 두어 주로 어구나 문장위주로 구성하였다.

　　이 책에 이용된 어구, 문장들의 밑부분에는 전부 발음표기가 되어 있는데 이는 모두 "[　]"부호 안에 적어 놓았다. 몽골어의 경우에는 한글의 전사표기를 앞에 적고 그 뒤에 실제의 유사한 발음을 "[　]"부호 안에 표기해 놓았으며, 한국어의 경우는 단지 한국어표준발음법에 따른 실제 발음만을 표기해서 "[　]"부호 안에 몽골 키릴문자로 옮겨 놓았다.

　　Ⅰ. 몽골어의 자음 및 모음 음소를 한글로 전사할 때와 발음 표기를 따로 할 경우에는 다음을 따른다.

{자음}

● 몽골어 자음 "б"는 한글의 "ㅂ"로 표기하고 자음앞 또는 어말에 올 경우에는 "브"로 적는다. 발음 표기로는 별 차이가 없다.

● 몽골어 자음 "в"는 한글의 "ㅇ"으로 표기하고 자음앞 또는 어말에 올 경우에는 "-ㅂ"/"브"/"우"로 적는다. 발음 표기로는 별 차이가 없다.

● 몽골어 자음 "г"는 한글의 "ㄱ"으로 표기하고 자음앞 또는 어말에 올 경우에는 "그"로 적는다. 발음 표기로는 모음앞에서 [ㄲ], 자음앞 또는 어말에서 [-ㄱ/ㄲ]로도 적는다.

● 몽골어 자음 "д"는 한글의 "ㄷ"으로 표기하고 자음앞 또는 어말에 올 경우에는 "드"로 적는다. 발음 표기로는 모음앞에서 [ㄸ], 자음앞 또는 어말에서 [뜨]로도 적는다.

● 몽골어 자음 "ж"는 한글의 "ㅈ"으로 표기하고 자음앞 또는 어말에 올 경우에는 "지"로 적는다. 발음 표기로는 자음앞 또는 어말에 [쥐(쮜)]로도 적는다.

● 몽골어 자음 "з"는 한글의 "ㅈ"으로 표기하고 자음앞 또는 어말에 올 경우에는 "즈"/"쯔"로 적는다. 발음 표기로는 모음앞에서 [ㅈ], 자음앞 또는 어말에서는 [쯔]로도 적는다.

● 몽골어 자음 "к"는 한글의 "ㅋ"으로 표기하고 자음앞 또는 어말에 올 경우에는 "-ㄱ"/"크"로 적는다. 발음 표기로는 별 차이가 없다.

● 몽골어 자음 "л"은 한글의 "ㄹ"/"-ㄹ ㄹ"로 표기하고 자음앞 또는 어말에 올 경우에는 "-ㄹ"로 적는다. 발음 표기로는 별 차이가 없다.

● 몽골어 자음 "м"은 한글의 "ㅁ"으로 표기하고 자음앞 또는 어말에 올 경우에는 "-ㅁ"으로 적는다. 발음 표기로는 별 차이가 없다.

●몽골어 자음 "н"은 한글의 "ㄴ"으로 표기하고 자음앞 또는 어말에 올 경우에는 "–ㄴ"/"–ㅇ"으로 적는다. 발음 표기로는 별 차이가 없다. 하긴 "н" 자음 뒤에 "б"자음이 올 경우에는 앞의 "н"을 [ㅁ]으로 발음한다.

  예) Улаанбаатар 올란:바:타르→[올람:바:타르]

    сайн байна. 사인 바인.→[사임 바인.]

●몽골어 자음 "п"는 한글의 "ㅍ"으로 표기하고 자음앞 또는 어말에 올 경우에는 "–ㅂ"/"프"로 적는다. 발음 표기로는 별 차이가 없다.

●몽골어 자음 "р"는 한글의 "ㄹ"으로 표기하고 자음앞 또는 어말에 올 경우에는 "르"로 적는다. 발음 표기로는 별 차이가 없다.

●몽골어 자음 "с"는 한글의 "ㅅ"으로 표기하고 자음앞 또는 어말에 올 경우에는 "스"로 적는다. 발음 표기로는 모음앞에서 [씨]이나 자음앞 또는 어말에서 [쓰]로도 적는다.

●몽골어 자음 "т"는 한글의 "ㅌ"으로 표기하고 자음앞 또는 어말에 올 경우에는 "트"로 적는다. 발음 표기로는 별 차이가 없다.

●몽골어 자음 "ф"는 한글의 "ㅍ"으로 표기하고 자음앞 또는 어말에 올 경우에는 "프"로 적는다. 발음 표기로는 별 차이가 없다.

●몽골어 자음 "х"는 한글의 "ㅎ"으로 표기하고 자음앞 또는 어말에 올 경우에는 "흐"로 적는다. 발음 표기로는 자음앞 또는 어말에서 [흐(크)]로도 적는다.

●몽골어 자음 "ц"는 한글의 "ㅊ"으로 표기하고 자음앞 또는 어말에 올 경우에는 "츠"로 적는다. 발음 표기로는 별 차이가 없다.

●몽골어 자음 "ч"는 한글의 "ㅊ"으로 표기하고 자음앞 또는 어말에 올 경우에는 "치"로 적는다. 발음 표기로는 별 차이가 없다.

●몽골어 자음 "ш"는 한글의 "ㅅ"으로 표기하고 자음앞 또는 어말에 올 경우에는 "시"로 적는다. 발음 표기로는 자음앞 또는 어말에 올 경우 [시(쉬)/쉬]로 적는다.

●몽골어 자음 "щ"은 한글의 "ㅅ"으로 표기하고 자음앞 또는 어말에 올 경우에는 "쉬"로 적는다. 발음 표기로는 별 차이가 없다.

●몽골어의 경음부호 "ъ"와 연음부호 "ь"는 대응 음소가 없지만 모음앞에 올 경우에 한해서 [이]로 옮긴다.

{모음}

●몽골어의 모음 "а"는 한글의 "ㅏ"로 옮긴다.
●몽골어의 모음 "е"는 한글의 "ㅔ"로 옮긴다.
●몽골어의 모음 "и"는 한글의 "ㅣ"로 옮긴다.
●몽골어의 반모음 "й"는 한글의 "ㅣ"로 옮긴다.
●몽골어의 모음 "о"는 한글의 "ㅓ"로 옮긴다.
●몽골어의 모음 "ө"는 한글의 "ㅓ"로 옮긴다.

● 몽골어의 모음 "y"는 한글의 "ㅗ"로 옮긴다.
● 몽골어의 모음 "Υ"는 한글의 "ㅜ"로 옮긴다.
● 몽골어의 모음 "ы"는 한글의 "ㅣ:"로 옮긴다.
● 몽골어의 모음 "э"는 한글의 "ㅔ"로 옮긴다.
● 몽골어의 모음 "ю"는 한글의 "ㅠ"로 옮긴다.
● 몽골어의 모음 "я"는 한글의 "ㅑ"로 옮긴다.

{기타}

● 몽골어의 장모음인 "аа", "ээ", "оо", "өө", "уу", "үү", "ы(ий)" 등은 각각
  한국어의 "ㅏ:", "ㅔ:", "ㅓ:", "ㅓ:", "ㅗ:", "ㅜ:", "ㅣ:" 등으로 옮긴다.
● 몽골어의 이중모음인 "ай", "эй", "ой", "уй", "үй" 등은 각각 한국어의
  "아이", "에이", "어이", "오이", "우이"로 옮기고 실제 발음 표기로는 [아이/
  애], [에], [에], [오이], [우이/우]로 옮긴다. 이는 실제 발음상황에선 마치 단
  모음처럼 발음하는 경우가 흔히 있기 때문이다.

Ⅱ. 한국어(한글)의 자음 및 모음 음소를 몽골어로 표기할 때와 그의 발음
표기는 다음을 따른다. 한국어의 발음중 몽골어로는 정확히 표현하기 힘든 것
들이 있으므로 토박이 화자에 의한 정확한 발음에 주의가 요구된다.

{자음}

● 한글의 자음 "ㄱ"은 몽골어 "г/к"로 표기하고, 자음앞 또는 어말에 올 경
  우에는(받침으로 사용될 경우) "г"로 적는다. 발음 표기는 표준발음법에
  따른다.
● 한글의 자음 "ㄴ"은 몽골어 "н"로 표기하고, 자음앞 또는 어말에 올 경우
  에는(받침으로 사용될 경우) "н"로 적는다. 발음 표기는 표준발음법에 따
  른다.
● 한글의 자음 "ㄷ"은 몽골어 "д"로 표기하고, 자음앞 또는 어말에 올 경우
  에는(받침으로 사용될 경우) "т"로 적는다. 발음 표기는 표준발음법에 따
  른다.
● 한글의 자음 "ㄹ"은 몽골어 "р/л"로 표기하고, 자음앞 또는 어말에 올 경
  우에는(받침으로 사용될 경우) "л"로 적는다. 발음 표기는 표준발음법에
  따른다.
● 한글의 자음 "ㅁ"은 몽골어 "м"로 표기하고, 자음앞 또는 어말에 올 경우
  에는(받침으로 사용될 경우) "м"로 적는다. 발음 표기는 표준발음법에 따
  른다.
● 한글의 자음 "ㅂ"은 몽골어 "б"로 표기하고, 자음앞 또는 어말에 올 경우
  에는(받침으로 사용될 경우) "б"로 적는다. 발음 표기는 표준발음법에 따
  른다.

● 한글의 자음 "ㅅ"은 몽골어 "с/ш"로 표기하고, 자음앞 또는 어말에 올 경우에는(받침으로 사용될 경우) "т"로 적는다. 발음 표기는 표준발음법에 따른다.

● 한글의 자음 "ㅇ"은 뒤에 "ㅘ", "ㅝ", "ㅙ", "ㅞ", "ㅟ"모음이 올 경우에 한해 몽골어의 "в"자음과 함께 표기하며 그 밖의 모음들과 함께 사용됐을 경우에는 "в"자음없이 그냥 그 해당 모음으로 표기한다. 자음앞 또는 어말에 올 경우에는(받침으로 사용될 경우) "нг"로 적는다. 발음 표기는 표준발음법에 따른다.

● 한글의 자음 "ㅈ"은 몽골어 "ж/з"로 표기하고, 자음앞 또는 어말에 올 경우에는(받침으로 사용될 경우) "т"로 적는다. 발음 표기는 표준발음법에 따른다.

● 한글의 자음 "ㅊ"은 몽골어 "ч/ц"로 표기하고, 자음앞 또는 어말에 올 경우에는(받침으로 사용될 경우) "т"로 적는다. 발음 표기는 표준발음법에 따른다.

● 한글의 자음 "ㅋ"은 몽골어 "к"로 표기하고, 자음앞 또는 어말에 올 경우에는(받침으로 사용될 경우) "г"로 적는다. 발음 표기는 표준발음법에 따른다.

● 한글의 자음 "ㅌ"은 몽골어 "т"로 표기하고, 자음앞 또는 어말에 올 경우에는(받침으로 사용될 경우) "т"로 적는다. 발음 표기는 표준발음법에 따른다.

● 한글의 자음 "ㅍ"은 몽골어 "п"로 표기하고, 자음앞 또는 어말에 올 경우에는(받침으로 사용될 경우) "б"로 적는다. 발음 표기는 표준발음법에 따른다.

● 한글의 자음 "ㅎ"은 몽골어 "х"로 표기하고, 자음앞 또는 어말에 올 경우에는(받침으로 사용될 경우) "т"로 적는다. 발음 표기는 표준발음법에 따른다.

● 한글의 자음 "ㄲ"은 몽골어 "гг"로 표기하고, 자음앞 또는 어말에 올 경우에는(받침으로 사용될 경우) "г"로 적는다. 발음 표기는 표준발음법에 따른다.

● 한글의 자음 "ㄸ"은 몽골어 "дд"로 표기하며, 발음 표기는 표준발음법에 따른다.

● 한글의 자음 "ㅃ"은 몽골어 "бб"로 표기하며, 발음 표기는 표준발음법에 따른다.

● 한글의 자음 "ㅆ"은 몽골어 "сс"로 표기하고, 자음앞 또는 어말에 올 경우에는(받침으로 사용될 경우) "т"로 적는다. 발음 표기는 표준발음법에 따른다.

● 한글의 자음 "ㅉ"은 몽골어 "зз"로 표기하며, 발음 표기는 표준발음법에 따른다.

{모음}

● 한글의 모음 "ㅏ"는 몽골어의 "a"로 옮긴다.

● 한글의 모음 "ㅑ"는 몽골어의 "я"로 옮긴다.

● 한글의 모음 "ㅓ"는 몽골어의 "o/ө"로 옮긴다.

● 한글의 모음 "ㅕ"는 몽골어의 "ё"로 옮긴다.

● 한글의 모음 "ㅗ"는 몽골어의 "y"로 옮긴다.

● 한글의 모음 "ㅛ"는 몽골어의 "иу"로 옮긴다.

● 한글의 모음 "ㅜ"는 몽골어의 "ү"로 옮긴다.

● 한글의 모음 "ㅠ"는 몽골어의 "ю"로 옮긴다.

● 한글의 모음 "ㅡ"는 몽골어의 "ы"로 옮긴다.

● 한글의 모음 "ㅣ"는 몽골어의 "и"로 옮긴다.

● 한글의 모음 "ㅐ"는 몽골어의 "аэ"로 옮긴다.

● 한글의 모음 "ㅒ"는 몽골어의 "яэ"로 옮긴다.

● 한글의 모음 "ㅔ"는 몽골어의 "э"로 옮긴다.

● 한글의 모음 "ㅖ"는 몽골어의 "е"로 옮긴다.

● 한글의 모음 "ㅘ"는 몽골어의 "ya"나 "ва"로 옮긴다. "ㅇ"이외의 자음과 함께 쓰일 경우에는 "ya"로, "ㅇ"자음과 함께 쓰일 경우에는 "ва"로 옮긴다.

● 한글의 모음 "ㅙ"는 몽골어의 "yaэ"나 "ваэ"로 옮긴다. "ㅇ"이외의 자음과 함께 쓰일 경우에는 "yaэ"로, "ㅇ"자음과 함께 쓰일 경우에는 "ваэ"로 옮긴다.

● 한글의 모음 "ㅚ"는 몽골어의 "уэ"로 옮긴다.

● 한글의 모음 "ㅝ"는 몽골어의 "үo"나 "во"로 옮긴다. "ㅇ"이외의 자음과 함께 쓰일 경우에는 "үo"로, "ㅇ"자음과 함께 쓰일 경우에는 "во"로 옮긴다.

● 한글의 모음 "ㅞ"는 몽골어의 "үэ"나 "вэ"로 옮긴다. "ㅇ"이외의 자음과 함께 쓰일 경우에는 "үэ"로, "ㅇ"자음과 함께 쓰일 경우에는 "вэ"로 옮긴다.

● 한글의 모음 "ㅟ"는 몽골어의 "үй"나 "ви"로 옮긴다. "ㅇ"이외의 자음과 함께 쓰일 경우에는 "үй"로, "ㅇ"자음과 함께 쓰일 경우에는 "ви"로 옮긴다.

● 한글의 모음 "ㅢ"는 몽골어의 "ый"로 옮긴다.

● 한국어는 다음과 같이 한 음절을 구성한다.

1. ㄱ/ㅋ + ㅏ = 가/카
   г/к   а   га/ка
   자음 + 모음

   예) 나 = ㄴ+ㅏ   소 = ㅅ+ㅗ
     (на＝н＋а)   (су＝с＋у)
     비 = ㅂ+ㅣ   혀 = ㅎ+ㅕ
     (би＝б＋и)   (хё＝х＋ё)
     개 = ㄱ+ㅐ   코 = ㅋ+ㅗ
     (гаэ＝г＋аэ)   (ку＝к＋у)

2. ㄱ/ㅋ + ㅏ + ㄴ = 간/칸
   г/к   а   н   ган/кан
   자음 + 모음 + 자음

   예) 물 = ㅁ+ㅜ+ㄹ   꿈 = ㄲ+ㅜ+ㅁ
      (мүл = м+ү+л)   (ггүм = гг+ү+м)
      떡 = ㄸ+ㅓ+ㄱ   빵 = ㅃ+ㅏ+ㅇ
      (ддог = дд+о+г)   (ббанг = бб+а+нг)
      닭 = ㄷ+ㅏ+ㄺ   책 = ㅊ+ㅐ+ㄱ
      (даг = д+а+г)   (чаэг = ч+аэ+г)

● 위에서 설명한 "자음＋모음＋자음" 형태의 음절 말의 자음을 "받침"이라
  고 하는데 이 받침의 발음이 중요하다. 이는 뒤음절에 따라 오는 자음이
  나 모음에 따라 발음이 바뀌기 때문이다. 이에 중요한 받침의 발음법에
  대해 간략히 설명하기로 한다.

1. 한글의 받침소리로 발음되는 자음은 [ㄱ], [ㄴ], [ㄷ], [ㄹ], [ㅁ], [ㅂ], [ㅇ] 7 개
    자음이며 이 외의 자음들은 중화되어 이들 중의 하나로 발음된다.

2. 받침으로 사용되는 "ㄲ,ㅋ", "ㅅ,ㅆ,ㅈ,ㅊ,ㅌ", "ㅍ"은 어말 또는 자음 앞에
    서 각각 [ㄱ], [ㄷ], [ㅂ]으로 발음한다.
    예) 닭다 [닥따/дагдда]   키읔 [키윽/киыг]
       옷 [옫/ут]   있다 [읻따/итдда]
       젓 [젇/жот]   꽃 [꼳/ггут]
       솥 [솓/сут]   덮다 [덥따/добдда]

3. 겹받침 "ㄳ", "ㄵ", "ㄼ,ㄽ,ㄾ", "ㅄ"은 어말 또는 자음 앞에서 각각 [ㄱ],
    [ㄴ], [ㄹ], [ㅂ]으로 발음한다.
    예) 넋 [넉/ног]   앉다 [안따/андда]
       여덟 [여덜/ёдол]   외곬 [외골/уэгул]
       핥다 [할따/халдда]   값 [갑/габ]
    하지만 "밟-"은 자음 앞에서 [밥-/баб-]으로 발음하고 "넓-"은 "넓쭉하다", "넓
    둥글다" 와 같은 경우에는 [넙-/ноб-]으로 발음한다.

4. 겹받침 "ㄺ", "ㄻ", "ㄿ"은 어말 또는 자음 앞에서 각각 [ㄱ], [ㅁ], [ㅂ]으로
    발음한다.
    예) 닭 [닥/даг]   삶 [삼/сам]
       읊다 [읍따/ыбдда]
    하지만 "ㄺ"은 "ㄱ"자음 앞에서는 [ㄹ]로 발음한다. 예) 맑게 [말께/малггэ]

5. 받침 "ㅎ"의 발음은 다음과 같다.

  ❶ 받침 "ㅎ(ㄶ,ㅀ)" 뒤에 "ㄱ", "ㄷ", "ㅈ"이 결합되는 경우는 뒤 음절 첫소리와 합쳐져 [ㅋ], [ㅌ], [ㅊ]으로 발음한다.

    예) 놓고 [노코/нуку]   그렇게 [그러케/гырокэ]

        좋던 [조턴/жутон]   쌓지 [싸치/ссачи]

        많고 [만코/манку]   닳지 [달치/далчи]

  ❷ 받침 "ㄱ(ㄺ)", "ㄷ", "ㅂ(ㄼ)", "ㅈ(ㄵ)"이 뒤 음절 첫소리 "ㅎ"과 결합되는 경우에도 뒤 음절 첫소리와 합쳐져 [ㅋ], [ㅌ], [ㅍ], [ㅊ]으로 발음한다.

    예) 각하 [가카/гака]   적합 [저캅/жокаб]

        먹히다 [머키다/мокида]   밝히다 [발키다/балкида]

        맏형 [마텽/матёнг]   좁히다 [조피다/жупида]

        넓히다 [널피다/нолпида]   꽂히다 [꼬치다/ггучида]

        앉히다 [안치다/анчида]   역할 [여칼/ёкал]

        생각합니다 [생가캄니다/саэнггакамнида]

  ❸ [ㄷ]으로 발음되는 "ㅅ", "ㅈ", "ㅊ", "ㅌ"의 경우에도 뒤 음절 첫소리 "ㅎ"과 합쳐져 [ㅌ]으로 발음한다.

    예) 옷 한 벌 [온 한 벌/ут хан бол→오탄벌/утанбол]

        낮 한때 [낟 한때/нат ханддаэ→나탄때/натанддаэ]

        꽃 한 송이 [꼳 한 송이/ггут хан сунги→꼬탄송이/ггутансунги]

        숱하다 [숟하다/сүтхада→수타다/сүтада]

  ❹ 받침 "ㅎ(ㄶ,ㅀ)" 뒤에 "ㅅ"이 올 경우에는 "ㅅ"을 [ㅆ]으로 발음한다.

    예) 닿소 [다쏘/дассу]   많소 [만쏘/манссу]

        싫소 [실쏘/силссу]   좋습니다 [조씀니다/жуссымнида]

  ❺ 받침 "ㅎ" 뒤에 "ㄴ"이 올 경우에는 그 "ㅎ"을 [ㄴ]으로 발음한다.

    예) 놓는 [논는/нуннын]   쌓네 [싼네/ссаннэ]

    받침 "ㅎ(ㄶ,ㅀ)" 뒤에 "ㄴ"이 올 경우에는 그 "ㅎ"을 발음하지 않는다.

    예) 않네 [안네/аннэ]   않는 [안는/аннын]

  ❻ 받침 "ㅎ(ㄶ,ㅀ)" 뒤에 모음으로 시작된 어미나 접미사가 결합되는 경우는 "ㅎ"을 발음하지 않는다.

    예) 낳은 [나은/наын]   많아 [마나/мана]

        닳아 [다라/дара]   않은 [아는/анын]

6. 홑받침이나 쌍받침이 뒤에 모음으로 시작된 조사나 어미, 접미사와 결합되는 경우에는 제 음가대로 뒤 음절 첫소리로 옮겨 발음한다.

    예) 옷이 [오시/уси]   있어 [이써/иссо]

낮이 [나지/нажи] 밭에 [바테/батэ]
앞으로 [아프로/апыру] 덮이다 [더피다/допида]
있습니다 〉있읍니다 [이씀니다/иссымнида]

7. 겹받침이 모음으로 시작된 조사나 어미, 접미사와 결합되는 경우에는, 뒤
엣것만을 뒤 음절 첫소리로 옮겨 발음한다. 이 경우 "ㅅ"은 된소리로 발
음한다.
예) 넋이 [넉씨/ногсси] 앉아 [안자/анжа]
닭을 [달글/далгыл] 젊어 [절머/жолмо]
곬이 [골씨/гулсси] 핥아 [할타/халта]
읊어 [을퍼/ылпо] 값을 [갑쓸/габссыл]
없어 [업써/обссо]

8. 받침 "ㄷ", "ㅌ(ㄸ)"이 뒤에 모음"ㅣ"와 결합되는 경우에는 각각 [ㅈ], [ㅊ]
으로 바꾸어서 뒤 음절 첫소리로 옮겨 발음한다.
예) 굳이 [구지/гүжи] 미닫이 [미다지/мидажи]
밭이 [바치/бачи] 벼훑이 [벼훌치/бёхүлчи]
또한 "ㄷ"뒤에 "히"가 결합되어 "티"를 이루는 것은 [치]로 발음한다.
예) 굳히다 [구치다/гүчида] 닫히다 [다치다/дачида]
묻히다 [무치다/мүчида]

9. 받침 "ㄱ(ㄲ,ㅋ,ㄳ,ㄺ)", "ㄷ(ㅅ,ㅆ,ㅈ,ㅊ,ㅌ,ㅎ)", "ㅂ(ㅍ,ㄼ,ㄿ,ㅄ)"은 "ㄴ", "ㅁ"앞에
서 각각 [ㅇ], [ㄴ], [ㅁ]으로 발음한다.
예) 먹는 [멍는/монгнын] 깎는 [깡는/ггангнын]
키읔만 [키응만/киынгман] 몫몫이 [몽목씨/мунгмугсси]
흙만 [흥만/хынгман]
닫는 [단는/даннын] 짓는 [진는/жиннын]
있는 [인는/иннын] 맞는 [만는/маннын]
꽃망울 [꼰망울/ггунмангүл] 붙는 [분는/бүннын]
놓는 [논는/нуннын]
잡는 [잠는/жамнын] 앞마당 [암마당/аммадан]
밟는 [밤는/бамнын] 읊는 [음는/ымнын]
없는 [엄는/омнын]

10. 받침 "ㄱ", "ㅁ", "ㅂ", "ㅇ", 뒤에 오는 "ㄹ"은 [ㄴ]으로 발음한다.
예) 막론 [막논→망논/мангнун] 협력 [협녁→혐녁/хёмнёг]
담력 [담녁/дамнёг] 항로 [항노/хангну]
대통령 [대통녕/даэтунгнёнг] 동료 [동뇨/дунгниу]

11.받침 "ㄴ"은 "ㄹ"의 앞이나 뒤에서 [ㄹ]로 발음한다.

　예) 난로 [날로/наллу]　　　　신라 [실라/силла]

　　　칼날 [칼랄/каллал]　　　일년 [일련/иллён]

　받침 "ㅀ", "ㄿ"뒤에 "ㄴ"이 올 경우에도 [ㄹ]로 발음한다.

　예) 뚫는 [뚤른/ддуллын]　　　핥네 [할레/халлэ]

　하지만 다음과 같은 단어들은 "ㄹ"을 [ㄴ]으로 발음한다.

　예) 의견란 [의견난/ыйгённан]　　생산량 [생산냥/саэнгсаннянг]

　　　결단력 [결딴녁/гёлдданнёг]　　공권력 [공꿘녁/гунгггүоннёг]

　　　동원령 [동원녕/дунгвоннёнг]　　상견례 [상견네/санггённе]

　　　횡단로 [횡단노/хуэнгданну]　　이원론 [이원논/ивоннун]

　　　입원료 [이붠뇨/ибүонниу]　　임진란 [임진난/имжиннан]

12.받침 "ㄱ(ㄲ,ㅋ,ㄳ,ㄺ)", "ㄷ(ㅅ,ㅆ,ㅈ,ㅊ,ㅌ)", "ㅂ(ㅍ,ㄼ,ㄿ,ㅄ)" 뒤에 오는 "ㄱ","ㄷ","ㅂ","ㅅ","ㅈ"은 된소리로 발음한다.

　예) 국밥 [국빱/гүгббаб]　　　적극 [적끅/жоггыг]

　　　식당 [식땅/сигдданг]　　　깎다 [깍따/ггагдда]

　　　넋받이 [넉빠지/ногббажи]　　닭장 [닥짱/дагззанг]

　　　뻗대다 [뻗때다/бботддаэда]　옷고름 [온꼬름/утггурым]

　　　멋진 [먼찐/мотззин]　　　있던 [읻떤/итддон]

　　　꽂다 [꼳따/ггутдда]　　　꽂다발 [꼳따발/ггутддабал]

　　　밭갈이 [받까리/батггари]　곱다 [곱따/губдда]

　　　덮개 [덥깨/добггаэ]　　　넓다 [널따/нолдда]

　　　읊다 [읍따/ыбдда]　　　없다 [업따/обдда]

13.받침 "ㄴ(ㄵ)","ㅁ(ㄻ)" 뒤에 오는 "ㄱ","ㄷ","ㅅ","ㅈ"은 된소리로 발음한다.

　예) 신다 [신따/синдда]　　　앉다 [안따/андда]

　　　감다 [감따/гамдда]　　　젊다 [점따/жомдда]

　하지만 피동, 사동의 접미사 "-기-"는 된소리로 발음하지 않는다.

　예) 안기다 [안기다/ангида]　　감기다 [감기다/гамгида]

　　　굶기다 [굼기다/гүмгида]　　옮기다 [옴기다/умгида]

14.받침 "ㄼ","ㄾ" 뒤에 오는 "ㄱ","ㄷ","ㅅ","ㅈ"은 된소리로 발음한다.

　예) 넓게 [널께/ноллггэ]　　　핥다 [할따/халдда]

　　　훑소 [훌쏘/хүлссу]　　　떫지 [떨찌/ддолззи]

15.관형사형 "-(으)ㄹ" 뒤에 오는 "ㄱ","ㄷ","ㅂ","ㅅ","ㅈ"은 된소리로 발음한다.

　예) 할 것을 [할 꺼슬/хал ггосыл]　갈 데가 [갈 떼가/гал ддэга]

　　　할 바를 [할 빠를/хал ббарыл]　할 수는 [할 쑤는/хал ссүнын]

　　　할 적에 [할 쩌게/хал ззогэ]　올 것 [올 껃/ул ггот]

갈 것 [갈 껃/гал ггот]　　　　　　불 것 [불 껃/бул ггот]

●몽골어의 자음 및 모음음소를 1 대 1 로 대응되는 한글자모로 전사할 때
와 그의 실제 발음 표기를 따로 할 경우는 차이를 보이게 되는데 이 책
에서 사용한 발음 표기는 위에 간략하게 설명한 표준발음법에(이희승,안
병희 공저, 『한글맞춤법강의),1989) 따른 것이다.

ХЭРЭГЛЭГЧДИЙН АНХААРАЛД

Монгол/Солонгос хэлийг анхлон үзэж(сурч) байгаа хүмүүст энэ номыг зориулан бичсэн юм. Иймээс хэлзүйн тайлбар бус тухайн үед шаардагдах үгнүүдийг уншигчид өөрөө шууд ярьж үзээд ашиглахад тус үзүүлэх зорилго тавьсан учраас жишээг голдуу холбоо үг, өгүүлбэрээр авсан юм.

Номд орсон тухайн холбоо үг, өгүүлбэрийн доод талд нь тухайн хэлний дуудлагаар нь тэмдэглэн "[   ]" дотор бичив. Үүнд Монгол хэлний үгийг солонгос үсгээр эхлээд үсэгчилэн тэмдэглэж, дараа нь дуудлагыг нь "[   ]" дотор бичсэн болно. Харин Солонгос хэлний тухайд бол солонгос хэлний зөв дуудах зүйн дагуу зөвхөн дуудлагыг тэмдэглэж монгол кирил үсгээр "[   ]" дотор бичсэн болно.

Ⅰ. Монгол хэлний гийгүүлэгч болон эгшигийг солонгос хэлээр (Хангыл) үсэгчилэн тэмдэглэх ба түүний дуудлагыг тэмдэглэхдээ нь доорхи зүйлд тулгуурлав.

{ГИЙГҮҮЛЭГЧ}
● Монгол хэлний гийгүүлэгч "б"–г солонгос хэлний "ㅂ"–гээр тэмдэглэнэ. Харин энэ үсэг гийгүүлэгчийн өмнө буюу үгийн эцэст орвол "ㅂ"–гээр бичнэ. Дуудлагыг тэмдэглэхэд онцын ялгаа байхгүй.
● Монгол хэлний гийгүүлэгч "в"–г солонгос хэлний "ㅇ"–гээр тэмдэглэнэ. Харин энэ үсэг гийгүүлэгчийн өмнө буюу үгийн эцэст орвол "–ㅂ"/"ㅂ"/"ㅇ"–гээр бичнэ. Дуудлагыг тэмдэглэхэд онцын ялгаа байхгүй.
● Монгол хэлний гийгүүлэгч "г"–г солонгос хэлний "ㄱ"–гээр тэмдэглэнэ. Харин энэ үсэг гийгүүлэгчийн өмнө буюу үгийн эцэст орвол "ㄱ"–гээр бичнэ. Дуудлагыг нь тэмдэглэхдээ эгшигийн өмнө [ㄲ], гийгүүлэгчийн өмнө буюу үгийн эцэст [–ㄱ/ㄲ]–гээр бичнэ.
● Монгол хэлний гийгүүлэгч "д"–г солонгос хэлний "ㄷ"–гээр тэмдэглэнэ. Харин энэ үсэг гийгүүлэгчийн өмнө буюу үгийн эцэст орвол "ㄷ"–гээр бичнэ. Дуудлагыг нь тэмдэглэхдээ эгшигийн өмнө [ㄸ], гийгүүлэгчийн өмнө буюу үгийн эцэст [ㄸ]–гээр бичнэ.

● Монгол хэлний гийгүүлэгч "ж"–г солонгос хэлний "ㅈ"–гээр тэмдэглэнэ. Харин энэ үсэг гийгүүлэгчийн өмнө буюу үгийн эцэст орвол "지"–гээр бичнэ. Дуудлагыг нь тэмдэглэхдээ гийгүүлэгчийн өмнө буюу үгийн эцэст [쥐(쮜)]–гээр бичнэ.

● Монгол хэлний гийгүүлэгч "з"–г солонгос хэлний "ㅈ"–гээр тэмдэглэнэ. Харин энэ үсэг гийгүүлэгчийн өмнө буюу үгийн эцэст орвол "즈"/"쯔"–гээр бичнэ. Дуудлагыг нь тэмдэглэхдээ эгшигийн өмнө [ㅈ], гийгүүлэгчийн өмнө буюу үгийн эцэст [쯔]–гээр бичнэ.

● Монгол хэлний гийгүүлэгч "к"–г солонгос хэлний "ㅋ"–гээр тэмдэглэнэ. Харин энэ үсэг гийгүүлэгчийн өмнө буюу үгийн эцэст орвол "–ㄱ"/"크"–гээр бичнэ. Дуудлагыг тэмдэглэхэд онцын ялгаа байхгүй.

● Монгол хэлний гийгүүлэгч "л"–г солонгос хэлний "ㄹ"/"–ㄹ ㄹ"–гээр тэмдэглэнэ. Харин энэ үсэг гийгүүлэгчийн өмнө буюу үгийн эцэст орвол "–ㄹ"–гээр бичнэ. Дуудлагыг нь тэмдэглэхдээ онцын ялгаа байхгүй.

● Монгол хэлний гийгүүлэгч "м"–г солонгос хэлний "ㅁ"–гээр тэмдэглэнэ. Харин энэ үсэг гийгүүлэгчийн өмнө буюу үгийн эцэст орвол "–ㅁ"–гээр бичнэ. Дуудлагыг нь тэмдэглэхдээ онцын ялгаа байхгүй.

● Монгол хэлний гийгүүлэгч "н"–г солонгос хэлний "ㄴ"–гээр тэмдэглэнэ. Харин энэ үсэг гийгүүлэгчийн өмнө буюу үгийн эцэст орвол "–ㄴ"/"–ㅇ"–гээр бичнэ. Дуудлагыг нь тэмдэглэхдээ онцын ялгаа байхгүй. Гэвч "н" гийгүүлэгчийн дараа "б" гийгүүлэгч орвол [ㅁ]–гээр дуудна.

Ж.) Улаанбаатар 올란:바:타르→[올람:바:타르]
      сайн байна. 사인 바인.→[사임 바인.]

● Монгол хэлний гийгүүлэгч "п"–г солонгос хэлний "ㅍ"–гээр тэмдэглэнэ. Харин энэ үсэг гийгүүлэгчийн өмнө буюу үгийн эцэст орвол "–ㅂ"/"프"–гээр бичнэ. Дуудлагыг нь тэмдэглхдээ онцын ялгаа байхгүй.

● Монгол хэлний гийгүүлэгч "с"–г солонгос хэлний "ㅅ"–гээр тэмдэглэнэ. Харин энэ үсэг гийгүүлэгчийн өмнө буюу үгийн эцэст орвол "스"–гээр бичнэ. Дуудлагыг нь тэмдэглэхдээ эгшигийн өмнө [ㅆ], гийгүүлэгчийн өмнө буюу үгийн эцэст [쓰]–гээр ч бичнэ.

● Монгол хэлний гийгүүлэгч "т"–г солонгос хэлний "ㅌ"–гээр тэмдэглэнэ. Харин энэ үсэг гийгүүлэгчийн өмнө буюу үгийн эцэст орвол "ㅌ"–гээр бичнэ. Дуудлагыг нь тэмдэглэхдээ онцын ялгаа байхгүй.

● Монгол хэлний гийгүүлэгч "ф"–г солонгос хэлний "ㅍ"–гээр тэмдэглэнэ. Харин энэ үсэг гийгүүлэгчийн өмнө буюу үгийн эцэст орвол "ㅍ"–гээр бичнэ. Дуудлагыг нь тэмдэглэхдээ онцын ялгаа байхгүй.

● Монгол хэлний гийгүүлэгч "х"–г солонгос хэлний "ㅎ"–гээр тэмдэглэнэ. Харин энэ үсэг гийгүүлэгчийн өмнө буюу үгийн эцэст орвол "ㅎ"–гээр бичнэ. Дуудлагыг нь тэмдэглэхдээ гийгүүлэгчийн өмнө буюу үгийн эцэст [ㅎ]–гээр ч бичнэ.

● Монгол хэлний гийгүүлэгч "ц"–г солонгос хэлний "ㅊ"–гээр тэмдэглэнэ. Харин энэ үсэг гийгүүлэгчийн өмнө буюу үгийн эцэст орвол "ㅊ"–гээр бичнэ. Дуудлагыг нь тэмдэглэхдээ онцын ялгаа байхгүй.

● Монгол хэлний гийгүүлэгч "ч"–г солонгос хэлний "ㅊ"–гээр тэмдэглэнэ. Харин энэ үсэг гийгүүлэгчийн өмнө буюу үгийн эцэст орвол "치"–гээр бичнэ. Дуудлагыг нь тэмдэглэхдээ онцын ялгаа байхгүй.

● Монгол хэлний гийгүүлэгч "ш"–г солонгос хэлний "ㅅ"–гээр тэмдэглэнэ. Харин энэ үсэг гийгүүлэгчийн өмнө буюу үгийн эцэст орвол "시"–гээр бичнэ. Дуудлагыг нь тэмдэглэхдээ гийгүүлэгчийн өмнө буюу үгийн эцэст [시(쉬)/쉬]–гээр ч бичнэ.

● Монгол хэлний гийгүүлэгч "щ"–г солонгос хэлний "ㅅ"–гээр галиглана. Харин энэ үсэг гийгүүлэгчийн өмнө буюу үгийн эцэст орвол "쉬"–гээр бичнэ. Дуудлагыг нь тэмдэглэхдээ онцын ялгаа байхгүй.

● Монгол хэлний хатуугийн тэмдэг "ъ" ба зөөлний тэмдэг "ь" эгшигийн өмнө орвол солонгос хэлний "이"–гээр тэмдэглэнэ.

{ЭГШИГ}

● Монгол хэлний эгшиг "а"–г солонгос хэлний "ㅏ"–гээр тэмдэглэнэ.

● Монгол хэлний эгшиг "е"–г солонгос хэлний "ㅖ"–гээр тэмдэглэнэ.

● Монгол хэлний эгшиг "и"–г солонгос хэлний "ㅣ"–гээр тэмдэглэнэ.

● Монгол хэлний хагас "й"–г солонгос хэлний "ㅣ"–гээр тэмдэглэнэ.

- ●Монгол хэлний эгшиг "о"–г солонгос хэлний "ㅓ"–гээр тэмдэглэнэ.
- ●Монгол хэлний эгшиг "ө"–г солонгос хэлний "ㅓ"–гээр тэмдэглэнэ.
- ●Монгол хэлний эгшиг "у"–г солонгос хэлний "ㅗ"–гээр тэмдэглэнэ.
- ●Монгол хэлний эгшиг "ү"–г солонгос хэлний "ㅜ"–гээр тэмдэглэнэ.
- ●Монгол хэлний эгшиг "ы"–г солонгос хэлний "ㅣ:"–гээр тэмдэглэнэ.
- ●Монгол хэлний эгшиг "э"–г солонгос хэлний "ㅔ"–гээр тэмдэглэнэ.
- ●Монгол хэлний эгшиг "ю"–г солонгос хэлний "ㅠ"–гээр тэмдэглэнэ.
- ●Монгол хэлний эгшиг "я"–г солонгос хэлний "ㅑ"–гээр тэмдэглэнэ.

{БУСАД ЗҮЙЛ}

- ●Монгол хэлний урт эгшиг "аа", "ээ", "оо", "өө", "уу", "үү", "ы(ий)" зэргийг солонгос хэлний "ㅏ:", "ㅔ:", "ㅓ:", "ㅓ:", "ㅗ:", "ㅜ:", "ㅣ:"–гээр тус тус тэмдэглэнэ.
- ●Монгол хэлний хос эгшиг "ай", "эй", "ой", "уй", "үй" зэргийг солонгос хэлний "아이", "에이", "어이", "오이", "우이"–гээр тус тус тэмдэглэнэ. Дуудлагыг нь тэмдэглэхдээ [아이/ㅐ], [ㅔ], [ㅔ], [오이], [우이/ㅜ]–гээр бичнэ. Энэ нь ярианы хэлэнд богино эгшиг шиг дуудах тохиолдол ч их гарч байгаа учиртай юм.

II. Солонгос хэлний(Хангыл) гийгүүлэгч, эгшгийг монгол хэлээр тэмдэглэх ба түүний дуудлагыг бичихдээ дараах зүйлийг анхаарав. Солонгос хэлний дуудлагыг монгол хэлээр яг тэмдэглэхэд хэцүү юмнууд багагүй байгаа тул боломж байвал солонгос хүний дуудлагыг эхлээд сонсож үзэх хэрэгтэй гэдгийг онцлон тэмдэглэе.

{ГИЙГҮҮЛЭГЧ}

- ●Солонгос хэлний(Хангыл) гийгүүлэгч "ㄱ"–г монгол хэлний "г/к"–гээр тэмдэглэнэ. Харин гийгүүлэгчийн өмнө буюу үгийн эцэст орвол("Батчим"–гээр хэрэглэгдэж байхад ; дэвсгэр үсэг болж орох тохиолдол) "г"–гээр бичнэ. Дуудлагыг нь тэмдэглхдээ солонгос хэлний зөв дуудах зүйг баримталан бичнэ.(Үүний тухай хойно бичсэн болно.)

● Солонгос хэлний(Хангыл) гийгүүлэгч "ㄴ"–г монгол хэлний "н"–гээр тэмдэглэнэ. Харин гийгүүлэгчийн өмнө буюу үгийн эцэст орвол ("Батчим"–гээр хэрэглэгдэж байхад) "н"–гээр бичнэ. Дуудлагыг нь тэмдэглэхдээ солонгос хэлний зөв дуудах зүйг баримталан бичнэ.

● Солонгос хэлний(Хангыл) гийгүүлэгч "ㄷ"–г монгол хэлний "д"–гээр тэмдэглэнэ. Харин гийгүүлэгчийн өмнө буюу үгийн эцэст орвол("Батчим"–гээр хэрэглэгдэж байхад) "т"–гээр бич– нэ. Дуудлагыг нь тэмдэглэхдээ солонгос хэлний зөв дуудах зүйг баримталан бичнэ.

● Солонгос хэлний(Хангыл) гийгүүлэгч "ㄹ"–г монгол хэлний "р/л"–гээр тэмдэглэнэ. Харин гийгүүлэгчийн өмнө буюу үгийн эцэст орвол("Батчим"–гээр хэрэглэгдэж байхад) "л"–гээр бич– нэ. Дуудлагыг нь тэмдэглэхдээ солонгос хэлний зөв дуудах зүйг баримталан бичнэ.

● Солонгос хэлний(Хангыл) гийгүүлэгч "ㅁ"–г монгол хэлний "м"–гээр тэмдэглэнэ. Харин гийгүүлэгчийн өмнө буюу үгийн эцэст орвол("Батчим"–гээр хэрэглэгдэж байхад) "м"–гээр бич– нэ. Дуудлагыг нь тэмдэглэхдээ солонгос хэлний зөв дуудах зүйг баримталан бичнэ.

● Солонгос хэлний(Хангыл) гийгүүлэгч "ㅂ"–г монгол хэлний "б"–гээр тэмдэглэнэ. Харин гийгүүлэгчийн өмнө буюу үгийн эцэст орвол("Батчим"–гээр хэрэглэгдэж байхад) "б"–гээр бич– нэ. Дуудлагыг нь тэмдэглэхдээ солонгос хэлний зөв дуудах зүйг баримталан бичнэ.

● Солонгос хэлний(Хангыл) гийгүүлэгч "ㅅ"–г монгол хэлний "с/ш"–гээр тэмдэглэнэ. Харин гийгүүлэгчийн өмнө буюу үгийн эцэст орвол("Батчим"–гээр хэрэглэгдэж байхад) "т"–гээр бич– нэ. Дуудлагыг нь тэмдэглэхдээ солонгос хэлний зөв дуудах зүйг баримталан бичнэ.

● Солонгос хэлний(Хангыл) гийгүүлэгч "ㅇ" бол ардаа зөвхөн "ㅘ", "ㅝ", "ㅙ", "ㅞ", "ㅟ" эгшиг орох тохиолдолд монгол хэлний "в"–гээр хамт тэмдэглэгдэх бөгөөд түүнээс бусад эгшигүүдтэй хэрэглэгдсэн тохиолдолд зүгээр тухайн эгшигээр тэмдэглэнэ. Хэрэв гийгүүлэг– чийн өмнө буюу үгийн эцэст орвол("Батчим"–гээр хэрэглэгдэж байхад) "нг"–гээр бичнэ. Дуудлагыг нь тэмдэглэхдээ солонгос хэлний зөв дуудах зүйг баримталан бичнэ.

● Солонгос хэлний(Хангыл) гийгүүлэгч "ㅈ"–г монгол хэлний

"ж/з"–гээр тэмдэглэнэ. Харин гийгүүлэгчийн өмнө буюу үгийн эцэст орвол("Батчим"–гээр хэрэглэгдэж байхад) "т"–гээр бич–нэ. Дуудлагыг нь тэмдэглэхдээ солонгос хэлний зөв дуудах зүйг баримталан бичнэ.

- Солонгос хэлний(Хангыл) гийгүүлэгч "ㅊ"–г монгол хэлний "ч/ц"–гээр тэмдэглэнэ. Харин гийгүүлэгчийн өмнө буюу үгийн эцэст орвол("Батчим"–гээр хэрэглэгдэж байхад) "т"–гээр бич–нэ. Дуудлагыг нь тэмдэглэхдээ солонгос хэлний зөв дуудах зүйг баримталан бичнэ.

- Солонгос хэлний(Хангыл) гийгүүлэгч "ㅋ"–г монгол хэлний "к"–гээр тэмдэглэнэ. Харин гийгүүлэгчийн өмнө буюу үгийн эцэст орвол("Батчим"–гээр хэрэглэгдэж байхад) "г"–гээр бич–нэ. Дуудлагыг нь тэмдэглэхдээ солонгос хэлний зөв дуудах зүйг баримталан бичнэ.

- Солонгос хэлний(Хангыл) гийгүүлэгч "ㅌ"–г монгол хэлний "т"–гээр тэмдэглэнэ. Харин гийгүүлэгчийн өмнө буюу үгийн эцэст орвол ("Батчим"–гээр хэрэглэгдэж байхад) "т"–гээр бичнэ. Дуудлагыг нь тэмдэглэхдээ солонгос хэлний зөв дуудах зүйг баримталан бичнэ.

- Солонгос хэлний(Хангыл) гийгүүлэгч "ㅍ"–г монгол хэлний "п"–гээр тэмдэглэнэ. Харин гийгүүлэгчийн өмнө буюу үгийн эцэст орвол("Батчим"–гээр хэрэглэгдэж байхад) "б"–гээр бич–нэ. Дуудлагыг нь тэмдэглэхдээ солонгос хэлний зөв дуудах зүйг баримталан бичнэ.

- Солонгос хэлний(Хангыл) гийгүүлэгч "ㅎ"–г монгол хэлний "х"–гээр тэмдэглэнэ. Харин гийгүүлэгчийн өмнө буюу үгийн эцэст орвол("Батчим"–гээр хэрэглэгдэж байхад) "т"–гээр бич–нэ. Дуудлагыг нь тэмдэглэх нь солонгос хэлний зөв дуудах зүйг баримталан бичнэ.

- Солонгос хэлний(Хангыл) гийгүүлэгч "ㄲ"–г монгол хэлний "гг"–гээр тэмдэглэнэ. Харин гийгүүлэгчийн өмнө буюу үгийн эцэст орвол("Батчим"–гээр хэрэглэгдэж байхад) "г"–гээр бич–нэ. Дуудлагыг нь тэмдэглэхдээ солонгос хэлний зөв дуудах зүйг баримталан бичнэ.

- Солонгос хэлний(Хангыл) гийгүүлэгч "ㄸ"–г монгол хэлний "дд"–гээр тэмдэглэнэ. Дуудлагыг нь тэмдэглэхдээ солонгос хэлний зөв дуудах зүйг баримталан бичнэ.

- Солонгос хэлний(Хангыл) гийгүүлэгч "ㅃ"–г монгол хэлний "бб"–гээр тэмдэглэнэ. Дуудлагыг нь тэмдэглэхдээ солонгос хэлний зөв дуудах зүйг баримталан бичнэ.

- Солонгос хэлний(Хангыл) гийгүүлэгч "ㅆ"–г монгол хэлний "сс"–гээр тэмдэглэнэ. Харин гийгүүлэгчийн өмнө буюу үгийн эцэст орвол("Батчим"–гээр хэрэглэгдэж байхад) "т"–гээр бич– нэ. Дуудлагыг нь тэмдэглэхдээ солонгос хэлний зөв дуудах зүйг баримталан бичнэ.
- Солонгос хэлний(Хангыл) гийгүүлэгч "ㅉ"–г монгол хэлний "зз"–гээр тэмдэглэнэ. Дуудлагыг нь тэмдэглэхдээ солонгос хэлний зөв дуудах зүйг баримталан бичнэ.

{ЭГШИГ}

- Солонгос хэлний(Хангыл) эгшиг "ㅏ"–г монгол хэлний "а"–гаар тэмдэглэнэ.
- Солонгос хэлний(Хангыл) эгшиг "ㅑ"–г монгол хэлний "я"–гаар тэмдэглэнэ.
- Солонгос хэлний(Хангыл) эгшиг "ㅓ"–г монгол хэлний "о/ө"–гоор тэмдэглэнэ.
- Солонгос хэлний(Хангыл) эгшиг "ㅕ"–г монгол хэлний "ё"–гоор тэмдэглэнэ.
- Солонгос хэлний(Хангыл) эгшиг "ㅗ"–г монгол хэлний "у"–гаар тэмдэглэнэ.
- Солонгос хэлний(Хангыл) эгшиг "ㅛ"–г монгол хэлний "иу"–гаар тэмдэглэнэ.
- Солонгос хэлний(Хангыл) эгшиг "ㅜ"–г монгол хэлний "ү"–гээр тэмдэглэнэ.
- Солонгос хэлний(Хангыл) эгшиг "ㅠ"–г монгол хэлний "ю"–гээр тэмдэглэнэ.
- Солонгос хэлний(Хангыл) эгшиг "ㅡ"–г монгол хэлний "ы"–гаар тэмдэглэнэ.
- Солонгос хэлний(Хангыл) эгшиг "ㅣ"–г монгол хэлний "и"–гээр тэмдэглэнэ.
- Солонгос хэлний(Хангыл) эгшиг "ㅐ"–г монгол хэлний "аэ"–гаар тэмдэглэнэ.
- Солонгос хэлний(Хангыл) эгшиг "ㅒ"–г монгол хэлний "яэ"–гаар тэмдэглэнэ.
- Солонгос хэлний(Хангыл) эгшиг "ㅔ"–г монгол хэлний "э"–гээр тэмдэглэнэ.
- Солонгос хэлний(Хангыл) эгшиг "ㅖ"–г монгол хэлний "е"–гээр

тэмдэглэнэ.

●Солонгос хэлний(Хангыл) эгшиг "ᅪ"–г монгол хэлний "уа" болон "ва"–гаар тэмдэглэнэ. "ㅇ"–ээс бусад гийгүүлэгчтэй хамт хэрэглэж байхдаа "уа"–гаар , "ㅇ" гийгүүлэгчтэй хамт хэрэглэж байхдаа "ва"–гаар тэмдэглэнэ.

●Солонгос хэлний(Хангыл) эгшиг "ᅫ"–г монгол хэлний "уаэ" болон "ваэ"–гаар тэмдэглэнэ. "ㅇ"–ээс бусад гийгүүлэгчтэй хамт хэрэглэж байхдаа "уаэ"–гаар , "ㅇ" гийгүүлэгчтэй хамт хэрэглэж байхдаа "ваэ"–гаар тэмдэглэнэ.

●Солонгос хэлний(Хангыл) эгшиг "ᅬ"–г монгол хэлний "уэ"–гээр тэмдэглэнэ.

●Солонгос хэлний(Хангыл) эгшиг "ᅯ"–г монгол хэлний "үо" болон "во"–гоор тэмдэглэнэ. "ㅇ"–ээс бусад гийгүүлэгчтэй хамт хэрэглэж байхдаа "үо"–гоор , "ㅇ" гийгүүлэгчтэй хамт хэрэглэж байхдаа "во"–гоор тэмдэглэнэ.

●Солонгос хэлний(Хангыл) эгшиг "ᅰ"–г монгол хэлний "үэ" болон "вэ"–гээр тэмдэглэнэ. "ㅇ"–ээс бусад гийгүүлэгчтэй хамт хэрэглэж байхдаа "үэ"–гээр , "ㅇ" гийгүүлэгчтэй хамт хэрэглэж байхдаа "вэ"–гээр тэмдэглэнэ.

●Солонгос хэлний(Хангыл) эгшиг "ᅱ"–г монгол хэлний "үй" болон "ви"–гээр тэмдэглэнэ. "ㅇ"–ээс бусад гийгүүлэгчтэй хамт хэрэглэж байхдаа нь "үй"–гээр , "ㅇ" гийгүүлэгчтэй хамт хэрэглэж байхдаа нь "ви"–гээр тэмдэглэнэ.

●Солонгос хэлний(Хангыл) эгшиг "ᅴ"–г монгол хэлний "ый"–гээр тэмдэглэнэ.

●Солонгос хэлэнд(Хангылд) доорх дурдсан үсгийн хэв маяг байна.

1. ㄱ/ㅋ + ㅏ = 가/카
   г/к + а = га/ка
   гийгүүлэгч + эгшиг

예)나 = ㄴ + ㅏ   소 = ㅅ + ㅗ
   (на = н + а)   (су = с + у)
   비 = ㅂ + ㅣ   혀 = ㅎ + ㅕ
   (би = б + и)   (хё = х + ё)
   개 = ㄱ + ㅐ   코 = ㅋ + ㅗ
   (гаэ = г + аэ)   (ку = к + у)

2. ㄱ/ㅋ + ㅏ + ㄴ = 간/칸
   г/к + а + н = ган/кан
   гийгүүлэгч + эгшиг + гийгүүлэгч

예)물 = ㅁ + ㅜ + ㄹ   꿈 = ㄲ + ㅜ + ㅁ
   (мүл = м + ү + л)   (ггүм = гг + ү + м)
   떡 = ㄸ + ㅓ + ㄱ   빵 = ㅃ + ㅏ + ㅇ
   (ддог = дд + о + г)   (ббанг = бб + а + нг)
   닭 = ㄷ + ㅏ + ㄹㄱ   책 = ㅊ + ㅐ + ㄱ
   (даг = д + а + г)   (чаэг = ч + аэ + г)

● Дээр дурдсан "гийгүүлэгч+эгшиг+гийгүүлэгч"–ийн хэв маягаар
  бүтсэн нэг үейин эцэст байгаа гийгүүлэгчийг "Батчим(받침–дэвсгэр
  үсэг)" гэж нэрлэж байгаа бөгөөд үүний дуудлага нь маш чухал юм.
  Яагаад гэвэл энэ нь араас нь орох(хоёрдугаар үейин) гийгүүлэгч
  болон эгшийн нөлөөгөөр дуудлага нь өөрчлөгдөж байдаг. Иймээс
  чухал үүрэгтэй "Батчим(받침)"–ийн зөв дуудах зүйг товч тайлбарлая.

1. Солонгос хэлний "Батчим"–аар дуудагдаж байгаа үндсэн
   гийгүүлэгч нь [ㄱ], [ㄴ], [ㄷ], [ㄹ], [ㅁ], [ㅂ], [ㅇ] долоон
   гийгүүлэгч бөгөөд үүнээс бусад гийгүүлэгч нь эдгээрийн
   аль нэгээр дуудагдана.

2. "Батчим"–аар хэрэглэгдэж байгаа "ㄲ,ㅋ" ; "ㅅ,ㅆ,ㅈ,ㅊ,ㅌ" ;
   "ㅍ" гийгүүлэгч нь үгийн эцэст буюу гийгүүлэгчийн өмнө орвол
   [ㄱ] ; [ㄷ] ; [ㅂ]–гээр тус тус дуудагдана.
   예) 닭다 дагда [닥따/дагдда]   키읔 кииг [키윽/кииг]
       옷 ут [온/ут]   있다 итда [읻따/итдда]
       젖 жот [젇/жот]   꽃 ггут [꼳/ггут]
       솥 сут [손/сут]   덮다 добда [덥따/добдда]

3. "Давхар батчим(겹받침)" "ㄳ" ; "ㄵ" ; "ㄼ,ㄽ,ㄾ" ; "ㅄ" үгийн
   эцэст буюу гийгүүлэгчийн өмнө орвол [ㄱ] ; [ㄴ] ; [ㄹ] ;
   [ㅂ]–гээр тус тус дуудагдана.
   예) 넋 ног [넉/ног]   앉다 анда [안따/андда]
       여덟 ёдол [여덜/ёдол]   외곬 уэгул [외골/уэгул]
       핥다 халда [할따/халдда]   값 габ [갑/габ]
   Гэвч "밟–" нь гийгүүлэгчийн өмнө [밥–/баб–]–гаар дуудах

болон "넓-" нь "넓쭉하다", "넓둥글다" зэрэг үгээр хэрэглэж байхад [넙-/ноб-]-гоор дуудна.

4. "Давхар батчим(겹받침)" "ㄺ" ; "ㄻ" ; "ㄿ" үгийн эцэст буюу гийгүүлэгчийн өмнө орвол [ㄱ] ; [ㅁ] ; [ㅂ]-гаар тус тус дуудагдана.

  예) 닭 даг [닥/даг]   삶 сам [삼/сам]

    읊다 ыбда [읍따/ыбдда]

  Гэвч "ㄺ" нь "ㄱ" гийгүүлэгчийн өмнө орвол [ㄹ]-гээр дуудна.

  예) 맑게 малгэ [말께/малггэ]

5. Батчим "ㅎ"-гийн дуудлага нь доор дурдсан дүрмийн дагуу дуудагдана.

  ❶ Батчим "ㅎ(ㄶ,ㅀ)"-гийн дараа "ㄱ" ; "ㄴ" ; "ㅈ" гийгүүлэгч орвол хамт нийлэгдэж [ㅋ] ; [ㅌ] ; [ㅊ]-гээр дуудагдана.

    예) 놓고 нутгу [노코/нуку]   그렇게 гыротгэ [그러케/гырокэ]

       좋던 жутдон [조턴/жутон]   쌓지 ссатжи [싸치/ссачи]

       많고 мангу [만코/манку]   닳지 далжи [달치/далчи]

  ❷ Батчим "ㄱ(ㄺ)" ; "ㄷ" ; "ㅂ(ㄼ)" ; "ㅈ(ㄵ)"-гийн дараа гийгүүлэгч "ㅎ" орвол бас хамт нийлэгдэж [ㅋ] ; [ㅌ] ; [ㅍ] ; [ㅊ]-гээр дуудагдана.

    예) 각하 гагха [가카/гака]   적합 жогхаб [저캅/жокаб]

       먹히다 могхида [머키다/мокида]   밝히다 балхида [발키다/балкида]

       맏형 матхёнг [마텽/матёнг]   좁히다 жубхида [조피다/жупида]

       넓히다 нолхида[널피다/нолпида]   꽂히다 ггутхида [꼬치다/ггучида]

       앉히다 анхида [안치다/анчида]   역할 ёгхал [여칼/ёкал]

       생각합니다 саэнггагхабнида[생가캄니다/саэнгтакамнида]

  ❸ [ㄷ]-гээр дуудагдаж байгаа "ㅅ" ; "ㅈ" ; "ㅊ" ; "ㅌ"-гийн дараа "ㅎ" гийгүүлэгч орвол "ㅎ"-г [ㅌ]-гээр дуудна.

    예) 옷 한 벌 [온 한 벌/ут хан бол→오탄벌/утанбол]

       낯 한때 [낟 한때/нат ханддаэ→나탄때/натанддаэ]

       꽃 한 송이 [꼳 한 송이/ггут хан сунги→꼬탄송이/ггутансунги]

       숱하다 [순하다/сүтхада→수타다/сүтада]

  ❹ Батчим "ㅎ(ㄶ,ㅀ)"-гийн дараа "ㅅ" гийгүүлэгч орвол "ㅎ"- г дуудахгүйгээр "ㅅ"-г [ㅆ]-гээр дуудна.

    예) 닿소 датсу [다쏘/дассу]   많소 мансу [만쏘/манссу]

       싫소 силсу [실쏘/силссу]

       좋습니다 жутсыбнида [조씀니다/жуссымнида]

❺ Батчим "ㅎ"–гийн дараа "ㄴ" гийгүүлэгч орвол "ㅎ"–г [ㄴ]–гээр дуудна.
예)놓는 нутнын [논는/нуннын]　　　쌓네 ссатнэ [싼네/ссаннэ]
Батчим "ㅎ(ㄶ,ㅀ)"–гийн дараа "ㄴ" орвол арын "ㅎ"–г дуудахгүй.
예) 않네 аннэ [안네/аннэ]　　　않는 аннын [안는/аннын]
❻ Батчим "ㅎ(ㄶ,ㅀ)"–гийн дараа эгшигээр эхэлсэн нөхцөл болон дагавар орвол уг "ㅎ"–г дуудахгүй.
예) 낳은 натын [나은/наын]　　　많아 мана [마나/мана]
　　 닳아 дала [다라/дара]　　　않은 анын [아는/анын]

6. Дан батчим(홑받침) болон хос батчимийн дараа эгшигээр эхэлсэн нөхцөл болон дагавар орвол тухайн батчимийг ардаа шилжүүлээд хамт дуудна.
예)옷이 ути[오시/уси]　　　있어 ито [이써/иссо]
　 낮이 нати [나지/нажи]　　　밭에 батэ [바테/батэ]
　 앞으로 абыру [아프로/апыру]　　　덮이다 добида [더피다/допида]
　 있습니다 итсыбнида 〉 있읍니다 итыбнида [이씀니다/иссымнида]

7. Хос батчимийн дараа эгшигээр эхэлсэн нөхцөл болон дагавар орвол, хос батчимийн зөвхөн арын гийгүүлэгчийг ардаа шийлжүүлж дуудна. Харин энэ тохиолдолд "ㅅ" гийгүүлэгч байвал тэр нь хатуу дуудлагаар([ㅆ]) дуудагдана.
예) 넋이 ногси [넉씨/ногсси]　　　앉아 анжа [안자/анжа]
　 닭을 далгыл [달글/далгыл]　　　젊어 жолмо [절머/жолмо]
　 곬이 гулси [골씨/гулсси]　　　핥아 халта [할타/халта]
　 읊어 ылпо [을퍼/ылпо]　　　값을 габсыл [갑쓸/габссыл]
　 없어 обсо [업써/обссо]

8. Батчим "ㄷ", "ㅌ(ㄾ)"–гийн дараа эгшиг "ㅣ" орвол [ㅈ], [ㅊ]–гээр дуудна.
예) 굳이 гүти [구지/гүжи]　　　미닫이 мидати [미다지/мидажи]
　 밭이 бати [바치/бачи]　　　벼훑이 бёхүлти [벼훌치/бёхүлчи]
Бас "ㄷ"–гийн дараа "히" ороод [티] болох нь [치]–гээр дуудна.
예) 굳히다 гүтхида → [구티다/гүтида] → [구치다/гүчида]
　 닫히다 датхида → [다티다/датида] → [다치다/дачида]
　 묻히다 мүтхидх → [무티다/мүтида] → [무치다/мүчида]

9. Батчим "ㄱ(ㄲ,ㅋ,ㄳ,ㄺ)" ; "ㄷ(ㅅ,ㅆ,ㅈ,ㅊ,ㅌ,ㅎ)" ; "ㅂ(ㅍ,ㄼ,ㄿ, ㅄ)"–гийн дараа "ㄴ" ; "ㅁ" орвол тухайн гийгүүлэгчүүдийг тус тус [ㅇ] ; [ㄴ] ; [ㅁ] –гээр дуудна.

예) 먹는 могнын [멍는/монгнын]

깎는 ггагнын [깡는/ггангнын]

키읔만 киыгман [키응만/киынгман]

몫몫이 мугмугси [몽목씨/мунгмугсси]

흙만 хыгман [홍만/хынгман]

닫는 датнын [단는/даннын]

짓는 житнын [진는/жиннын]

있는 итнын [인는/иннын]

맞는 матнын [만는/маннын]

꽃망울 ггутмангул [꼰망울/ггунмангул]

붙는 бутнын [분는/буннын]

놓는 нутнын [논는/нуннын]

잡는 жабнын [잠는/жамнын]

앞마당 абмаданг [암마당/аммадан]

밟는 бабнын [밤는/бамнын]

읊는 ыбнын [음는/ымнын]

없는 обнын [엄는/омнын]

10. Батчим "ㄱ" ; "ㅁ" ; "ㅂ" ; "ㅇ"–гийн дараа "ㄹ" орвол уг "ㄹ"–г
[ㄴ]–гээр дуудна.

예) 막론 магр(л)ун [막논 магнун → 망논/мангнун]

협력 хёбр(л)ёг [협녁 хёбнёг → 혐녁/хёмнёг]

담력 дамр(л)ёг[담녁/дамнёг]

항로 хангр(л)у[항노/хангну]

대통령 даэтунгр(л)ёнг[대통녕/даэтунгнёнг]

동료 дунгр(л)иу [동뇨/дунгниу]

11. Батчим "ㄴ"–гийн дараа "ㄹ" орвол тэр "ㄴ"–г [ㄹ]–гээр дуудна.

예) 난로 нанр(л)у[날로/наллу]   신라 синр(л)а[실라/силла]

칼날 калнал [칼랄/каллал]   일년 илнён [일련/иллён]

Батчим "ㄿ", "ㄾ"–гийн дараа "ㄴ" орвол уг"ㄴ"–г бас [ㄹ]–гээр дуудна.

예) 뚫는 ддулнын [뚤른/ддуллын]   핥네 халнэ [할레/халлэ]

Харин дүрмийн бус доорх үгнүүд нь уг "ㄹ"–г [ㄴ]–гээр дуудна.

예) 의견란 ыйгёнр(л)ан[의견난/ыйгённан]

생산량 саэнгсанр(л)янг [생산냥/саэнгсаннянг]

결단력 гёлданр(л)ёг [결딴녁/гёлдданнёг]

공권력 гунггуонр(л)ёг [공꿘녁/гунгггуоннёг]

동원령 дунгвонр(л)ёнг [동원녕/дунгвоннёнг]

상견례 санггёнр(л)е [상견녜/санггённе]
횡단로 хуэнгданр(л)у [횡단노/хуэнгданну]
이원론 ивонр(л)ун [이원논/ивоннун]
입원료 ибвонр(л)иу [이뷘뇨/ибуоннниу]
임진란 имжинр(л)ан [임진난/имжиннан]

12.Батчим "ㄱ(ㄲ,ㅋ,ㄳ,ㄺ)" ; "ㄷ(ㅅ,ㅆ,ㅈ,ㅊ,ㅌ)" ; "ㅂ(ㅍ,ㄼ,ㄿ,ㅄ)"–гийн дараа орж байгаа "ㄱ" ; "ㄷ" ; "ㅂ" ; "ㅅ" ; "ㅈ" гийгүүлэгч нь хатуу дуудлагаар ([ㄲ] ; [ㄸ] ; [ㅃ] ; [ㅆ] ; [ㅉ]) дуудагдана.

예) 국밥 гүгбаб [국빱/гүгббаб]
   적극 жоггыг [적끅/жоггггыг]
   식당 сигданг [식땅/сигдданг]
   깎다 ггагда [깍따/ггагдда]
   넋받이 ногбати [넉빠지/ногббажи]
   닭장 дагжанг [닥쨩/дагззанг]
   뻗대다 бботдаэда [뻗때다/бботддаэда]
   옷고름 утгурым [옫꼬름/уттгурым]
   멋진 мотжин [먿찐/мотззин]
   있던 итдон [읻떤/итддон]
   꽂다 ггутда [꼳따/ггутдда]
   꽂다발 ггутдабал [꼳따발/ггутддабал]
   밭갈이 батгали [받까리/батггари]
   곱다 губда [곱따/губдда]
   덮개 добгаэ [덥깨/добггаэ]
   넓다 нолда [널따/нолдда]
   읊다 ыбда [읍따/ыбдда]
   없다 обда [업따/обдда]

13.Батчим "ㄴ(ㄵ)" ; "ㅁ(ㄻ)"–гийн дараа орж байгаа "ㄱ" ; "ㄷ" ; "ㅅ" ; "ㅈ" нь хатуу дуудлагаар дуудагдана.

예) 신다 синда [신따/синдда]   앉다 анда [안따/андда]
   감다 гамда [감따/гамдда]   젊다 жомда [점따/жомдда]

Гэвч үйлдэгдэх, үйлдүүлэх хэвийн нөхцөл "–기–" нь хатуу дуудлагаар дуудагдахгүй.

예) 안기다 ангида[안기다/ангида]
   감기다 гамгида[감기다/гамгида]
   굶기다 гүмгида[굼기다/гүмгида]
   옮기다 умгида [옴기다/умгида]

14.Батчим "래" ; "랕"–гийн дараа орж байгаа "ㄱ" ; "ㄷ" ; "ㅅ" ; "ㅈ" нь хатуу дуудлагаар дуудна.

예) 넓게 нолгэ [널께/нолггэ]   핥다 халда [할따/халдда]
    훑소 хүлсу [훌쏘/хүлссу]   떫지 ддолжи [떨찌/ддолззи]

15.Тодотголын хэлбэр "-(으)ㄹ"–гийн дараа орж байгаа "ㄱ" ; "ㄷ" ; "ㅂ" ; "ㅅ" ; "ㅈ" нь хатуу дуудлагаар дуудна.

예) 할 것을 хал готыл [할 꺼슬/хал ггосыл]
    갈 데가 гал дэга [갈 떼가/гал ддэга]
    할 바를 хал барыл [할 빠를/хал ббарыл]
    할 수는 хал сүнын [할 쑤는/хал ссүнын]
    할 적에 хал жогэ [할 쩌게/хал ззогэ]
    올 것 ул гот [올 껃/ул ггот]
    갈 것 гал гот [갈 껃/гал ггот]
    불 것 бүл гот [불 껃/бүл ггот]

● Монгол хэлний гийгүүлэгч ба эгшигийг солонгос хэлний (Хангыл) үсгээр тэмдэглэх, түүний дуудлагыг тэмдэглэн бичих нь хоорондоо ялгаатай байна. Энэ номд тэмдэглэсэн дуудлага нь Хангыл зөв дуудах зүйг(Лий Хыйсынг, Ан Бёнгхый, 『Хангыл зөв бичих зүйн лекц』, 1989) баримталсан болно.

몽골어[1] 자모(ЦАГААН ТОЛГОЙ)

문 자		명 칭		발음 및 전사체		유사한 한국음	
인쇄체	필기체					모음앞	자음앞 또는 어말
А а	*А а*	а	아	[a]	A a	아	
Б б	*Б б*	бэ	베	[b]	B b	ㅂ [ㅂ]	브 [브]
В в	*В в*	вэ	웨	[v],[w][2]	V v	ㅇ [ㅇ]	-ㅂ,브,우 [-ㅂ,브,우]
Г г	*Г г*	гэ	게	[g],[ɣ]	G g	ㄱ [ㄲ]	그 [-ㄱ,ㄲ]
Д д	*Д д*	дэ	데	[d]	D d	ㄷ [ㄸ]	드 [ㄸ]
Е е	*Е е*	е	예	[je]	Ye ye	예	
Ё ё	*Ё ё*	ё	여	[jʌ]	Yo yo	여	
Ж ж	*Ж ж*	жэ	제	[dʒ][3]	J j	ㅈ [ㅈ]	지 [쥐(쮜)]
З з	*З з*	зэ	쩨	[dz]	Z z	ㅈ [ㅈ]	즈,쯔 [쯔]
И и	*И и*	и	이	[i]	I i	이	
Й й	*Й й*	хагас й 하가스 이		[j][4]	i	이	이
К к	*К к*	ка	카	[k]	K k	ㅋ [ㅋ]	-ㄱ,ㅋ [-ㄱ,ㅋ]
Л л	*Л л*	эл	엘	[l]	L l	ㄹ,-ㄹㄹ [ㄹ,-ㄹㄹ]	-ㄹ [-ㄹ]
М м	*М м*	эм	엠	[m]	M m	ㅁ [ㅁ]	ㅁ [-ㅁ]
Н н	*Н н*	эн	엔	[n (ŋ)][5]	N n	ㄴ [ㄴ]	-ㄴ,-ㅇ [-ㄴ,-ㅇ]
О о	*О о*	о	어	[ʌ]	O o	어	

Θ θ	Θ θ	θ	어	[∂][6]	Ö ö	어	
П п	П п	пэ	페	[p]	P p	ㅍ [ㅍ]	-ㅂ,ㅍ [-ㅂ,ㅍ]
Р р	Р р	эр	에르	[r]	R r	ㄹ [ㄹ]	ㄹ [르]
С с	С с	эс	에스	[s]	S s	ㅅ [ㅆ]	스 [쓰]
Т т	Т т	тэ	테	[t]	T t	ㅌ [ㅌ]	트 [트]
У у	У у	у	오	[o]	U u	오	
Ү ү	Ү ү	ү	우	[u]	Ü ü	우	
Ф ф	Ф ф	эф	에프	[f][7]	F f	ㅍ [ㅍ]	프 [프]
Х х	Х х	ха	하	[h], [x]	H h	ㅎ [ㅎ]	흐 [흐(크)]
Ц ц	Ц ц	цэ	체	[ts][8]	Ts ts	ㅊ [ㅊ]	츠 [츠]
Ч ч	Ч ч	чэ	체(체)	[tʃ]	Ch ch	ㅊ [ㅊ]	치 [치]
Ш ш	Ш ш	ша	샤	[ʃ]	Sh sh	ㅅ [ㅅ]	시 [시(쉬)]
Щ щ	Щ щ	шча	쉬체	[ʃtʃ]	Sch, sch	ㅅ [ㅅ]	취 [취]
Ъ ъ	Ъ ъ	хатуугийн тэмдэг 경음부호	[경음부호]	"	이	
Ы ы	Ы ы	ы	이(의)	[i:][9]	i:	이:	
Ь ь	Ь ь	зөөлний тэмдэг 연음부호	[연음부호]	'	이	
Э э	Э э	э	에	[e]	E e	에	
Ю ю	Ю ю	ю	유	[ju]	Yu yu	유	
Я я	Я я	я	야	[ja]	Ya ya	야	

¹ 현대몽골어의 자모는 러시아의 키릴문자에, 발음은 할흐방언에 기초를 두고 있으며 1946 년 이후부터 몽골국의 공식언어로 사용되고 있다. 러시아어에 없는 "θ(어)", "Y(우)"두 모음을 첨가하여 모음 13 자, 자음 20 자, 부호(경음부호/연음부호) 2 자로 모두 35 자이다. 모음의 수는 모두 13 개이지만 몽골어의 모음음가는 "а, э, и, о, у, θ, Y"를 기본으로 하고 있기 때문에 이들을 기본모음이라 하며 그 외의 것들은 보조모음("я, е, ё, ю, й, ы")이라 한다. 또한 몽골어에서는 모음조화 법칙이 거의 확실하기 때문에 남성모음은 남성모음끼리 여성모음은 여성모음끼리 붙여쓰며 이들을 좀처럼 섞어쓰지는 않는다. "а, о, у, ы"를 남성모음, "э, θ, Y"를 여성모음, "й"를 중성모음이라고 한다. 몽골어에는 장모음표기법이 있는데 이를 표현할 때에는 각 해당 모음을 중첩해 사용한다. 몽골어에서는 단모음과 장모음의 구별이 뚜렷해서 만약 장모음으로 길게 발음해야 할 것을 짧게 발음해 버리면 엉뚱한 의미를 나타내기 때문에 항상 주의해야 한다. 이에 우리는 이를 한국어로 표기할 때 그 해당 모음의 뒤에 장모음표시 " : "를 쓰기로 한다. (예: "цаас(종이–차:스/쓰/)", "цас(눈–차스/쓰/)")

² 현대몽골어의 "в"은 [v], [w] 등과 같은 음가를 가지고 있는데 주로 차용어의 어두나 어중에 많이 쓰이며 이는 [w]의 음가를 주로 나타낸다. 우리말의 어두에 오는 "ㅇ"과 유사하다.

³ 현대몽골어의 "ж", "з"는 각각 혀끝과 잇몸, 혀끝과 웃니로 발음하는 약한 유성파찰음인데 우리에게는 서로 구분해서 발음하기가 좀 까다로운 편이다. 표기할 때에는 모두 우리의 "ㅈ"으로 표기하기로 한다. 물론 "з"의 경우는 자음앞 또는 모음 앞에서 [쯔]로 발음할 경우도 있다.

⁴ 현대몽골어의 "й"은 혀의 중간으로부터 발음되는 반모음, 반자음적인 성질의 음성을 표기하며 독립하여 단독으로는 음절을 형성할 수가 없다. 때문에 이중모음이나 장모음을 표기하는데 주로 사용한다. 이는 완전한 "и"의 음가가 아니라 마치 반만 소리내듯이 하기때문에 이를 "хагас й(하가스 이 –짧은 이, 반 이)"라고 부른다.

⁵ 현대몽골어의 "н"은 일반적으로 [n], [ŋ] 등과 같은 음가를 나타내는데 "н"뒤에 모음이 올 경우에는 [n], 모음없이 단독으로 쓰였을 경우에는 [ŋ]의 음가를 주로 나타낸다. [n]은 우리말의 "ㄴ", [ŋ]은 우리말 받침의 "ㅇ"과 유사하다.

⁶ 현대몽골어의 "θ"는 우리나라 말의 음가에 없는 음으로서 마치 우리말의 "어"발음 또는 "우"발음과 가깝게 발음된다. 이를 제대로 발음하려면 우리말의 "으"와 "어"의 소리를 함께 내듯이 발음한다. 즉, 입의 모양을 "으"발음모양으로 하면서 거의 동시에 "어"의 소리를 내면 어느정도 비슷한 소리를 낼 수 있다. 이를 한국어로 표기할 경우에는 "어"로 표기하기로 한다.

⁷ 현대몽골어의 "ф"음은 주로 거의가 차용어에 사용된다. 즉 "к, ф, п, щ"를 몽골어에서는 특수 4 자음이라고 하는데 이는 "п"문자는 아주 드물게 나타나고 나머지 "к, ф, щ"는 차용어에만 나타나기 때문이다.

⁸ 현대몽골어의 "ц", "ч"도 위의 "ж", "з"와 같이 각각 혀끝과 웃니, 혀끝과 잇몸으로 발음하는 무성파찰음인데 이들도 우리에게는 서로 구분해서 발음하기가 까다로운 편이다. 이들은 모두 우리의 "ㅊ"으로 표기하기로 한다.

⁹ "ы"문자는 혀의 중간으로부터 항상 길게 발음되는 "и"음가를 표기한다. 즉 우리의 [이:]에 해당하게 발음한다.

한글 자모(ХАНГЫЛ ЖАМУ)

1. 기본모음(ҮНДСЭН ЭГШИГ)

문 자 үсэг	명 칭 нэр		발 음 дуудлага	로마자 Латин үсэг	유사한 몽골음 ойролцоо дуудлага
ㅏ	아	а	[a]	a	а
ㅑ	야	я	[ja]	ya	я
ㅓ	어	о	[ʌ]	eo	о/ө
ㅕ	여	ё	[jʌ]	yeo	ё
ㅗ	오	у	[o]	o	у
ㅛ	요	иу	[jo]	yo	иу
ㅜ	우	ү	[u]	u	ү
ㅠ	유	ю	[ju]	yu	ю
ㅡ	으	ы	[ɨ]	eu	ы
ㅣ	이	и	[i]	i	и

2. 기본자음(ҮНДСЭН ГИЙГҮҮЛЭГЧ)

문자 үсэг	명 칭 нэр		발 음 дуудлага	로마자 Латин үсэг	유사한 몽골음 ойролцоо дуудлага	
					모음앞 эгшигий н өмнө	자음앞 또는 어말(받침) гийгүүлэгчийн өмнө буюу үгийн эцэст
ㄱ	기역	гиёг	[g],[k]	g, -k-	г/к	г
ㄴ	니은	ниын	[n]	n	н	н
ㄷ	디귿	дигыт	[d], [t]	d, -t-	д	т

ㄹ	리을 лиыл	[r], [l]	r, -l	р/л	л
ㅁ	미음 миым	[m]	m	м	м
ㅂ	비읍 биыб	[b]	b, -p-	б	б
ㅅ	시옷 сиут	[s]	s	с/ш	т
ㅇ	이응 иынг	[ø], [ŋ]	-, -ng	–/в	нг
ㅈ	지읒 жиыт	[dʒ]/[dz]	j, -ch-	ж/з	т
ㅊ	치읓 чиыт	[ts]/[tʃ]	ch	ч/ц	т
ㅋ	키읔 киык	[k]	k	к	г
ㅌ	티읕 тиыт	[t]	t	т	т
ㅍ	피읖 пиыл	[p]	p	п	б
ㅎ	히읓 хиыт	[x], [h]	h	х	–/т

3. 보조모음(ТУСЛАХ ЭГШИГ)

문 자 үсэг	명 칭 нэр		로마자 Латин үсэг	유사한 몽골음 ойролцоо дуудлага
ㅐ	애	аэ	ae	аэ
ㅒ	얘	яэ	yae	яэ
ㅔ	에	э	e	э
ㅖ	예	е	ye	е
ㅘ	와	уа ва	wa	уа ва
ㅙ	왜	уаэ ваэ	wae	уаэ ваэ
ㅚ	외	уэ	oe	уэ
ㅝ	워	ɣо во	wo	ɣо во
ㅞ	웨	үэ вэ	we	үэ вэ

ㅟ	위	ҮЙ ВИ	wi	ҮЙ ВИ
ㅢ	의	ЫЙ	ui	ЫЙ

4. 보조자음(ТУСЛАХ ГИЙГҮҮЛЭГЧ)

문 자 үсэг	명 칭 нэр		로마자 Латин үсэг	유사한 몽골음 ойролцоо дуудлага	
				모음앞 эгшигийн өмнө	자음앞 또는 어말(받침) гийгүүлэгчийн өмнө буюу үгийн эцэст
ㄲ	쌍기역	ссангииёг	kk	гг	г
ㄸ	쌍디귿	ссангниын	tt	дд	–
ㅃ	쌍비읍	ссангдигыт	pp	бб	б
ㅆ	쌍시옷	ссанглиыл	ss	сс	т
ㅉ	쌍지읒	ссангмиым	jj	зз	–

제 1 장. 일상용어 및 어구

(1. ӨДӨР ТУТАМ ХЭЛЭЛЦДЭГ ҮГ, ХЭЛЛЭГ)

■ ТАНИЛЦАХ, УУЛЗАХ [타닐차흐, 울:짜흐]

1. **Сайн байна уу?**
사인 바인 오:? [사임 바이노:?]

2. **Сайн байцгаана уу?**
사인 바이츠간: 오:? [사임 바이츠가:노:?]

3. **Өглөөний мэнд хүргэе!**
어글러:니: 멘드 후르게예! [어글러:니: 멘뜨 후르기:!]

4. **Өдрийн мэнд хүргэе!**
어드링: 멘드 후르게예! [어드링: 멘뜨 후르기:!]

5. **Оройн мэнд хүргэе!**
어러잉 멘드 후르게예! [어러잉 멘뜨 후르기:!]

6. **Тавтай морилно уу!**
타브타이 머릴른 오:! [타브태 머릴르노:!]

7. **Тантай танилцаж болох уу?**
탄타이 타닐차지 벌러흐 오? [탄태 타닐차쥐(쮜) 벌호:?]

8. **Би таны тухай их сонссон.**
비 타니 토하이 이흐 선스성. [비 타니 토하이 이흐 선스쑹.]

9. **Би таныг дуулж байсан.**
비 타니:그 둘:지 바이상. [비 타니:끄 둘:쥐(쮜) 바이쑹.]

10. **Таны алдар нэрийг ном хэвлэлээс олон үзсэн.**
타니 알다르 네리:그 넘 헤브렐레:스 얼렁 우즈셍. [타니 알따르 네리:끄 넘 헤브렐레:쓰 얼렁 우쯔쑹.]

11. **Би таны номыг үзэж байсан.**
비 타니 너미:그 우제지 바이상. [비 타니 너미:끄 우쯔쥐(쮜) 바이쑹.]

12. **Би танай хүүг(охиныг) их сайн танина.**
비 타나이 후:그(어히니:그) 이흐 사인 타닌./타니나./ [비 타나이 후:끄(어히니:끄) 이흐 사인 타닌./타니나./]

13. **Би өөрийгөө танд танилцуулж болох уу?**
비 어:리:거: 탄드 타닐촐:지 벌러흐 오? [비 어:리:거: 탄뜨 타닐촐:쥐(쮜) 벌호:?]

Бололгүй яах вэ. 벌럴구이 야흐 웨. [벌럴구이 야헤.]
Намайг ... гэдэг. 나마이그 ... 게데그.(게덱.) [나마이끄 ... 게데끄.(게덱.)]

14. **Би эхлээд өөрийгөө танд танилцуулъя.**
비 에흘레:드 어:리:거: 탄드 타닐촐:리/야/. [비 에흘레:뜨 어:리:거: 탄뜨 타닐촐:리/야/.]

15. **За, танилцъя.**
자, 타닐치/야/. [자, 타닐치/야/.]

■ 소개 및 만남 [СУГАЭ МИТ МАННАМ]

1. **안녕하세요?, 안녕하십니까?**
[Аннёнгхасэиу?, Аннёнгхасимнигга?]

2. **안녕들하세요?, 안녕들하십니까?**
[Аннёнгдылхасэиу?, Аннёнгдылхасимнигга?]

3. **안녕하십니까!(아침)**
[Аннёнгхасимнигга!(ачим)]

4. **안녕하십니까!(점심)**
[Аннёнгхасимнигга?(жомсим)]

5. **안녕하십니까!(저녁)**
[Аннёнгхасимнигга?(жонёг)]

6. **환영합니다!**
[Хуанёнгхамнида!]

7. **당신과 인사해도 되겠습니까?**
[Дангсингуа инсахаэду дуэгэссымнигга?]

8. **저는 당신에 관해 무척 많이 들었습니다.**
[Жонын дангсинэ гуанхаэ мүчог мани дыроссымнида.]

9. **저는 당신을 알고 있었습니다.**
[Жонын дангсиныл алгу иссоссымнида.]

10. **당신의 성함을 책에서 많이 보았습니다.(봤습니다.)**
[Дангсиный сонгхамыл чаэгэсо мани буассымнида.]

11. **저는 당신의 책을 보고 있었습니다.**
[Жонын дангсиный чаэгыл бугу иссоссымнида.]

12. **저는 당신의 아들을(딸을) 아주 잘 압니다.**
[Жонын дангсиный адырыл(ддарыл) ажү жал амнида.]

13. **제 자신을 소개해도 괜찮겠습니까?**
[Жэ жасиныл сугаэхаэду гуаэнчанкэссымнигга?]

그럼은요. [Громыниу.]
저는 ... 이라고 합니다. [Жонын ... ирагу хамнида.]

14. **먼저 제 자신을 소개하겠습니다.**
[Монжо жэ жасиныл сугаэхагэссымнида.]

15. **자 그럼, 서로 인사합시다.**
[Жа гром, сору инсахабссида.]

16. Танилцацгаана уу.
타닐차츠간: 오:. [타닐차츠가:노:.]

17. Тантай ... танилцуулахыг зөвшөөрнө үү.
탄타이: ... 타닐촐:라히:그 접셔:른 우. [탄태 ... 타닐촐:라히:ㄲ 접셔:르누:.]

> **нөхөр ... –ыг(–ийг)** [너허르 ... –이:ㄲ(–이:ㄲ)]
> **найзаа** [나이자:]
> **найз эмэгтэйгээ** [나이즈 에메ㄲ테게:]
> **нөхрөө** [너흐러:]
> **эхнэрээ** [에흐네레:]

18. Та ... –ыг(–ийг) сайн таних уу?
타 ...이:그(–이:그) 사인 타니흐 오:? [타 ... 이:ㄲ(–이:ㄲ) 사인 타니호:?]

Их сайн танина.
이흐 사인 타닌./타니나./ [이흐 사인 타닌./타니나./]

Бага зэрэг танина.
바가 제레그 타닌./타니나./ [바ㄲ 제레ㄲ 타닌./타니나./]

Би ...–ыг(–ийг) зүс л танина.
비 ...–이:그(–이:그) 주스 을 타닌/타니나/ [비 ...–이:ㄲ(–이:ㄲ) 주쓸 타닌/타니나/]

19. Та намайг ... гэдэг хүнтэй(тэр хүнтэй) танилцуулж өгч болох уу?
타 나마이그 ... 게데그(게덱) 훈테이(테르 훈테이) 타닐촐:지 어그치 벌러흐 오:?
[타 나마이ㄲ ... 게데ㄲ(게덱) 훈테(테르 훈테) 타닐촐:쥐(쮜) 어그치 벌호:?]

20. Та хоёр танилц.
타 허여르 타닐츠. [타 허여르 타닐츠.]

21. Таны алдар(нэр) хэн бэ?
타니: 알다르(네르) 헹 베? [타니: 알따르(네르) 헴베?]

Миний нэр ... . [미니: 네르 ... .]

Миний овог .... [미니: 어워ㄲ(어웍) ... .]

Намайг зүгээр ... гэж дуудаж болно.
[나마이ㄲ 쭈게르 ... 게쥐(쮜) 도:뜨쥐(쮜) 벌른./벌르너./]

22. Таны нэрийг хэн гэдэг вэ?(Таныг хэн гэдэг вэ?)
타니: 네리:그 헹 게데그 웨?(타니:그 헹 게데그 웨?) [타니: 네리:ㄲ 헹 게데
ㄲ(게덱) 웨?(타니:ㄲ 헹 게데ㄲ(게덱) 웨?)]

23. Чиний нэрийг хэн гэдэг вэ?(Чамайг хэн гэдэг вэ?)
치니: 네리:그 헹 게데그 웨?(차마이그 헹 게데그 웨?) [치니: 네리:ㄲ 헹 게데
ㄲ(게덱) 웨?(차마이ㄲ 헹 게데ㄲ(게덱) 웨?)]
Миний нэрийг ... гэдэг.(Намайг ... гэдэг.)
미니: 네리:그 ... 게데그(나마이그 ... 게데그.) [미니: 네리:ㄲ ... 게데ㄲ(게덱)(나마이ㄲ ... 게데
ㄲ(게덱.))]

16. 인사들 하시지요., 인사들 하십시오.
[Инсадыл хасижииу., Инсадыл хасибссиу.]

17. 당신에게 ... 소개하도록 허락해 주십시오.
[Дангсинэгэ ... сугаэхадуруг хоракаэ жүсибссиу.]

...동지를 *[... дунгжирыл]*
제친구를 *[жэчингүрыл]*
제여자친구를 *[жэёжачингүрыл]*
제남편을 *[жэнампёныл]*
제부인을 *[жэбүиныл]*

18. 당신은 ...을(를) 잘 압니까?
[Дангсинын ...ыл(рыл) жал амнигга?]

아주 잘 압니다.
[Ажү жал амнида.]

조금 압니다.
[Жугым амнида.]

저는 ...을(를) 얼굴만 압니다.
[Жонын ...ыл(рыл) олгүлман амнида.]

19. 당신 저를 ...라는 사람에게(저사람에게) 소개시켜 주실 수 있습니까?
[Дангсин жорыл ...ранын сарамэгэ(жо сарамэгэ) сугаэсикё жүсил ссү иссымнигга?]

20. 서로 인사하세요., 서로 인사하십시오..
[Сору инсахасэиу., Сору инсахасибссиу.]

21. 당신 성함이(이름이) 어떻게 되십니까?
[Дангсин сонгхами(ирыми) оддокэ дуэсимнигга?]

제 이름은 ... 입니다. [Жэ ирымын ... имнида.]

제 성은 ... 입니다. [Жэ сонгын ... имнида.]

저를 그냥 ... 라고 불러도 됩니다.
[Жорыл гынянг ... рагу бүллоду дуэмнида.]

22. 당신의 이름은 무엇입니까?(당신을 누구라고 합니까?)
[Дангсиный ирымын мүосимнигга?(Дангсиныл нүгүрагу хамнигга?)]

23. 너의 이름은 무엇이니?(너를 누구라고 하니?)
[Ноый ирымын мүосини?(Норыл нүгүрагу хани?)]

내 이름은 ...라고 해.(나를 ...라고 해.)
[Наэ ирымын ...рагу хаэ.(Нарыл ...рагу хаэ.)]

24. **Та(Та нар) хаанаас ирсэн бэ?**
타(타 나르) 하:나:스 이르셍 베? [타(타 나르) 하:나:스 이르씀 베?]

Би(Бид) ... ирсэн.
비(비드) ... 이르셍. [비(비뜨) ... 이르쑹.]

Солонгосоос [설렁거써:쓰]
Сөүлээс [서울레:쓰]
Монголоос [몽골러:쓰]
Улаанбаатараас [올람:바:타라:쓰]

25. **Та(Та нар) хаанаас явж байна /вэ/?**
타(타 나르) 하:나:스 야브지 바인 /웨/? [타(타 나르) 하:나:쓰 야브쮜(쮜) 와인 /웨?/]

Би(Бид) *солонгос–монгол* **хамтарсан "*СОЛМОН*" компа– ниас явж байна.**
비(비드) 설렁거스–몽골 함타르상 "설몽" 컴파니아스 야브지 바인. [비(비뜨) 설렁거스–몽골 함트르쑹 "설몽" 컴파니아쓰 야브쮜(쮜) 와인.]

26. **Бид ... .**
비드 ... [비뜨 ... .]

гурван хүн. [고르왕 홍]
таван хүн [타웅 홍]
хорин хүн [허링 홍]

27. **Би(Бид) анх удаа *Монголд*(танай оронд) ирж байна.**
비(비드) 앙흐 오다: 몽골드(타나이 어렁드) 이르지 바인. [비(비뜨) 앙크 오따: 몽골뜨(타나이 어렁뜨) 이르쮜(쮜) 와인.]

28. **Бид хоёрдахь удаагаа *Монголд*(танай оронд) ирж байна.**
비드 허여르다히 오다:가: 몽골드(타나이 어렁드) 이르지 바인. [비뜨 허여르다히 오따:가: 몽골뜨(타나이 어렁뜨) 이르쮜(쮜) 와인.]

29. **Би(Бид) ... төлөөлөгчөөр ирсэн.**
비(비드) ... 털렬:러그처:르 이르셍. [비(비뜨) ... 털렬:러ㄲ처:르 이르쑹.]

худалдааны [호달따:니:]
спортын [스포르팅:]
үйлдвэрчний эвлэлийн [우일뜨웨르치니: 에브렐링:]
залуучуудын [잘로:초: 딩:]

30. **Манай төлөөлөгчид(хэсэг) 5 хүнтэй.**
마나이 털렬:러그치드(헤세그) 타왕 홍테이. [마나이 털렬:러ㄲ치뜨(헤세ㄲ) 타웅 홍테.]

31. **Та(Та нар) ямар ажлаар ирсэн бэ?**
타(타 나르) 야마르 아질라.르 이르셍 베? [타(타 나르) 야마르 아질라.르 이르씀 베?]

Би(Бид) ... ирсэн.
비(비드) ... 이르셍. [비(비뜨) ... 이르쑹.]

24. 당신은(당신들은) 어디에서 왔습니까?
[Дангсинын(Дангсиндырын) одиэсо уассымнигга?]
저는(저희들은) ... 왔습니다.
[Жонын(Жохыйдырын) ... уассымнида.]

   한국에서 [Хангугэсо]
   서울에서 [Соүрэсо]
   몽골에서 [Монгорэсо]
   울란바타르에서 [Улаанбаатаарэсо]

25. 당신은(당신들은) 어디에서 나왔습니까?
[Дангсинын(Дангсиндырын) одиэсо науассымнигга?]

   저는(저희들은) 한.몽합작의 "설몽"회사에서 나왔습니다.
[Жонын(Жохыйдырын) хан.монхабззагый "солмон"хуэсаэсо
навассымнида.]

26. 저희는 ... 입니다.
[Жохыйнын ... имнида.]

   세사람 [сэсарам]
   다섯사람 [дасоссарам]
   스무명(사람) [сымумёнг(сарам)]

27. 저(저희)는 처음으로 몽골(귀국)에 왔습니다.
[Жо(Жохый)нын чоымыру монгол(гүйгүг)э уассымнида.]

28. 저희는 두번째로 몽골(귀국)에 왔습니다.
[Жохыйнын дүбонззаэру монгол(гүйгүг)э уассымнида.]

29. 저(저희)는 ... 대표자로 왔습니다.
[Жо(Жохый)нын ... даэпиужару уассымнида.]

   무역 [мүёг]
   체육 [чэюг]
   노동조합 [нудунгжухаб]
   청소년 [чонгсунён]

30. 우리 대표자들(측)은 5명입니다.
[Ури даэпиужадыл(чыг)ын дасотмёнгимнида.]

31. 당신(당신들)은 무슨 일로 왔습니까?
[Дангсин(дангсиндыл)ын мүсын иллу уассымнигга?]

   저(저희)는 ... 왔습니다.
[Жо(Жохый)нын ... уассымнида.]

32. Уучлаарай, та Ким Гисонг гуай мөн үү?
오칠라:라이, 타 김기성 고아이 멍(뭉) 우:? [오칠라:래, 타 김기성 고아이 무누:?]

Тийм ээ, би Ким Гисонг мөн.
팀: 에:, 비 김기성 멍(뭉). [티:메:, 비 김기성 멍(뭉).]

33. Танд нэрийн хуудас байна уу?
탄드 네링: 호:다스 바인 오:? [탄뜨 네링: 호:다쓰 바이노:?]

Энэ миний нэрийн хуудас.
엔 미니: 네링: 호:다스. [엔 미니: 네링: 호:다쓰.]

34. Тантай танилцсандаа /их/ баяртай(таатай) байна.
탄타이 타닐츠상다: /이흐/ 바야르타이(타:타이) 바인. [탄태 타닐츠쑹다 /이흐/ 바이르태(타:태) 바인.]

35. Тантай уулзсандаа /их/ баяртай байна.
탄타이 올:즈상다:/이흐/ 바야르타이 바인. [탄태 올:쯔쑹다:/이흐/ 바이르태 바인.]

36. Тантай сайхан танилцлаа.
탄타이 사이항 타닐츨라:. [탄태 사이항 타닐츨라:.]

37. Тантай уулзалгүй их удлаа.
탄타이 올:잘구이 이흐 오들라:. [탄태 올:즐구이 이흐 오뜰라:.]

38. Та нар танилцаарай.
타 나르 타닐차:라이. [타 나르 타닐차:래.]

기자로 [гижаро]
연수하러 [ёнсухаро]
관광객으로 [гуангуанггаэгыру]
공부하러 [гунгбухаро]
장사하러(사업하러) [жангсахаро(саопаро)]

32. **실례합니다, 당신 김기성 씨가 맞습니까?**
[Силлехамнида, дангсин Ким Гисонг ссига матссымнигга?]

네 그렇습니다, 제가 김기성 입니다.
[Нэ гыроссымнида, жэга Ким Гисонг имнида.]

33. **당신 명함이 있습니까?**
[Дангсин мёнгхами иссымнигга?]

이게 제 명함입니다.
[Игэ жэ мёнгхамимнида.]

34. **당신과 알게되어 /매우/ 기쁩니다.**
[Дангсингуа алгэдуэо /маэү/ гиббымнида.]

35. **당신을 만나 /매우/ 기쁩니다.**
[Дангсиныл манна /маэү/ гиббымнида.]

36. **당신과 알게되어 기쁩니다.**
[Дангсингуа алгэдуэо гиббымнида.]

37. **당신과 못만난지 굉장히 오래됐습니다.**
[Дангсингуа мунманнанжи гуэнгжангхи ураэдуаэссымнида.]

38. **당신들 서로 인사하시죠.**
[Дангсиндыл сору инсахасижиу.]

■ МЭНДЛЭХ, САЛАХ [멘들레흐, 살라흐]

1. **Сайн байна уу?**
   사인 바인 오:? [사임 바이노:?]

2. **Сайн байцгаана уу?**
   사인 바이츠간: 오:? [사임 바이츠가:노:?]

3. **Бүгдээрээ сайн байцгаана уу?**
   북데:레: 사인 바이츠간: 오:? [북떼:레: 사임 바이츠가:노:?]

4. **Сайн уу?**
   사인 오:? [사이노:?]

5. **Таны бие сайн уу?**
   타니: 비예 사인 오:? [타니: 비이(비예) 사이노:?]

6. **Таны ажил алба сайн уу?**
   타니: 아질 알바 사인 오:? [타니: 아질 알바 사이노:?]

7. **Таны сурлага сайн уу?**
   타니: 소를락(소를라그) 사인 오:? [타니: 소를락(소를라끄) 사이노:?]

8. **Танайхан сайн уу?**
   타나이항 사인 오:? [타나이항 사이노:?]

9. **Сонин сайхан юу байна?**
   서닝 사이항 유오 바인? [서닝 사이항 유오 와인?]

   Юмгүй, тайван сайхан байна.
   욤구이, 타이왕 사이항 바인. [욤구이, 태왕 사이항 바인.]

   Онцгойд юмгүй шив дээ.
   엉츠거이드 욤구이 쉬브 데:. [엉츠거이뜨 욤구이 쉬브 떼:.]

10. **Юу байна?**
    유오 바인? [유오 와인?]

    Юмгүй /дээ/.
    욤구이 /데:/. [욤구이 /데:/.]

11. **Өглөөний мэнд хүргэе!**
    어글러:니: 멘드 후르게예! [어글러:니: 멘뜨 후르기이!]

12. **Өдрийн мэнд хүргэе!**
    어드링: 멘드 후르게예! [어드링: 멘뜨 후르기이!]

13. **Оройн мэнд хүргэе!**
    어러잉 멘드 후르게예! [어러잉 멘뜨 후르기이!]

14. **Таны өглөөний амгаланг айлтгая!**
    타니: 어글러:니: 암갈랑그 아일트가야! [타니 어글러:니: 암갈랑끄 아일트가이!]

1. 안녕하세요?/안녕하십니까?
   [Аннёнгхасэиу?, Аннёнгхасимнигга?]

2. 안녕들하십니까?
   [Аннёнгдылхасимнигга?]

3. 모두 안녕들하십니까?
   [Мудγ аннёнгдылхасимнигга?]

4. 안녕?
   [Аннёнг?]

5. 건강하세요?/건강하십니까?
   [Гонгангхасэиу?, Гонгангхасимнигга?]

6. 당신의 일은 잘 되어갑니까?
   [Дангсиный ирын жал дуэогамнигга?]

7. 당신의 공부는 잘 되어갑니까?
   [Дангсиный гунгбγнын жал дуэогамнигга?]

8. 가족들은 잘 지내고 계십니까?
   [Гажугдырын жал жинаэгу гесимнигга?]

9. 뭐 새롭고 좋은 일이 있습니까?(어떻게 지내십니까?)
   [Мγо саэрубгту жуын ири иссымнигга?(Оддокэ жинаэсимнигга?)]

   뭐 별일 없습니다, 그럭저럭 잘 지내고 있습니다.
   [Мγо бёллил обссымнида, грогззорог жал жинаэгу иссымнида.]
   그리 특별한 일은 없습니다.
   [Гыри тыгббёлхан ирын обссымнида.]

10. 어때요?
    [Оддаэиу?]

    아무일 없어요.,아무일 없습니다.
    [Амγил обсоиу., Амγил обссымнида.]

11. 안녕하세요!,안녕하십니까!(아침)
    [Аннёнгхасэиу!, Аннёнгхасимнигга!(АЧИМ)]

12. 안녕하세요!,안녕하십니까!(점심)
    [Аннёнгхасэиу!, Аннёнгхасимнигга!(ЖОМСИМ)]

13. 안녕하세요!,안녕하십니까!(저녁)
    [Аннёнгхасэиу!, Аннёнгхасимнигга!(ЖОНЁКъ]

14. 아침 문안인사 드립니다!
    [Ачим мγнанинса дыримнида!]

15. **Таны өдрийн амгаланг айлтгая!**
타니: 어드링: 암갈랑그 아일트가야! [타니: 어드링: 암갈랑끄 아일트가이!]

16. **Таны оройн амгаланг айлтгая!**
타니: 어러잉 암갈랑그 아일트가야! [타니: 어러잉 암갈랑끄 아일트가이!]

17. **Сайхан унтав уу?(Сайхан нойрсов уу?)**
사이항 온타브 오:?(사이항 너이르서브 오:?) [사이항 온트보:?(사이항 너이르써보:?)]

Сайхан унтлаа.
사이항 온틀라:. [사이항 온틀라:.]

18. **Сайхан нойрсоорой.**
사이항 너이르서:러이. [사이항 너이르써:래:.]

19. **Сайхан унтаарай.**
사이항 온타:라이. [사이항 온타:래:.]

20. **Сайхан амраарай.**
사이항 아므라:라이. [사이항 아므라:래:.]

21. **Та сайн сууж байна уу?**
타 사인 소:지 바인 오:? [타 사인 소:쥐(쮜) 와이노:?]

Баярлалаа, сайн сууж байна аа.
바야르랄라:, 사인 소:지 바인 아:. [바이를라:, 사인 소:쥐(쮜) 와이나:]

22. **Та сайн сууж байна уу?**
타 사인 소:지 바인 오:? [타 사인 소:쥐(쮜) 와이노:?]

Баярлалаа, сайн л сууж байна.
바야르랄라:, 사인 을 소:지 바인. [바이를라:, 사인 을 소:쥐(쮜) 와인.]

23. **Тантай уулзсандаа /их/ баяртай байна.**
탄타이 올:즈상다: /이흐/ 바야르타이 바인. [탄태 올:쯔쌍다: /이흐/ 바이르태 바인.]

24. **Бид уулзсан нь ямар сайн юм бэ!**
비드 올:즈상 은 야마르 사인 윰 베! [비뜨 올:쯔쌍 은 야마르 사인 윰 베!]

25. **Бид дахиад хэдийд(хэзээ) уулзах вэ?**
비드 다히아드 헤디:드(헤제) 올:자흐 웨? [비뜨 다히아뜨 헤디:뜨(히쩨) 올:짜흐 웨?]

26. **Өршөөгөөрэй, би явах хэрэгтэй байна.**
어르셔:거:레이, 비 야와흐 헤레그테이 바인. [어르셔:거:레:, 비 야와흐 헤레끄테 바인.]

27. **За, одоо би явъя даа.**
자, 어더: 비 야위야 다:. [자, 어떠: 비 야위: 따:.]

Жаахан суу л даа. Юунд яараа вэ?
자:항 소: 을 다:. 유운드 야:라: 웨? [자:홍 소:을 다:. 유온뜨 야:라: 웨?]

15. 점심 문안인사 드립니다!
[Жомсим мүнанинса дыримнида!]

16. 저녁 문안인사 드립니다!
[Жонёг мүнанинса дыримнида!]

17. 잘 잤습니까?(편안히 주무셨습니까?)
[Жал жассымнигга?(Пёнанхи жүмүшёссымнигга?)]

　　잘 잤습니다.
[Жал жассымнида.]

18. 안녕히 주무십시오.
[Аннёнгхи жүмүсибссиу.]

19. 잘 자세요.
[Жал жасэиу.]

20. 편히 쉬십시오.
[Пёнхи сүйсибссиу.]

21. 당신 잘 지내고 계십니까?
[Дангсин жал жинаэгу гесимнигга?]

　　고맙습니다, 잘 지내고 있습니다.
[Гумабссымнида, жал жинаэгу иссымнида.]

22. 당신 잘 지내고 계십니까?
[Дангсин жал жинаэгу гесимнигга?]

　　고맙습니다, 아주 잘 지내고 있습니다.
[Гумабссымнида, ажү жал жинаэгу иссымнида.]

23. 당신과 만나뵈어 /정말/ 기쁩니다.
[Дангсингуа маннабуэо /жонгмал/ гиббымнида.]

24. 우리가 이렇게 만나다니 정말 기쁘군요.
[Үрига ирокэ маннадани жонгмал гиббыгүниу.]

25. 우리 다시 언제 만날까요?
[Үри даси онжэ манналггаиу?]

26. 죄송합니다, 저는 가봐야 합니다.
[Жуэсунгхамнида, жонын габуая хамнида.]

27. 자 이만, 지금 저는 가봐야겠습니다.
[Жа иман, жигым жонын габуаягэссымнида.]
　　조금 더 계세요. 뭐가 그리 급하세요?
[Жугым до гесэиу. Мүога гыри гыпасэиу?]

Их удлаа шүү. Хойшоо жаахан яараад байна. Би одоо хурдлахгүй бол болохгүй нь.

이흐 오들라. 슈.. 허이셔: 자.항 야.라.드 바인. 비 어더: 호르들라흐구이 벌 벌러흐구이
은. [이흐 오뜰라. 슈.. 허이셔: 자.흥 야.라.드 바인. 비 어뗘: 호르뜰라흐꾸이 벌 벌러흐꾸
인.]

28. **Өнөөдөр их юм ярилаа.**

어너:더르 이흐 윰 야릴라:. [어너:떠르 이흐 윰 얘릴라:.]

29. **Уучлаарай! Миний явах цаг боллоо.**

오:칠라.라이! 미니: 야와흐 차그(착) 벌러:. [오:칠라.래:! 미니: 야와흐 차끄(착) 벌를러:.]

30. **Их орой боллоо!**

이흐 어러이 벌러:! [이흐 어러이 벌를러:!]

31. **Одоо та нар амарцгаа даа.**

어더: 타 나르 아마르츠가: 다:. [어뗘: 타 나르 아마르츠가: 따:.]

32. **Баяртай!**

바야르타이! [바이르태!]

33. **Удахгүй уулзталаа баяртай!(Түр баяртай!)**

오다흐구이 올:즈탈라: 바야르타이!(투르 바야르타이!) [오트꾸이 올:쯔틀라:
바이르태!(투르 바이르태!)]

34. **Дахиж уулзталаа баяртай!**

다히지 올:즈탈라: 바야르타이! [다히줘(쮜) 올:쯔틀라: 바이르태!]

35. **/Аян/ Замдаа сайн яваарай!**

/아양/ 잠다: 사인 야와:라이! [/아잉/ 잠다: 사인 야와:래:!]

36. **Сайн сууж байгаарай!**

사인 소:지 바이가:라이! [사인 소:줘(쮜) 바이가:래:!]

37. **... мэнд хүргээрэй(дамжууларай).**

... 멘드 후르게:레이(담쫄:라라이) [... 멘뜨 후르게:레:(담쫄:라래:)]

> ***Нөхөртөө*** 너허르터: [너허르터:]
> ***Эхнэртээ*** 에흐네르테 [에흐네르테]
> ***Найзууддаа*** 나이조:드다: [나이조:뜨따:]

평장히 오래됐습니다. 조금 급한 일이 있어서요. 지금 서두르지 않으면 안 됩니다.
[Гуэнгжангхи ураэдуаэссымнида. Жугым гыпан ири иссосоиу. Жигым содүржи анымён андуэмнида.]

28. 오늘 정말 많은 애기나누었습니다.
[Уныл жонгмал манын яэги нануоссымнида.]

29. 미안합니다! 이제 그만 가야 할 시간이 되었습니다.
[Мианхамнида! Ижэ гыман гая хал сигани дуэоссымнида.]

30. 많이 늦었습니다!
[Мани ныжоссымнида!]

31. 이제 당신들 좀 쉬십시오.
[Ижэ дангсиндыл жум сүйсибссиу.]

32. 안녕히 계십시오!, 안녕히 가십시오!
[Аннёнгхи гесибссиу!, Аннёнгхи гасибссиу!]

33. 곧 다시 만나뵐 때까지 안녕히 계십시오!/가십시오!
[Гут даси маннабуэл ддаэггажи аннёнгхи гесибссиу! /гасибссиу!]

34. 다시 뵐 때까지 안녕히 계십시오!/가십시오!
[Даси буэл ддаэггажи аннёнгхи гесибссиу! /гасибссиу!]

35. 편안한 여행 되십시오!
[Пёнанхан ёхаэнг дуэсибссиу!]

36. 편안히 지내십시오!
[Пёнанхи жинаэсибссиу!]

37. ... 안부 전해주십시오.
[... анбү жонхаэжүсибссиу.]

당신 남편에게 [Дангсин нампёнэгэ]
당신 부인에게 [Дангсин бүинэгэ]
친구들에게 [чингудырэгэ]

■ ТАЛАРХАХ, УУЧЛАХ [탈라르하흐, 오:칠라흐]

–ТАЛАРХАХ– [탈라르하흐]

1. **/Танд/ баярлалаа.**
/탄드/ 바야르랄라:. [/탄뜨/ 바이를라:.]

Зүгээр, зүгээр.
주게:르, 주게:르. [쭈게:르, 쭈게:르.]

2. **Танд маш их баярлалаа.**
탄드 마쉬 이흐 바야르랄라:. [탄뜨 마쉬 이흐 바이를라:.]

3. **Танд гялайлаа.**
탄드 걀라일라:. [탄뜨 길랄라:.(걀라일라:.)]

4. **Би танд их баярлаж байна.**
비 탄드 이흐 바야를라지 바인. [비 탄뜨 이흐 바이를라쥐(쮜) 와인.]

5. **Чин сэтгэлээсээ баярлалаа.**
친 세트겔레:세: 바야르랄라:. [친 세트겔레:쎄: 바이를라:.]

6. **Сайхан боллоо.**
사이항 벌러:. [사이항 벌를러:.]

7. **Та их тус боллоо.**
타 이흐 토스 벌러:. [타 이흐 토쓰 벌를러:.]

8. **Та яасан сайн хүн бэ.**
타 야:상 사인 홍 베. [타 야:쑹 사인 홈 베.]

9. **Яасан сайн юм бэ.**
야:상 사인 윰 베. [야쑹: 사인 윰 베.]

10. **Таны ачийг би яаж хариулна даа.**
타니: 아치:그 비 야:지 하리올른 다:. [타니: 아치:끄 비 야:쥐(쮜) 하리올른 다:.]

11. **Танд баярласнаа үгээр хэлж чадахгүй байна.**
탄드 바야를라스나: 우게:르 헬지 차다흐구이 바인. [탄뜨 바이를쓰나: 우게:르 헬쥐(쮜) 차트꾸이 바인.]

12. **... Баярлалаа.** ... 바야르랄라:. [바이를라:.]

Урьсанд 오리상드 [오리쑹뜨]
Тусалсанд 토살상드 [토슬쑹뜨]
Баяр хүргэсэнд 바야르 후르게셍드 [바이르 후르게쑹뜨]
Зөвлөсөнд 저블러성드 [저블러쑹뜨]
Анхаарал тавьсанд 앙하:랄 타비상드 [앙카:랄 타위쑹뜨]

13. **... гялайлаа.** ...
... 걀라일라:.[...길랄라:.(...걀라일라:.)]

■ 감사 및 사과 [ГАМСА МИТ САГУА]

–감 사– [ГАМСА]

1. /당신에게/ 감사합니다, 감사드립니다, 고맙습니다.
   [/Дангсинэгэ/ Гамсахамнида, Гамсадыримнида, Гумабссымнида.]
   필요, 팬찮습니다. [Мүоллиу, гуаэнчансымнида.]

2. 당신에게 굉장히 감사드립니다.
   [Дангсинэгэ гуэнгжангхи гамсадыримнида.]

3. 당신에게 감사드립니다.(–존경의 표현–)
   [Дангсинэгэ гамсадыримнида.(–жунгёнгый пиухён–)]

4. 저는 당신에게 매우 감사하고 있습니다.
   [Жонын дангсинэгэ маэү гамсахагу иссымнида.]

5. 진심으로 감사드립니다.
   [Жинсимыру гамсадыримнида.]

6. 잘 됐습니다. [Жал дуаэссымнида.]

7. 당신이 큰 도움이 됐습니다.
   [Дангсини кын дуүми дуаэссымнида.]

8. 당신은 정말 좋으신 분이군요.
   [Дангсинын жонгмал жуысин бүнигүниу.]

9. 정말 좋습니다. [Жонгмал жутсымнида.]

10. 당신의 도움을 제가 어떻게 갚아야 할지요.
    [Дангсины дуүмыл жэга оддокэ гапая халззииу.]

11. 당신에게 고마움을 말로 표현할 수가 없습니다.
    [Дангсинэгэ гумаүмыл маллу пиухёнхал ссүга обссымнида.]

12. ... 감사합니다, 감사드립니다, 고맙습니다.
    [... гамсахамнида, гамсадыримнида, гумабсымнида.]

    초대에 [Чудаээ]
    도와주심에 [Дуважүсимэ]
    축하해주심에 [Чүкахаэжүсимэ]
    조언에 [Жуонэ]
    주의를 기울여주신데 [жүыйрыл гиүрёжүсиндэ]

13. ... 감사합니다, 감사드립니다, 고맙습니다.(–존경의 표현–)
    [... гамсахамнида, гамсадыримнида, гумабссымнида.]

Зочлон хүндэлсэнд
저칠렁 훈델셍드 [저칠렁 훈델쑹뜨]
Элэгсэг(дотно) хүлээж авсанд (албан ёсны хэлэнд)
엘레그세그(더튼) 홀레:지 아우상드 (알방 여스니 헬렌드) [엘레끄세끄(더튼) 홀레:쥐(쮜) 압쑹뜨]
Үйлчилж тусалсанд
우일칠지 토살상드 [우일칠쥐(쮜) 토슬쑹뜨]

14. Бидний төлөө хичээн тусалсан та бүхэнд баярлалаа. (*албан ёсны хэлэнд*)
비드니: 털러: 히쳉: 토살상 타 부헹드 바야르랄라:.(*알방 여스니: 헬렌드*) [비뜨니: 털러: 히쳉: 토슬쑹 타 부훙뜨 바이를라:.(알방 여(요)쓰니: 헬렌뜨)]

15. Энэ бүхний төлөө танд талархалаа илэрхийлье.
엔 부흐니: 털러: 탄드 탈라르할라: 일레르힐:리예. [엔 부흐니: 털러: 탄뜨 탈라르흘라: 일레르힐:리:(일레르힐:리예.)]

–УУЧЛАХ– [오:칠라흐]

16. /Намайг/ уучлаарай!
/나마이그/ 오:칠라:라이! [/나마이끄/ 오:칠라:래:!]

17. Өршөөгөөрэй!
어르셔:거:레이! [어르셔:거:레:!]

18. Та намайг уучлаарай!
타 나마이그 오:칠라:라이! [타 나마이끄 오:칠라:래:!]

19. Таны цагийг үрчихсэнд уучлаарай.
타니: 차기:그 우르치흐셍드 오:칠라:라이. [타니: 차기:끄 우르치흐쑹뜨 오:칠라:래:.]

20. Би танд төвөг удчихлаа.
비 탄드 터워그 오드치흘라:. [비 탄드 터워끄 오뜨치흘라:.]
Зүгээр зүгээр, зовох юмгүй(хэрэггүй).
주게:르 주게:르, 저워흐 윰구이(헤렉구이). [쭈게:르 쭈게:르, 저워흐 윰구이(헤륵꾸이).]
Үгүй үгүй, яалаа гэж.
우구이 우구이, 얄:라: 게지. [우구 우구, 얄:라: 게쥐(쮜).]

21. Таны үгийг тасалсанд (ажлыг сатуулсанд) уучлаарай.
타니: 우기:그 타살상드 (아질리:그 사:톨:상드) 오:칠라:라이. [타니: 우기:끄 타슬쑹뜨 (아질리:끄 사:톨:쑹뜨) 오:칠라:래:.]

22. Уучлаарай, би арай өөрөөр бодсон.
오:칠라:라이, 비 아라이 어:러:르 버드성. [오:칠라:래:, 비 아라이 어:러:르 버뜨쑹.]

23. ... уучлаарай. ... 오:칠라:라이. [... 오:칠라:래:.]

Хожимдсонд 허짐드성드 [허짐드쑹뜨]

환영례 주심에
[Хуанёнгхаэ жусимэ]
극진한 환대에(관공서 등지에서 사용하는 말)
[Гыгззинхан хуандаээ]
봉사례 주심에
[Бунгсахаэ жусимэ]

14. 저희를 위해 힘써주신 모두에게 감사드립니다.*(관공서 등지에서 사용하는 말)*
[Жохыйрыл вихаэ химссожусин мудүэгэ гамсадыримнида.]

15. 이 모든 것을 위해 당신에게 사의를 표합니다.
[И мудын госыл вихаэ дангсинэгэ саыйрыл пиухамнида.]

–사 과– [САГУА]

16. /저를/ 용서하세요!, 미안합니다!
[/Жорыл/ Иунгсохасэиу!, Мианхамнида!]

17. 죄송합니다!
[Жуэсунгхамнида!]

18. 저를 용서하십시오!
[Жорыл иунгсохасибссиу!]

19. 당신의 시간을 뺏어서 미안합니다.
[Дангсиный сиганыл ббаэсосо мианхамнида.]

20. 당신에게 폐만 끼쳤습니다.
[Дангсинэгэ пеман ггичёссымнида.]

    괜찮습니다, 걱정하실거 없습니다.
[Гуаэнчансымнида, гогззонгхасилгго обссымнида.]

    아닙니다 아니예요, 무슨 말씀이세요.
[Анимнида аниеиу, мүсын малссымисэиу.]

21. 당신의 말을 끊어서(일을 방해해서) 미안합니다.
[Дангсиный марыл ггыносо (ирыл бангхаэхаэсо) мианхамнида.]

22. 미안합니다, 저는 조금 달리 생각했었습니다.
[Мианхамнида, жонын жугым далли саэнгакаэссоссымнида.]

23. ... 미안합니다.
[... мианхамнида.]

    늦은데에 대해 [Ныжындээ даэхаэ]

Таныг хүлээлгэсэнд
타니:그 훌렐:게셍드 [타니:끄 훌렐:게쌩뜨]
Танд төвөг удсанд
탄드 터워그 오드상드 [탄뜨 터워끄 오뜨쌍뜨]

24. Би таныг гомдоох гээгүй.
비 타니:그 검더:흐 게:구이. [비 타니:끄 검더:흐 게:구이.]

25. Миний буруу биш.
미니: 보로: 비시. [미니: 보로: 비쉬.]

26. Энэ миний буруу.
엔 미니: 보로:. [엔 미니: 보로:]

27. Дахиад би ингэхгүй.
다히아드 비 인게흐구이. [다히아뜨 비 인게흐꾸이.]

28. Битгий уурлаарай.
비트기: 오:를라:라이. [비트기: 오:를라:래:.]

29. Битгий гомдоорой.
비트기: 검더:러이. [비트기: 검더:레.]

30. Уучлаарай, би ирж чадахгүй байх аа гэж айж байна.
오:칠라:라이, 비 이르지 차다흐구이 바이흐 아: 게지 아이지 바인. [오:칠라:
래:, 비 이르쥐(쮜) 차트꾸이 바하: 게쥐(쮜) 아이쥐(쮜) 와인.]

31. Уучлаарай, танийг их хүлээлгэчихлээ.
오:칠라:라이, 타니:그 이흐 훌렐:게치흘레:. [오:칠라:래:, 타니:끄 이흐 훌렐::
게치흘레:.]

32. Уучлаарай, унаа хүлээгээд хожимдож ирлээ.
오:칠라:라이, 오나: 훌레:게:드 허짐더지 이를레:. [오:칠라:래:, 오나: 훌레:게:
뜨 허짐더쥐(쮜) 이를레:.]

33. Уучлаарай, би та хоёрт саад болчихлоо.
오:칠라:라이, 비 타 허여르트 사:드 벌치흘러:. [오:칠라:래:, 비 타 허여르트
사:뜨 벌치흘러:.]

34. Уучлаарай, би огт харсангүй.
오:칠라:라이, 비 어그트 하르상구이. [오:칠라:래:, 비 어그트 하르쌍구이.]

35. Уучлаарай, би үнэндээ тэгье гэж тэгээгүй.
오:칠라:라이, 비 우넹데: 테기예 게지 테게:구이. [오:칠라:래:, 비 우넹데: 테
기예 게쥐(쮜) 테게:구이.]

36. Уучлаарай, би үнэндээ санаатай тэгээгүй.
오:칠라:라이, 비 우넨데: 사나:타이 테게:구이. [오:칠라:래:, 비 우넹데: 사나:
태 테게:구이.]

당신을 기다리게해
[Дангсиныл гидаригэхаэ]
당신에게 폐를 끼쳐
[Дангсинэгэ перыл ггичё]

24. 저는 당신을 원망하지 않습니다.
[Жонын дангсиныл вонмангхажи анссымнида.]

25. 제 잘못이 아닙니다.
[Жэ жалмуси анимнида.]

26. 이건 제 잘못입니다., 이건 제 실수입니다.
[Игон жэ жалмусимнида., Игон жэ силссуимнида.]

27. 다시는 이러지 않겠습니다.
[Дасинын ирожи анкэссымнида.]

28. 화내지 마세요., 화내지 마십시오.
[Хуанаэжи масэиу., Хуанаэжи масибссиу.]

29. 원망하지 마세요., 원망하지 마십시오.
[Вонмангхажи масэиу., Вонмангхажи масибссиу.]

30. 미안합니다, 저는 오지 못할 것 같아 걱정이 됩니다.
[Мианхамнида, жонын ужи мутал ггот ггата гогззонги дуэмнида.]

31. 미안합니다, 당신을 너무 기다리게 했습니다.
[Мианхамнида, дангсиныл номү гидаригэ хаэссымнида.]

32. 미안합니다, 차를 기다리다가 늦었습니다.
[Мианхамнида, чарыл гидаридага ныжоссымнида.]

33. 미안합니다, 제가 당신들을 방해했군요.
[Мианхамнида, жэга дангсиндырыл бангхаэхаэггүниу.]

34. 미안합니다, 저는 전혀 못 봤습니다.
[Мианхамнида, жонын жонхё мут ббуассымнида.]

35. 미안합니다, 저는 정말로 이러자고 하지 않았습니다.
[Мианхамнида, жонын жонгмаллу ирожагу хажи анассымнида.]

36. 미안합니다, 저는 정말이지 일부러 그러지는 않았습니다.
[Мианхамнида, жонын жонгмалижи илбүро гырожинын анассымнида.]

■ ГУЙХ [고이흐]

1. Танаас нэг юм гуйя.
타나:스 네그 욤 고이야. [타나:쓰 네끄 욤 고이(야).]

2. Танаас нэг юм хүсье.
타나:스 네그 욤 후시예. [타나:쓰 네끄 욤 후씨(예).]

3. Танаас нэг юм гуймаар байна.
타나:스 네그 욤 고이마:르 바인. [타나:쓰 네끄 욤 고이마:르 바인.]

4. Танаас нэг юм асууя.
타나:스 네그 욤 아소:야. [타나:쓰 네끄 욤 아쏘이(야).]

5. Танаас нэг юм гуйж болох уу?
타나:스 네그 욤 고이지 벌러흐 오:? [타나:쓰 네끄 욤 고이쥐(쮜) 벌호:?]

6. Танаас нэг юм хүсч болох уу?
타나:스 네그 욤 후스치 벌러흐 오:? [타나:쓰 네끄 욤 후쓰치 벌호:?]

7. Танаас нэг юм асууж болох уу?
타나:스 네그 욤 아소:지 벌러흐 오:? [타나:쓰 네끄 욤 아쏘쥐(쮜) 벌호:?]

8. Та дахиад /нэг/ хэлж өгөхгүй юү?
타 다히아드 /네그/ 헬지 어거흐구이 유:? [타 다히아뜨 /네끄/ 헬쥐(쮜) 어거
흐꾸이 유:?]

9. Та жаахан чангахан ярьж өгөхгүй юү?(ярихгүй юү?)
타 자:항 창가항 야리지 어거흐구이 유:?(야리흐구이 유:?) [타 짜홍 창가항 애
리쥐(쮜) 어거흐꾸이 유:?(애리흐꾸이 유:?)]

10. Та жаахан аяархан ярьж өгөхгүй юү?(ярихгүй юү?)
타 자:항 아야르항 야리지 어거흐구이 유:?(야리흐구이 유:?) [타 짜:흥 아야르
항 애리쥐(쮜) 어거흐꾸이 유:?(애리흐꾸이 유:?)]

11. Болох уу?
벌러흐 오:? [벌호:?]

12. Орж болох уу?
어르지 벌러흐 오:? [어르쥐(쮜) 벌호:?]

Болно.
벌른. [벌른.(벌르너.)]

Болохгүй.
벌러흐구이. [벌러흐꾸이.]

13. Би одоо явж болох уу?
비 어더: 야브지 벌러흐 오:? [비 어떠: 야브쥐(쮜) 벌호:?]

■ 부탁/청원[БУТАГ/ЧОНГВОН]

1. **당신에게 한가지 부탁드리겠습니다.**
[Дангсинэгэ хангажи бутагдыригэссымнида.]

2. **당신에게 한가지 바라겠습니다.**
[Дангсинэгэ хангажи барагэссымнида.]

3. **당신에게 한가지 부탁드리고 싶습니다.**
[Дангсинэгэ хангажи бутагддыригу сибссымнида.]

4. **당신에게 하나 물어보겠습니다.**
[Дангсинэгэ хана муробугэссымнида.]

5. **당신에게 한가지 부탁드려도 되겠습니까?**
[Дангсинэгэ хангажи бутагддырёду дуэгэссымнигга?]

6. **당신에게 한가지 바래도 되겠습니까?**
[Дангсинэгэ хангажи бараэду дуэгэссымнигга?]

7. **당신에게 하나 물어봐도 되겠습니까?**
[Дангсинэгэ хана муробуаду дуэгэссымнигга?]

8. **다시 /한번/ 말씀해 주시지 않겠습니까?**
[Даси /ханбон/ малссымхаэ жусижи анкэссымнигга?]

9. **조금 크게 말씀해 주시지 않겠습니까?**
[Жугым кыгэ малссымхаэ жусижи анкэссымнигга?]

10. **조금 천천히 말씀해 주시지 않겠습니까?**
[Жугым чончонхи малссымхаэ жусижи анкэссымнигга?]

11. **됩니까?**
[Дуэмнигга?]

12. **들어가도 되겠습니까?**
[Дырогаду дуэгэссымнигга?]

됩니다.
[Дуэмнида.]

안 됩니다.
[Ан дуэмнида.]

13. **제가 지금 가도 되겠습니까?**
[Жэга жигым гаду дуэгэссымнигга?]

14. **Тамхи татаж болох уу?**
탐히 타타지 벌러흐 오:? [탐히 타트쥐(쮜) 벌호:?]

Тэг тэг, бололгүй яах вэ.
테그 테그, 벌럴구이 야흐 웨. [테끄 테끄, 벌럴구이 야헤.]

15. **Тамхи өгнө үү.(Тамхи өгөөрэй.)**
탐히 어근 우:.(탐히 어거:레이.) [탐히 어그누:.(탐히 어거:레:.)]

16. **Хэлж өгнө үү.(Хэлж өгөөрэй.)**
헬지 어근 우:.(헬지 어거:레이.) [헬쥐(쮜) 어그누:.(헬쥐(쮜) 어거:레..)]

17. **Тайлбарлаж өгнө үү.(Тайлбарлаж өгөөрэй.)**
타일바를라지 어근 우:.(타일바를라지 어거:레이.) [타일바를라쥐(쮜) 어그
누:.(타일바를라쥐(쮜) 어거:레:.)]

18. **Та надад жаахан тусалж өгөхгүй юу?**
타 나다드 자:항 토살지 어거흐구이 유? [타 나다뜨 짜:홍 토슬쥐(쮜) 어거흐꾸이 유?]

19. **Та надад нэг туслахгүй юу?**
타 나다드 네그 토슬라흐구이 유오? [타 나다뜨 네끄 토슬라흐꾸이 유오?]

20. **Танаас л өөр гуйх хүнгүй болоод байна.**
타나:스 을 어:르 고이흐 홍구이 벌러:드 바인. [타나:쓸 어:르 고이흐 홍구이
벌러:뜨 바인.(바이나.)]

21. **Надад өгөөч.**
나다드 어거:치. [나다뜨 어거:치.]

22. **Та намайг хүлээж байгаарай.**
타 나마이그 훌레:지 바이가:라이. [타 나마이끄 훌레:쥐(쮜) 바이가:래:.]

23. **Жаахан хүлээнэ үү.(Жаахан хүлээгээрэй.)**
자:항 훌렌: 우:.(자:항 훌레:게:레이.) [짜:홍 훌레:누:.(짜:홍 훌레:게:레:.)]

24. **... зөвшөөрнө үү.**
... 접셔:른 우:. [... 접셔:르누:.]

> *Тамхи татахыг* 탐히 타타히:그 [탐히 타트히:끄]
> *Үг хэлэхийг* 우그 헬레히:그 [우끄 헬레히:끄]
> *Энд суухыг* 엔드 소:히:그 [엔뜨 소:히:끄]

25. **Намайг гаргаж(үдэж) өгнө үү.**
나마이그 가르가지(우데지) 어근 우:. [나마이끄 가르가쥐(쮜)(우데쮜) 어그누:.]

26. **Та битгий мартаарай.**
타 바트기: 마르타:라이. [타 비트기: 마르타:래:.]

27. **Та жаахан түргэлээрэй.**
타 자:항 투르겔레:레이. [타 짜:홍 투르겔레:레:.]

14. 담배를 펴도 되겠습니까?
[Дамбаэрыл пёду дуэгэссымнигга?]

그럼요, 되고 말고요.
[Гыромиу, дуэгу малгуиу.]

15. 담배 좀 주십시오.
[Дамбаэ жум жүсибссиу.]

16. 말씀해 주십시오.
[Малссымхаэ жүсибссиу.]

17. 설명해 주십시오.
[Солмёнгхаэ жүсибссиу.]

18. 당신 저를 조금 도와주시지 않겠습니까?
[Дангсин жорыл жугым дуважүсижи анкэссымнигга?]

19. 당신 저를 조금 도와주시지 않겠습니까?
[Дангсин жорыл жугым дуважүсижи анкэссымнигга?]

20. 당신말고는 부탁할 사람이 없습니다.
[Дангсинмалгунын бүтакал сарами обссымнида.]

21. 저에게 주세요.
[Жоэгэ жүсэиу.]

22. 당신 저를 기다리고 계십시오.
[Дангсин жорыл гидаригу гесибссиу.]

23. 조금 기다리십시오.
[Жугым гидарисибссиу.]

24. ... 허락해 주십시오.
[... хоракаэ жүсибссиу.]

> *담배 피는 것을* [Дамбаэ пинын госыл]
> *발언을* [Бароныл]
> *여기에 앉는 것을* [Ёгиэ аннын госыл]

25. 저를 배웅해 주십시오.
[Жорыл баэүнгхаэ жүсибссиу.]

26. 잊어버리지 마십시오.
[Ижборижи масибссиу]

27. 조금 서두르십시오.
[Жугым содүрысибссиу.]

■ ЗӨВШӨӨРӨХ, ТАТГАЛЗАХ [접셔:러흐, 타트갈짜흐]

–ЗӨВШӨӨРӨХ– [접셔:러흐]

1. **За, за!**
자, 자! [자, 자!]

2. **За, тэгье!**
자, 테기예! [자, 테기:!(테기여!)]

3. **Тэг тэг!**
테그 테그! [테끄 테끄!]

4. **Тэгээрэй, тэгээрэй!**
테게:레이, 테게:레이! [테게:레:, 테게:레:!]

5. **Зүйтэй!**
주이테이! [주이테!]

6. **Зөв!(Таны зөв!)**
저우!(타니: 저우!) [저우!(타니: 저우!)]

7. **Болно!**
벌른! [벌른!(벌르너!)]

8. **Зүгээр, зүгээр!**
주게:르, 주게:르! [쭈게:르, 쭈게:르!]

9. **Сайн байна.**
사인 바인. [사인 바인.(바이나.)]

10. **За яах вэ.**
자 야흐 웨. [자 야헤.]

11. **Тийм ээ, тэгэлгүй яахав.**
팀: 에, 테겔구이 야하브. [티:메:, 테겔구이 야하우(야호).]

12. **Тийм ээ, тийм.**
팀: 에, 팀:. [티:메:, 팀:.]

13. **Ярих юм байхгүй.**
야리흐 욥 바이흐구이. [애리흐 욥 바이흐꾸이.(바흐꾸이.)]

14. **Яг тийм.**
야그(약) 팀:. [야끄(약) 팀:.]

15. **Би ч дуртай.**
비 치 도르타이. [비 치 도르태.]

■ 승낙 및 거절 [СЫНГНАГ МИТ ГОЖОЛ]

–승낙– [СЫНГНАГ]

1. **알았어요, 알았습니다!**
   [Арассоиу, арассымнида!]

2. **자, 그럽시다!**
   [Жа, гыробссида!]

3. **그렇게 해요, 그렇게 해요!**
   [Гырокэ хаэиу, гырокэ хаэиу!]

4. **그렇게 하세요, 그렇게 하세요!**
   [Гырокэ хасэиу, гырокэ хасэиу!]

5. **맞아요!**
   [Мажаиу!]

6. **옳아요! (당신이 옳아요!)**
   [Ураиу! (Дангсини ураиу!)]

7. **됩니다!**
   [Дуэмнида!]

8. **괜찮아요, 괜찮습니다!**
   [Гуаэнчанаиу, гуаэнчанссымнида!]

9. **좋습니다.**
   [Жуссымнида.]

10. **그렇다면 할 수 없지요.**
    [Гыротамён хал ссу обззииу.]

11. **그렇습니다, 그렇고 말고요.**
    [Гыроссымнида, гыроку малгуиу.]

12. **그렇습니다, 그래요.**
    [Гыроссымнида, гыраэиу.]

13. **얘기할 필요도 없습니다.(물론이죠 얘기할 필요도 없습니다.)**
    [Яэгихал пириуду обссымнида.]

14. **정확히 맞습니다.**
    [Жонгхуаки матссымнида.]

15. **저도 좋아합니다.**
    [Жоду жуахамнида.]

16. **Би татгалзахгүй.**
비 타트갈자흐구이. [비 타트갈짜흐꾸이.]

17. **Би тантай санал нийлж байна.**
비 탄타이 사날 닐:지 바인. [비 탄태 사날 닐:쥐(쮜) 와인.]

18. **Дуртай зөвшөөрнө.**
도르타이 접셔:른. [도르태 접셔:른.(접셔:르너.)]

19. **Энд надад тохирч байна.**
엔드 나다드 터히르치 바인. [엔뜨 나다뜨 터히르치 와인.]

20. **Сайхан санаа байна!**
사이항 사나: 바인! [사이항 사나: 바인!(바이나!)]

21. **Энэ надад их эвтэй(таарамжтай) байна.**
엔 나다드 이흐 에브테이!(타:람지타이) 바인. [엔 나다뜨 이흐 에브테(타:람쥐
(쮜)태) 바인.]

22. **Тийм гэж бодож байна.**
팀: 게지 버더지 바인. [팀: 게쮜 버떠쥐(쮜) 와인.]

–ТАТГАЛЗАХ– [타트갈짜흐]

23. **Үгүй, үгүй!**
우구이, 우구이! [우구, 우구!]

24. **Биш ээ!**
비쉬 에:! [비셰:!]

25. **Шал өөр!(Шал ондоо!)**
샬 어:르!(샬 언더:!) [샬 어:르!(샬 언더:!)]

26. **Шал дэмий!**
샬 데미:! [샬 데미:!]

27. **Огт биш!(Огт тийм биш!)**
어그트 비쉬!(어그트 팀: 비쉬!) [어그트 비쉬!(어그트 팀: 비쉬!)]

28. **Тийм биш!**
팀: 비쉬! [팀: 비쉬!]

29. **Болохгүй!**
벌러흐구이! [벌러흐꾸이!]

30. **Хэрэггүй!**
헤레그구이! [헤렉꾸이!]

16. 저는 반대하지 않습니다.
[Жонын бандаэхажи анссымнида.]

17. 저는 당신과 생각이 일치합니다.
[Жонын дангсингуа саэнггаги илчихамнида.]

18. 적극 동의합니다.
[Жогггыг дунгыйхамнида.]

19. 이곳이(이곳은) 저에게 적합합니다.
[Игуси(Иигусын) жоэгэ жокапамнида.]

20. 좋은(훌륭한,멋진) 생각입니다!
[Жуын(Хүлнюнгхан,Мотззин) саэнггагимнида!]

21. 저에게 굉장히 잘 어울립니다.
[Жоэгэ гуэнгжангхи жал оүллимнида.]

22. 그렇다고 생각합니다.
[Гыротагу саэнггакамнида]

–거 절– [ГОЖОЛ]

23. 아니예요, 아닙니다!(주로 동사의 동작,행위 등을 부정함)
[Аниеиу, анимнида!]

24. 아니예요, 아닙니다!(주로 명사의 성질,특질 등을 부정함)
[Аниеиу, анимнида!]

25. 전혀 달라요, 다릅니다!
[Жонхё даллаиу, дарымнида!]

26. 전혀 쓸데없어요, 쓸데없습니다!
[Жонхё ссылддэобссоиу, ссылддэобссымнида!]

27. 전혀 아닙니다!(전혀 그렇지 않습니다!)
[Жонхё анимнида!(Жонхё гырочи анссымнида!)]

28. 그렇지 않습니다!
[Гырочи анссымнида!]

29. 안 됩니다!
[Ан дуэмнида!]

30. 필요 없습니다!
[Пириу обссымнида!]

31. **Боль, боль!**
벌리, 벌리! [벌리, 벌리!]

32. **Чадахгүй!(Би чадахгүй байна.)**
차다흐구이!(비 차다흐구이 바인.) [차트꾸이!(비 차트꾸이 바인.)]

33. **Үгүй, харамсалтай нь би чадахгүй.**
우구이, 하람살타이 은 비 차다흐구이. [우구, 하람살탠: 비 차트꾸이.]

34. **Баярлалаа, би больё.**
바야르랄라:, 비 벌리여. [바이를라:, 비 벌리여.]

35. **Энэ талаархи таны саналыг би бүрэн зөвшөөрөхгүй.**
엔 탈라:르히 타니: 사날리:그 비 부렝 접셔:러흐구이. [엔 탈라:르히 타니: 사
늘리:끄 비 부렝 접셔:러흐꾸이.]

36. **Тантай би санал арай нийлэхгүй байна.**
탄타이 비 사날 아라이 닐:레흐구이 바인. [탄태 비 사날 아라이 닐:레흐꾸이
바인.]

37. **Зөвшөөрөхийн арга алга.**
접셔:러힝: 아락 알락. [접셔:러힝: 아락 알락.(알라가.)]

38. **Үгүй гэхээс өөр арга алга.**
우구이 게헤:스 어:르 아락 알락. [우구이 게헤:쓰 어:르 아락 알락.]

39. **Энэ надад хамаагүй.**
엔 나다드 하마:구이. [엔 나다뜨 하마:구이.]

40. **Би татгалзаж байна.**
비 타트갈자지 바인. [비 타트갈짜쥐(쮜) 와인.]

41. **Би зөвшөөрөхгүй.**
비 접셔:러흐구이. [비 접셔:러흐꾸이.]

42. **Бид эсэргүүцэж байна.**
비드 에세르구:체지 바인. [비뜨 에쎄르구:체쥐(쮜) 와인.]

43. **Та андуурч байна.**
타 안도:르치 바인. [타 안도:르치 와인.]

44. **Та ташаарч байна.**
타 타샤:르치 바인. [타 타샤:르치 와인.]

45. **Би завгүй байна.**
비 자우구이 바인. [비 자우구이 바인.]

31. 됐어요 그만둬요, 그만둬!
[Дуаэссоиу гымандуоиу, гымандуо!]

32. 할 수 없습니다!
[Хал ссу обссымнида!]

33. 아닙니다, 유감스럽지만 저는 할 수 없습니다.
[Анимнида, югамсробззиман жонын хал ссу обссымнида.]

34. 고맙습니다, 저는 관두겠습니다.
[Гумабссымнида, жонын гуандугэссымнида.]

35. 이 방면에서 당신의 생각에 저는 완전히 찬성하지 않습니다.
[И бангмёнэсо дангсиный саэнггагэ жонын ванжонхи чансонгхажи
анссымнида.]

36. 당신과 저는 생각이 조금 맞지 않습니다.
[Дангсингуа жонын саэнггаги жугым матззи анссымнида.]

37. 인정할 방도가 없습니다.(인정할 수가 없습니다.)
[Инжонгхал бангдуга обссымнида.(Инжонгхал ссуга обссымнида.]

38. 아니다 라고 얘기할 수 밖에 다른 방도가 없습니다.
[Анида рагу яэгихал ссу баггэ дарын бангдуга обссымнида.]

39. 이것은 저와 상관이 없습니다.
[Игосын жова санггуани обссымнида.]

40. 저는 반대합니다, 저는 거부합니다.
[Жонын бандаэхамнида, жонын гобухамнида.]

41. 저는 찬성하지 않습니다.(인정하지 않습니다.)
[Жонын чансонгхажи анссымнида.(Инжонгхажи анссымнида.)]

42. 우리는(저희는) 반대합니다.
[Уринын(Жохыйнын) бандаэхамнида.]

43. 당신 착각하고 있습니다.
[Дангсин чаггакагу иссымнида.]

44. 당신 오해하고 있습니다.
[Дангсин ухаэхагу иссымнида.]

45. 저는 시간이 없습니다, 저는 짬이(겨를이) 없습니다.
[Жонын сигани обссымнида, жонын ззами(гёрыри) обссымнида.]

■ УРИХ [오리흐]

1. **Би таныг гэртээ уримаар байна.**
비 타니:그 게르테 오리마:르 바인. [비 타니:ㄲ 게르테 오리마:르 바인.]

2. **Та манайд ирээрэй.(очоорой.)**
타 마나이드 이레:레이.(어처:러이.) [타 마나이뜨 이레:레:.(어처:레:.)]

3. **Би таныг ресторанд урих гэсэн юм.**
비 타니:그 레스토랑드 오리흐 게셍 윰. [비 타니:ㄲ 레스토랑뜨 오리흐 게쓰임.]

   Дуртай зөвшөөрч байна.
도르타이 접셔:르치 바인. [도르태 접셔:르치 와인.]

   /Таныг/ Урьсан явдалд баярлалаа, гэвч би энэ үед завгүй байна.
/타니:그/ 오리상 야브달드 바야르랄라, 게우치 비 엔 우예드 자우구이 바인. [/타니:ㄲ/ 오리쑹 야브달뜨 바이를라, 게우치 비 엔 우이뜨 자우구이 바인.]

4. **Бид таныг үдэшлэгт уримаар байна. Та дуртай хүлээж авна уу.**
비드 타니:그 우데쉴레그트 오리마:르 바인. 타 도르타이 홀레:지 아운 오:. [비뜨 타니:ㄲ 우데쉴레ㄲ트 오리마:르 바인. 타 도르태 홀레:쥐(쮜) 아우노:.]

   Би(Бид) таны урилгыг дуртай хүлээж авна.
비(비드) 타니 오릴기:그 도르타이 홀레:지 아운. [비(비뜨) 타니 오릴기:ㄲ 도르태 홀레:쥐(쮜) 아운.(아우나.)]

5. **Бид хаана, хэзээ уулзах вэ?**
비드 한:, 헤제: 올:자흐 웨? [비뜨 한:, 히쩨: 올:짜흐 웨?]

6. **Энэ цаг танд тохирч байна уу?**
엔 차그(착) 탄드 터히르치 바인 오:? [엔 차ㄲ(착) 탄뜨 터히르치 바이노:?]

7. **Та орно уу.(Ороoч.)**
타 어른 오:.(어러:치.) [타 어르노:.(어러:치.)]

8. **Та сууна уу.(Суугаач.)**
타 손: 오:.(소:가:치) [타 소:노:.(소:가:치)]

9. **Та түрүүлээд ороорой.**
타 투룰:레:드 어러:러이. [타 투룰:레:뜨 어러:레:.]

■ 초대/초청[ЧУДАЭ/ЧУЧОНГ]

1. 저는 당신을 집에 초대하고 싶습니다.
[Жонын дангсиныл жибэ чудаэхагу сибссымнида.]

2. 저희 집에 오십시오.
[Жохый жибэ усибссиу.]

3. 저는 당신을 식당에 초대하려고 합니다.(초대하고 싶습니다.)
[Жонын дангсиныл сигддангэ чудаэхарёгу хамнида.(чудаэхагу
сибссымнида.)]

   기꺼이 응낙하겠습니다.
[Гиггои ынгнакагэссымнида.]

   초대해 주심에 감사드립니다, 그러나 저는 시간이 없습니다.
[Чудаэхаэ жүсимэ гамсадыримнида, гырона жонын сигани
обссымнида.]

4. 저희는 당신을 연회에 초청하려고 합니다. 기꺼이 응낙해 주십시오.
[Жохыйнын дангсиныл ёнхуээ чучонгхарёгу хамнида. Гиггои
ынгнакэ жүсибссиу.]

   저는(저희는) 당신의 초대에 기꺼이 응낙합니다.
[Жонын(Жохыйнын) дангсиный чудаээ гиггои ынгнакамнида.]

5. 저희 어디서 언제 만날까요?
[Жохый одисо онжэ манналггаиу?]

6. 이 시간이(시간은) 당신에게 적당합니까?
[И сигани(сиганын) дангсинэгэ жогддангхамнигга?]

7. 들어오십시오, 들어가십시오.(들어오세요, 들어가세요.)
[Дыроусибссиу, Дырогасибссиу.(Дыроусэиу, Дырогасэиу.)]

8. 앉으십시오.(앉으세요.)
[Анжысибссиу.(Анжысэиу.)]

9. 당신 먼저 들어가십시오.
[Дангсин монжо дырогасибссиу.]

■ БАЯР ХҮРГЭХ, ХҮСЭХ [바이르 후르게흐, 후쎄흐]

1. **Танд баяр хүргэе!**
   탄드 바야르 후르게예! [탄뜨 바이르 후르기:!]

2. **Танд баярын мэнд хүргэе!**
   탄드 바야링: 멘드 후르게예! [탄뜨 바이링: 멘뜨 후르기:!]

3. **Таны төрсөн өдрийн баярын мэнд хүргэе!**
   타니: 터르성 어드링: 바야링: 멘드 후르게예! [타니: 터르쏭 어드링: 바이링:
   멘뜨 후르기:!]

4. **Танд ... хүсье.** 탄드 ... 후시예. [탄뜨 ... 후씨:.]
   амжилт [암질트]
   аз жаргал [아쯔 자르갈]
   эрүүл энхийг [에룰: 엥히:ㄲ]
   сайн сайхныг [사인 사이흐니:ㄲ]

5. **... сайхан өнгөрөөхийг танд хүсье.**
   ... 사이항 엉거러:히:그 탄드 후시예. [... 사이항 엉거러:히:ㄲ 탄뜨 후씨:.]

   Цагийг [차기:ㄲ]
   Амралтаа [아므랄타:]
   Баярыг [바이리:ㄲ]

6. **Аян замдаа сайн яваарай!**
   아얀 잠다: 사인 야와:라이! [아인 잠다: 사인 야와:래:!]

7. **Хамгийн сайн сайхныг /чин сэтгэлээс/ хүсэн ерөөе!**
   함깅: 사인 사이흐니:그 /친 세트겔레:스/ 후셍 예러:예! [함깅: 사인 사이흐니:
   ㄲ /친 쎄트겔레:스/ 후쏭 여러:여!]

8. **Таны бодсон санасан чинь бүтэх болтугай!**
   타니: 버드성 사나상 친 부테흐 벌토가이![타니: 버뜨쏭 사나쏭 친 부테흐 벌토가이!]

9. **Та урт наслах болтугай!**
   타 오르트 나슬라흐 벌토가이! [타 오르트 나쏠라흐 벌토가이!]

10. **Таны ажил(үйлс) бүтэх болтугай!**
    타니: 아질(우일스) 부테흐 벌토가이! [타니: 아질(우일쓰) 부테흐 벌토가이!]

11. **Болтугай, болтугай!** 벌토가이, 벌토가이! [벌토가이, 벌토가이!]

12. **Таны өлмий бат оршиг!**
    타니: 얼미: 바트 어르쉭(어르쉬그)! [타니: 얼미: 바트 어르쉭(어르쉬ㄲ)!]

13. **Таны эрүүл мэндийн төлөө!**
    타니: 에룰: 멘딩: 털러:! [타니: 에룰: 멘딩: 털러:!]

■ 축하 및 축원 [ЧҮКА МИТ ЧҮГҮОН]

1. **축하합니다!**
   [Чүкахамнида!]

2. **축하합니다!**
   [Чүкахамнида!]

3. **당신의 생일을 축하합니다!**
   [Дангсиный саэнгирыл чүкахамнида!]

4. **당신에게 ... 기원합니다.** [Дангсинэгэ ... гивонхамнида.]
   - **성공을** *[сонггунгыл]*
   - **행운을** *[хаэнгүныл]*
   - **건강을** *[гонгангыл]*
   - **행복을** *[хаэнгбугыл]*

5. **... 즐겁게 보내시기를 기원합니다.**
   [... жылгобггэ бунаэсигирыл гивонхамнида.]

   - **시간을** *[Сиганыл]*
   - **휴가를** *[Хюгарыл]*
   - **축제를** *[Чүгзээрыл]*

6. **평안한 여행이 되시길 바랍니다!**
   [Пёнганхан ёхаэнги дуэсигил барамнида!]

7. **가장 행복하기를 /진심으로/ 기원드립니다!**
   [Гажанг хаэнгбукагирыл /жинсимыру/ гивондыримнида!]

8. **당신이 생각하고 원하는 것을 이루기를 빕니다!**
   [Дангсини саэнггакагу вонханын госыл иругирыл бимнида!]

9. **장수하시길 기원합니다!**
   [Жангсүхасигил гивонхамнида!]

10. **일이 성공하기를 기원합니다!**
    [Ири сонггунгхагирыл гивонхамнида!]

11. **기원합니다, 기원합니다!** [Гивонхамнида, гивонхамнида!]

12. **건강하시길 기원합니다!**
    [Гонгангхасигил гивонхамнида!]

13. **당신의 건강을 위하여!**
    [Дангсиный гонгангыл вихаё!]

■ ХАРАМСАХ [하람싸흐]

1. **Би харамсаж байна.**
   비 하람사지 바인. [비 하람사쥐(쬐) 와인.]

2. **Би үүнд тун харамсаж байна.**
   비 운:드 퉁 하람사지 바인. [비 운:뜨 퉁 하람사쥐(쬐) 와인.]

3. **Тун харамсалтай байна.**
   퉁 하람살타이 바인. [퉁 하람살태 와인.]

4. **Миний сэтгэл их зовж байна.**
   미니: 세트겔 이흐 저우지 바인. [미니: 쎄트겔 이흐 저우쥐(쬐) 와인.]

5. **Би тун их харамсаж байна.**
   비 퉁 이흐 하람사지 바인. [비 퉁 이흐 하람사쥐(쬐) 와인.]

6. **Би таныг өрөвдөж байна.**
   비 타니:그 어러브더지 바인. [비 타니:ㄲ 어러브더쥐(쬐) 와인.]

7. **Болсон явдалд тун харамсаж байна.**
   벌성 야우달드 퉁 하람사지 바인. [벌쏭 야우(브)달뜨 퉁 하람사쥐(쬐) 와인.]

8. **Би үнэхээр харамсаж байна.**
   비 우네헤:르 하람사지 바인. [비 우네헤:르 하람사쥐(쬐) 와인.]

9. **Таны өвдсөн нь их харамсалтай байна.**
   타니: 어브드성 은 이흐 하람살타이 바인. [타니: 어브드쏭은 이흐 하람살태
   와인.]

10. **Танд хурдан тэнхрэхийг хүсэж байна.**
    탄드 호르당 텡흐레히:그 후세지 바인. [탄뜨 호르뚱 텡흐(크)레히:ㄲ 후쎄쥐
    (쬐) 와인.]

■ 유감/동정 **[ЮГАМ/ДУНГЖОНГ]**

1. 유감입니다.
   [Югамимнида.]

2. 이것에 정말 유감스럽습니다.
   [Игосэ жонгмал югамссыробссымнида.]

3. 정말 유감스럽습니다.
   [Жонгмал югамссыробссымнида.]

4. 제 마음이 굉장히 걱정스럽습니다.
   [Жэ маыми гуэнгжангхи гогззонгссыробссымнида.]

5. 저는 굉장히 유감스럽습니다.
   [Жонын гуэнгжангхи югамссыробссымнида.]

6. 저는 당신을 동정합니다.
   [Жонын дангсиныл дунгжонгхамнида.]

7. 이렇게 된 데에 정말로 유감스럽습니다.
   [Ирокэ дуэн дээ жонгмаллу югамссыробссымнида.]

8. 저는 정말 유감스럽습니다.
   [Жонын жонгмал югамссыробссымнида.]

9. 당신이 아프다니 굉장히 유감스럽습니다.
   [Дангсини апыдани гуэнгжангхи югамссыробссымнида.]

10. 빨리 회복하시길 바랍니다.
    [ББалли хуэбукасигил барамнида.]

■ **АСУУХ/АСУУХ ҮГ, ХЭЛЛЭГ** [아쏘:흐/아쏘:흐 우끄(욱),헬레끄(헬렉)]

1. **Хэн бэ?**
   헹 베? [헴 베?]

2. **Юу вэ?**
   유오 웨? [유오 웨?]

3. **Хэн?**
   헹? [헹?]

4. **Юу гэнэ ээ?**
   유오 겐 에:? [유오 게네:?]

5. **Хаана?**
   한:? [한:?]

6. **Хэзээ?, Хэдийд?**
   헤제?, 헤디:드? [히쩨?, 헤디:뜨(헤띠:뜨)?]

7. **Яаж?**
   야:지? [야:쥐(쮜)?]

8. **Яагаад?, Юунд?**
   야:가:드?, 유온드? [야:가:드?, 유온드?]

9. **Яагаад?, Юунд?, Яах гэж?**
   야:가:드?, 유온드?, 야:흐 게지? [야:가:드?, 유온드?, 야:흐 게쥐(쮜)?]

10. **Ямар?**
    야마르? [야마르?]

11. **Ямар байна /вэ/?**
    야마르 바인 /웨/? [야마르 와인 /웨/?]

12. **Хэдэн?, Хичнээн?, Хэдий?**
    헤뎅?, 히치넹:? 헤디:? [헤뎅(헤뗑)?, 히치넹:? 헤디:(헤띠)?]

13. **Хаана?, Хаашаа?**
    한:?, 하:샤:? [한:?, 하:샤:?]

14. **Хаанаас?**
    하:나:스? [하:나:쓰?]

15. **Хэд?, Хичнээн?, Хэдий чинээ?**
    헤드?, 히치넹:?, 헤디: 치네:? [헤뜨?, 히치넹:?, 헤디:(헤띠:) 치네:?]

16. **Яагаад?, Яаж?**
    야:가:드?, 야:지? [야:가:드?, 야:쥐(쮜)?]

■ 질문/의문사 및 어구 [ЖИЛМҮН/ЫЙМҮНСА МИТ ОГУ]

1. 누구세요?(누구십니까?)
[Нүгүсэиу?(Нүгүсимнигга?)]

2. 뭐야?(무엇입니까?)
[Мүоя?(Мүосимнигга?)]

3. 누구?
[Нүгү?]

4. 뭐라고요?
[Мүорагуиу?]

5. 어디에서?
[Одиэсо?]

6. 언제?
[Онжэ?]

7. 어떻게?
[Оддокэ?]

8. 왜?(어째서?), 무엇에?
[Ваэ?(Оззаэсо?), Мүосэ?]

9. 왜?(어째서?), 무엇에?, 뭐 하려고?(뭐 하러?)
[Ваэ?(Оззаэсо?), Мүосэ?, Мүо харёгу?(Мүо харо?)]

10. 무슨?
[Мүсын?]

11. 어때요?(어떻습니까?)
[Оддаэиу?(Оддоссымнигга?)]

12. 몇?, 얼마?
[Мёт?, Олма?]

13. 어디?, 어디로?
[Оди?, Одиру?]

14. 어디에서?
[Одиэсо?]

15. 얼마?
[Олма?]

16. 어째서?, 어떻게?
[Оззаэсо?, Оддокэ?]

17. **Ямар арга маягаар?**
야마르 아락 마야가:르? [야마르 아락 마이가:르?]

18. **Хэнтэй?**
헹테이? [헹테?]

19. **Энэ хэн бэ?**
엔 헹 베? [엔 헴베?]

20. **Энэ эрэгтэй хүн хэн бэ?**
엔 에레그테이 홍 헹 베? [엔 에레끄테 홍 헴베?]

21. **Энэ эмэгтэй хүн хэн бэ?**
엔 에메그테이 홍 헹 베? [엔 에메끄테 홍 헴베?]

22. **Тэр хэн бэ?**
테르 헹 베? [테르 헴베?]

23. **Та хэн бэ?**
타 헹 베? [타 헴베?]

24. **Тэд (Та нар) юун улс вэ?**
테드(타 나르) 유온 올스 웨? [테뜨(타 나르) 유온 올쓰 웨?]

25. **Чухам хэн бэ?**
초함 헹 베? [초홈 헴베?]

26. **Хэн тэнд байна вэ?, Хэн бэ?**
헹 텐드 바인 웨?, 헹 베? [헹 텐뜨 바인 웨?, 헴베?]

27. **Та яагаа вэ?, Та юу болоо вэ?**
타 야:가: 웨?, 타 유오 벌러: 웨? [타 야:가: 웨?, 타 유오 벌러: 웨?]

28. **Та юу гэж хэлсэн бэ?**
타 유오 게지 헬셍 베? [타 유오 게쥐(쮜) 헬씀 베?]

29. **Та юу хийж байна вэ?, Та яаж байна вэ?**
타 유오 히:지 바인 웨?, 타 야:지 바인 웨? [타 유오 히:쥐(쮜) 와인 웨?, 타 야:쥐(쮜) 와인 웨?]

30. **Би яах ёстой вэ?, Би юу хийх хэрэгтэй вэ?**
비 야:흐 여스터이 웨?, 비 유오 히:흐 헤레그테이 웨? [비 야:흐 여쓰테 웨?, 비 유오 히:흐 헤레끄테 웨?]

31. **Та юу хүсэж байна вэ?**
타 유오 후세지 바인 웨? [타 유오 후쓰쥐(쮜) 와인 웨?]

32. **Танд хэн хэрэгтэй вэ?**
탄드 헹 헤레그테이 웨? [탄뜨 헹 헤레끄테 웨?]

17. 어떤 방법으로?
[Оддон бангбобыру?]

18. 누구와?
[Нүгүва?]

19. 이 사람은 누구입니까?
[И сарамын нүгүимнигга?]

20. 이 남자는 누구입니까?
[И намжанын нүгүимнигга?]

21. 이 여자는 누구입니까?
[И ёжанын нүгүимнигга?]

22. 저 사람은 누구입니까?
[Жо сарамын нүгүимнигга?]

23. 당신은 누구십니까?
[Дангсинын нүгүсимнигга?]

24. 저들은(당신들은) 무슨 사람들입니까?
[Жодрын(дангсиндырын) мүсын сарамдыримнигга?]

25. 도대체 누구입니까?
[Дудаэчэ нүгүимнигга?]

26. 누가 저 곳에 있습니까?, 누구세요?
[Нүга жо гусэ иссымнигга?, нүгүсэиу?]

27. 당신 왜 그러세요?, 당신 어떻게 된 겁니까?
[Дангсин уаэ гыросэиу?, дангсин оддокэ дуэн гомнигга?]

28. 당신 뭐라고 했어요?
[Дангсин мүорагу хаэссоиу?]

29. 당신 뭐하고 계십니까?, 당신 어떻게 하고 계십니까?
[Дангсин мүохагу гесимнигга? дангсин оддокэ хагу гесимнига?]

30. 저는 어떻게 해야 합니까?, 저는 무엇을 해야 합니까?
[Жонын оддокэ хаэя хамнигга?, жонын мүосыл хаэя хамнигга?]

31. 당신 무엇을 바랍니까?
[Дангсин мүосыл барамнигга?]

32. 당신에게 누가 필요합니까?
[Дангсинэгэ нүга пириухамнигга?]

33. **Юу болоо вэ?**
유오 벌러: 웨? [유오 벌러: 웨?]

34. **Учир нь юу вэ?(Ямар учиртай юм бэ?)**
오치르 은 유오 웨?(야마르 오치르타이 윰 베?) [오치른 유오 웨?(야마르 오치
르태 윰 베?)]

35. **Энэ юу вэ?, Тэр юу вэ?**
엔 유오 웨?, 테르 유오 웨? [엔 유오 웨?, 테르 유오 웨?]

36. **/Энд/ Юу юу байна?**
/엔드/ 유오 유오 바인? [/엔뜨/ 유오 유오 바인?]

37. **Энэ ямар утгатай байна /вэ/?**
엔 야마르 오트가타이 바인 /웨/? [엔 야마르 오타끄태 와인 /웨/?]

38. **Та ямар саналтай байна?, Таны санал ямар байна?**
타 야마르 사날타이 바인?, 타니: 사날 야마르 바인? [타 야마르 사날태 바인
?, 타니: 사날 야마르 바인?]

39. **Энэ үг ямар учиртай байна вэ?**
엔 우그 야마르 오치르타이 바인 웨? [엔 우끄 야마르 오치르태 바인 웨?]

40. **Энэ талаар та юу бодож байна /вэ/?**
엔 탈라:르 타 유오 버더지 바인 /웨/? [엔 탈라:르 타 유오 버떠쥐(쥐) 와인 /웨/?]

41. **Бид хаана байна вэ?**
비드 한: 바인 웨? [비뜨 한: 바인 웨?]

42. **Энэ хаана байна вэ?**
엔 한: 바인 웨? [엔 한: 바인 웨?]

43. **Та хаана суудаг вэ?**
타 한: 소:닥 웨? [타 한: 소:득 웨?]

44. **Би энэ юмыг хаанаас олох вэ?**
비 엔 욤이:그 하:나:스 얼러흐 웨? [비 엔 욤이:끄 하:나:쓰 얼러흐 웨?]

45. **Бие засах газар хаана байна вэ?**
비예 자사흐 가자르 한: 바인 웨? [비이 자싸흐 가짜르 한: 바인 웨?]

46. **Та хэзээ явах вэ?**
타 헤제: 야와흐 웨? [타 히쩨: 야와흐 웨?]

47. **Та хаашаа явж байна вэ?**
타 하:샤: 야우지 바인 웨? [타 하:샤: 야브쥐 와인 웨?]

48. **Та хаанаас ирсэн бэ?**
타 하:나:스 이르셍 베? [타 하:나:쓰 이르씀 베?]

33. 어떻게 된 겁니까?

[Оддокэ дуэн гомнигга?]

34. 이유가 뭡니까?(무슨 이유입니까?)

[Июга мүомнигга?(Мүсын июимнигга?)]

35. 이것은 무엇입니까?, 저것은 무엇입니까?

[Игосын мүосимнигга?, Жогосын мүосимнигга?]

36. /여기에/ 무엇 무엇이 있습니까?

[/Ёгиэ/ Мүот мүоси иссымнигга?]

37. 이것은 어떤(무슨) 의미를 갖고 있습니까?

[Игосын оддон(мүсын) ыймирыл гатггу иссымнигга?]

38. 당신은 어떤(무슨) 생각을 갖고 계십니까?, 당신의 생각은 어떻습니까?

[Дангсинын оддон(мүсын) саэнтагыл гатгту гесимнигга?, Дангсиный

саэнтагын оддоссымнигга?]

39. 이 말은 어떤(무슨) 의미를 갖고 있습니까?

[И марын оддон(мүсын) ыймирыл гатггу иссымнигга?]

40. 이 방면으로 당신은 무엇을 생각하고 계십니까?

[И бангмёныру дангсинын мүосыл саэнггакагу гесимнигга?]

41. 저희는 어디에 있습니까?

[Жохыйнын одиэ иссымнигга?]

42. 이것은 어디에 있습니까?

[Игосын одиэ иссымнигга?]

43. 당신 어디에 살고 계십니까?

[Дангсин одиэ салгу гесимнигга?]

44. 저는 이 물건을 어디에서 구할 수 있을까요?

[Жонын и мүлгоныл одиэсо гүхал ссү иссылггаиу?]

45. 화장실은 어디에 있습니까?

[Хуажангсирын одиэ иссымнигга?]

46. 당신 언제 가실 겁니까?

[Дангсин онжэ гасил ггомнигга?]

47. 당신 어디 가고 계십니까?

[Дангсин оди гагу гесимнигга?]

48. 당신 어디에서 오셨습니까?

[Дангсин одиэсо усёссымнигга?]

49. Тийшээ яаж очих(явах) вэ?
티:셰: 야:지 어치흐(야와흐) 웨? [티:셰: 야:줘(쮀) 어치흐(야와흐) 웨?]

50. Эндээс хол уу?
엔데:스 헐 오:? [엔데:쓰 헐로:?]

51. Эндээс ойр уу?
엔데:스 어이르 오:? [엔데:쓰 어이로:?]

52. Зөвшөөрөх үү?
접셔:러흐 우:? [접셔:러후:?]

53. Ямар зорилготой вэ?
야마르 저릴거터이 웨? [야마르 저릴러끄테 웨?]

54. Ямар үнэтэй вэ?
야마르 운테이 웨? [야마르 운테 웨?]

55. Хэд вэ?
헤드 웨? [헤뜨 웨?]

56. Аль түрүүн үү?
아일 투룬: 우:? [아일 투루:누:?]

57. Хэнтэй?
헹테이? [헹테?]

58. Энэ хэнийх вэ?
엔 헤니:흐 웨? [엔 헤니:흐 웨?]

59. Энэ нээрээ юу?
엔 네:레: 유:? [엔 네:레: 유:?]

60. Энэ үнэхээр тийм үү?
엔 우네헤:르 팀: 우:? [엔 우네헤:르 티:무:?]

61. Нээрээ юу?, Үнэн үү?
네:레: 유:?, 우넹 우:? [네:레: 유:?, 우네누:?]

62. Үүнийг монголоор юу гэдэг юм бэ?, Үүнийг монголоор юу гэж нэрлэдэг вэ?
우:니:그 몽골러:르 유오 게데그 윰 베?, 우:니:그 몽골러:르 유오 게지 네를레
데그 웨? [우:니:끄 몽골러:르 유오 게데끄(게덱) 윰 베?, 우:니:끄 몽골러:르
유오 게줘(쮀) 네를뜩 웨?]

63. Та намайг ойлгож байна уу?
타 나마이그 어일거지 바인 오:? [타 나마이끄 어일거줘(쮀) 와인 오:?]

64. Би таны санааг зөв ойлгож байна уу?
비 타나: 사나:그 저우 어일거지 바인 오? [비 타나: 사나:끄 저우 어일거줘(쮀) 와인 오?]

49. 저쪽으로 어떻게 갑니까?

[Жоззугыру оддокэ гамнигга?]

50. 여기에서 멉니까?

[Ёгиэсо момнигга?]

51. 여기에서 가깝습니까?

[Ёгиэсо гаггабссымнигга?]

52. 허락합니까?(승낙합니까?)

[Хоракамнигга?(Сынгнакамнигга?)]

53. 어떤 목적입니까?(어떤 취지입니까?)
[Оддон мугззогимнигга?(Оддон чүйжиимнигга?)]

54. 얼마입니까?
[Олмаимнигга?]

55. 얼마입니까?

[Олмаимнигга?]

56. 어떻게 빠릅니까?

[Оддонгэ ббарымнигга?]

57. 누구와?

[Нүгүва?]

58. 이것은 누구겁니까?

[Игосын нүгүггомнигга?]

59. 정말입니까?

[Жонгмаримнигга?]

60. 이것 정말 그렇습니까?

[Игот жонгмал гыроссымнигга?]

61. 정말입니까?

[Жонгмаримнигга?]

62. 이것을 몽골어로 뭐라고 합니까?, 이것을 몽골어로 뭐라고 부릅니까?
[Игосыл монголору мүорагу хамнигга?, Игосыл монголору мүорагу бүрымнигга?]

63. 당신 저를 이해하십니까?
[Дангсин жорыл ихаэхасимнигга?]

64. 제가 당신의 생각을 제대로 이해하고 있습니까?
[Жэга дангсиный саэнггагыл жэдаэру ихаэхагу иссымнигга?]

65. **Танаас нэг юм асууж болох уу?**
타나:스 네그 윰 아소:지 벌러흐 오:? [타나:쓰 네끄 윰 아쏘:쥐(쮜) 벌호:?]

66. **Үүнийг(Түүнийг) та надад үзүүлж болох уу?**
우:니:그(투:니:그) 타 나다드 우줄:지 벌러흐 오:? [우:니:끄(투:니:끄) 타 나다
뜨 우쭐:쥐(쮜) 벌호:?]

67. **Та надад тусалж чадах уу?**
타 나다드 토살지 차다흐 오:? [타 나다뜨 토쓸쥐(쮜) 차트호:?]

68. **Тэр юмын тухай надад хэлж өгөхгүй юү?**
테르 윰잉 토하이 나다드 헬지 어거흐구이 유:? [테르 윰잉 토하이 나다뜨 헬
쥐(쮜) 어거흐꾸이 유:?]

69. **Би хэнд хандах хэрэгтэй вэ?**
비 헹드 한다흐 헤레그테이 웨? [비 헹뜨 한다흐 헤레끄테 웨?]

70. **Би тантай ярьж болох уу?**
비 탄타이 야리지 벌러흐 오:? [비 탄태 얘리쥐(쮜) 벌호:?]

71. **Би архи ууж болох уу?**
비 아르히 오:지 벌러흐 오:? [비 아르히 오:쥐(쮜) 벌호:?]

72. **Энд тамхи татаж болох уу?**
엔드 탐히 타타지 벌러흐 오:? [엔뜨 탐히 타트쥐(쮜) 벌호:?]

73. **Танаас нэг юм гуйж болох уу?**
타나:스 네그 윰 고이지 벌러흐 오:? [타나:쓰 네끄 윰 고이쥐(쮜) 벌호:?]

74. **Та чадахгүй юу?**
타 차다흐구이 유오? [타 차트꾸이 유오?]

75. **Та хүсэхгүй юү?**
타 후세흐구이 유:? [타 후쎄흐꾸이 유:?]

76. **Танд *ном* байна уу?**
탄드 넘 바인 오:? [탄뜨 넘 바이노:?]

77. **Би танд тусалж болох уу?**
비 탄드 토살지 벌러흐 오:? [비 탄뜨 토쓸쥐(쮜) 벌호:?]

78. **Танд туслах уу?**
탄드 토슬라흐 오:? [탄뜨 토쓸라호:?]

65. 당신에게 한가지 물어봐도 되겠습니까?
[Дангсинэгэ хангажи мүробуаду дуэгэссымнигга?]

66. 이것을(저것을) 당신 저에게 보여주실 수 있습니까?
[Игосыл(Жогосыл) дангсин жоэгэ буёжүсил ссү иссымнигга?]

67. 당신 저를 도와주실 수 있겠습니까?
[Дангсин жорыл дуважүсил ссү итггэссымнигга?]

68. 저것에 대해 저에게 말씀해 주시지 않겠습니까?
[Жогосэ даэхаэ жоэгэ малссымхаэ жүсижи анкэссымнигга?]

69. 저는 누구에게 말해야 합니까?
[Жонын нүгүэгэ малхаэя хамнигга?]

70. 당신과 얘기해도 되겠습니까?
[Дангсингуа яэгихаэду дуэгэссымнигга?]

71. 술을 마셔도 되겠습니까?
[Сүрыл масёду дуэгэссымнигга?]

72. 여기에서 담배를 펴도 되겠습니까?
[Ёгиэсо дамбаэрыл пёду дуэгэссымнигга?]

73. 당신에게 한가지 부탁드려도 되겠습니까?
[Дангсинэгэ хангажи бүтагддырёду дуэгэссымнигга?]

74. 당신 할 수 없습니까?
[Дангсин хал ссү обссымнигга?]

75. 당신 바라지 않습니까?
[Дангсин баражи анссымнигга?]

76. 당신에게 책이 있습니까?
[Дангсинэгэ чаэги иссымнигга?]

77. 제가 당신을 도와도 괜찮겠습니까?
[Жэга дангсиныл дуваду гуаэнчанкэссымнигга?]

78. 당신을 도와드릴까요?
[Дангсиныл дувадырилггаиу?]

■ ХАНДСАН ҮГ [한드쌍 우끄(욱)]

1. **... гуай!(*Ким Гисонг* гуай!)**
   ... 고아이!(김기성 고아이!) [... 고아이!(김기성 고아이!)]

2. **Нөхөр ... .**
   너허르 ... .[너허르 ... .]

3. **Ноён ... .**
   너영 ... . [너잉 ... .]

4. **Хатагтай ...**
   하타그타이 ... . [하타끄태 ... .]

5. **Эрхэм хүндэт ... .**
   에르헴 훈데트 ... . [에르헴 훈데트 ... .]

6. **Өвөө өө!**
   어워: 어:! [어워:: !]

7. **Эмээ ээ!**
   에메: 에:! [에메::!]

8. **Аав аа!**
   아:우 아:! [아:와:!]

9. **Ээж ээ!**
   에:줘 에:! [에:제:!]

10. **Ах аа!**
    아흐 아:! [아하:!]

11. **Эгч ээ!**
    에그치 에:! [에그(끄)체:!]

12. **Багш аа!**
    박쉬 아:! [박샤:!]

13. **Эмч ээ!**
    엠치 에:! [엠체:!]

14. **Оюутан нар аа!**
    어유오탕 나르 아:! [어유오통 나라:!]

15. **Элчин сайд аа!**
    엘친 사이드 아:! [엘친 사이다:!]

16. **Дарга аа!**
    다르가 아:! [다락 아:!]

■ 호칭 [ХУЧИНГ]

1. ... 씨!, ... 님! (김기성 씨!, 김기성 님!)
    [... сси!, ... ним! (Ким Гисонг сси!, Ким Гисонг ним!]

2. 친구 ...
    [Чингу ...]

3. ... 씨, ... 님, ... 선생(남자의 이름 또는 관직명 앞에 붙이는 경칭)
    [... сси, ... ним, ... сонсаэнг]

4. ... 부인, ... 여사(일반적으로 여성에 대한 정중한 대용어)
    [... буин, ... ёса]

5. 친애하고 존경하는 ...
    [Чинаэхагу жунгёнгханын ...]

6. 할아버지!
    [Харабожи!]

7. 할머니!
    [Халмони!]

8. 아버지!, 아빠!
    [Абожи!, Абба!]

9. 어머니!, 엄마!
    [Омони!, Омма!]

10. 형!, 오빠!, 아저씨!
    [Хёнг!, Убба!, Ажосси!]

11. 누나!, 언니!, 아주머니!(아줌마!)
    [Нуна!, Онни!, Ажумони!(Ажумма!)]

12. 선생님!
    [Сонсаэнгним!]

13. 의사 선생님!
    [Ыйса сонсаэнгним!]

14. 학생 여러분!
    [Хагссаэнг ёробун!]

15. 대사 님! [даэса ним!]

16. ~장 님! [~жанг ним!]

17. *Хүүе!*
후:예! [후:이!]

18. *Дорж ах аа!*
더르지 아흐 아:! [더르지 아하:!]

19. *Дулмаа эгч ээ!*
돌마: 에그치 에:! [돌마: 에그(ㄲ)체:!]

20. **Хүндэт нөхөд өө!**
훈데트 너허드 어:! [훈데트 너흐더(떠):!]

21. **Хүндэт зочид оо!**
훈데트 저치드 어:! [훈데트 저치더(떠):!]

22. **Хүндэт ноёд, хатагтай нар аа!**
훈데트 너여드, 하타그타이 나르 아:! [훈데트 너이뜨, 하타ㄲ태 나라:!]

23. **Эрхэм хүндэт найз аа!**
에르헴 훈데트 나이즈 아:! [에르헴 훈데트 나이자:!]

24. **Эрхэм хүндэт найз нар аа!**
에르헴 훈데트 나이즈 나르 아:! [에르헴 훈데트 나이즈 나라:!]

25. **Эрхэм хүндэт ноёд хатагтай нар аа!**
에르헴 훈데트 너여드 하타그타이 나르 아:! [에르헴 훈데트 너이뜨 하타ㄲ태 나라:!]

26. **Мэргэжил нэгт нөхөд өө!**
메르게질 네그트 너허드 어:! [메르게질 네ㄲ트 너흐더(떠):!]

27. **Нөхөр дарга аа!**
너허르 다르가 아:! [너허르 다락 아:!]

17. 여보세요!, 이봐요!
[Ёбусэиу!, Ибуаиу!]

18. 더르지 형!, 더르지 오빠!, 더르지 아저씨!
[Дорж хёнг!, Дорж убба!, Дорж ажосси!]

19. 돌마: 누나!, 돌마: 언니!, 돌마: 아주머니!(아줌마!)
[Дулмаа нүна!, Дулмаа онни!, Дулмаа ажүмони!(ажүмма!)]

20. 존경하는 동료 여러분!(동지들! *정당,친목 단체 따위의 당원.동지)
[Жунгёнгханын дунгниу ёробүн!(дунгжидыл!)]

21. 존경하는 손님 여러분!
[Жунгёнгханын сунним ёробүн!]

22. 존경하는 신사, 숙녀 여러분!
[Жунгёнгханын синса, сүнгнё ёробүн!]

23. 친애하고 존경하는 친우!
[Чинаэхагу жунгёнгханын чинү!]

24. 친애하고 존경하는 친구(학우,동료) 여러분!
[Чинаэхагу жунгёнгханын чингү(хагү,дунгниу) ёробүн!]

25. 존경하는 신사, 숙녀 여러분!
[Жунгёнгханын синса, сүнгнё ёробүн!]

26. 같은 업무에 종사하는(함께 일하는) 동료 여러분!
[Гатын оммүэ жунгсаханын(хамгтэ илханын) дунгниу ёробүн!]

27. 친애하는 ~장 님!
[Чинаэханын ~жанг ним!]

■ 숫자/수사[CҮТЗЗА/CYCA] (ТООНЫ НЭР [터:니: 네르])

☞ 기본수사 [ГИБУНСYCA] (ҮНДСЭН ТОО [운드쓩 터:])

● 0	*тэг* [테끄]	*영, 제로* [ёнг, жэру]	
● 1	*нэг* [넥(네끄)]	*일, 하나* [ил, хана]	
● 2	*хоёр* [허여르]	*이, 둘* [и, дул]	
● 3	*гурав* [고릅]	*삼, 셋* [сам, сэт]	
● 4	*дөрөв* [더릅]	*사, 넷* [са, нэт]	
● 5	*тав* [타우]	*오, 다섯* [у, дасот]	
● 6	*зургаа* [조르가:]	*육, 여섯* [юг, ёсот]	
● 7	*долоо* [덜러:]	*칠, 일곱* [чил, илгуб]	
● 8	*найм* [나임]	*팔, 여덟* [пал, ёдол]	
● 9	*ес* [유쓰]	*구, 아홉* [гү, ахуб]	
● 10	*арав* [아릅]	*십, 열* [сиб, ёл]	
● 11	*арван нэг* [아르왕(아롱) 네끄]	*십일, 열하나* [сибил, ёлхана]	
● 12	*арван хоёр* [아르왕(아롱) 허여르]	*십이, 열둘* [сиби, ёлддул]	
● 13	*арван гурав* [아르왕(아롱) 고릅]	*십삼, 열셋* [сибссам, ёлссэт]	
● 14	*арван дөрөв* [아르왕(아롱) 더릅]	*십사, 열넷* [сибсса, ёллэт]	
● 15	*арван тав* [아르왕(아롱) 타우]	*십오, 열다섯* [сибу, ёлддасот]	
● 16	*арван зургаа* [아르왕(아롱) 조르가:]	*십육, 열여섯* [симнюг, ёллёсот]	
● 17	*арван долоо* [아르왕(아롱) 덜러:]	*십칠, 열일곱* [сибчил, ёрилгуб]	
● 18	*арван найм* [아르왕(아롱) 나임]	*십팔, 열여덟* [сибпал, ёллёдол]	
● 19	*арван ес*	*십구, 열아홉*	

		[아르왕(아롱) 유쓰]	[сибггу, ёлахуб]
● 20	**хорь**		이십, 스물
	[허리]		[исиб, сымул]
● 21	**хорин нэг**		이십일, 스물하나
	[허링 네끄]		[исибил, сымулхана]
● 22	**хорин хоёр**		이십이, 스물둘
	[허링 허여르]		[исиби, сымулддул]
● 23	**хорин гурав**		이십삼, 스물셋
	[허링 고롭]		[исибссам, сымулссэт]
● 24	**хорин дөрөв**		이십사, 스물넷
	[허링 더룹]		[исибсса, сымуллэт]
● 25	**хорин тав**		이십오, 스물다섯
	[허링 타우]		[исибу, сымулддасот]
● 26	**хорин зургаа**		이십육, 스물여섯
	[허링 조르가:]		[исимнюг, сымуллёсот]
● 27	**хорин долоо**		이십칠, 스물일곱
	[허링 덜러:]		[исибчил, сымуллилгуб]
● 28	**хорин найм**		이십팔, 스물여덟
	[허링 나임]		[исибпал, сымуллёдол]
● 29	**хорин ес**		이십구, 스물아홉
	[허링 유쓰]		[исибггу, сымурахуб]
● 30	**гуч**		삼십, 서른
	[고치]		[самсиб, сорын]
● 31	**гучин нэг**		삼십일, 서른하나
	[고칭 네끄]		[самсибил, сорынхана]
● 32	**гучин хоёр**		삼십이, 서른둘
	[고칭 허여르]		[самсиби, сорынддул]
● 33	**гучин гурав**		삼십삼, 서른셋
	[고칭 고롭]		[самсибссам, сорынссэт]
● 40	**дөч**		사십, 마흔
	[더치]		[сасиб, махын]
● 50	**тавь**		오십, 쉰
	[타위]		[усиб, суйн]
● 60	**жар**		육십, 예순
	[자르]		[югссиб, есун]
● 70	**дал**		칠십, 일흔
	[달]		[чилссиб, илхын]
● 80	**ная**		팔십, 여든
	[나이]		[палссиб, ёдын]
● 90	**ер**		구십, 아흔
	[에르]		[гусиб, ахын]
● 100	**зуу**		백
	[조:]		[баэг]

● 200	*хоёр зуу* [허여르 조:]	이백 [ибаэг]
● 300	*гурван зуу* [고르왕(고른) 조:]	삼백 [самбаэг]
● 400	*дөрвөн зуу* [더르윙(더룬) 조:]	사백 [сабаэг]
● 500	*таван зуу* [타왕(타운) 조:]	오백 [убаэг]
● 600	*зургаан зуу* [조르강: 조:]	육백 [югббаэг]
● 700	*долоон зуу* [덜렁: 조:]	칠백 [чилбаэг]
● 800	*найман зуу, найм зуу* [나이망 조:, 나임 조:]	팔백 [палбаэг]
● 900	*есөн зуу* [유쓩 조:]	구백 [губаэг]
● 1000	*мянга* [먕가(먕그)]	천 [чон]
● 1234	*мянга хоёр зуун гучин дөрөв* [먕가 허여르 종: 고칭 더룹]	천이백삼십사 [чонибаэгсамсибсса]
● 2000	*хоёр мянга* [허여르 먕가]	이천 [ичон]
● 5000	*таван мянга* [타왕(타운) 먕가]	오천 [учон]
● 10000	*арван мянга (түм)* [아르왕(아롱) 먕가(툼)]	만 [ман]
● 100000	*зуун мянга (бум)* [종: 먕가(봄)]	십만 [симман]
● 1000000	*сая* [사이]	백만 [баэнгман]
● 10000000	*арван сая* [아르왕(아롱) 사이]	천만 [чонман]
● 100000000	*зуун сая (дүнчүүр)* [종: 사이(둔추:르)]	억 [ог]
● 1000000000	*тэрбум (арван дүнчүүр)* [테르봄(아르왕(아롱) 둔추:르)]	십억 [сибог]

☞ 서수사 [COCYCA] (ДЭС ТОО [데쓰 터:])

● ... дугаар(дүгээр) [... 도가:르(두게:르)]	... 째, ... 번째 [... ззаэ, ... бонззаэ]
● анхдугаар [앙흐(크)도가:르]	첫째, 첫번째 [чотззаэ, чотббонззаэ]

- **нэгдүгээр**
  [네끄(넥)두게:르]

  첫째, 첫번째
  [чотззаэ, чотббонззаэ]

- **хоёрдугаар**
  [허여르도가:르]

  둘째, 두번째
  [дүлззаэ, дүбонззаэ]

- **гуравдугаар**
  [고롭도가:르]

  셋째, 세번째
  [сэтззаэ, сэбонззаэ]

- **дөрөвдүгээр**
  [더럽두게:르]

  넷째, 네번째
  [нэтззаэ, нэбонззаэ]

- **тавдугаар**
  [타우(타브)도가:르]

  다섯째, 다섯번째
  [дасотззаэ, дасотббонззаэ]

- **зургадугаар**
  [조르가도가:르]

  여섯째, 여섯번째
  [ёсотззаэ, ёсотббонззаэ]

- **долдугаар**
  [덜도가:르]

  일곱째, 일곱번째
  [илгубззаэ, илгубббонззаэ]

- **наймдугаар**
  [나임도가:르]

  여덟째, 여덟번째
  [ёдолззаэ, ёдолббонззаэ]

- **есдүгээр**
  [유쓰두게:르]

  아홉째, 아홉번째
  [ахубззаэ, ахубббонззаэ]

- **аравдугаар**
  [아롭도가:르]

  열째, 열번째
  [ёлззаэ, ёлбббонззаэ]

- **арван нэгдүгээр**
  [아르왕(아롱) 네끄(넥)두게:르]

  열한번째
  [ёлханбонззаэ]

- **арван хоёрдугаар**
  [아르왕(아롱) 허여르도가:르(또가르)]

  열두번째
  [ёлддүбонззаэ]

- **хорьдугаар**
  [허리도가:르(허리또가:르)]

  스무번째
  [сымүбонззаэ]

- **зуудугаар**
  [조:도가:르(조:또가:르)]

  백번째
  [баэгбббонззаэ]

- **хэддүгээр?**
  [헤뜨두게:르(헤뜨뚜게:르)]

  몇번째?
  [мётбббонззаэ?]

- **хэд дэх?**
  [헤뜨 떼흐?]

  몇번째?, 몇째?
  [мётбббонззаэ?, мётззэ?]

- **тэргүүн боть(дэвтэр)**
  [테르궁: 버티(데브테르)]

  제 1 권
  [жэ ил гүон]

- **хоёрдугаар боть(дэвтэр)**
  [허여르도가:르 버티(데브테르)]

  제 2 권
  [жэ и гүон]

- **гуравдугаар боть(дэвтэр)**
  [고롭도가:르 버티(데브테르)]

  제 3 권
  [жэ сам гүон]

✍ 분수/소수 *[BҮNCY/CYCY]* (*БУТАРХАЙ ТОО* [보타르하이 터:])

(Энгийн бутархай : 분수)

- **1/2**   **хагас, хоёрны нэг**   **반, 이분의 일**
  [하가쓰, 허여르니: 네끄]   [반, 이부느이 일]

- **1/3**   **гуравны нэг**   **삼분의 일**
  [고롭니:(고르와니:) 네끄]   [삼부느이 일]

- **2/3**   **гуравны хоёр**   **삼분의 이**
  [고롭니:(고르와니:) 허여르]   [삼부느이 이]

- **1/4**   **дөрөвний нэг**   **사분의 일**
  [더룹니:(더르워니:) 네끄]   [사부느이 일]

- **3/4**   **дөрөвний гурав**   **사분의 삼**
  [더룹니:(더르워니:) 고롭]   [사부느이 삼]

- **1/5**   **тавны нэг**   **오분의 일**
  [타우니: 네끄]   [우부느이 일]

- **1/10**   **Аравны нэг**   **십분의 일**
  [아롭니:(아르와니:) 네끄]   [시쁘부느이 일]

- **1/100**   **зууны нэг**   **백분의 일**
  [조:니: 네끄]   [바에그쁘부느이 일]

(Аравтын бутархай : 소수)

- **0.8**   **Тэг /бүхэл/ аравны найм**   **영점팔**
  [테끄 /부헬/ 아롭니(아르와니:) 나임]   [영ㅈㅈ옴팔]

- **3.5**   **гурав /бүхэл/ аравны тав**   **삼점오**
  [고롭 /부헬/ 아롭니(아르와니:) 타우]   [삼ㅈㅈ오무]

- **4.2**   **дөрөв /бүхэл/ аравны хоёр**   **사점이**
  [더룹 /부헬/ 아롭니(아르와니:) 허여르]   [사ㅈㅈ오미]

- **0.12**   **Тэг /бүхэл/ зууны арван хоёр**   **영점일이**
  [테끄 /부헬/ 조:니 아르왕 허여르]   [영ㅈㅈ오밀리]

- **6.79**   **зургаа /бүхэл/ зууны далан ес**   **육점칠구**
  [조르가: /부헬/ 조:니 달릉 유쓰]   [육ㅈㅈ옴칠구]

(Тооны харьцаа :수의 관계)

Хос [허쓰]   **한쌍** [한ㅆ상]

Хоёр хос [허여르 허쓰]   **두쌍** [두ㅆ상]

Хэдэн хос [헤뎅 허쓰]   **몇쌍** [며ㅌㅆ상]

ширхэг [쉬르헤끄]   **개** [가에]

Хэдэн ширхэг [헤뎅 쉬르헤끄]   **몇개** [며ㅌㄱ가에]

хувь [호비(호위)] **퍼센트, 비율** [посэнт, биюл]

хэдэн хувь [헤뎅 호비(호위)] **몇퍼센트** [мётпосэнт]

хоёр дахин [허여르 다(따)힝] **두배** [дубаэ]

хоёр дахин илүү [허여르 다(따)힝 일루:] **두배 더(이상)** [дубаэ до(исанг)]

гурав дахин [고롭 다(따)힝] **세배** [сэбаэ]

дөрөв дахин [더럽(두룹) 다(따)힝] **네배** [нэбаэ]

тав дахин том [타브(타우) 다(따)힝] **다섯배** [дасотббаэ]

ганц [강(간)츠] **단 하나** [дан хана]

Цөөн [청:] **적은** [жогын]

их [이흐] **대게, 굉장히** [даэгэ, гуэнгжангхи]

олон [얼렁] **많은** [манын]

бага [박끄] **적은** [жогын]

дунджаар [돈뜨자:르] **평균** [пёнггюн]

зуун хувь [종: 호비(호위)] **백퍼센트** [баэгпосэнт]

жар гаруй [자르 가로이] **육십정도(가량)** [югоссибжонгду(гарянг)]

далаас илүү [달라:쓰 일루:] **칠십이상** [чилссибисанг]

жилд нэг удаа [질뜨 네끄 오따:] **일년에 한번** [иллёнэ ханбон]

Сард хоёр удаа [사르뜨 허여르 오따] **한달에 두번** [хандал(р)э дубон]

Энгийн Бутархай

$$4.3 + 5.6 = 9.9$$

$$5.5 + 3.2 = 8.7$$

$$1.0 + 1.1 = 2.1$$

$$7.3 + 2.4 = 9.7$$

$$1\frac{3}{4}$$

■ ЦАГ ХУГАЦАА [차끄(착) 호가차:]

1. **Цаг хэд болж байна /вэ/?**
   차그(착) 헤드 벌지 바인 /웨/? [차끄(착) 헤뜨 벌쥐(쮀) 와인 /웨/?]

2. **Хэдэн цаг болж байна /вэ/?**
   헤뎅 차그(착) 벌지 바인 /웨/? [헤뎅 차끄(착) 벌쥐(쮀) 와인 /웨/?]

   Хоёр цаг болж байна.
   허여르 차그(착) 벌지 바인. [허여르 차끄(착) 벌쥐(쮀) 와인.]

   Гурван цаг болж байна.
   고르왕 차그(착) 벌지 바인. [고르왕(고롱) 차끄(착) 벌쥐(쮀) 와인.]

   Гурван цаг хагас болж байна.
   고르왕 차그(착) 하가스 벌지 바인. [고르왕(고롱) 차끄(착) 하가쓰 벌쥐(쮀) 와인.]

   Гурав хагас /болж байна/.
   고롭 하가스 /벌지 바인/. [고롭 하가쓰 /벌쥐(쮀) 와인/.]

   Гурван цаг тавин таван минут болж байна.
   고르왕 차그(착) 타웡 타왕 미노트 벌지 바인. [고르왕(고롱) 차끄(착) 타웡 타왕(타웅) 미노트 벌쥐(쮀) 와인.]

   Дөрвөн цагт таван минут дутуу байна.
   더르웡 차그트 타왕 미노트 도토: 바인. [더르웡(더룽) 차끄트 타왕(타웅) 미노트 도토: 바인.]

   Таван цаг дөчин таван минут болж байна.
   타왕 차그(착) 더칭 타왕 미노트 벌지 바인. [타왕(타웅) 차끄(착) 더칭 타왕(타웅) 미노트 벌쥐(쮀) 와인.]

   Тав дөчин тав /болж байна/.
   타우 더칭 타우 /벌지 바인/. [타우 더칭 타우 /벌쥐(쮀) 와인/.]

   Есөн цаг арван минут болж байна.
   예성 차그(착) 아르왕 미노트 벌지 바인 [유쑹 차끄(착) 아르왕(아룽) 미노트 벌쥐(쮀) 와인]

   Ес арав /болж байна/.
   예스 아랍 /벌지 바인/. [유쓰 아롭 /벌쥐(쮀) 와인/.]

   Арван цаг болох гэж байна.
   아르왕 차그(착) 벌러흐 게지 바인. [아르왕(아룽) 차끄(착) 벌러흐 게쥐(쮀) 와인.]

   Найман цаг өнгөрсөн байх аа.
   나이망 차그(착) 엉거르성 바이흐 아:. [나이망 차끄(착) 엉거르쑹 바이하:.]

   Долоон цаг өнгөрчихжээ.
   덜렁: 차그(착) 엉거르치흐제:. [덜렁: 차끄 엉거르치흐제:.]

■ 시간 [СИГАН]

1. 시간이 얼마나 됐습니까?(몇 시입니까?)
[Сигани олмана дуэссымнигга?(Мёт ссиимнигга?)]

2. 몇 시가 됐습니까?(몇 시입니까?)
[Мёт ссига дуэссымнигга?(Мёт ссиимнигга?)]

두 시입니다.
[Ду сиимнида.]

세 시입니다.
[Сэ сиимнида.]

세시 반 입니다.
[Сэси бан имнида.]

세시 반.
[Сэси бан.]

세시 오십 오분입니다.
[Сэси усиб убγнимнида.]

네시 오분 전입니다.
[Нэси убγн жонимнида.]

다섯시 사십 오분입니다.
[Дасосси сасиб убγнимнида.]

다섯시 사십 오분.
[Дасосси сасиб убγн.]

아홉시 십분입니다.
[Ахубсси сибббγнимнида.]

아홉시 십분.
[Ахубсси сибббγн.]

열 시가 되려고 합니다.
[Ёл ссига дуэрёгу хамнида.]

여덟 시가 지났을 겁니다.
[Ёдол ссига жинассыл ггомнида.]

일곱 시가 지났습니다.
[Илгуб ссига жинассымнида.]

Дөнгөж хоёр цаг болж байна.
덩거지 허여르 차그(착) 벌지 바인.[덩거쥐(쭤) 허여르 차끄(착) 벌쥐(쭤) 와인.]

3. **Таны цаг яг таарч яваа юу?(Таны цаг яг таарч байна уу?)**
타니: 차그(착) 야그 타:르치 야와: 유오?(타니: 차그(착) 야그 타:르치 바인 오:?) [타니:
차끄(착) 약 타:르치 야와: 유오?(타니: 차끄(착) 약 타:르치 바이노:?)]

Миний цаг ... .
미니: 차그(착) ... . [미니: 차끄(착) ... .]

/жаахан/ хоцорч яваа (байна)
/자:항/ 허처르치 야와:(바인) [/짜:홍/ 허처르치 야와:(바인)]

/жаахан/ түрүүлж яваа (байна)
/자:항/ 투룰:지 야와:(바인) [/짜:홍/ 투룰:쥐(쭤) 야와:(바인)]

/яг/ таарч яваа (байна)
/야그/ 타:르치 야와:(바인) [/야끄(약)/ 타:르치 야와:(바인)]

4. **Миний цаг таван минут /орчим/ түрүүлж яваа(байна).**
미니: 차그(착) 타왕 미노트 /어르침/ 투룰:지 야와:(바인). [미니: 차끄(착) 타
왕(타웅) 미노트 /어르침/ 투룰:쥐(쭤) 야와:(바인).]

5. **Миний цаг таван минут /орчим/ хоцорч яваа(байна).**
미니: 차그(착) 타왕 미노트 /어르침/ 허처르치 야와(바인). [미니: 차끄(착) 타
왕 미노트 /어르침/ 허처르치 야와(바인).]

6. **Миний цаг зогсчихжээ.**
미니: 차그(착) 적스치흐제:. [미니: 차끄(착) 적쓰치흐제:.]

7. **Миний цаг эвдэрчээ.**
미니: 차그(착) 엡데르체:. [미니: 차끄(착) 엡떼르체:.]

8. **Энэ(Миний) цаг буруу явж байна.**
엔(미니:) 차그(착) 보로: 야우지 바인. [엔(미니:) 차끄(착) 보로: 야브쥐(쭤) 와인.]

9. **Цагаа тааруулаарай!**
차가: 타:롤:라:라이! [차가: 타:롤:라:래:!]

10. **Одоо яг хэдэн цаг болж байна /вэ/?**
어더: 야그 헤뎅 차그(착) 벌지 바인 /웨/? [어떠: 야끄(약) 헤뎅 차끄 벌쥐 와인 /웨/?]

11. **Одоо яг хэдэн цаг болж байгааг хэлж өгөөч.**
어더: 야그 헤뎅 차그(착) 벌지 바이가:그 헬지 어거:치. [어떠: 야끄(약) 헤뎅
차끄(착) 벌쥐(쭤) 바이가:끄 헬쥐(쭤) 어거:치.]

Яг арван хоёр цаг /болж байна/.
야그 아르왕 허여르 차그(착) /벌지 바인/. [야끄(약) 아르왕(아롱) 허여르 차끄
(착) /벌쥐(쭤) 와인/.]

방금 두 시가 됐습니다.
[Банггым ду сига дуэссымнида.]

3. 당신 시계는 정확히 가고 있습니까?(당신 시계는 정확히 맞습니까?)
[Дангсин сигенын жонгхуаки гагу иссымнигга?(Дангсин сигенын жонхуаки матссымнигга?)]

제 시계는 ... .
[Жэ сигенын ... .]

   /조금/ 늦습니다 [/жугым/ Нытссымнида]

   /조금/ 빠릅니다 [/жугым/ ББарымнида]

   /정확히/ 맞습니다 [/жонгхуаки/ Матссымнида/]

4. 제 시계는 오분/정도/ 빠릅니다.
[Жэ сигенын убун/жонгду/ ббарымнида.]

5. 제 시계는 오분/정도/ 늦습니다.
[Жэ сигенын убун/жонгду/ нытссымнида.]

6. 제 시계는 멈춰버렸습니다.
[Жэ сигенын момчуоборёссымнида.]

7. 제 시계는 고장났습니다.
[Жэ сигенын гужангнассымнида.]

8. 이(제) 시계는 틀립니다.
[И(Жэ) сигенын тыллимнида.]

9. 시계를 맞추십시오!
[Сигерыл матчусибссиу!]

10. 지금 정확히 몇 시입니까?
[Жигым жонгхуаки мёт ссиимнигга?]

11. 지금 정확히 몇 시인지 말씀해 주십시오.
[Жигым жонгхуаки мёт ссиинжи малссымхаэ жусибссиу.]

정각(정확히) 열 두시입니다.
[Жонггаг(Жонгхуаки) ёл ддусиимнида.]

Яг гурван цаг дөчин минут /болж байна/.

야그 고르왕 차그(착) 더칭 미노트 /벌지 바인/. [야끄(약) 고르왕(고롱) 차끄
(착) 더칭 미노트 /벌쥐(쮜) 와인/.]

Яг есөн цаг.

야그 예성 차그(착). [야끄(약) 유쑹 차끄(착).]

12. **Жаахан хүлээнэ үү!(Жаахан хүлээгээрэй!)**

자:항 홀렌: 우:!(자:항 홀레:게:레이!) [짜:홍 홀레:누:!(짜:홍 홀레:게:레:!)]

13. **Түргэлээрэй.**

투르겔레:레이. [투르겔레:레:.]

14. **Битгий хожимдоорой!**

비트기: 허짐더:러이! [비트기: 허짐더:레:!]

15. **Цагтаа ирээрэй!**

차그타: 이레:레이! [차끄타: 이레:레:!]

16. **Эртхэн ирж үзээрэй!**

에르트헹 이르지 우제:레이! [에르트헹 이르쥐(쮜) 우쩨:레:!]

17. **Арай оройхон ирвэл дээр.**

아라이 어러이헝 이르웰 데:르. [아라이 어러이헝 이르웰 데:르.]

18. **Та их хүлээв үү?**

타 이흐 홀레:브 우:? [타 이흐 홀레:부:?]

Би жаахан хүлээлээ.

비 자:항 홀렐:레:.[비 짜:홍 홀렐:레:.]

Тийм их хүлээгээгүй.

팀: 이흐 홀레:게:구이. [팀: 이흐 홀레:게:구이.]

19. **Би цагтаа ирлээ.**

비 차그타: 이를레:. [비 차끄타: 이를레:.]

20. **Би одоохон буцаад ирнэ.**

비 어더:헝 보차:드 이른(이르네). [비 어떠:헝 보차:뜨 이른(이르네).]

21. **Надад зав алга.**

나다드 자우 알가. [나다뜨 자우(잡) 알락.]

22. **Би тун(их) завгүй байна.**

비 통(이흐) 자우구이 바인. [비 통(이흐) 자우구이 바인.]

23. **Та надад жаахан зав гаргаж өгнө үү.**

타 나다드 자:항 자우 가르가지 어근 우:. [타 나다뜨 짜:홍 자우 가르가쥐(쮜) 어그누:.]

24. **Танай дэлгүүр хэдэн цагт онгойх вэ?**

타나이 델구:르 헤뎅 차그트 엉거이흐 웨? [타나이 델구:르 헤뎅 차끄트 엉거이흐 웨?]

정각(정확히) 세시 사십분입니다.
[Жонггаг(Жонгхуаки) сэси сасибббунимнида.]

정각 아홉시(입니다).
[Жонггаг ахубсси(имнида).]

12. 조금 기다리십시오!
[Жугым гидарисибссиу!]

13. 서두르세요. [Содурысэиу.]

14. 늦지 마십시오! [Нытззи масибссиу!]

15. 시간에 맞춰 오십시오!(제 시간에 오십시오!)
[Сиганэ матчуо усибссиу!(Жэ сиганэ усибссиу!)]

16. 일찍 와 보십시오!
[Илззиг ва бусибссиу!]

17. 거의 저녁무렵에 오시는 것이 좋습니다.
[Гоый жонёгмурёбэ усинын госи жуссымнида.]

18. 당신 많이 기다리셨습니까?
[Дангсин мани гидарисёссымнигга?]

저는 조금 기다렸습니다.
[Жонын жугым гидарёссымнида.]

그리 많이 안 기다렸습니다.
[Гыри мани ан гидарёссымнида.]

19. 저는 제 시간에 왔습니다.
[Жонын жэ сиганэ вассымнида.]

20. 저는 곧 돌아오겠습니다.
[Жонын гут дураугэссымнида.]

21. 저에게 시간이 없습니다.
[Жоэгэ сигани обссымнида.]

22. 저는 전혀 시간이 없습니다.
[Жонын жонхё сигани обссымнида.]

23. 당신 저에게 조금 시간을 내어 주십시오.
[Дангсин жоэгэ жугым сиганыл наэо жусибссиу.]

24. 당신네 상점은 몇 시에 문을 엽니까?
[Дангсиннэ сангжомын мёт ссиэ муныл ёмнигга?]

25. **Танай дэлгүүр хэдэн цагт хаах вэ?**
타나이 델구:르 헤뎅 차그트 하:흐 웨? [타나이 델구:르 헤뎅 차끄트 하:흐 웨?]

26. **Хэдэн цагт уулзах вэ?**
헤뎅 차그트 올:자흐 웨? [헤뎅 차끄트 올:짜흐 웨?]

Үдээс хойш гурван цагт уулзъя.
우데:스 허이쉬 고르왕 차그트 올:지:.(올지야.) [우데:쓰 허이쉬 고르왕(고롱)
차끄트 올:찌:.(올찌야.)]

27. **Хаана, хэдэн цагт уулзах вэ?**
한:, 헤뎅 차그트 올:자흐 웨? [한:, 헤뎅 차끄트 올:짜흐 웨?]

Их сургуулийн үүдэнд хоёр цагт уулзъя.
이흐 소르골:링: 우:덴드 허여르 차그트 올:지:.(올지야.) [이흐(일) 소르골:링:
우:덴드 허여르 차끄트 올:찌:.(올찌야.)]

28. **Би хэзээ ирэх вэ?**
비 헤제: 이레흐 웨? [비 히쩨: 이레흐 웨?]

Та таваас зургаан цагийн хооронд ирээрэй.
타 타와:스 조르강: 차깅: 허:런드 이레:레이. [타 타와:쓰 조르강: 차깅: 허:런드 이레:레:.]

Тав зургаа хоёрын хооронд.
타우 조르가: 허여링: 허:런드. [타우 조르가: 허여링: 허:런드.]

Найман цаг жаахан өнгөрөгөөд ирээрэй.
나이망 차그(착) 자:항 엉거러거:드 이레:레이. [나이망 차끄(착) 짜:홍 엉거러
거:뜨 이레:레:.]

29. **Одоо гучин минутын зай байна.**
어더: 고칭 미노텅: 자이 바인(바이나). [어떠: 고칭 미노텅: 자이 바인(바이나).]

30. **Та хэзээ ирэв?(Та хэзээ ирсэн бэ?)**
타 헤제: 이레브?(타 헤제: 이르셍 베?) [타 히쩨: 이레브?(타 히쩨: 이르씀 베?)]

Би сая(саяхан) ирлээ.
비 사야(사야항) 이를레:. [비 사이(사이항) 이를레:.]

Дөрвөн цагт ирсэн.
더르웡 차그트 이르셍. [더르웡(더룬) 차끄트 이르쑹.]

Яг цагтаа ирлээ.
야그 차그타: 이를레:. [야끄(약) 차끄타: 이를레:.]

31. **Та хэд хүртэл энд байх вэ?**
타 헤드 후르텔 엔드 바이흐 웨? [타 헤뜨 후르텔 엔뜨 바이흐 웨?]

/Би/ зургаа хагас хүртэл /энд/ байна.
/비/ 조르가: 하가스 후르텔 /엔드/ 바인. [/비/ 조르가: 하가쓰 후르텔 /엔뜨/ 바인.]

25. 당신네 상점은 몇 시에 문을 닫습니까?
[Дангсиннэ сангжомын мёт ссиэ мұныл датссымнигга?]

26. 몇 시에 만날까요?
[Мёт ссиэ манналггаиу?]

오후 세 시에 만납시다.
[Ухұ сэ сиэ маннабссида.]

27. 어디에서 몇 시에 만날까요?
[Одиэсо мёт ссиэ манналггаиу?]

국립종합대학교 정문에서 두 시에 만납시다.
[Гұнгнибжунгхабддаэхаггиу жонгмұнэсо дұ сиэ маннабссида.]

28. 저는 언제 올까요?
[Жонын онжэ улггаиу?]

당신 다섯 시에서 여섯 시 사이에 오십시오.
[Дангсин дасот ссиэсо ёсот сси саиэ усибссиу.]

다섯 시에서 여섯 시 사이에 (오십시오).
[Дасот ссиэсо ёсот сси саиэ (усибссиу).]

여덟 시 조금 넘어서(지나서) 오십시오.
[Ёдол сси жугым номосо(жинасо) усибссиу.]

29. 지금 삼십분의 시간이 있습니다.
[Жигым самсибббұный сигани иссымнида.]

30. 당신 언제 왔습니까?
[Дангсин онжэ вассымнигга?]

저는 지금 금방 왔습니다.
[Жонын жигым гымбанг вассымнида.]

네 시에 왔습니다.
[Нэ сиэ вассымнида.]

딱 제 시간에 왔습니다.
[ДДаг жэ сиганэ вассымнида.]

31. 당신 언제까지 여기 계실 겁니까?
[Дангсин онжэггажи ёги гесил ггомнигга?]

/저는/ 여섯시 반까지 /여기에/ 있을 겁니다.
[/жонын/ Ёсосси банггажи /ёгиэ/ иссыл ггомнида.]

32. Танай аав хэдэн цагт гэрээсээ гарсан бэ?
타나이 아:우 헤뎅 차그트 게레:세: 가르상 베? [타나이 아:우 헤뎅 차끄트 게
레:쎄: 가르씀 베?]

Хагас цагийн өмнө гарсан.
하가스 차깅: 어문 가르상. [하가쓰 차깅: 어문 가르쑹.]

33. өглөө [어글러:]

34. өдөр [어더르]

35. орой [어러이]

36. шөнө [션]

37. үүр [우:르]

32. **당신 부친(아버님)께서는 몇 시에 집에서 나가셨습니까?**
[Дангсин бучин(абоним)ггэсонын мёт ссиэ жибэсо нагасёссымнигта]

반 시간(삼십분) 전에 나가셨습니다.
[Бан сиган(самсибббун) жонэ нагасёссымнида.]

33. **아침** [ачим]

34. **낮** [нат]

35. **저녁** [жонёг]

36. **밤** [бам]

37. **새벽** [саэбёг]

■ ХУАНЛИ/ОН, САР, ӨДӨР [황리/언(엉),사르,어더르]

1. **Өнөөдөр хэдэн оны хэдэн сарын хэдний өдөр вэ? (Өнөөдөр хэдэн оны хэддүгээр сарын хэдэн бэ?)**
어너:더르 헤뎅 어니 헤뎅 사릉: 헤드니: 어더르 웨?(어너:더르 헤뎅 어니 헤드두게:르 사릉: 헤뎅 베?) [어너:떠르 헤뎅 어니 헤뎅 사릉: 헤뜨니: 어더르 웨? (어너:떠르 헤뎅 어니 헤뜨두게:르 사릉: 헤뜸 베?)]

Өнөөдөр 1997(мянга есөн зуун ерэн долоон) оны 5–р (тавдугаар) сарын 16–ны(арван зургааны) өдөр.
어너:더르 1997(먕가 예성 종: 예렝 덜렁:) 어니 5-p(타우도가:르) 사릉: 16–ны(아르왕 조르가:니:) 어더르. [어너:떠르 1997(먕가 유쓩 종: 예링 덜렁:) 어니 5-p(타우도가:르) 사릉: 16–ны(아르왕(아롱) 조르가:니:) 어더르.]

2. **Өнөөдөр хэдэн сарын хэдний өдөр вэ?(Өнөөдөр хэддүгээр сарын хэдэн бэ?, Өнөөдөр хэдэн сарын хэдэн бэ?)**
어너:더르 헤뎅 사릉: 헤드니: 어더르 웨?(어너:더르 헤드두게:르 사릉: 헤뎅 베?, 어너:더르 헤뎅 사릉: 헤뎅 베?) [어너:떠르 헤뎅 사릉: 헤뜨니: 어더르 웨 ?(어너:떠르 헤뜨두게:르 사릉: 헤뜸 베?, 어너:떠르 헤뎅 사릉: 헤뜸 베?)]

Өнөөдөр 5–р сарын 16–ны өдөр.(/Өнөөдөр/ тавдугаар сарын арван зургаан.)
어너:더르 타우도가르 사릉: 아르왕 조르가:니 어더르.(/어너:더르/ 타우도가: 르 사릉: 아르왕(아롱) 조르강:.) [어너:떠르 타우또가르 사릉: 아르왕(아롱) 조 르가:니 어더르.(/어너:떠르/ 타우도가:르 사릉: 아르왕(아롱) 조르강:.)]

3. **Өнөөдөр хэдэн бэ?**
어너:더르 헤뎅 베? [어너:떠르 헤뜸 베?]
/Өнөөдөр/ Тавдугаар сарын арван зургаан.
/어너:더르/ 타우도가:르 사릉: 아르왕 조르강:. [/어너:떠르/ 타우도가:르 사릉: 아르왕(아롱) 조르강:.]

4. **Өнөөдөр хэд дэх өдөр вэ?**
어너:더르 헤드 데흐 어더르 웨? [어너:떠르 헤뜨 떼흐 어더르 웨?]
/Өнөөдөр/ гурав дахь өдөр.
/어너:더르/ 고랍 다히 어더르. [/어너:떠르/ 고릅 따히 어더르.]

5. **Өнөөдөр ямар гариг вэ?**
어너:더르 야마르 가리그 웨? [어너:떠르 야마르 가리끄 웨?]
/Өнөөдөр/ пүрэв гариг.
/어너:더르/ 푸레우 가리그. [/어너:떠르/ 푸르브 가리끄.]

6. **Өнөөдөр ямар өдөр вэ?**
어너:더르 야마르 어더르 웨? [어너:떠르 야마르 어더르 웨?]

■ 달력/년,월,일 [ДАЛНЁГ/НЁН,ВОЛ,ИЛ]

1. 오늘은 몇 년, 몇 월, 몇 일입니까?
   [Унырын мён нён, мёдуол, мёчиримнигга?]

   오늘은 천구백구십칠년 오월 십육일입니다.
   [Унырын чонгубаэггусибчиллён увол симнюгиримнида.]

2. 오늘은 몇 월 몇 일입니까?
   [Унырын мёдуол мёчиримнигга?]

   오늘은 오월 십육일입니다.
   [Унырын увол симнюгиримнида.]

3. 오늘은 몇 일입니까?
   [Унырын мёчиримнигга?]

   /오늘은/ 오월 십육일입니다.
   [/унырын/ Увол симнюгиримнида.]

4. 오늘은 무슨 요일입니까?
   [Унырын мусын иуиримнигга?]

   /오늘은/ 수요일입니다.
   [/унырын/ Суиуиримнида.]

5. 오늘은 무슨 요일입니까?
   [Унырын мусын иуиримнигга?]

   /오늘은/ 목요일입니다.
   [/унырын/ Мугиуиримнида.]

6. 오늘은(오늘이) 무슨 날입니까?
   [Унырын(уныри) мусын наримнигга?]

/Өнөөдөр/ миний төрсөн өдөр.
/어너:더르/ 미니: 터르성 어더르. [/어너:떠르/ 미니: 터르쏭 어더르.]

7. **Та хэдэн оны хэдэн сарын хэдэнд төрсөн(мэндэлсэн) бэ?**
타 헤뎅 어니: 헤뎅 사링: 헤뎅드 터르성(멘델셍) 베? [타 헤뎅 어니: 헤뎅 사
링: 헤뎅뜨 터르쏭(멘들쏭) 베?]

/Би/ 1966 оны 7–р сарын 30–нд төрсөн. (/Би/ Мянга есөн зуун жаран зургаан оны долдугаар сарын гучинд төрсөн.)
/비/ 1966 어니: 7-p 사링: 30–нд 터르성.(/비/ 먕가 예성 종: 자랑 조르강: 어니: 덜도가:
르 사링: 고칭드 터르성.) [/비/ 1966 어니: 7-p 사링: 30–нд 터르쏭.(/비/ 먕가 유쏭 종:
자룽 조르강: 어니: 덜도가:르 사링: 고칭뜨 터르쏭.)]

☞ **년도/해(ОН/ЖИЛ)**

8. **Та Монголд(Солонгост) хэдэн онд ирсэн бэ?**
타 몽골드(설렁거스트) 헤뎅 언드 이르셍 베? [타 몽골뜨(설렁거쓰트) 헤뎅 언
뜨 이르쏭 베?]

Би 1992(мянга есөн зуун ерэн хоёр) онд ирсэн.
비 1992(먕가 예성 종: 예렝 허여르) 언드 이르셍. [비 1992(먕가 유쏭 종: 예
링 허여르) 언뜨 이르쏭.]

9. **1997 он (Мянга есөн зуун ерэн долоон он)**
1997 엉(언) (먕가 예성 종: 예렝 덜렁: 엉(언)) [1997 엉(언) (먕가 유쏭 종: 예
링 덜렁: 엉(언))]

10. **1998 он (Мянга есөн зуун ерэн найман он)**
1998 엉(언) (먕가 예성 종: 예렝 나이망: 엉(언)) [1998 엉(언) (먕가 유쏭 종:
예링 나이망 엉(언))]

11. **1999 он (Мянга есөн зуун ерэн есөн он)**
1999 엉(언) (먕가 예성 종: 예렝 예성: 엉(언)) [1999 엉(언) (먕가 유쏭 종: 예
링 유쏭 엉(언))]

12. **2000 он (Хоёр мянган он)**
2000 엉(언) (허여르 먕강 엉(언)) [2000 엉(언) (허여르 먕강 엉(언))]

13. **Та энд ирээд хэдэн жил болж байна вэ?**
타 엔드 이레:드 헤뎅 질 벌지 바인 웨? [타 엔뜨 이레:뜨 헤뎅 질 벌쥐(쮜)
와인 웨?]

Би энд ирээд зургаан жил болж байна.
비 엔드 이레:드 조르강: 질 벌지 바인. [비 엔뜨 이레:뜨 조르강: 질 벌쥐(쮜) 와인.]

/오늘은/ 제 생일입니다.
[/унырын/ Жэ саэнгиримнида.]

7. 당신은 몇 년 몇 월 몇 일에 태어났습니까?(태어나셨습니까?)
[Дангсинын мён нён мёдуол мёчирэ таэонассымнигга?(таэо—
насёссымнигга?)]

/저는/ 천구백육십육년 칠월 삼십일에 태어났습니다.
[/жонын/ Чонгубаэгюгссимюнгнён чируол самсибирэ таэонассымнида.]

☞ **녀도/해** [*HЁНДУ/ХАЭ] (*ОН/ЖИЛ* [*엉(언)/질]*)

8. 당신은 몽골에(한국에) 몇 년도에 오셨습니까?
[Дангсинын монгорэ(хангугэ) мён нёндуэ усёссымнигга?]

저는 천구백구십이년에 왔습니다.
[Жонын чонгубаэггусибинёнэ вассымнида.]

9. 천구백구십칠년
[чонгубаэггусибчиллён]

10. 천구백구십팔년
[чонгубаэггусибпаллён]

11. 천구백구십구년
[чонгубаэггусибгунён]

12. 이천년
[ичоннён]

13. 당신 여기에 오신지는 몇 년이 됩니까?
[Дангсин ёгиэ усинжинын мён нёни дуэмнигга?]

저는 여기에 온지 육년이 됩니다.
[Жонын ёгиэ унжи юнгнёни дуэмнида.]

14. **уржнан жил**
오르지낭 질 [오르쥐(쮜)낭 질]

15. **ноднин жил(Өнгөрсөн жил)**
너드닝 질(엉거르성 질) [너뜨닝 질(엉거르쑹 질)]

16. **энэ жил**
엔 질 [엔 질]

17. **хойтон жил(Ирэх жил)**
허이텅 질(이레흐 질) [허이퉁 질(이레흐 질)]

18. **хойтын хойтон жил**
허이팅: 허이텅 질 [허이팅: 허이퉁 질]

19. **бүтэн жил**
부텡 질 [부텡 질]

20. **хагас жил**
하가스 질 [하가쓰 질]

21. **жилийн турш**
질링: 토르시 [질링: 토르쉬]

22. **жил бүр(Жил болгон)**
질 부르(질 벌겅) [질 부르(질 벌겅)]

23. **Таван жил өнгөрчээ.(өнгөрсөн.)**
타왕 질 엉거르체:.(엉거르성.) [타왕(타웅) 질 엉거르체:.(엉거르쑹.)]

☞ *म [дди](АРВАН ХОЁР ЖИЛ [아르왕(아롱) 허여르 질])*

24. **Та ямар жилтэй вэ?**
타 야마르 질테이 웨? [타 야마르 질테 웨?]

/Би/ Морин жилтэй.(Морьтой.)
/비/ 머링 질테이.(머리터이.) [/비/ 머링 질테.(머리테.)]

25. **Таны эхнэр ямар жилтэй вэ?**
타니: 에흐네르 야마르 질테이 웨? [타니: 에흐네르 야마르 질테 웨?]

/Миний/ эхнэр мичин(бичин) жилтэй.(Мичтэй.)
/미니:/ 에흐네르 미칭(비칭) 질테이.(미치테이.) [/미니:/ 에흐네르 미칭(비칭) 질테.(미치테.)]

26. **хулгана жил**
홀가나 질 [홀간 질]

14. **재작년**
[жаэжангнён]

15. **작년, 지난해**
[жангнён, жинанхаэ]

16. **금년, 올해**
[гымнён, улхаэ]

17. **내년**
[наэнён]

18. **내후년**
[наэхүнён]

19. **만 일년, 온 일년**
[ман иллён, ун иллён]

20. **반년**
[баннён]

21. **일년 동안**
[иллён дунган]

22. **해마다, 일년마다, 매년**
[хаэмада, иллёнмада, маэнён]

23. **오년이 지났습니다.**
[Унёни жинассымнида.]

☞ *띠(АРВАН ХОЁР ЖИЛ)*

24. **당신은 무슨 띠입니까?**
[Дангсинын мүсын ддиимнигга?]

   /저는/ 말 띠입니다.
   [/жонын/ Мал ддиимнида.]

25. **당신 부인은 무슨 띠입니까?**
[Дангсин бүинын мүсын ддиимнигга?]

   /제/ 처는 원숭이 띠입니다.
   [/жэ/ Чонын вонсүнги ддиимнида.]

26. **쥐띠**
[жүйдди]

27. **үхэр жил**
우헤르 질 [우흐르 질]

28. **бар(барс) жил**
바르(바르스) 질 [바르(바르쓰) 질]

29. **туулай жил**
톨:라이 질 [톨:라이 질]

30. **луу жил**
로: 질 [로: 질]

31. **могой жил**
머거이 질 [머거이 질]

32. **морин жил**
머링(머린) 질 [머링(머린) 질]

33. **хонин жил**
허닝 질 [허인 질]

34. **мичин(бичин) жил**
미칭(비칭) 질 [미칭(비칭) 질]

35. **тахиа жил**
타히아 질 [타히아 질]

36. **нохой жил**
너허이 질 [너허이 질]

37. **гахай жил**
가하이 질 [가하이 질]

38. **шинэ жил**
신 질 [신 질]

39. **цагаан сар**
차강: 사르 [차강: 사르]

27. 소띠
[судди]

28. 호랑이띠
[хурангидди]

29. 토끼띠
[туггидди]

30. 용띠
[иунгдди]

31. 뱀띠
[баэмдди]

32. 말띠
[малдди]

33. 양띠
[янгдди]

34. 원숭이띠
[вонсунгидди]

35. 닭띠
[дагдди]

36. 개띠
[гаэдди]

37. 돼지띠
[дуаэжидди]

38. 새해, 신년
[саэхаэ, синнён]

39. 구정, 음력설
[гужонг, ымнёгссол]

- **нэгдүгээр сар**
  [네끄두게:르 사르] 일월 [иргол]
- **хоёрдугаар сар**
  [허여르도가:르 사르] 이월 [ивол]
- **гуравдугаар сар**
  [고롭도가:르 사르] 삼월 [самгол]
- **дөрөвдүгээр сар**
  [더룹두게:르 사르] 사월 [савол]
- **тавдугаар сар**
  [타우도가:르 사르] 오월 [увол]
- **зургадугаар сар**
  [조르가도가:르 사르] 육월 [югол]
- **долдугаар сар**
  [덜도가:르 사르] 칠월 [чиргол]
- **наймдугаар сар**
  [나임도가:르 사르] 팔월 [паргол]
- **есдүгээр сар**
  [유쓰두게:르 사르] 구월 [гүвол]
- **аравдугаар сар**
  [아롭도가:르 사르] 십월 [сивол]
- **арван нэгдүгээр сар**
  [아르왕(아롱) 네끄두게:르 사르] 십일월 [сибиргол]
- **арван хоёрдугаар сар**
  [아르왕(아롱) 허여르도가:르 사르] 십이월 [сибивол]
- **(нэг, хоёр, гурван,...) сарын өмнө**
  [(네끄,허여르,고르왕,...) 사링: 어문] (일, 이, 삼,...)개월 전 [(ил,и,сам,...)гаэвол жон]
- **(нэг, хоёр, гурван,...) сарын дараа**
  [(네끄,허여르,고르왕,...) 사링: 다라:] (일, 이, 삼,...)개월 후 [(ил,и,сам,...)гаэвол хү]
- **сар бүр(сар болгон)**
  [사르 부르(사르 벌겅)] 달마다, 매달 [далмада, маэдал]

- **уржигдар**
  [오르쥐끄다르] 그저께, 그제 [гыжоггэ, гыжэ]
- **өчигдөр**
  [어치그더르] 어저께, 어제 [ожоггэ, ожэ]
- **өнөөдөр**
  [어너:떠르] 오늘 [уныл]

- **маргааш**
  [마르가:쉬]

  내일
  [나에일]

- **нөгөөдөр**
  [너거:떠르]

  모레
  [무레]

- **нөгөөдрийн маргааш**
  [너거:뜨링: 마르가:쉬]

  글피
  [글피]

- **өдөр бүр(өдөр болгон)**
  [어더르 부르(어더르 벌겅)]

  매일
  [마에일]

☞ 요일/일주일 *[ИУИЛ/ИЛЗЗҮИЛ] (ГАРИГ/ДОЛОО ХОНОГ [가리끄 /덜러: 허너끄])*

- **нэг дэх өдөр(даваа гариг)**
  [네끄 데흐 어더르(다와: 가리끄)]

  월요일
  [вориуил]

- **хоёр дахь өдөр(мягмар гариг)**
  [허여르 다히 어더르(먀끄마르 가리끄)]

  화요일
  [хуаиуил]

- **гурав дахь өдөр(лхагва гариг)**
  [고롭 다히 어더르(하그와 가리끄)]

  수요일
  [сүиуил]

- **дөрөв дэх өдөр(пүрэв гариг)**
  [더룹 데흐 어더르(푸르브 가리끄)]

  목요일
  [мугиуил]

- **тав дахь өдөр(баасан гариг)**
  [타우 다히 어더르(바:쌍 가리끄)]

  금요일
  [гымиуил]

- **зургаа дахь өдөр(бямба гариг, хагас сайн өдөр)** [조르가: 다히 어더르(뱜바가 리끄, 하가스 사인 어더르)]

  토요일
  [туиуил]

- **долоо дахь өдөр(ням гариг, бүтэн сайн өдөр)** [덜러: 다히 어더르(냠 가 리끄, 부텡 사인 어더르]

  일요일
  [ириуил]

- **долоо хоног**
  [덜러: 허너끄]

  일주일
  [илзэүил]

- **хоёр долоо хоног**
  [허여르 덜러: 허너끄]

  이주일
  [изүил]

- **өнгөрсөн долоо хоног**
  [엉거르쏭 덜러: 허너끄]

  지난주
  [жинанжү]

- **энэ долоо хоног**
  [엔 덜러: 허너끄]

  이번주, 금주
  [ибонззү, гымжү]

- **ирэх долоо хоног**
  [이레흐 덜러: 허너끄]

  다음주, 내주
  [даымззү, наэжү]

■ ЦАГ УУР, УЛИРАЛ [차끄(착) 오:르, 올리랄]

–ЦАГ УУР(ЦАГ АГААР)– [차끄(착) 오:르/차고:르/(차그(착) 아갸:르/차가갸:르/)]

1. **Тэнгэр ямар байна /вэ/ ?**
텡게르 야마르 바인 /웨/? [텡게르 야마르 바인 /웨/?]

Тэнгэр бүрхэж байна.
텡게르 부르헤지 바인. [텡게르 부르헤줘(쮜) 와인.]

Тэнгэр цэлмэж байна.
텡게르 첼메지 바인. [텡게르 첼메줘(쮜) 와인.]

Тэнгэр хаяарч байна.
텡게르 하야:르치 바인. [텡게르 하야:르치 와인.]

2. **Өнөөдөр тэнгэр ямар байна /вэ/ ?**
어너:더르 텡게르 야마르 바인 /웨/? [어너:떠르 텡게르 야마르 바인 /웨/?]

Тэнгэр ... байна.
텡게르 ... 바인. [텡게르 ... 바인.]
 их сайхан [이흐 사이항]
 сайхан [사이항]
 муухай [모:하이]
 цэлмэг [첼메끄(첼멕)]
 үүлтэй [울:테]
 манантай [마낭태]
 тогтворгүй [터끄트워르구이]

3. **Өнөөдөр цаг уур(цаг агаар) ямар байна вэ?**
어너:더르 차그(착) 오:르(차그(착) 아가:르) 야마르 바인 웨? [어너:떠르 차고:르(차가가:르) 야마르 바인 웨?]

Өнөөдөр ... байна.
어너더르 ... 바인. [어너떠르 ... 바인.]
 халуун [할룽:]
 дулаан [돌랑:]
 сэрүүн [세룽:]
 хүйтэн [후이텡(퉁)]

4. **Өнөөдөр жаахан салхитай (чийгтэй) байна.**
어너:더르 자:항 살히타이 (치:그테이) 바인. [어너:떠르 자:항 살히태 (치:끄테) 바인.]

5. **Үдээс хойш *бороо* орж магадгүй.**
우데:스 허이쉬 버러: 어르지 마가드구이. [우데:쓰 허이쉬 버러: 어르쮜(쮜) 마가뜨구이.]

■ **날씨 및 계절**[НАЛССИ МИТ ГЕЖОЛ]

-**날씨**- [налсси]

1. **하늘이 어떻습니까?(날씨가 어떻습니까?)**
   [Ханыри оддоссымнигга?(Налссига оддоссымнигга?)]

   하늘이 찌푸렸습니다.
   [Ханыри ззипурёссымнида.]

   하늘이 맑습니다.
   [Ханыри магссымнида.]

   동이 트고 있습니다.(새벽이 밝아오고 있습니다.)
   [Дунги тыгу иссымнида.(Саэбёги балгаугу иссымнида.)]

2. **오늘 하늘이 어떻습니까?(오늘 날씨는 어떻습니까?)**
   [Уныл ханыри оддоссымнигга?(Уныл налссинын оддоссымнигга?)]

   하늘이(날이) ... .
   [Ханыри(нари) ... .]
   - *메우 좋습니다* [*маэу жуссымнида*]
   - *좋습니다* [*жуссымнида*]
   - *나쁩니다* [*наббымнида*]
   - *맑습니다* [*магссымнида*]
   - *구름이 꼈습니다* [*гурыми ггёссымнида*]
   - *안개가 꼈습니다* [*ангаэга ггёссымнида*]
   - *변덕스럽습니다* [*бёндогссыробссымнида*]

3. **오늘 날씨는 어떻습니까?**
   [Уныл налссинын оддоссымнигга?]

   오늘은 ... .
   [Унырын ... .]
   - *덥습니다* [*добссымнида*]
   - *따뜻합니다* [*ддаддытамнида*]
   - *선선합니다* [*сонсонхамнида*]
   - *춥습니다* [*чубссымнида*]

4. **오늘은 조금 바람이 붑니다.(습합니다.)**
   [Унырын жугым барами бумнида.(спамнида.)]

5. **오후에 비가 올 지도 모르겠습니다.**
   [Ухуэ бига ул ззиду мурыгэссымнида.]

6. Яасан сайхан өдөр вэ!
야:상 사이항 어더르 웨! [야:쑹 사이항 어더르 웨!]

7. Яасан муухай өдөр вэ!
야:상 모:하이 어더르 웨! [야:쑹 모:하이 어더르 웨!]

8. Яасан их салхи вэ?
야:상 이흐 살히 웨? [야:쑹 이흐 살히 웨?]

9. Салхи ширүүсч байна.
살히 시루:스치 바인. [살히 시루:스치 와인.]

10. Салхи салхилж байна.
살히 살힐지 바인. [살히 살힐쥐(쮀) 와인.]

11. Салхи намдаж байна.
살히 남다지 바인. [살히 남다쥐(쮀) 와인.]

12. Зөөлөн салхитай байна.
절:렁 살히타이 바인. [절:렁 살히태 바인.]

13. Гадаа салхи ихтэй байна. Битгий гараарай!
가다: 살히 이흐테이 바인. 비트기: 가라:라이! [가따: 살히 이흐테 바인. 비트기: 가라:래:!]

14. Тэнгэр /аймаар/ дуугарч байна.
텡게르 /아이마:르/ 도:가르치 바인. [텡게르 /아이마:르/ 도:고르치 와인.]

15. Цахилгаан цахиж байна.
차힐강: 차히지 바인. [차힐강: 차히쥐(쮀) 와인.]

16. Аянга бууж байна.
아양가 보:지 바인. [아양가 보:쥐(쮀) 와인.]

17. Дуутай ширүүн бороо орж байна.
도:타이 시룽: 버러: 어르지 바인. [도:태 시룽: 버러: 어르쥐(쮀) 와인.]

18. Бороо(Цас) орлоо.(орсон.)
버러:(차스) 어를러:.(어르성.) [버러:(차쓰) 어를러:.(어르쑹.)]

19. Бороо(Цас) орж байна.
버러:(차스) 어르지 바인. [버러:(차쓰) 어르쥐(쮀) 와인.]

20. Бороо(Цас) орох гэж байна.
버러:(차스) 어러흐 게쥐(쮀) 바인. [버러:(차쓰) 어러흐 게쥐(쮀) 와인.]

21. Аадар бороо орж байна.
아:다르 버러: 어르지 바인. [아:따(뜨)르 버러: 어르쥐(쮀) 와인.]

6. 무슨 날이 이렇게도 좋은지!(아주 좋은 날이군요!)
[Мүсын нари ирокэду жуынжи!(Ажү жуын наригүниу!)]

7. 무슨 날이 이렇게도 나쁜지!(아주 나쁜 날이군요!)
[Мүсын нари ирокэду наббынжи!(Ажү наббын наригүниу!)]

8. 무슨 바람이 이렇게도 부는지!(바람이 대게 심하게 부는군요!)
[Мүсын барами ирокэду бүнынжи!(Барами дэгэ симхагэ бүнынгүниу!)]

9. 바람이 휘몰아 치고 있습니다.
[Барами хүймура чигу иссымнида.]

10. 바람이 불고 있습니다.
[Барами бүлгу иссымнида.]

11. 바람이 가라앉고(순해지고) 있습니다.
[Барами гарааннгу(сүнхаэжигу) иссымнида.]

12. 순풍이 불고 있습니다.
[Сүнпүнги бүлгу иссымнида.]

13. 밖에 바람이 굉장히 심합니다. 나가지 마십시오!
[Баггэ барами гуэнгжангхи симхамнида. нагажи масибссиу!]

14. 천둥이 /무섭게, 요란하게/ 치고 있습니다.
[Чондүнги /мүсобггэ, иуранхагэ/ чигу иссымнида.]

15. 번개가 치고 있습니다.
[Бонгаэга чигу иссымнида.]

16. 벼락이(나뢰가) 떨어지고 있습니다.
[Бёраги(нангнуэга) ддорожигу иссымнида.]

17. 천둥을 동반한 소나기가 내리고 있습니다.
[Чондүнгыл дунгбанхан сунагига наэригу иссымнида.]

18. 비가(눈이) 왔습니다.(내렸습니다.)
[Бига(Нүни) вассымнида.(наэрёссымнида.)]

19. 비가(눈이) 오고 있습니다.(내리고 있습니다.)
[Бига(Нүни) угу иссымнида.(наэригу иссымнида.)]

20. 비가(눈이) 오려고 합니다.(내리려고 합니다.)
[Бига(Нүни) урёгу хамнида.(наэрирёгу хамнида.)]

21. 폭우가 내리고 있습니다.
[Пугүга наэригу иссымнида.]

22. Шиврээ бороо орж байна.
시브레: 버러: 어르지 바인. [쉬브레: 버러: 어르줘(쮜) 와인.]

23. Усархаг бороо орж байна.
오사르하그 버러: 어르지 바인. [오싸르하ㄲ 버러: 어르줘(쮜) 와인.]

24. Мөндөр бууж байна.
먼더르 보:지 바인. [먼더(드)르 보:줘(쮜) 와인.]

25. Бороо(Цас) зогслоо.(зогссон.)
버러:(차스) 적슬러:.(적스성.) [버러:(차쓰) 적쏠러:.(적스쑹.)]

26. Хөл норчихлоо.(Гутал норчихлоо.)
헐 너르치흘러:.(고탈 너르치흘러:.) [헐 너르치흘러:.(고틀 너르치흘러:.)]

27. Бороо(Цас) битгий ороосой!
버러:(차스) 비트기: 어러:서이! [버러:(차쓰) 비트기: 어러:쎄:!]

28. Сайхан солонго татаж байна.
사이항 설렁거 타타지 바인. [사이항 설렁거 타트줘(쮜) 와인.]

29. Цас хайлж байна.
차스 하일지 바인. [차쓰 하일줘(쮜) 와인.]

30. *Цас* их орж байна.
차스 이흐 어르지 바인. [차쓰 이흐 어르줘(쮜) 와인.]

31. Шуурга шуурч байна.
쇼:르가 쇼:르치 바인. [쇼:락 쇼:르치 와인.]

32. Өнөөдөр хальтиргаатай байна.
어너:더르 할티르가:타이 바인. [어너:떠르 할티르가:태 바인.]

33. Их хальтиргаатай байна, болгоомжтой яваарай.
이흐 할티르가:타이 바인, 벌겜:지터이 야와:라이. [이흐 할티르가:태 바인, 벌겜:쮜테 야와:래:.]

34. Өнөөдөр ... ямар байна вэ?
어너:더르 ... 야마르 바인 웨? [어너:떠르 ... 야마르 바인 웨?]
   чийг [치:ㄲ]
   агаарын (усны) халуун хүйтэн [아가: 링: (오쓰니:) 할룽: 후이틍]

35. Гадаа хэдэн градус(хэм) байна /вэ/ ?
가다: 헤뎅 그라도스(헴) 바인 /웨/? [가따: 헤뎅 그라도쓰(헴) 바인 /웨/?]

Нэмэх *арван таван* градус байна.
네메흐 아르왕 타왕 그라도스 바인. [네메흐 아르왕(아룽) 타왕(타웅) 그라도쓰 바인.]

22. 보슬비가 내리고 있습니다.
[Бусылбига наэригу иссымнида.]

23. 집중호우가 내리고 있습니다.
[Жибззүнгхууга наэригу иссымнида.]

24. 우박이 떨어집니다.
[Үбаги ддорожимнида.]

25. 비가(눈이) 그쳤습니다.(멈췄습니다.)
[Бига(Нүни) гычёссымнида.(момчуоссымнида.)]

26. 발이 다 젖었습니다.(신발이 다 젖었습니다.)
[Бари да жожоссымнида.(Синбари да жожоссымнида.)]

27. 비가(눈이) 그만 오기를!
[Бига(Нүни) гыман угирыл!]

28. 예쁜(고운) 무지개가 뜨고 있습니다.
[Еббүн(Гоүн) мүжигаэга ддыгу иссымнида.]

29. 눈이 녹고 있습니다.
[Нүни нугггу иссымнида.]

30. 눈이 굉장히 내리고 있습니다.
[Нүни гуэнгжангхи наэригу иссымнида.]

31. 폭풍이 불고 있습니다.
[Пугпүнги бүлгу иссымнида.]

32. 오늘은 (길이) 미끄럽습니다.
[Унырын (гири) миггыробссымнида.]

33. 굉장히 미끄럽습니다, 조심해서 가십시오.
[Гуэнгжангхи миггыробссымнида, жусимхаэсо гасибссиу.]

34. 오늘 ... 어떻습니까?
[Уныл ... оддоссымнигга?]
   습도가 [сыбддуга]
   날씨의 온도가(수온이) [налссиый ундуга(сүуни)]

35. 밖은 몇 도입니까?
[Баггын мёт ддуимнигга?]

   영상 15도 입니다.
   [Ёнгсанг сибуду имнида.]

Хасах *арван* градус байна.
하사흐 아르왕(아롱) 그라도스 바인. [하싸흐 아르왕(아롱) 그라도쓰 바인.]

36. **Энэ тэнгэрийг яана аа!**
엔 텡게리:그 얀: 아:! [엔 텡게리:끄 야:나:!]

37. **Маргааш цаг агаар(тэнгэр) ямар байна гэсэн бэ?**
마르가:시 차그(착) 아가:르(텡게르) 야마르 바인 게셍 베? [마르가:쉬 차끄(착)
아가:르(텡게르) 야마르 바인 게씀 베?]

Жаахан хүйтэрнэ гэсэн.
자:항 후이테른 게셍. [짜:홍 후이트른 게쏭.]

38. **Маргааш цаг агаар ямар байх бол?**
마르가:시 차그(착) 아가:르 야마르 바이흐 벌? [마르가:쉬 차끄(착) 아가:르 야마르 바이흐 벌?]

Маргааш ... шинжтэй байна.
마르가:시 ... 신지테이 바인. [마르가:쉬 ... 신지(쥐)테 바인.]
бороо орох [버러: 어러흐]
цас орох [차쓰 어러흐]
салхи салхилах [살히 살힐라흐]
манан татах [마낭 타타흐]

Маргааш тэнгэр сайхан хэвээрээ байна байх аа.
마르가:시 텡게르 사이항 헤웨:레: 바인 바이흐 아:. [마르가:쉬 텡게르 사이항
헤웨:레: 바인 바이하:.]

39. **Өнөө өглөө их хүйтэн байсан.**
어너: 어글러: 이흐 후이텡 바이상. [어너: 어글러: 이흐 후이퉁 바이쏭.]

40. **Өнөө өглөө жаахан манантай байсан.**
어너: 어글러: 자:항 마낭타이 바이상. [어너: 어글러: 짜:홍 마낭태 바이쏭.]

41. **Танайд хамгийн дулаан (хүйтэн) сар хэддүгээр сар байдаг вэ?**
타나이드 함깅: 돌랑: (후이텡) 사르 헤드두게:르 사르 바이닥 웨? [타나이뜨
함깅: 돌랑: (후이퉁) 사르 헤뜨두게:르 사르 바이뜩 웨?]

Манайд хамгийн дулаан сар долдугаар сар.
마나이드 함깅: 돌랑: 사르 덜도가:르 사르. [마나이뜨 함깅: 돌랑: 사르 덜또가:르 사르.]

42. **Монголын(Солонгосын) уур амьсгал ямар вэ?**
몽골링:(설렁거셍:) 오:르 암스갈 야마르 웨? [몽골링:(설렁거셍:) 오:르 아임쓰
갈 야마르 웨?]

Өвөл нь маш хүйтэн, зун нь дулаахан.
어월 은 마시 후이텡, 종 은 돌라:항. [어월 른 마쉬 후이퉁, 종 은 돌라:항.]

Монголд жилийн ихэнх өдөр тэнгэр цэлмэг байдаг.
몽골드 질링: 이헹흐 어더르 텡게르 첼메그 바이닥. [몽골뜨 질링: 이헹흐 어
더르 텡게르 첼메끄 바이뜩.]

영하 *10*도 입니다.
[Ёнгха сибдду имнида.]

36. **이 날씨를 어떻게 하지!(날씨가 대게 나쁘다는 표현)**
[И налссирыл оддокэ хажи!]

37. **내일은 날씨가 어떻다고 했습니까?**
[Наэирын налссига оддотагу хаэссымнигга?]

조금 추워질 거라고 했습니다.
[Жугым чувожил ггорагу хаэссымнида.]

38. **내일은 날씨가 어떨까요?**
[Наэирын налссига оддолггаиу?]

내일은 ... 것 같은 조짐입니다.
[Наэирын ... ггот гатын жужимимнида.]
    비가 올(내릴) [*бига ул(наэрил)*]
    눈이 올(내릴) [*нүни ул(наэрил)*]
    바람이 불 [*барами бүл*]
    안개가 낄 [*ангаэга ггил*]

내일 날씨는 여전히 좋을 겁니다.
[Наэил налссинын ёжонхи жуыл ггомнида.]

39. **오늘 아침은 굉장히 추웠습니다.**
[Уныл ачимын гуэнгжангхи чувоссымнида.]

40. **오늘 아침에는 조금 안개가 꼈었습니다.**
[Уныл ачимэнын жугым ангаэга ггёссоссымнида.]

41. **당신네는 가장 따뜻한 (추운) 달이 몇 월 달입니까?**
[Дангсиннэнын гажанг ддаддытан (чүүн) дари мёдүол ддаримнигта?]

우리네는 가장 따뜻한 달이 칠월 달입니다.
[Үринэнын гажанг ддаддытан дари чирүол даримнида.]

42. **몽꼴의(한국의) 기후는 어떻습니까?**
[Монгорый(Хангүгый) гихүнын оддоссымнигга?]

겨울은 무척 춥고, 여름은 따뜻합니다.
[Гёүрын мүчог чүбггу, ёрымын ддаддытамнида.]

몽꼴에는 일년 중 대부분의 날이 맑게 개어 있습니다.
[Монгорэнын иллён жүнг даэбүбүны нари маггэ гаэо иссымнида.]

Долоо наймдугаар сард их хур бороотой байдаг.
덜러: 나임도가:르 사르드 이흐 호르 버러:터이 바이닥. [덜러: 나임도가:르 사
르뜨 이흐 호르 버러:테 바이뜩.]

–УЛИРАЛ– [울리랄]

*43. **Хавар** ойртлоо.*
하와르 어이르틀러:. [*하와르* 어이르틀러:.]

*44. **Хавар** боллоо.(**Хавар** болж байна.)*
하와르 벌러:.(*하와르* 벌지 바인.) [*하와르* 벌러:.(*하와르* 벌줘(쮜) 와인.)]

*45. **Хавар** өнгөрлөө.*
하와르 엉거를러:. [*하와르* 엉거를러:.]

*46. **Хатуу өвөл болж байна.(Зудтай өвөл болж байна.)***
하토: 어월 벌지 바인.(조드타이 어월 벌지 바인.) [하토: 어월 벌줘(쮜) 와인.
(조뜨태 어월 벌줘(쮜) 와인.)]

*47. **Монголд(Солонгост)** хэдэн улиралтай вэ?*
몽골드(설렁거스트) 헤뎅 올리랄타이 웨?[몽골뜨(설렁거쓰트) 헤뎅 올리랄태 웨?]

Жилийн *дөрвөн* улиралтай.
질링: 더르웡 올리랄타이. [질링: 더르웡(더룽) 올리랄태.]

*48. **дөрвөн улирал***
더르웡 올리랄 [더르웡(더룽) 올리랄]

*49. **хавар***
[하와르]

*50. **зун***
[종]

*51. **намар***
[나마르]

*52. **өвөл***
[어월]

칠,팔월 달에는 큰 장마가 있습니다.
[Чил, паруол ддарэнын кын жангмага иссымнида.]

–계절– [гежол]

43. 봄이 가까워졌습니다.
[Буми гаггавожёссымнида.]

44. 봄이 왔습니다, 봄이 되었습니다.(봄이 오고 있습니다.)
[Буми вассымнида, Буми дуэоссымнида.(Буми угу иссымнида.)]

45. 봄이 끝났습니다.(지나갔습니다.)
[Буми ггыннассымнида.(жинагассымнида.)]

46. 어려운(힘든) 겨울이 되고 있습니다.
[Орёун(химдын) гёури дуэгу иссымнида.]

47. 몽골에는(한국에는) 몇 계절이 있습니까?
[Монгорэнын(Хангугэнын) мёт ггежори иссымнигга?]

일년에 사계절이 있습니다.
[Иллёнэ сагежори иссымнида.]

48. 사계절
[сагежол]

49. 봄
[бум]

50. 여름
[ёрым]

51. 가을
[гаыл]

52. 겨울
[гёул]

агаар
[아가:르]

날씨
[налсси]

хэм (градус)
[헴(그라도쓰)]

도, 온도
[ду, унду]

нэмэх ... хэм(градус)
[네메흐 ... 헴(그라도쓰)]

영상 ... 도
[ёнгсанг ... ду]

хасах ... хэм(градус)
[하싸흐 ... 헴(그라도쓰)]

영하 ... 도
[ёнгха ... ду]

цаг уурын урьдчилсан мэдээ
[차끄(착) 오:링: 오리뜨칠쏭 미떼]

일기예보
[илгиебу]

дулаан
[돌랑:]

따뜻한, 따뜻하다
[ддаддытан, ддаддытада]

дулаара/х
[돌라:라흐]

따뜻해지다
[ддаддытаэжида]

сэрүүн
[세룽:]

선선한, 시원한, 선선하다, 시원하다
[сонсонхан, сивонхан, сонсонхада, сивонхада]

сэрүүн бол/ох
[세룽: 벌러흐]

선선해지다, 시원해지다
[сонсонхаэжида, сивонхаэжида]

халуун
[할룽:]

더운, 덥다
[доүн, добдда]

халуун бол/ох
[할룽: 벌러흐]

더워지다
[довожида]

хүйтэн
[후이퉁]

추운, 춥다
[чүүн, чүбдда]

хүйтрэ/х
[후이트레흐]

추워지다
[чүвожида]

даара/х
[다:라흐]

춥다
[чүбдда]

чичир/эх
[치치레흐]

떨다
[ддолда]

хөлдө/х
[헐떠흐]

얼다
[олда]

цэлмэг
[첼메끄]

맑은
[малгын]

цэлмэг бол/ох(цэлмэ/х)
[첼메끄 벌러흐(첼메흐)]

맑아지다, 개이다
[малгажида, гаэида]

бүрхэг

(하늘이) 찌푸린

[부르헤ㄲ]

бүрхэг бол/ох(бүрх/эх)

[부르헤ㄲ 벌러흐(부르헤흐)]

тэнгэр

[텡게르]

тэнгэр сайхан бол/ох

[텡게르 사이항 벌러흐]

тэнгэр онгой/х

[텡게르 엉거이흐]

тэнгэр муухайр/ах

[텡게르 모:하이라흐]

нартай(нарлаг)

[나르태(나를라ㄲ)]

үүлтэй

[울:테]

хуурай

[호:라이]

чийгтэй

[치:ㄲ테]

нойтон

[너이텅]

аянга

[아양가(아잉가)]

аянга буух

[아양가(아잉가) 보:흐]

цахилгаан

[차힐강:]

бороо

[버러:]

бороо орох(борооших)

[버러: 어러흐(버러:쉬흐)]

зүс(зүсэр) бороо(зүсрэх)

[주쓰(주쎄르) 버러:(주쓰레흐)]

ширүүн бороо

[시룽: 버러:]

аадар бороо

[아:따(뜨)르 버러:]

борооны хэмжээ

[버러:니 헴제:]

[(ханыри) ззипүрин]

흐려지다

[хырёжида]

하늘, 날, 날씨

[ханыл, нал, налсси]

하늘이 좋아지다, 날씨가 좋아지다

[ханыри жуажида, налссига жуа–
жида]

하늘이 개이다

[ханыри гаэида]

하늘이 나빠지다, 날씨가 나빠지다

[ханыри наббажида, налссига
наббажида]

태양이 있는, 화창한

[таэянги иннын, хуачангхан]

구름이 낀

[гүрыми ггин]

건조한

[гонжухан]

습도가 있는, 습한

[сыбддуга иннын, сыпан]

젖은, 축축한

[жожын, чүгчүкан]

벼락

[бёраг]

벼락이 떨어지다

[бёраги ддорожида]

번개

[бонгаэ]

비

[би]

비가 오다, 비가 내리다

[бига уда, бига наэрида]

이슬비, 보슬비, 가랑비(내리다)

[исылби, бусылби, гарангби (наэрида)]

소나기

[сунаги]

폭풍우

[пугпүнгү]

강우량

[гангүрянг]

хур тунадас(тундас)	비, 진눈깨비
[호르 톤다쓰(통다쓰)]	[би, жиннүнггаэби]
борооны үүл	비구름, 먹구름
[버러:니: 울:]	[бигүрым, могггүрым]
борооны цув	비옷, 레인코트
[버러:니: 초우]	[биут, рэинкут]
усны гутал	장화
[오쓰니: 고틀]	[жангхуа]
үер	장마
[우이르]	[жангма]
солонго	무지개
[설렁거]	[мүжигаэ]
шүхэр	우산
[슈헤르]	[үсан]
шавар	진흙탕
[샤와르]	[жинхыгтанг]
хяруу	서리
[햐로:]	[сори]
хяруу унах	서리가 내리다
[햐로: 오나흐]	[сорига наэрида]
мөндөр	우박
[먼더(드)르]	[үбаг]
мөндөр орох(буух)	우박이 내리다
[먼더(드)르 어러흐(보:흐)]	[үбаги наэрида]
манан	안개
[마낭]	[ангаэ]
манан татах	안개가 끼다
[마낭 타타흐]	[ангаэга ггида]
манан арилах	안개가 걷히다
[마낭 아릴라흐]	[ангаэга гочида]
салхи	바람
[살히]	[барам]
хар салхи	폭풍
[하르 살히]	[пугпүнг]
хуй салхи	회오리 바람
[호이 살히]	[хуэури барам]
салхи салхилах	바람이 불다
[살히 살힐라흐]	[барами бүлда]
шуурга	폭풍, 눈보라
[쇼:락]	[пугпүнг, нүнбура]
шороон шуурга	모래폭풍

[셔렁: 쇼:락]

цас

[차쓰]

цас ор/ох

[차쓰 어러흐]

цас хайл/ах

[차쓰 하일라흐]

хальтиргаатай

[할티르가:태]

шалбааг, шавар, шавхай

[샬바:ㄲ, 샤와르, 샤우하이]

мөс

[머쓰(무쓰)]

[мураэпугпγнг]

눈

[нүн]

눈이 오다(내리다)

[нγни уда(наэрида)]

눈이 녹다

[нγни нугдда]

미끄러운, 미끄럽다

[миггыроγн, миггыробдда]

진흙탕

[жинхыгтанг]

얼음

[орым]

■ АЖИЛ [아질]

1. Та юу хийдэг вэ?
타 유오 히:덱 웨? [타 유오 히:득 웨?]

2. Та хаана ажилладаг вэ?
타 한: 아질라닥 웨? [타 한: 아질뜩 웨?]

3. Та ажилладаг уу, сурдаг уу?
타 아질라닥 오:, 소르닥 오:? [타 아질뜩 오:, 소르뜩 오:?]

Би ажилладаг.
비 아질라닥. [비 아질뜩.]

Би ажилладаггүй. Би оюутан.
비 아질라닥구이. 비 어유오탕. [비 아질뜩꾸이. 비 어유오퉁.]

Би сурдаг.
비 소르닥. [비 소르뜩.]

4. Та ямар мэргэжилтэй вэ?
타 야마르 메르게질테이 웨? [타 야마르 메르게질테 웨?]

Би ... .
비 ... . [비 ... .]
　эдийн засагч [에딩: 자싸ㄲ치]
　түүхч [투:흐치]
　хэл шинжлэлч(судлаач) [헬 신지렐치(소뜰라:치)]

5. Та ямар ажил хийдэг вэ?
타 야마르 아질 히:덱 웨? [타 야마르 아질 히:득 웨?]

Би ... .
비 ... . [비 ... .]
　инженер [인지네르]
　багш [박쉬]
　эмч [엠치]
　жолооч [절러:치]
　малчин [말칭]

6. Бид хамт ажилладаг.
비드 함트 아질라닥. [비뜨 함트 아질뜩.]

7. Та хаана ажилладаг вэ?
타 한: 아질라닥 웨? [타 한: 아질라뜩(아질뜩) 웨?]

■ 직업 [ЖИГОБ]

1. 당신 무엇을 하십니까?
   [Дангсин мүосыл хасимнигга?]

2. 당신 어디에서 일하고 계십니까?
   [Дангсин одиэсо илхагу гесимнигга?]

3. 당신 일하고 계십니까, 공부하고 계십니까?
   [Дангсин илхагу гесимнигга, гунгбүхагу гесимнигга?]

   저는 일하고 있습니다.
   [Жонын илхагу иссымнида.]

   저는 일하고 있지 않습니다. 저는 학생입니다.
   [Жонын илхагу итззи анссымнида. жонын хагсаэнгимнида.]

   저는 공부하고 있습니다.
   [Жонын гунгбүхагу иссымнида.]

4. 당신 무슨 전공을(전문분야를) 갖고 계십니까?
   [Дангсин мүсын жонгунгыл(жонмүнбүнярыл) гатггу гесимнигга?]

   저는 ... .
   [Жонын ... .]
   경제인입니다 [гёнгжэинимнида]
   사학자입니다 [сахагззаимнида]
   언어학자(연구자)입니다 [онохагзза(ёнгужа)имнида]

5. 당신은 어떤(무슨) 일을 하십니까?(직업이 무엇입니까?)
   [Дангсинын оддон(мүсын) ирыл хасимнигга?(Жигоби мүосимнигга?)]

   저는 ... 입니다.
   [Жонын ... имнида.]
   기술자 [гисүлзза]
   선생 [сонсаэнг]
   의사 [ыйса]
   운전사 [үнжонса]
   목민 [мунгмин]

6. 저희는 함께 일하고 있습니다.
   [Жохыйнын хамггэ илхагу иссымнида.]

7. 당신은 어디에서 일하고 계십니까?
   [Дангсинын одиэсо илхагу гесимнигга?]

Би ... ажилладаг.
비 ... 아질라닥. [비 ... 아질뜩.]
   шинжлэх ухааны академид [신질레흐 오하:니 아카데미뜨]
   их сургуульд [이흐(읔) 소르골:뜨]
   банканд [방큰뜨]

Би *оюутан.*
비 어유오탕. [비 어유오틍.]

Би *багш.*
비 바그쉬. [비 박쉬.]

8. **Та хаана сурдаг вэ?**
    타 한: 소르닥 웨? [타 한: 소르뜩 웨?]

9. **Би ... сурдаг.**
    비 ... 소르닥. [비 ... 소르뜩.]
    Гадаад хэлний дээд сургуульд [가다:뜨 헬르니: 데:드 소르골:뜨]
    Багшийн их (дээд) сургуульд [박싱: 이흐(읔) (데:드) 소르골:뜨]
    Их сургуульд [이흐(읔) 소르골:뜨]

10. **Та ямар дээд(их) сургуульд сурдаг вэ?**
    타 야마르 데:드(이흐) 소르골:드 소르닥 웨? [타 야마르 데:드(이흐) 소르골:
    뜨 소르뜩 웨?]

    Би ... дээд(их) сургуульд сурдаг.
    비 ... 데:드(이흐) 소르골:드 소르닥. [비 ... 데:드(이흐) 소르골:뜨 소르뜩.]
    авто замын [아우토 잠잉:]
    барилгын [바릴깅:]
    төмөр замын [터머르 잠잉:]
    багшийн [박싱:]

11. **Та юуны ангид сурдаг вэ?**
    타 유오니: 앙기드 소르닥 웨? [타 유오니: 앙기뜨 소르뜩 웨?]

    Би ... ангид сурдаг.
    비 ... 앙기드 소르닥. [비 ... 앙기뜨 소르뜩.]
    монгол хэлний [몽골 헬르니:]
    солонгос хэлний [설렁거스 헬르니:]
    түүхийн [투: 힝:]
    хуулийн [호: 일링:]

12. **Та хэддүгээр курст(ангид) сурдаг вэ?**
    타 헤드두게:르 코르스트(앙기드) 소르닥 웨? [타 헤뜨두게:르 쿠르스트(앙기
    뜨) 소르뜩 웨?]

저는 ... 일하고 있습니다.
[Жонын ... илхагу иссымнида.]

    학술과학원에서 [хагссүлгуахагүонэсо]
    국립종합대학교에서 [гүнгнибжунгхабддаэхагггиуэсо]
    은행에서 [ынхаэнгэсо]

저는 학생입니다.
[Жонын хагссаэнгимнида.]

저는 선생(교수) 입니다.
[Жонын сонсаэнг(гиусү)имнида.]

8. 당신은 어디에서 공부하고 있습니까?
[Дангсинын одиэсо гунгбүхагу иссымнигга?]

9. 저는 ... 공부하고 있습니다.
[Жонын ... гунгбүхагу иссымнида.]

    외국어대학교에서 [уэгүгодаэхагггиуэсо]
    사범대학교에서 [сабомдаэхагггиуэсо]
    국립종합대학교에서 [гүнгнибжунгхабддаэхагггиуэсо]

10. 당신은 무슨 대학교에서 공부하고 있습니까?
[Дангсинын мүсын даэхагггиуэсо гунгбүхагу иссымнигга?]

저는 ... 전문(종합)대학교에서 공부하고 있습니다.
[Жонын ... жонмүн(жунгхаб)даэхаггтиуэсо гунгбүхагу иссымнида.]

    교통 [гиутунг]
    건축 [гончүг]
    철도 [чолдду]
    사범 [сабом]

11. 당신은 무슨 과에서 공부하고 있습니까?
[Дангсинын мүсын ггуаэсо гунгбүхагу иссымнигга?]

저는 ... 과에서 공부하고 있습니다.
[Жонын ... ггуаэсо гунгбүхагу иссымнида.]

    몽골어 [монгол(р)о]
    한국어 [хангуго]
    사학 [сахаг]
    법학 [бопаг]

12. 당신은 몇 학년에 재학중입니까?
[Дангсинын мёт хангнёнэ жаэхагззүнгимнигга?]

Би *хоёрдугаар (гуравдугаар)* **курст(ангид) сурдаг.**
비 허여르도가:르(고랍도가:르) 코르스트(앙기드) 소르닥. [비 허여르도가:르
(고롭도가:르) 쿠르스트(앙기뜨) 소르뜩.]

13. **Та ямар ажил хийдэг вэ?**
타 야마르 아질 히:덱 웨? [타 야마르 아질 히:득 웨?]

Би Их сургуульд багш хийдэг.
비 이흐 소르골:드 박쉬 히:덱. [비 이흐(익) 소르골:뜨 박쉬 히:득.]

14. **Би энэ ажилд ороод удаагүй байна. Нэг жилийн өмнө ажиллаж
эхэлсэн.**
비 엔 아질드 어러:드 오다:구이 바인. 네그 질링: 어문 아질라지 에헬셍. [비 엔 아질
뜨 어러:뜨 오따:구이 바인. 네끄 질링: 어문 아질쥐(쮜) 에헬쑹.]

15. **Би энэ ажлыг таван жилийн турш хийж байна.**
비 엔 아질리:그 타왕 질링: 토르쉬 히:지 바인. [비 엔 아질리:끄 타왕(타웅)
질링: 토르쉬 히:쥐(쮜) 와인.]

16. **Танай ажлын цаг өдөрт хэд байдаг вэ?**
타나이 아질링: 차그(착) 어더르트 헤드 바이닥 웨? [타나이 아질링: 차끄(착)
어더르트 헤뜨 바이뜩 웨?]

17. **Хэдээс хэд хүртэл ажилладаг вэ?**
헤데:스 헤드 후르텔 아질라닥 웨? [헤데:쓰 헤뜨 후르텔 아질뜩 웨?]

18. **Таны сарын цалин хэд вэ?(Та сард ямар цалинтай вэ?)**
타니: 사링: 찰링 찰링 헤드 웨?(타 사르드 야마르 찰링타이 웨?) [타니: 사링:
찰링 헤뜨 웨?(타 사르뜨 야마르 찰링태 웨?)]

19. **Танай оронд дундаж цалин хэд вэ?**
타나이 어렁드 돈다지 찰링 헤드 웨? [타나이 어렁뜨 돈다쥐 찰링 헤뜨 웨?]

20. **Таны эхнэр ямар ажил хийдэг вэ?**
타니: 에흐네르 야마르 아질 히:덱 웨?[타니: 에흐네르 야마르 아질 히:득 웨?]

Миний эхнэр ... .
미니: 에흐네르 ... . [미니: 에흐네르 ... .]

21. **Таны эцэг эх хаана ажилладаг вэ?**
타니: 에체그 에흐 한: 아질라닥 웨? [타니: 에체끄 에흐 한: 아질뜩 웨?]

Эцэг *банканд* **ажилладаг.**
에체그 방칸드 아질라닥. [에체끄 방큰뜨 아질뜩.]

Эх тэтгэвэрт гарсан.
에흐 테트게웨르트 가르상. [에흐 테트게웨르트 가르쑹.]

Ажилгүй.
아질구이. [아질구이.]

저는 이학년에(삼학년에) 재학중입니다.
[Жонын ихангнёнэ(самхангнёнэ) жаэхагззүнгимнида.]

13. 당신은 무슨 일을 하십니까?
[Дангсинын мүсын ирыл хасимнигга?]

저는 국립종합대학교에서 교수로 일하고 있습니다.
[Жонын гүнгнибжунгхабддаэхаггиуэсо гиусүру илхагу иссымнида.]

14. 저는 이 일을 한지 오래되지 않았습니다. 일년 전에 일하기 시작했습니다.
[Жонын и ирыл ханжи ураэдуэжи анассымнида. иллён жонэ
илхаги сижагхаэссымнида.]

15. 저는 이 일을 오년 동안 해 오고 있습니다.
[Жонын и ирыл унён ддунган хаэ угу иссымнида.]

16. 당신네 근무시간은 하루에 얼마입니까?
[Дангсиннэ гынмүсиганын харүэ олмаимнигга?]

17. 언제부터 언제까지 일합니까?
[Онжэбүто онжэггажи илхамнигга?]

18. 당신의 한달 월급은 얼마입니까?(당신은 한 달에 얼마의 월급을 받습니까?)
[Дангсиный хандал волгыбын олмаимнигга?(Дангсинын хан дарэ
олмаый волгыбыл батссымнигга?]

19. 당신네 나라에서는 평균 월급이 얼마입니까?
[Дангсиннэ нараэсонын пёнггюн волгыби олмаимнигга?]

20. 당신 부인은 무슨 일을 합니까?
[Дангсин бүинын мүсын ирыл хамнигга?]

제 처는 ... .
[Жэ чонын ... .]

21. 당신 부모님들은 어디에 근무하십니까?
[Дангсин бүмунимдырын одиэ гынмүхасимнигга?]

아버님은 은행에서 일하십니다.
[Абонимын ынхаэнгэсо илхасимнида.]

어머님은 퇴직을 하셨습니다.
[Омонимын туэжигыл хасёссымнида.]

일하고 계시지 않습니다.(무직입니다.)
[Илхагу гесижи анссымнида.(мүжигимнида.)]

📖 참고단어 및 부가단어(ЛАВЛАХ ҮГ, НЭМЭЛТ ҮГ)

ажил	일, 사업, 업무
[아질]	[ил, саоб, обмү]
ажилчин	근로자, 직원, 사무원
[아질칭]	[гыллужа, жигүон, самүвон]
ажлын газар	직장, 일터, 사무실
[아질링 가짜르]	[жигззанг, илто, самүсил]
ажлаас гар/ах	퇴직하다
[아질라:쓰 가라흐]	[туэжикада]
ажилд ор/ох	취직하다
[아질뜨 어러흐]	[чүйжикада]
албан газар	공무기관, 관공서
[알방 가짜르]	[гунгмүгигуан, гуангунгсо]
арьс ширний үйлдвэр	피혁공장
[아리쓰 쉬르니: 우일뜨웨르]	[пихёггунгжанг]
машины үйлдвэр	자동차공장
[마시(쉬)니 우일뜨웨르]	[жадунгчагунгжанг]
хэвлэлийн үйлдвэр	출판사
[헤브렐링: 우일뜨웨르]	[чүлпанса]
тавилгын үйлдвэр(модон эдлэ-лийн үйлдвэр) [타윌깅: 우일뜨웨르(머떵 에뜨렐링: 우일뜨웨르)]	가구공장 [гагүгунгжанг]
гутлын үйлдвэр	신발공장, 구두공장
[고틀링 우일뜨웨르]	[синбалгунгжанг, гүдүгунгжанг]
цаасны үйлдвэр	종이공장, 제지공장
[차:쓰니 우일뜨웨르]	[жунгигунгжанг, жэжигунгжанг]
нэхмэлийн үйлдвэр	방직공장
[네흐멜링: 우일뜨웨르]	[бангжиггунгжанг]
банк	은행
[방크]	[ынхаэнг]
ям	부, 성
[얌:]	[бү, сонг]
шуудан	우체국, 우편
[쇼:당]	[үчэгүг, үпён]
цахилгаан холбоо	전화국
[차힐강: 헐버:]	[жонхуагүг]
сонины газар	신문사
[서니니: 가짜르]	[синмүнса]
дарга	~장(~長)

[다라끄(다락)] | [~жанг]

нарийн бичгийн дарга | 비서, 비서관
[나링: 비치깅: 다라끄(다락)] | [бисо, бисогуан]

тэнхимийн эрхлэгч | 과장, 실장
[텡히밍: 에르흘레끄치] | [гуажанг, силззанг]

малчин | 목민, 유목민
[말칭] | [мунгмин, юмунгмин]

адуучин | 말치기
[아또:칭] | [малчиги]

хоньчин | 양치기
[헌칭] | [янгчиги]

тэмээчин | 낙타치기
[테메:칭] | [нагтачиги]

үхэрчин | 소치기
[우흐르칭] | [сучиги]

ямаачин | 염소치기
[야마:칭] | [ёмсучиги]

оёдолчин | 재봉사
[어이들칭] | [жаэбунгса]

тариачин | 농민, 농부
[타리아칭] | [нунгмин, нунгбү]

хөдөлмөрчин | 노동자
[허떨머르칭] | [нудунгжа]

уурхайчин | 광부
[오:르하이칭] | [гуангбү]

холбоочин | (전화)교환수, 교환원
[헐버:칭] | [(жонхуа)гиухуансү, гиухуанвон]

үсчин | 이용사, 미용사
[우쓰칭] | [ииунгса, мииунгса]

цагчин | 시계수리사
[차끄칭] | [сигесүриса]

загасчин | 어민, 어부
[자가쓰칭] | [омин, обү]

эрдэмтэн | 학자
[에르뗌텡] | [хагзза]

магистр | 연구생
[마기스트르] | [ёнгүсаэнг]

аспирант | 대학원생(석사:부박사)
[아스피란트] | [даэхагүонсаэнг(согсса:бүбагсса)]

докторант | 대학원생(박사)
[독토란트] | [даэхагүонсаэнг(багсса)]

мэргэжил дээшлүүлэгч	연수생, 연구생
[메르게질 데:쉴룰:레꼬치]	[ёнсүсаэнг, ёнгүсаэнг]
мэргэжил	전공
[메르게질]	[жонгунг]
эрдэм шинжилгээний ажилтан	연구원
[에르뗌 신질게:니: 아질탕]	[ёнгүвон]
компанийн ажилтан	회사원
[컴파닝: 아질탕]	[хуэсавон]
банкны ажилтан	은행원
[방크니: 아질탕(퉁)]	[ынхаэнгвон]
байрын жижүүр	수위
[바이링: 지주(쭈):르]	[сүүй]
дэлгүүрийн эзэн	상점주인
[델구:링: 에쩽]	[сангжомжүин]
багш	선생님, 교수, 강사
[박쉬]	[сонсаэнгним, гиусү, гангса]
оюутан	학생(대학생)
[어유오탕(퉁)]	[хагсаенг(даэхагссаэнг)]
гэрийн хүн	주부, 가정주부
[게링: 홍]	[жүбү, гажонгжүбү]
инженер	기술자, 엔지니어
[인지네르]	[гисүлзза, энжинио]
сэхээтэн	지식인
[세헤:텡(퉁)]	[жисигин]
цагдаа	경찰, 경찰관
[차꼬따]	[гёнгчал, гёнгчалгуан]
цэрэг	군인
[체레꼬(체렉)]	[гүнин]
бичээч	타자수, 타이피스트
[비체:치]	[тажасү, таипист]
албан хаагч	공무원
[알방 하:꼬치]	[гунгмүвон]
улс төрч	정치가, 정치인
[올쓰 터르치]	[жонгчига, жонгчиин]
эдийн засагч	경제인
[에딩: 자싸꼬치]	[гёнгжэин]
утга зохиол судлаач	문학평론가
[오타꼬 저히얼 소뜰라:치]	[мүнхагпёнгнунга]
худалдагч	판매원, 점원
[호달따꼬치]	[панмаэвон, жомүон]
тогооч	요리사, 조리사

[터거:치]
ТҮҮХЧ
[투:흐치]
ҮЙЛЧЛЭГЧ
[우일칠레ㄲ치]
кино найруулагч
[키노 나이롤:라ㄲ치]
хаалгач
[할:라ㄲ치]
хэл шинжлэлч(судлаач)
[헬 신지렐치(소뜰라:치)]
зохиолч
[저히얼치]
жолооч
[절러:치]
эмч
[엠치]
сувилагч
[소월(빌)라ㄲ치]
сурвалжлагч
[소르왈지라ㄲ치]
сурагч
[소라ㄲ치]
сэтгүүлч
[쎄트굴:치]
цэвэрлэгч
[체웨를레ㄲ치]
номын санч
[너밍: 상치]
нисэгч
[니쎄ㄲ치]
нягтлан бодогч(ня–бо)
[냐ㄲ틀랑 버떠ㄲ치(나–보)]
яруу найрагч
[야로: 나이라ㄲ치]

[иуриса, журиса]
사학가, 역사연구가
[сахагга, ёгссаёнгүга]
종업원
[жунгобүон]
영화 연출가
[ёнхуа ёнчүлга]
도어맨
[дуомаэн]
언어학자(연구가)
[онохагзза(ёнгүга)]
작자, 작가
[жагзза, жаггга]
운전사
[үнжонса]
의사
[ыйса]
간호사
[ганхуса]
기자(방송국)
[гижа(бангсунггүг)]
학생(초.중.고등학생)
[хагссаэнг(чу.жүнг.гудынгхагссаэнг)]
기자(신문,잡지)
[гижа(синмүн,жабззи)]
청소부, 환경미화원
[чонгсубү, хуангёнгмихуавон]
사서
[сасо]
비행사, 조종사, 파일럿
[бихаэнгса, жужунгса, паиллот]
회계사
[хуэгеса]
시인
[сиин]

■ НАС, ГЭР БҮЛ [나쓰, 게르 불]

–НАС– [–나쓰–]

1. **Та хэдэн онд төрсөн бэ?**
타 헤뎅 언드 터르성 베? [타 헤뎅 언뜨 터르씀 베?]

Би 1966(мянга есөн зуун жаран зургаан) онд төрсөн.
비 1966(먕가 예성 종: 자랑 조르강:) 언드 터르성. [비 1966(먕가 유썽 종: 자룽 조르강:) 언뜨 터르씅.]

2. **Та хэдэн настай вэ?(Та хэдтэй вэ?)**
타 헤뎅 나스타이 웨?(타 헤드테이 웨?) [타 헤뎅 나스태 웨?(타 헤뜨테 웨?)]

Би 32(гучин хоёр) настай.(Гучин хоёртой.)
비 32(고칭 허여르) 나스타이.(고칭 허여르터이.) [비 32(고칭 허여르) 나스태.(고칭 허여르태.)]

Энэ жил 45(дөчин тав) хүрлээ.
엔 질 45(더칭 타우) 후를레:. [엔 질 45(더칭 타우) 후를레:.]

3. **Та надтай чацуу /юм/ байна.**
타 나드타이 차초:/윰/ 바인. [타 나뜨태 차초:/윰/ 바인.]

4. **Та манай *ахтай* чацуу /юм/ байна.**
타 마나이 아흐타이 차초:/윰/ 바인. [타 마나이 아흐태 차초:/윰/ 바인.]

5. **Та надаас *гурав* ах /юм/ байна.**
타 나다:스 고랍 아흐 /윰/ 바인. [타 나다:쓰 고롭 아흐 /윰/ 바인.]

6. **Та надаас *тав* эгч /юм/ байна.**
타 나다:스 타우 에그치 /윰/ 바인. [타 나다:쓰 타우 에그치 /윰/ 바인.]

7. **Би танаас *хоёр* дүү /юм/ байна.**
비 타나:스 허여르 두:/윰/ 바인. [비 타나:쓰 허여르 두:/윰/ 바인.]

8. **Та их *залуу* байна.**
타 이흐 잘로: 바인. [타 이흐 잘로: 바인.]

9. **Та их *залуу* харагдаж байна.**
타 이흐 잘로: 하라그다지 바인. [타 이흐 잘로: 하라ㄲ다쥐(쮜) 와인.]

10. **Таны нас сүүдэр хэд вэ? –хүндэтгэл–**
타니: 나스 수:데르 헤드 웨? –훈데트겔– [타니: 나쓰 수:떼르 헤드 웨? –훈데트겔–]

Би 60(жар) хүрч байна.
비 60(자르) 후르치 바인. [비 60(자르) 후르치 와인.]

■ 나이 및 가족 [НАИ МИТ ГАЖУГ]

–나이– [наи]

1. 당신 몇 년도에 태어나셨습니까?
   [Дангсин мён нёндуэ таэонасёссымнигга?]

   저는 *천구백구십육년*에 태어났습니다.
   [Жонын чонгүбаэггүсибюнгнёнэ таэонассымнида.]

2. 당신 몇 살입니까?(당신 몇입니까?)
   [Дангсин мёт ссаримнигга?(Дангсин мёчимнигга?)]

   저는 *서른* 두 살입니다.(*서른* 둘입니다.)
   [Жонын сорын дү саримнида.(Сорын дүримнида.)]

   올해에 *마흔 다섯*이 됐습니다.
   [Улхаээ махын дасоси дуаэссымнида.]

3. 당신은 저와 동갑입니다.
   [Дангсинын жова дунггабимнида.]

4. 당신은 저의 형님과 동갑입니다.
   [Дангсинын жоый хёнгнимгуа дунггабимнида.]

5. 당신은 저보다 *세 살* 형님(오빠)입니다.
   [Дангсинын жобуда сэ сал хёнгним(убба)имнида.]

6. 당신은 저보다 *다섯 살* 언니(누님)입니다.
   [Дангсинын жобуда дасот ссал онни(нүним)имнида.]

7. 저는 당신보다 두 살 동생입니다.
   [Жонын дангсинбуда дү сал дунгсаэнгимнида.]

8. 당신은 굉장히 젊습니다.
   [Дангсинын гуэнгжангхи жомссымнида.]

9. 당신은 굉장히 젊어 보입니다.
   [Дангсинын гуэнгжангхи жолмо буимнида.]

10. 당신의 연세는(춘추는) 어떻게 되십니까? –존경의 표현–
    [Дангсиный ёнсэнын(чүнчүнын) оддокэ дуэсимнигга?]

    저는 예순이 됩니다.(예순이 되어 갑니다.)
    [Жонын есүни дуэмнида.(Есүни дуэогамнида.)]

Би *жар* гарч байна.
비 자르 가르치 바인. [비 자르 가르치 바인.]

Би *жар* дөхөж байна.
비 자르 더허지 바인. [비 자르 더흐줘(쭤) 와인.]

11. **Та ямар жилтэй вэ?**
타 야마르 질테이 웨? [타 야마르 질테 웨?]

Би *морин* жилтэй.
비 머링 질테이. [비 머링(린) 질테.]

–ГЭР БҮЛ– [–게르 불–]

12. **Танайх олуулаа юу?**
타나이흐 얼롤라: 유오? [타나이흐 얼롤라: 유오?]

Манайх олуулаа.
마나이흐 얼롤라:. [마나이흐 얼롤라:.]

Манайх тавуулаа, хоёр охин, нэг хүүтэй.
마나이흐 타올:라:, 허여르 어힝, 네그 후:테이. [마나이흐 타올:라:, 허여르 어힝, 네끄 후:테.]

13. **Та гэрлэсэн үү?**
타 게를레셍 우:? [타 게를쓰누:?]

/Би/ гэрлэсэн.
/비/ 게를레셍. [/비/ 게를쑹.]

/Би/ гэрлээгүй.
/비/ 게를레:구이. [/비/ 게를레:구이.]

14. **Та эхнэртэй(нөхөртэй, хүүхэдтэй) юү?**
타 에흐네르테이(너허르테이, 후:헤드테이) 유:? [타 에흐네르테(너허르테, 후:흐뜨테) 유:?]

Би ... .
비 ... . [비 ... .]

эхнэртэй. (нөхөртэй, хүүхэдтэй.)
에흐네르테이.(너허르테이, 후:헤드테이.) [에흐네르테.(너허르테, 후:흐뜨테.)]

эхнэргүй. (нөхөргүй, хүүхэдгүй.)
에흐네르구이.(너허르구이, 후헤드구이.) [에흐네르구이.(너허르구이, 후:흐뜨구이.)]

бэлэвсэн эр. (бэлэвсэн эмэгтэй.)
벨레브셍 에르.(벨레브셍 에메그테이.) [벨레브쑹 에르.(벨레브쑹 에메끄테.)]

저는 예순을 넘기고 있습니다.
[Жонын есүныл номгигу иссымнида.]

저는 예순이 다 됐습니다.
[Жонын есүни да дуаэссымнида.]

11. 당신은 무슨 띠입니까?
[Дангсинын мүсын ддиимнигга?]

저는 말띠입니다.

[Жонын малддиимнида.]

-가정, 가족, 식구- [гажонг, гажуг, сиггүу]

12. 당신네는 식구가 많습니까?
[Дангсиннэнын сиггүга манссымнигга?]

저희는(저희 집은) 식구가 많습니다.
[Жохыйнын(Жохый жибын) сиггүга манссымнида.]

저희는 다섯 식구입니다, 딸 둘에 아들 하나가 있습니다.
[Жохыйнын дасот ссиггүимнида, ддал дүрэ адыл ханага иссымнида.]

13. 당신은 결혼하셨습니까?
[Дангсинын гёлхунхасёссымнигга?]

/저는/ 결혼했습니다.
[/жонын/ Гёлхунхаэссымнида.]

/저는/ 결혼 안 했습니다.
[/жонын/ Гёлхун ан хаэссымнида.]

14. 당신은 부인이(남편이, 아이가) 있습니까?
[Дангсинын бүини(нампёни, аига) иссымнигга?]

저는 ... .
[Жонын ... .]

부인이 있습니다 (남편이 있습니다, 아이가 있습니다)
[бүини иссымнида (нампёни иссымнида, аига иссымнида)]

부인이 없습니다 (남편이 없습니다, 아이가 없습니다)
[бүини обссымнида (нампёни обссымнида, аига обссымнида)]

상처했습니다 (홀아비입니다) (남편을 여의었습니다) (미망인입니다))
[сангчохаэссымнида (хурабиимнида) (нампёныл ёыйоссым-
нида (мимангинимнида)]

нөхрөөсөө салсан.
너흐러:서: 살상. [너흐러:써: 살쑹.]

эхнэрээсээ салсан.
에흐네레:세: 살상. [에흐네레:쎄: 살쑹.]

15. Та гэрлээд удаж байна уу, хэдэн жил болж байна вэ?
타 게를레:드 오다지 바인 오, 헤뎅 질 벌지 바인 웨? [타 게를레:뜨 오드쮜
(쮜) 와인 오, 헤뎅 질 벌쮜(쮜) 와인 웨?]

/Би/ Таван жил болж байна.
/비/ 타왕(타웅) 질 벌지 바인. [/비/ 타왕(타웅) 질 벌쮜(쮜) 와인.]

16. Та ... юу(юү)?
타 ... 유오(유:)? [타 ... 유오(유:)?]

ахтай(дүүтэй)
[아흐태(두:테)]
хүүхэдтэй
[후:흐뜨테]
эгчтэй(охинтой)
[에그치테(어힝테)]

Би ...–гүй.
비 ...–구이. [비 ...–구이.]

ах (дүү)
[아흐 (두:)]
хүүхэд
[후:흐뜨]
эгч (охин)
[에그치 (어힝)]

Би ... .
비 ... . [비 ... .]

ах (дүү)
[아흐 (두:)]
нэг хүүхэдтэй.
[네끄 후:흐뜨테]
хоёр (гурван) хүүхэдтэй.
[허여르(고르왕) 후:흐뜨테]
хоёр эгчтэй. (хоёр охинтой.)
[허여르 에그치테.(허여르 어힝테.)]
нэг ах, хоёр эгч, нэг эмэгтэй дүүтэй.
[네끄 아흐, 허여르 에그치, 네끄 에메끄테 두:테.]

17. Танай хүү (охин) хэдэн настай вэ?
타나이 후:(어힝) 헤뎅 나스타이 웨? [타나이 후:(어힝) 헤뎅 나스태 웨?]

남편과 헤어졌습니다
[нампёнгуа хэожёссымнида]
부인과 헤어졌습니다
[бүингуа хэожёссымнида]

15. **당신은 결혼한지 오래되셨습니까, 몇 년 되셨습니까?**
[Дангсинын гёлхунханжи ураэдуэсёссымнигга, мён нён дуэсёссымнигга?]
/저는/ 오년째 되고 있습니다.
[/жонын/ Унёнззаэ дуэгу иссымнида.]

16. **당신은 ...?**
[Дангсинын ... ?]
　형님이(오빠가) 계십니까(동생이 있습니까)
　[хёнгними(уббага) гесимнигга(дунгсаэнги иссымнигга)]
　아이가 있습니까
　[аига иссымнигга]
　누님이(언니가) 계십니까(딸이 있습니까)
　[нүними(оннига) гесимнигга(ддари иссымнигга)]

　저는 ... 없습니다.
　[Жонын ... обссымнида.]
　형이(동생이)
　[хёнги(дунгсаэнги)]
　아이가
　[аига]
　누님이(언니가)(딸이)
　[нүними(оннига)(ддари)]

　저는 ... .
　[Жонын ... .]
　애가 하나 있습니다
　[аэга хана иссымнида]
　애가 둘(셋) 있습니다
　[аэга дүл(сэт) иссымнида]
　누님이(언니가) 두 분 계십니다(딸이 두 명 있습니다)
　[нүними(оннига) дү бүн гесимнида(ддари дү мёнг иссымнида]
　형님(오빠) 한 분, 누님(언니) 두 분, 여동생이 한 명 있습니다
　[хёнгним(убба) хан бүн, нүним(онни) дү бүн, ёдунгсаэнги хан мёнг иссымнида]

17. **당신 아들은(딸은) 몇 살입니까?**
[Дангсин адырын(ддарын) мёт ссаримнигга?]

Хүү (охин) ... настай.
후: (어힝) ... 나스타이. [후: (어힝) ... 나쓰태.]

долоон [덜렁:]
хорин хоёр [허링 허여르]

18. Таны *аав ээж* хаана суудаг вэ?
타니: 아:우 에:지 한: 소:닥 웨? [타니: 아:우 에:쥐 한: 소:득 웨?]

Миний *аав ээж* бидэнтэй хамт суудаг.
미니: 아:우 에:지 비덴테이 함트 소:닥. [미니: 아:우 에:쥐 비뜬테 함트 소:득.]

Миний *аав ээж* хөдөө суудаг.
미니: 아:우 에:지 허더: 소:닥. [미니: 아:우 에:쥐 허떠: 소:득.]

아들은(딸은) ... 살입니다.
[Адырын(ДДарын) ... са(сса)римнида.]

일곱 [илгуб]
스물 두 [сымүл дү]

18. 당신네 아버님, 어머님은 어디 사십니까?(살고 계십니까?)
[Дангсиннэ абоним, омонимын оди сасимнигта?(салгугесимнигта?))]

저의 아버님, 어머님은 저희들과 함께 사십니다.(살고 계십니다.)
[Жоый абоним, омонимын жохыйдылгуа хамггэ сасимнида.
(салгу гесимнида.)]

저의 아버님, 어머님은 시골에 사십니다.(살고 계십니다.)
[жоый абоним, омонимын сигурэ сасимнида.(салгу гесимнида.)]

📖 참고단어 및 부가단어(ЛАВЛАХ ҮГ, НЭМЭЛТ ҮГ)

эрэгтэй(эр)
[에레끄테(에르)]

эмэгтэй(эм)
[에메끄테(엠)]

овог
[어워끄(어웍)]

нэр
[네르]

овог нэр
[어워끄(어웍) 네르]

элэнц аав(элэнц эцэг)
[엘렌츠 아:우(엘렌츠 에체끄)]

элэнц ээж(элэнц эх)
[엘렌츠 에:쥐(엘렌츠 에흐)]

өвөг аав(өвөг эцэг)
[어워끄 아:우(어워끄 에체끄)]

эмэг ээж(эмэг эх)
[에메끄 에:쥐(에메끄 에흐)]

өвөө
[어워:]

эмээ
[에메:]

эцэг эх
[에체끄 에흐]

аав(эцэг)
[아:우(에체끄)]

ээж(эх)
[에:쥐(에흐)]

нөхөр
[너허르]

гэргий
[게르기:]

эхнэр(авгай)
[에흐네르(아우가이)]

ах дүү
[아흐 두:]

эгч дүү
[에그치 두:]

남자, 남성
[намжа, намсонг]

여자, 여성
[ёжа, ёсонг]

성
[сонг]

이름
[ирым]

성명
[сонгмёнг]

증조부
[жынгжубү]

증조모
[жынгжуму]

조부
[жубү]

조모
[жуму]

할아버지
[харабожи]

할머니
[халмони]

부모
[бүму]

아버지, 아빠
[абожи, абба]

어머니, 엄마
[омони, омма]

남편
[нампён]

사모님
[самуним]

부인, 처, 마누라, 와이프
[бүин, чо, манүра, ваиф]

형제
[хёнгжэ]

자매
[жамаэ]

ах
[아흐]
형(형님), 오빠
[хёнг(хёнгним), убба]

эгч
[에그(끄)치]
누나(누님), 언니
[нүна(нүним), онни]

дүү
[두:]
동생
[дунгсаэнг]

эрэгтэй дүү
[에레끄테 두:]
남동생
[намдунгсаэнг]

эмэгтэй дүү
[에메끄테 두:]
여동생
[ёдунгсаэнг]

хүү
[후:]
아들
[адыл]

ууган хүү(том хүү)
[오:강 후:(텀 후:)]
장남(큰아들)
[жангнам(кынадыл)]

отгон хүү
[어트겅 후:]
막내아들
[мангнаэадыл]

охин
[어힝]
딸
[ддал]

ууган охин(том охин)
[오:강 어힝(텀 어힝)]
장녀(큰딸)
[жангнё(кынддал)]

отгон охин
[어트겅 어힝]
막내딸
[мангнаэддал]

ач хүү
[아치 후:]
손자
[сунжа]

ач охин
[아치 어힝]
손녀
[суннё]

зээ хүү
[제: 후:]
외손자
[уэсунжа]

зээ охин
[제: 어힝]
외손녀
[уэсуннё]

ач
[아치]
손자, 손녀
[сунжа, суннё]

гуч
[고치]
증손자, 증손녀
[жынгсунжа, жынгсуннё]

зээ
[제:]
외손자, 외손녀
[уэсунжа, уэсуннё]

хөвгүүн
[허우궁:]
아동, 학동
[адунг, хагддунг]

охин
[어힝]
딸
[ддал]

хүүхэд
자식, 아이

[후:흐뜨]

балчир хүүхэд

[발치르 후:흐뜨]

нялх хүүхэд

[냘흐 후:흐뜨]

цэцэрлэгийн хүүхэд

[체체를레깅: 후:흐뜨]

өнчин хүүхэд

[언칭 후:흐뜨]

хүргэн

[후르겡]

бэр

[베르]

хүргэн ах(эгчийн нөхөр)

[후르겡 아흐(에그칭: 너허르)]

хүргэн дүү(эмэгтэй дүүгийн нөхөр)

[후르겡 두:(에메끄테 두:깅: 너허르)]

бэргэн(ахын эхнэр)

[베르겡(아힝: 에흐네르)]

эрэгтэй дүүгийн эхнэр

[에레끄테 두:깅: 에흐네르]

[жасиг, аи]	

유아

[юа]

잣난아이

[гатнанаи]

유치원아이

[ючивонаи]

고아

[гуа]

사위

[сави]

며느리

[мёныри]

매형, 형부

[маэхёнг, хёнгбү]

매제

[маэжэ]

형수, 올케

[хёнгсү, улкэ]

제수, 계수, 올케

[жэсү, гесү, улкэ]

–ААВЫН САДАН(АВГА)–

[아:웡: 사당(아와끄/아왁/)]

авга ах

[아와끄 아흐]

авга дүү

[아와끄 두:]

авга эгч

[아와끄 에그치]

авга эмэгтэй дүү

[아와끄 에메끄테 두:]

–ЭЭЖИЙН САДАН(НАГАЦ)–

[에:젱: 사당(나가츠)]

нагац ах

[나가츠 아흐]

нагац дүү

[나가츠 두:]

нагац эгч

[나가츠 에그치]

–아버지쪽 친척–

[абожиззуг чинчог]

큰아버지

[кынабожи]

작은아버지, 삼촌

[жагынабожи, самчун]

고모

[гуму]

작은고모

[жагынгуму]

–어머니쪽 친척–

[омониззуг чинчог]

외삼촌

[уэсамчун]

작은외삼촌

[жагынуэсамчун]

이모

[иму]

нагац эмэгтэй дүү
[나가츠 에메끄테 두:]

작은이모
[жагыниму]

–ХАДАМ–
[하땀(하뜸)]
хадам аав
[하땀(하뜸) 아:우]
хадам ээж
[하땀(하뜸) 에:쥐]
хадам ах
[하땀(하뜸) 아흐]
хадам эгч
[하땀(하뜸) 에그치]
нөхрийн эрэгтэй дүү
[너흐링: 에레끄테 두:]
эхнэрийн эрэгтэй дүү
[에흐네링: 에레끄테 두:]
нөхрийн эмэгтэй дүү
[너흐링: 에메끄테 두:]
эхнэрийн эмэгтэй дүү
[에흐네링: 에메끄테 두:]

–사돈–
[садун]
시아버지, 장인어른
[сиабожи, жангинорын]
시어머니, 장모
[сиомони, жангму]
손윗처남
[сунвитчонам]
처형
[чохёнг]
도련님
[дурённим]
손아랫처남
[сунараэтчонам]
아가씨
[агасси]
처제
[чожэ]

■ УЛС, ҮНДЭСТЭН, ХЭЛ [울쓰, 운데쓰텡, 헬]

1. **Та аль улсаас ирсэн бэ?**
타 아일 올사:스 이르셍 베? [타 아일 올사:쓰 이르씀 베?]

   Би солонгосоос ирсэн.
비 설렁거서:스 이르셍. [비 설렁거써:스 이르쑹.]

2. **Та хаанаас ирсэн бэ?(Та ямар улсаас ирсэн бэ?)**
타 하:나:스 이르셍 베?(타 야마르 올사:스 이르셍 베?) [타 하:나:스 이르씀 베? (타 야마르 올사:쓰 이르씀 베?)]

   Би монголоос ирсэн.
비 몽골러:스 이르셍. [비 몽골러:쓰 이르쑹.]

3. **Та ямар үндэстэн бэ?**
타 야마르 운데스텡 베? [타 야마르 운데쓰틈 베?]

   Би солонгос хүн.
비 설렁거스 훙. [비 설렁거쓰 훙.]

4. **Та хятад хүн үү?**
타 햐타드 훙 우:? [타 햐타쁘 후누:?]

   Үгүй, би солонгос хүн.
우구이, 비 설렁거스 훙. [우구이(우구), 비 설렁거쓰 훙.]

5. **Та ... ярьдаг уу?**
타 ... 야리닥 오:? [타 ... 얘리뜩 오:?]

   монголоор [몽골러:르]
   солонгосоор [설렁거써:르]
   хятадаар [햐타따:르]
   японоор [야퍼너:르]
   оросоор [어러써:르]
   англиар [앙글리아르]
   францаар [프란차:르]
   германаар [게르마나:르]
   италиар [이탈리아르]

   Би *монголоор* ярьдаггүй.
비 몽골러:르 야리닥구이. [비 몽골러:르 얘리뜩꾸이.]

   Би *монголоор* ойлгодог, гэхдээ ярьж чаддаггүй.
비 몽골러:르 어일거덕, 게흐데 야리지 차드닥구이. [비 몽골러:르 어일거뜩, 게흐떼 얘리쥐(쮜) 차뜨뜩꾸이.]

■ 국가, 국민, 언어/말 [ГҮГГА, ГҮНГМИН, ОНО/МАЛ]

1. 당신 어느 나라에서 오셨습니까?
[Дангсин оны нараэсо усёссымнигга?]

   저는 한국에서 왔습니다.
   [Жонын хангүгэсо вассымнида.]

2. 당신 어디에서 오셨습니까?
[Дангсин одиэсо усёссымнигга?]

   저는 몽골에서 왔습니다.
   [Жонын монгорэсо вассымнида.]

3. 당신은 어느 나라 사람입니까?
[Дангсинын оны нара сарамимнигга?]

   저는 한국 사람입니다.
   [Жонын хангүг ссарамимнида.]

4. 당신은 중국 사람입니까?
[Дангсинын жүнггүг ссарамимнигга?]

   아니오, 저는 한국 사람입니다.
   [Аниу, жонын хангүг ссарамимнида.]

5. 당신은 ... 얘기합니까?(말할 수 있습니까?)
[Дангсинын ... яэгихамнигга?(малхал ссү иссымнигга?)]
   몽골어로 [монгол(р)ору]
   한국어로 [хангүгору]
   중국어로 [жүнггүгору]
   일본어로 [илбунору]
   러시아어로 [росиаору]
   영어로 [ёнгору]
   프랑스어로 [прангсыору]
   독일어로 [дугирору]
   이태리어로 [итаэриору]

   저는 몽골어로 얘기하지 못합니다.(말하지 못합니다.)
   [Жонын монгол(р)ору яэгихажи мутамнида.(малхажи мутамнида.)]

   저는 몽골어로 이해합니다, 그렇지만 얘기는 못합니다.(말은 못합니다.)
   [Жонын монгол(р)ору ихаэхамнида, гырочиман яэгинын мутамнида.
   (марын мутамнида.)]

Би *англиар (оросоор)* муухай ярьдаг.
비 앙글리아르(어러써:르) 모:하이 야리닥. [비 앙글리아르(어러써:르) 모:하이 얘리뜩.]

6. **Та ямар хэлээр ярьдаг вэ?**
타 야마르 헬레:르 야리닥 웨? [타 야마르 헬레:르 얘리뜩 웨?]

Би *англи, хятад, орос, монгол, солонгосоор* ярьдаг.
비 앙글리, 햐타드, 어러스, 몽골, 설렁거서:르 야리닥. [비 앙글리, 햐타뜨, 어러쓰, 몽골, 설렁거써:르 얘리뜩.]

Би англиар сайн ярьдаггүй, уншдаг.
비 앙글리아르 사인 야리닥구이, 온시닥. [비 앙글리아르 사인 얘리뜩꾸이, 온쉬뜩.]

7. **Та монгол хэл мэдэх үү?**
타 몽골 헬 메데흐 우:? [타 몽골 헬 미뜨후:?]

Жаахан мэддэг.(мэднэ.)
자:항 메드덱.(메든.) [짜:홍 미뜨뜩.(미뜬.)]

8. **Та *солонгосоор* сайн ярьж байна, хаана сурсан бэ?**
타 설렁거서:르 사인 야리지 바인, 한: 소르상 베? [타 설렁거써:르 사인 얘리쥐(쮜) 와인, 한: 소르쏨 베?]

Би их сургуулийн солонгос хэлний ангид сурсан.
비 이흐 소르골:링: 설렁거스 헬르니: 앙기드 소르상. [비 이흐 소르골:링: 설렁거쓰 헬르니: 앙기드 소르쑹.]

9. **Хэдэн жил үзэж(сурч) байна вэ?**
헤뎅 질 우쩨지(소르치) 바인 웨? [헤뎅 질 우쯔쥐(쮜)(소르치) 와인 웨?]

Хоёр жил үзэж байна.
허여르 질 우쩨지 바인. [허여르 질 우쯔쥐(쮜) 와인.]

10. **Таны дуудлага их цэвэрхэн байна.**
타니: 도:들락 이흐 체웨르헹 바인. [타니: 도:뜰락 이흐 체웨르헹 바인.]

11. **Та миний хэлснийг ойлгож байна уу?**
타 미니: 헬스니:그 어일거지 바인 오:? [타 미니: 헬쓰니:끄 어일거쥐(쮜) 바인 오:?]

Би таны хэлснийг ойлгож (ойлгохгүй) байна.
비 타니: 헬스니:그 어일거지(어일거흐구이) 바인. [비 타니: 헬쓰니:끄 어일거쥐(쮜)(어일거흐꾸이) 바인.]

12. **Та миний хэлснийг ойлгов(ойлгосон) уу?**
타 미니: 헬스니:그 어일거브(어일거성) 오:? [타 미니: 헬쓰니:끄 어일거보:?(어일거쓰노:?)]

Ойлгосон.
어일거성. [어일거쏭.]

저는 영어로*(러시아어로)* 형편없이 얘기합니다.
[Жонын ёнгору(росиаору) хёнгпёнобсси яэгихамнида.]

6. 당신은 무슨 말로 얘기합니까?
[Дангсинын мүсын маллу яэгихамнигга?]

저는 *영어, 중국어, 러시아어, 몽골어, 한국어로* 얘기합니다.
[Жонын ёнго, жүнггүго, росиао, монгол(р)о, хангүгору яэгихамнида.]

저는 영어로 잘 말하지는 못하고, 읽기는 합니다.
[Жонын ёнгору жал малхажинын мутагу, иггтинын хамнида.]

7. 당신은 몽골어를 아십니까?
[Дангсинын монгол(р)орыл асимнигга?]

조금 압니다.
[Жугым амнида.]

8. 당신은 한국어로 잘 말씀하십니다, 어디에서 배우셨습니까?
[Дангсинын хангүгору жал малссымхасимнида, одиэсо баэу-
сёссымнигга?]

저는 국립종합대학교의 한국어과에서 배웠습니다.
[Жонын   гүнгнибжунгхабддаэхаггиуый   хангүгоггуаэсо   баэво-
ссымнида.]

9. 몇 년이나 배우고 계십니까?(배우셨습니까?)
[Мён нёнина баэугу гесимнигга?(баэусёссымнигга?)]

이년 배우고 있습니다.(배웠습니다.)
[Инён баэугу иссымнида.(баэвоссымнида.)]

10. 당신의 발음은 매우 깨끗합니다.
[Дангсиный барымын маэу ггаэггытамнида.]

11. 당신은 제가 말한 것을 이해하십니까?
[Дангсинын жэга малхан госыл ихаэхасимнигга?]

저는 당신이 말한 것을 이해합니다.(이해하지 못합니다.)
[Жонын дангсини малхан госыл ихаэхамнида.(ихаэхажи мутамнида.)]

12. 당신은 제가 말한 것을 알아들으셨습니까?(이해하셨습니까?)
[Дангсинын жэга малхан госыл арадырысёссымнигга?]

알아들었습니다.(이해했습니다.)
[Арадыроссымнида.(Ихаэхаэссымнида.)]

Сайн ойлгоогүй.
사인 어일거:구이. [사인 어일거:구이.]

13. **Юу гэнэ ээ? Би таны хэлснийг ойлгосонгүй, дахиад хэлж өгнө**

    үү. (Дахиад хэлж өгөөч.)
    유오 겐 에:? 비 타니: 헬스니:그 어일거성구이, 다히아드 헬지 어근 우:.(다히
    아드 헬지 어거:치.) [유오 게네:? 비 타니: 헬쓰니:ㄲ 어일거쑹구이, 다히아뜨
    헬쥐(쮀) 어그누:.(다히아뜨 헬쥐(쮀) 어거:치.)]

14. **Жаахан удаан ярина уу. Удаавтар яривал ойлгож байна.**
    자:항 오당: 야린 오:. 오다:브타르 야리발 어일거지 바인. [짜:홍 오땅: 애리
    노:. 오따:브타르 애리벌 어일거쥐(쮀) 와인.]

15. **Үүнийг монголоор(солонгосоор) юу гэдэг юм бэ?**
    우:니:그 몽골러:르(설렁거서:르) 유오 게데그(게덱) 윰 베? [우:니:ㄲ 몽골러:르
    (설렁거써:르) 유오 게데ㄲ(게덱) 윰 베?]

16. **Үүнийг англиар юу гэж хэлдэг вэ?**
    우:니:그 앙글리아르 유오 게지 헬덱 웨? [우:니:ㄲ 앙글리아르 유오 게쥐(쮀)
    헬뜩 웨?]

17. **Үүнийг оросоор яаж хэлдэг юм бэ?**
    우:니:그 어러서:르 야:지 헬덱 윰 베? [우:니:ㄲ 어러써:르 야:쥐(쮀) 헬뜩 윰 베?]

18. **Таны нэрийг яаж бичдэг юм бэ? Энд бичиж өгнө үү.**
    타니: 네리:그 야:지 비치덱 윰 베? 엔드 비치지 어근 우:. [타니: 네리:ㄲ 야:
    쥐(쮀) 비치뜩 윰 베? 엔뜨 비치쥐(쮀) 어그누:.]

19. **Үүнийг яаж орчуулах вэ?**
    우:니:그 야:지 어르촐:라흐 웨? [우:니:ㄲ 야:쥐(쮀) 어르촐:라흐 웨?]

20. **Би монгол(солонгос, англи) хэл сурч байгаа.**
    비 몽골(설렁거스, 앙글리) 헬 소르치 바이가:. [비 몽골(설렁거쓰, 앙글리) 헬
    소르치 바이가:.]

21. **Бидэнд монгол(солонгос) хэлний орчуулагч хэрэгтэй.**
    비덴드 몽골(설렁거스) 헬르니: 어르촐:라그치 헤레그테이. [비덴뜨 몽골(설렁
    거쓰) 헬르니: 어르촐:라ㄲ치 헤레ㄲ테.]

잘 알아듣지 못했습니다.(잘 이해하지 못했습니다.)
[Жал арадытзэи мутаэссымнида.(Жал ихаэхажи мутаэссымнида.)]

13. 뭐라고요? 저는 당신이 말한 것을 이해하지 못했습니다, 다시 말씀해 주십시오
[Мүорагуиу? жонын дангсини малхан госыл ихаэхажи мутаэссымнида, даси
малссымхаэ жүсибссиу.]

14. 조금 천천히 말씀해 주십시오. 천천히 말씀하시면 이해합니다.
[Жугым чончонхи малссымхаэ жүсибссиу. чончонхи малссымхасимён
ихаэхамнида.]

15. 이것을 몽골어로(한국어로) 무엇이라고 합니까?
[Игосыл монгол(р)ору(хангүгору) мүосирагу хамнигга?]

16. 이것을 영어로 무엇이라고 말합니까?
[Игосыл ёнгору мүосирагу малхамнигга?]

17. 이것을 러시아어로 어떻게 말합니까?
[Игосыл росиаору оддокэ малхамнигга?]

18. 당신의 이름을 어떻게 씁니까? 여기에 써주십시오.
[Дангсиный ирымыл оддокэ ссымнигга? ёгиэ ссожүсибссиу.]

19. 이것을 어떻게 번역합니까?
[Игосыл оддокэ бонёкамнигга?]

20. 저는 몽골어(한국어,영어)를 배우고 있습니다.
[Жонын монгол(р)о(хангүго,ёнго)рыл баэүгу иссымнида.]

21. 저희에게 몽골어(한국어) 통역원이 필요합니다.
[Жохыйэгэ монгол(р)о(хангүго) тунгёгүони пириухамнида.]

Улс
[올스(쓰)]
үндэстэн
[운데스(쓰)텡]
хэл
[헬]
солонгос [설렁거쓰]
(солонгос хүн, солонгос хэл)
[(설렁거쓰 홍, 설렁거쓰 헬)]
хятад [햐타뜨]
(хятад хүн, хятад хэл)
[(햐타뜨 홍, 햐타뜨 헬)]
төвд [터브뜨]
(төвд хүн, төвд хэл)
[(터브뜨 홍, 터브뜨 헬)]
энэтхэг [에네트헥(헤ㄲ)]
(энэтхэг хүн, энэтхэг хэл)
[(에네트헥 홍, 에네트헥 헬)]
орос [어러쓰]
(орос хүн, орос хэл)
[(어러쓰 홍, 어러쓰 헬)]
азербайзан [아제르바이잔]
(азербайзан хүн, азербайжан хэл)
[(아제르바이잔 홍, 아제르바이잔 헬)]
украйн [우크라인]
(украйн хүн, украйн хэл)
[(우크라인 홍, 우크라인 헬]
түрк [투르크]
(түрк хүн, түрк хэл)
[(투르크 홍, 투르크 헬)]
япон [야펑]
(япон хүн, япон хэл)
[(야펑 홍, 야펑 헬)]
индонези [인더네지]
(индонези хүн, индонези хэл)
[(인더네지 홍, 인더네지 헬)]
вьетнам [비에트남]
(вьетнам хүн, вьетнам хэл)

국가, 나라
[구ㄱ가, 나라]
국민, 민족
[궁민, 민죡]
언어, 말
[오노, 말]
한국 [항궉]
(한국인, 한국어)
[항구긴, 항구고]
중국 [쥥궉]
(중국인, 중국어)
[쥥구긴, 쥥구고]
티벳 [티벳]
(티벳인, 티벳어)
[티벳틴, 티벳토]
인도 [인두]
(인도인, 인도어)
[인두인, 인두오]
러시아 [로시아]
(러시아인, 러시아어)
[로시아인, 로시아오]
아제르바이젠 [아제르바이젠]
(아제르바이젠인, 아제르바이젠어)
[아제르바이젠인,아제르바이젠오]
우크라이나 [우크라이나]
(우크라이나인, 우크라이나어)
[우크라이나인, 우크라이나오]
터어키 [토오키]
(터어키인, 터어키어)
[토오키인, 토오키오]
일본 [일분]
(일본인, 일본어)
[일부닌, 일부노]
인도네시아 [인두네시아]
(인도네시아인, 인도네시아어)
[인두네시아인, 인두네시아오]
베트남 [버티남]
(베트남인, 베트남어)

[(비예트남 홍, 비예트남 헬)] [бэтынамин, бэтынамо]

лаос [라오스(쓰)] 라오스 [раус]

(лаос хүн, лао хэл) **(라오스인, 라오스어)**

[(라오쓰 홍, 라오 헬] [раусыин, раусыо]

тайланд [타일란드] 태국 [таэгүг]

(тайланд хүн, тай хэл) **(태국인, 태국어)**

[(타이란드 홍, 타이 헬)] [таэгүгин, таэгүго]

тайван [타이완] 대만 [даэман]

(тайван хүн, хятад хэл) **(대만인, 중국어)**

[(타이완 홍, 햐타뜨 헬)] [даэманин, жүнггүго]

америк [아메리크] 미국 [мигүг]

(америк хүн, англи хэл) **(미국인, 영어)**

[(아메리크 홍, 앙글리 헬)] [мигүгин, ёнго]

англи [앙글리] 영국 [ёнггүг]

(англи хүн, англи хэл) **(영국인, 영어)**

[(앙글리 홍, 앙글리 헬)] [ёнггүгин, ёнго]

африк [아프리크] 아프리카 [африка]

(африк хүн, африк хэл) **(아프리카인, 아프리카어)**

[(아프리크 홍, 아프리크 헬)] [африкаин, африкао]

болгар [벌가르] 불가리아 [бүлгарио]

(болгар хүн, болгар хэл) **(불가리아인, 불가리아어)**

[(벌가르 홍, 벌가르 헬)] [бүлгариаин, бүлгариао]

герман [게르만] 독일 [дугил]

(герман хүн, герман хэл) **(독일인, 독일어)**

[(게르만 홍, 게르만 헬)] [дугирин, дугиро]

франц [프란츠] 프랑스 [франгсы]

(франц хүн, франц хэл) **(프랑스인, 프랑스어)**

[(프란츠 홍, 프란츠 헬)] [франгсыин, франсыо]

итали [이탈리] 이탈리아 [италлиа]

(итали хүн, итали хэл) **(이탈리아인, 이태리어)**

[(이탈리 홍, 이탈리 헬)] [италлиаин, итаэрио]

чех [체흐] 체코 [чэку]

(чех хүн, чех хэл) **(체코인, 체코어)**

[(체흐 홍, 체흐 헬)] [чэкуин, чэкуо]

дани [다니] 덴마아크 [дэнмаакы]

(дани хүн, дани хэл) **(덴마아크인, 덴마아크어)**

[(다니 홍, 다니 헬)] [дэнмаакыин, дэнмаакыо]

испани [이스파니] 에스파니아 [эспаниа]

(испани хүн, испани хэл) **(에스파니아인, 에스파니아어)**

[(이스파니 홍, 이스파니 헬)] [эспаниаин, эспаниао]

мажар [마자르] 오스트리아 [устриа]

(мажар хүн, мажар хэл)
[(마자르 홍, 마자르 헬)]
румын [루민(밍)]
(румын хүн, румын хэл)
[(루민:(밍:) 홍, 루민:(밍) 헬)]
монгол [몽골]
(монгол хүн, монгол хэл)
[(몽골 홍, 몽골 헬)]

(오스트리아인, 오스트리아어)
[устриаин, устриао]
루마니아 [руманиа]
(루마니아인, 루마니아어)
[руманиаин, руманиао]
몽골 [монгол]
(몽골인, 몽골어)
[монгол(р)ин, монгол(р)о]

–МОНГОЛ ҮНДЭСТЭН–
[몽골 운데쓰텡]

–몽골민족, 종족–
[монголминжуг, жунгжуг]

баяд
[바이뜨]
바이뜨족
[баяд жуг]

буриад
[부리아뜨]
부리아뜨족
[буриад жуг]

дархад
[다르하뜨]
다르하뜨족
[дархад жуг]

дөрвөд
[더르워뜨]
더르워뜨족
[дөрвөд жуг]

захчин
[자흐칭]
자흐칭족
[захчин жуг]

мянгад
[먕가뜨]
먕가뜨족
[мянгад жуг]

өөлд
[얼:뜨]
얼:뜨족
[өөлд жуг]

торгууд
[터르고:뜨]
터르고:뜨족
[торгууд жуг]

хотон
[허텅]
허텅족
[хотон жуг]

халх
[할흐]
할흐족
[халх жуг]

Үзэмчин
[우젬칭]
우젬칭족
[үзэмчин жуг]

■ ӨНГӨ [엉거(웅그)]

1. **Энэ ямар өнгө вэ?**
엔 야마르 엉거 웨? [엔 야마르 엉거(웅그) 웨?]

2. **Та ямар өнгөнд дуртай вэ?**
타 야마르 엉건드 도르타이 웨? [타 야마르 엉건뜨(웅근뜨) 도르태 웨?]

3. **Танд энэ өнгө таалагдаж байна уу?**
탄드 엔 엉거 탈:라그다지 바인 오:? [탄뜨 엔 엉거(웅그) 탈:라끄다줘(쭤) 바이노:?]

4. **Өөр өнгөтэй байна уу?**
어:르 엉거테이 바인 오:? [어:르 엉크테(웅크테) 바이노:?]

5. **Та ямар өнгөнөөс нь авах вэ?**
타 야마르 엉거너:스 은 아와흐 웨? [타 야마르 엉거너:쓴(웅그너:쓴) 아와흐 웨?]

   Улааныг авъя.
올라:니:그 아위. [올라:니:끄 아위(아위야).]

6. **Арай цайвардуу байна уу?**
아라이 차이와르도: 바인 오:? [아라이 차이와르또: 바이노:?]

7. **Арай бараавтар байна уу?**
아라이 바라:브타르 바인 오:? [아라이 바라:브타르 바이노:?]

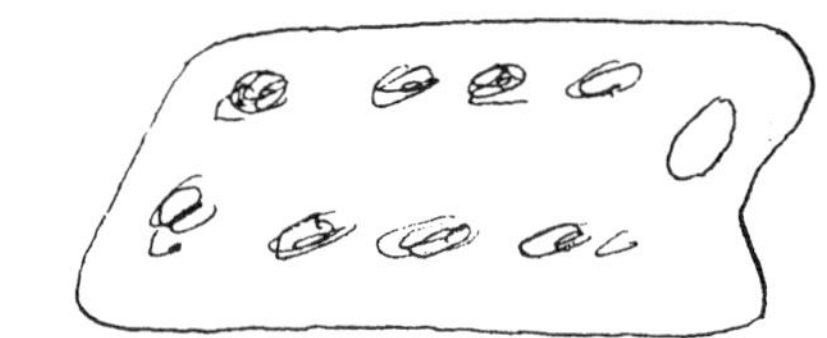

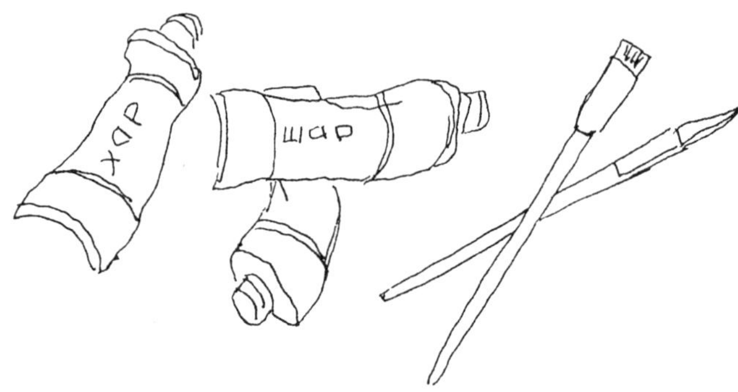

■ 색깔 [САЭГГГАЛ]

1. 이것은 무슨 색깔입니까?
   [Игосын мүсын саэгггаримнигга?]

2. 당신은 어떤 색깔을 좋아하십니까?
   [Дангсинын оддон саэгггарыл жуахасимнигга?]

3. 당신에게 이 색깔이 마음에 드십니까?
   [Дангсинэгэ и саэгггари маымэ дысимнигга?]

4. 다른 색깔이(색깔의 것이) 있습니까?
   [Дарын саэгггари(саэгггарый госи) иссымнигга?]

5. 당신 어떤 색깔을(색깔의 것에서) 사시겠습니까?
   [Дангсин оддон саэгггарыл(саэгггарый госэсо) сасигэссымнигга?]

   빨간 것을 사겠습니다.
   [ББалган госыл сагэссымнида.]

6. 조금 연한 색깔이(색깔의 것이) 있습니까?
   [жугым ёнхан саэгггари(саэгггарый госи) иссымнигга?]

7. 조금 진한 색깔이(색깔의 것이) 있습니까?
   [жугым жинхан саэгггари(саэгггарый) госи иссымнигга?]

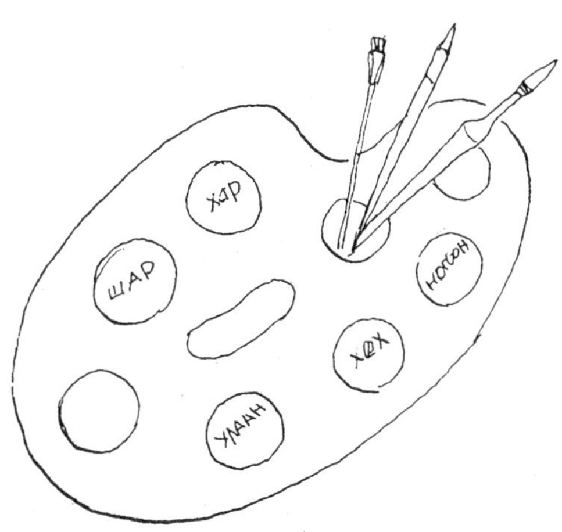

улаан	**빨강색**
[올랑:]	[ббалгангсаэг]
улаан шар	**주황색**
[올랑: 샤르]	[жүхуангсаэг]
шар	**노랑색**
[샤르]	[нурангсаэг]
ногоон	**초록색**
[너겅:]	[чуругссаэг]
хөх	**파랑색**
[허흐]	[парангсаэг]
хар хөх	**남색**
[하르 허흐]	[намсаэг]
ягаан	**보라색**
[야강:]	[бурасаэг]
хар	**검정색, 검은색**
[하르]	[гомжонгсаэг, гомынсаэг]
цагаан	**하양색, 흰색**
[차강:]	[хаянгсаэг, хыйнсаэг]
хүрэн	**갈색, 밤색**
[후렝(룽)]	[галссаэг, бамсаэг]
улаан хүрэн	**적갈색**
[올랑: 후렝(룽)]	[жоггалссаэг]
бор	**황토색**
[버르]	[хуангтусаэг]
хөх цэнхэр	**하늘색**
[허흐 쳉헤르]	[ханылссаэг]
саарал	**회색**
[사:랄]	[хуэсаэг]
цайвар	**희끄무레한 색**
[차이와르]	[хыйггымүрэхан саэг]
шарга	**누르스름한 색, 베이지색**
[샤라ㄲ(락)]	[нүрысырымхан саэг, бэижисаэг]
ногоон цэнхэр	**연녹색, 옥색**
[너겅: 쳉헤르]	[ённугссаэг, угссаэг]
нэг өнгөтэй, ижил өнгөтэй	**같은색, 동색**
[네ㄲ 엉크(웅크)테, 이질 엉크(웅크)테]	[гатынсаэг, дунгсаэг]
цоохор	**얼룩멀룩(큼직한 무늬)** –소 같은 동물–
[처:허르]	[олрүгдлолрүг(кымжикан мүный)]

эрээн
[에렝:]

얼룩멀룩(작고 촘촘한 무늬)
[олрүгддолрүг(жаггу чумчумхан мүный)] -표범무늬-

алаг
[알락(알라끄)]

얼룩멀룩(동물들의 표피에 있는 무늬)
[олрүгддолрүг(дунгмүлдылый пиупиэ итнын мүный)]

алтан шар
[알탕 샤르]

금색
[гымсаэг]

мөнгөн
[멍경(뭉긍)]

은색
[ынсаэг]

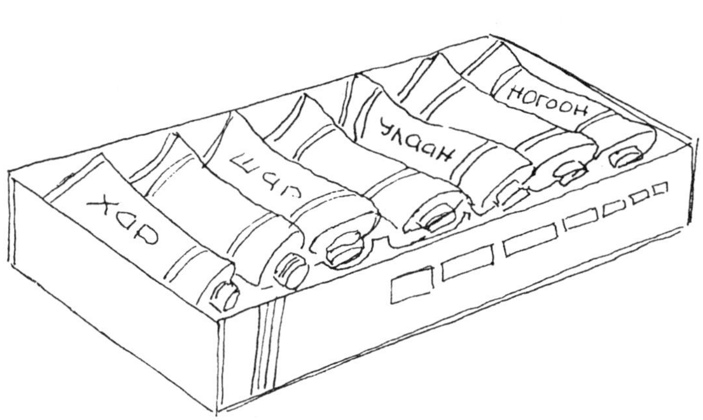

■ 대명사 [ДАЭМЁНГСА] (ТӨЛӨӨНИЙ ҮГ [털러:니: 우ㄲ(욱)])

인칭대명사 [ИНЧИНГДАЭМЁНГСА] (БИЕИЙН ТӨЛӨӨНИЙ ҮГ [비잉: 털러:니: 우ㄲ(욱)])

주격	би [비] 나는,저는 [нанын, жонын]	чи [치] 너는 [нонын]	та [타] 당신은 [дангсинын]	энэ хүн [엔 홍] 이사람은 [исарамын]
소유격	миний [미니:] 나의 [наьй]	чиний [치니:] 너의 [ноьй]	таны [타니:] 당신의 [дангсиный]	энэ хүний [엔 후니:] 이사람의 [исарамый]
여.처격	надад [나다뜨] 나에게 [наэгэ]	чамд [참뜨] 너에게 [ноэгэ]	танд [탄뜨] 당신에게 [дансингэгэ]	энэ хүнд [엔 훈뜨] 이사람에게 [исарамэгэ]
목적격	намайг [나마이ㄲ] 나를 [нарьл]	чамайг [차마이ㄲ] 너를 [норьл]	таныг [타니:ㄲ] 당신을 [дангсиньл]	энэ хүнийг [엔 후니:ㄲ] 이사람을 [исарамьл]
탈격	надаас [나다:쓰] 나에게서 [наэгэсо]	чамаас [차마:쓰] 너에게서 [ноэгэсо]	танаас [타나:쓰] 당신에게서 [дангсинэгэсо]	энэ хүнээс [엔 후네:쓰] 이사람에게서 [исарамэгэсо]
도구격	надаар [나따:르] 나로(하여금) [нару(хаёгым)]	чамаар [차마:르] 너로(하여금) [нору(хаёгым)]	танаар [타나:르] 당신으로(하여금) [дангсиныру(хаёгым)]	энэ хүнээр [엔 후네:르] 이사람으로(하여금) [исарамыру(хаёгым)]
공동격	надгай [나뜨태] 나와(함께) [нава(хамгтэ)]	чамгай [참태] 너와(함께) [нова(хамгтэ)]	тангай [탄태] 당신과(함께) [дангсингуа(хамгтэ]	энэ хүнгэй [엔 홍테] 이사람과(함께) [исарамгуа

тэр хүн	бид	та нар	эд /нар/	тэд /нар/
[테르 훙] 저사람은 [жосарамын]	[비드(뜨)] 우리는 [үринын]	[타 나르] 당신들은 [дангсиндылрын]	[에뜨/나르/] 이들은 [идылрын]	[테뜨/나르/] 그들은 [гыдылрын]
тэр хүний [테르 후니:] 저사람의 [жосарамый]	бидний [비뜨니:] 우리의 [үриый]	та нарын [타 나링:] 당신들의 [дангсиндылый]	эдний [에뜨니:] 이들의 [идырый]	тэдний [테뜨니:] 그들의 [гыдырый]
тэр хүнд [테르 훈뜨] 저사람에게 [жосарамэгэ]	бидэнд [비덴뜨] 우리에게 [үриэгэ]	та нарт [타 나르트] 당신들에게 [дангсиндырэгэ]	эдэнд [에덴(든)뜨] 이들에게 [идырэгэ]	тэдэнд [테덴(든)뜨] 그들에게 [гыдырэгэ]
тэр хүнийг [테르 후니:ㄲ] 저사람을 [жосарамыл]	биднийг [비뜨니:ㄲ] 우리를 [үрирыл]	та нарыг [타 나리:ㄲ] 당신들을 [дангсиндыл(р)ыл]	эднийг [에뜨니:ㄲ] 이들을 [идырыл]	тэднийг [테뜨니:ㄲ] 그들을 [гыдырыл]
тэр хүнээс [테르 후네:쓰] 저사람에게서 [жосарамэгэсо]	биднээс [비뜨네:쓰] 우리에게서 [үриэгэсо]	та нараас [타 나라:쓰] 당신들에게서 [дангсиндырэгэсо]	эднээс [에뜨네:쓰] 이들에게서 [идырэгэсо]	тэднээс [테뜨네:쓰] 그들에게서 [гыдырэгэсо]
тэр хүнээр [테르 후네:르] 저사람으로(하여금) [жосарамыру(хаёгым)]	биднээр [비뜨네:르] 우리로(하여금) [үриру(хаёгым)]	та нараар [타 나라:르] 당신들로(하여금) [дангсиндылру(хаёгым)]	эднээр [에뜨네:르] 이들로 [идылру]	тэднээр [테뜨네르] 그들로(하여금) [гыдылру(хаёгым)]
тэр хүнтэй [테르 훈테] 저사람과(함께) [жосарамгуа(хамтэ)]	бидэнтэй [비뜬테] 우리와(함께) [үрива(хамгтэ)]	та нартай [타 나르태] 당신들과(함께) [дангсиндылгуа(хамгтэ)]	эдэнтэй [에뜬테] 이들과(함께) [идылгуа хамгтэ]	тэдэнтэй [테뜬테] 그들과(함께) [гыдылгуа (хамгтэ)]

지시대명사 [ЖИСИДАЭМЁНГСА]
(ЗААХ ТӨЛӨӨНИЙ ҮГ [자:흐 털러:니: 우ㄲ(욱)])

주격	энэ [엔] **이것은** [игосын]	тэр [테르] **저것은** [жогосын]	эдгээр [에뜨게:르] **이것들은** [иготддырын]	тэдгээр [테뜨게:르] **저것들은** [жоготддырын]	ийм [임:] **이와같은것은** [ивагатынгосын]
소유격	үүний [우:니:] **이것의** [игосый]	түүний [투:니:] **저것의** [жогосый]	эдгээрийн [에뜨게:링:] **이것들의** [иготддырый]	тэдгээрийн [테뜨게:링:] **저것들의** [жоготддырый]	иймийн [이:밍:] **이같음의** [игатымый]
여.처격	үүнд [운:뜨] **이것에** [игосэ]	түүнд [툰:뜨] **저것에** [жогосэ]	эдгээрт [에뜨게:르트] **이것들에** [иготддырэ]	тэдгээрт [테뜨게:르트] **저것들에** [жоготддырэ]	иймд [임:뜨] **이같음에** [игатымэ]
목적격	үүнийг [우:니:ㄲ] **이것을** [игосыл]	түүнийг [투:니:ㄲ] **저것을** [жогосыл]	эдгээрийг [에뜨게:리:ㄲ] **이것들을** [иготддырыл]	тэдгээрийг [테뜨게:리:ㄲ] **저것들을** [жоготддырыл]	иймийг [이:미:ㄲ] **이같음을** [игатымыл]
탈격	үүнээс [우:네:쓰] **이것에서** [игосэсо]	түүнээс [투:네:쓰] **저것에서** [жогосэсо]	эдгээрээс [에뜨게:레:쓰] **이것들에서** [иготддырэсо]	тэдгээрээс [테뜨게:레:쓰] **저것들에서** [жоготддырэсо]	иймээс [이:메:쓰] **이같음에서** [игатымэсо]
도구격	үүгээр [우:게:르] **이것으로** [игосыру]	түүгээр [투:게:르] **저것으로** [жогосыру]	эдгээрээр [에뜨게:레:르] **이것들로** [иготддылру]	тэдгээрээр [테뜨게:레:르] **저것들로** [жоготддылру]	иймээр [이:메:르] **이같음으로** [игатымыру]
공동격	үүнтэй [운:테] **이것과(함께)** [иготтуа(хамгтэ)]	түүнтэй [툰:테] **저것과(함께)** [жоготтуа(хамгтэ)]	эдгээртэй [에뜨게:르테] **이것들과함께** [иготддылуа(хамгтэ)]	тэдгээртэй [테뜨게:르테] **저것들과함께** [жоготддылуа(хамгтэ)]	иймтэй [임:테] **이같음과(함께)** [игатымгуа(хамгтэ)]

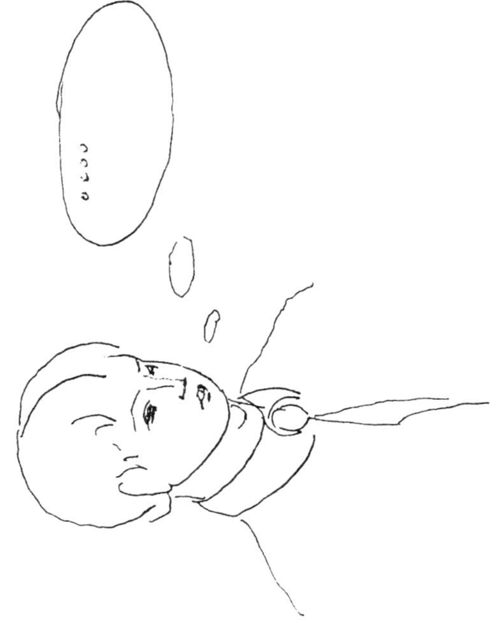

тийм [팀:] **그와같은것은** [гывагатынгосын]	
тиймийн [티:밍:] **그같음의** [гыгатымый]	
тиймд [팀:뜨] **그같음에** [гыгатымэ]	
тиймийг [티:미:끄] **그같음을** [гыгатымыл]	
тиймээс [티:메:쓰] **그같음에서** [гыгатымэсо]	
тиймээр [티:메:르] **그같음으로** [гыгатымыру]	
тиймтэй [팀:테] **그같음과(함께)** [гыгатымгуа(хамтэ)]	

■ ХЭМЖИГДЭХҮҮН [헴지끄데훙:]

1. **Энэ ямар жинтэй вэ?**
   엔 야마르 징테이 웨? [엔 야마르 징테 웨?]

2. **Таны өндөр хэд вэ?**
   타니: 언더르 헤드 웨? [타니: 언더르 헤뜨 웨?]

3. **Таны жин хэд вэ?**
   타니: 징 헤드 웨? [타니: 징 헤뜨 웨?]

4. **Энэ хэдэн килограмм бэ?**
   엔 헤뎅 킬러그람 베? [엔 헤뎅 킬로그람 베?]

5. **Аль хир хүнд юм бэ?**
   아일 히르 훈드 움 베? [아일 히르 훈뜨 움 베?]

6. **Энэ их хүнд байна.**
   엔 이흐 훈드 바인. [엔 이흐 훈뜨 바인.]

   Энэ их хөнгөн байна.
   엔 이흐 헝겅 바인. [엔 이흐 헝겅 바인.]

7. **Та үүнийг жигнэж өгнө үү.**
   타 우:니:그 지그네지 어근 우:. [타 우:니:끄 지그네쮜(쮜) 어그누:.]

8. **Надад 2 кило төмс өгнө үү.**
   나다드 허여르 킬로 텀스 어근 우:. [나다뜨 허여르 킬로(킬) 텀쓰 어그누:.]

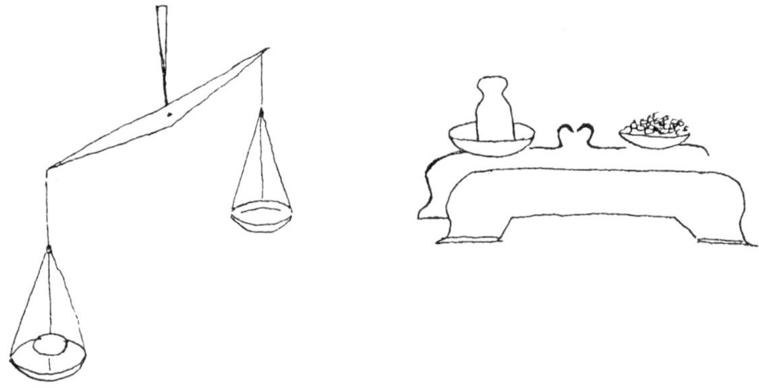

■ 도량형[ДУРЯНГХЁНГ]

1. **이것은 무게가 얼마입니까?**
   [Игосын мүгэга олмаимнигга?]

2. **당신의 키는 얼마입니까?**
   [Дангсиный кинын олмаимнигга?]

3. **당신의 몸무게는 얼마입니까?**
   [Дангсины муммүгэнын олмаимнигга?]

4. **이것은 몇 킬로그램입니까?**
   [Игосын мёт киллугыраэмимнигга?]

5. **얼마나 무겁습니까?**
   [Олмана мүгобссымнигга?]

6. **이것은 굉장히(대개) 무겁습니다.**
   [Игосын гуэнжангхи(даэгаэ) мүгобссымнида.]

   이것은 굉장히(대개) 가볍습니다.
   [Игосын гуэнгжангхи(даэгаэ) габёбссымнида.]

7. **이것을 (이 무게를) 좀 달아 봐 주십시오.**
   [Игосыл (и мүгэрыл) жум дара буа жүсибссиу.]

8. **저에게 감자 2 킬로만 주십시오.**
   [Жоэгэ гамжа и килуман жүсибссиу.]

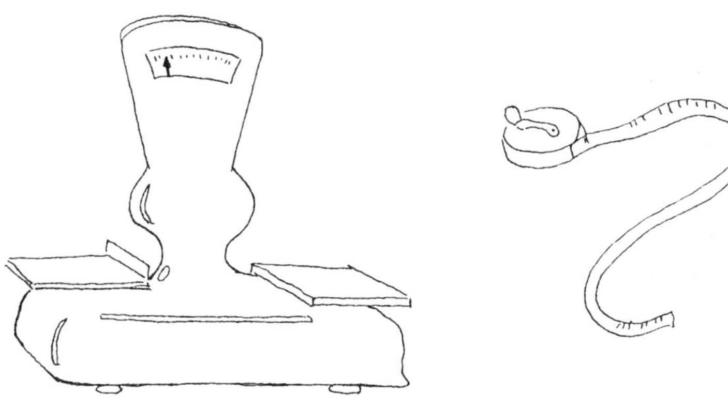

✍ 길이단위 [ГИРИДАНҮЙ] (УРТ ХЭМЖЭЭ [오르트 ᆷ제:])

- **микрон (мк)**
  [미크론]
  미크론(백만분의 일 미터)
  [микрун(баэнгманбүны ил мито)]
- **сантимиллиметр (смм)**
  [싼티밀리메(미)트르]
  센티밀리미터(십만분의 일 미터)
  [сэнчимиллимито(симманбүны ил мито)]
- **децимиллиметр (дмм)**
  [데치밀리메(미)트르]
  대시밀리미터(영점 일 밀리미터)
  [даэшимиллимито(ёнгззом ил миллимито)]
- **миллиметр (мм)**
  [밀리메(미)트르]
  밀리미터
  [миллимито]
- **сантиметр (см)**
  [싼티메(미)트르]
  센티미터
  [сэнчимито]
- **дециметр (дм)**
  [데치메(미)트르]
  대시미터
  [даэшимито]
- **метр (м)**
  [메(미)트르]
  미터
  [мито]
- **декаметр (дкм)**
  [데카메(미)트르]
  데카미터(십미터)
  [дэкамито(симмито)]
- **гектометр (гм)**
  [겍토메(미)트르]
  핵토미터(백미터)
  [хэгтумито(баэнгмито)]
- **километр (км)**
  [킬로메(미)트르]
  킬로미터(천미터)
  [киллумито(чонмито)]

✍ 면적단위 [MËНЖОГДДАНҮЙ] (ТАЛБАЙ ХЭМЖЭЭ [탈바이 ᆷ제:])

- **ам /дөрвөлжин/ миллиметр (мм²)**
  [암 /더르월징(더룰징)/ 밀리메(미)트르]
  평방밀리미터
  [пёнгбангмиллимито]
- **ам /дөрвөлжин/ сантиметр (см²)**
  [암 /더르월징(더룰징)/ 산티메(미)트르]
  평방센티미터
  [пёнгбангсэнчимито]
- **ам /дөрвөлжин/ дециметр (дм²)**
  [암 /더르월징(더룰징) 데치메(미)트르]
  평방대시미터
  [пёнгбангдаэшимито]
- **ам /дөрвөлжин/ метр (м²)**
  [암 /더르월징(더룰징) 메(미)트르]
  평방미터
  [пёнгбангмито]
- **ам /дөрвөлжин/ декаметр (дкм²)**
  [암 /더르월징(더룰징) 데카메(미)트르]
  평방데카미터
  [пёнгбангдэкамито]
- **ам /дөрвөлжин/ гектометр, гек–тар,**
  평방핵토미터

га (гм²) [암 /더르월징(더롤징) 젝토메(미) [пёнгбангхэгтумито]
트르, 젝타르, 가]

- **ам /дөрвөлжин/ километр (км²)** **평방킬로미터**
[암 /더르월징(더롤징) 킬로메(미)트르] [пёнгбангкилумито]

⚙ *체적단위 [ЧЭЖОГДДАНҮЙ]*
(ЭЗЭЛХҮҮНИЙ ХЭМЖЭЭ [에쩰후:니: 혬제:])

- **шоо /дөрвөлжин/ миллиметр (мм³)** **입방밀리미터**
[셔:/더르월징(더롤징) 밀리메(미)트르] [ибббангмиллимито]
- **шоо /дөрвөлжин/ сантиметр (см³)** **입방센티미터**
[셔:/더르월징(더롤징) 산티메(미)트르] [ибббангсэнчимито]
- **шоо /дөрвөлжин/ дециметр (дм³)** **입방대시미터**
[셔:/더르월징(더롤징) 데치메(미)트르] [ибббангдаэшимито]
- **шоо /дөрвөлжин/ метр (м³)** **입방미터**
[셔:/더르월징(더롤징) 메(미)트르] [ибббангмито]
- **шоо /дөрвөлжин/ декаметр (дкм³)** **입방데카미터**
[셔:/더르월징(더롤징) 데카메(미)트르] [ибббангдэкамито]
- **шоо /дөрвөлжин/ гектометр (гм³)** **입방핵토미터**
[셔:/더르월징(더롤징) 젝토메(미)트르] [ибббангхэгтумито]
- **шоо /дөрвөлжин/ километр (км³)** **입방킬로미터**
[셔:/더르월징(더롤징) 킬로메(미)트르] [ибббангкиллумито]

⚙ *용량단위 [ИУНГНЯНГДАНҮЙ]*
(БАГТААМЖИЙН ХЭМЖЭЭ [바끄탐징: 혬제:])

- **миллилитр (мл)** **밀리리터**
[밀리리트르] [миллилито]
- **сантилитр (сл)** **센티리터**
[산티리트르] [сэнчилито]
- **децилитр (дл)** **대시리터**
[데치리트르] [даэшилито]
- **литр (л)** **리터**
[리트르] [лито]
- **декалитр (дкл)** **데카리터**
[데카리트르] [дэкалито]
- **гектолитр (гл)** **핵토리터**
[젝토리트르] [хэгтулито]

● **килолитр (кл)**
[킬로리트르]

킬로리터
[килулито]

● **галлон(1 галлон –4.54л Англи), 3.78л Америк))**
[갈론(네끄 갈론–4.54 리트르(앙글리), 3.78 리트르(아메리크)]

갤런(일 갤런 – 사점오사리터(영국), 삼점칠팔 리터(미국))
[гаэллон(ил гаэллон–сажомусалито (ёнгтүг), самжомчилпаллито(мигүг)]

● **баррель(1 баррель – 36 галлон (163.5 л : Англи), 31.5 галлон(119.2 л : Аме рик), газар тос 1 баррель – 42 галлон(159л:Америкъ)**
[바렐 (네끄 바렐 – 36 갈론(163.5 리트르: 앙글리), 31.5 갈론(119.2 리트르:아메리 크)], 가짜르 터스 네끄 바렐 – 42 갈론 (159 리트르:아메리크))

배럴 (일 배럴 – 삼십육갤런(백육십삼점 오 리터 : 영국), 삼십일점오 갤런(백십구 점이 리터 : 미국), 원유 일 배럴–사십이 갤런(백오십구 리터 : 미국))
[баэрол(ил баэрол – самсимнюг гаэллон(баэнгнюгссибсамззому ли-то : ёнгтүг), самсибилззому гаэллон (баэгсибгүзззоми лито: мигүг), воню ил баэрол – сасибигаэллон(баэг-усиб гү лито : мигүг))]

☞ *중량단위* *[ЖҮНГНЯНГДАНҮЙ]* *(ЖИН/ХҮНДИЙН ХЭМЖЭЭ* *[징/훈딩: 혐제:])*

● **миллиграмм (мг)**
[밀리그람]

밀리그램
[миллиграэм]

● **сантиграмм (см)**
[산(싼)티그람]

센티그램
[сэнчиграэм]

● **дециграмм (дг)**
[데치그람]

데시그램
[даэшиграэм]

● **грамм (г)**
[그람]

그램
[граэм]

● **декаграмм (дкг)**
[데카그람]

데카그램
[дэкаграэм]

● **гектограмм (гг)**
[겍토그람]

헥토그램
[хэгтуграэм]

● **килограмм (кг)**
[킬로그람]

킬로그램
[киллуграэм]

● **тонн (т)**
[톤]

톤
[тун]

제 2 장. 기본회화

(II. ҮНДСЭН ХАРИЛЦАА ЯРИА)

Ⅰ. ОНГОЦОНД [엉거쵼뜨]

1. **Сайн байна уу? Та миний суудлыг зааж өгнө үү.**
사인 바인 오:? 타 미니: 소:들리:그 자:지 어근 우. [사임 바이노:? 타 미니:
소:들리:끄 자:줘(쮜) 어그누:.]

Та билетээ үзүүл дээ.
타 빌레테 우줄: 데:. [타 빌레테 우쭐: 데:.]

Таны суудал энэ эгнээний дунд байгаа.
타니 소:달 엔 에그네:니: 돈드 바이가:. [타니 소:들 엔 에그네:니: 돈뜨 바이가:.]

2. **Энэ(Миний) суудал хаа байна /вэ/? Зааж өгнө үү.**
엔(미니:) 소:달 하: 바인 /웨/? 자:지 어근 우:. [엔(미니:) 소:들 하: 와인 /웨/?
자:쥐(쮜) 어그누:.]

3. **Би суудлаа сольж болох уу?**
비 소:들라: 설지 벌러흐 오:? [비 소:들라: 서일쥐(쮜) 벌호:?]

4. **Энд тамхи татаж болох уу?**
엔드 탐히 타타지 벌러흐 오:? [엔뜨 탐히 타트쥐(쮜) 벌호:?]

5. **Энэ онгоц хэзээ нисэх вэ?**
엔 엉거츠 헤제 니세흐 웨? [엔 엉거츠 히쩨 니쎄흐 웨?]

6. **Өнөөдөр нисэхэд цаг агаар тохиромжтой байна уу?**
어너:더르 니세헤드 차그(착) 아가:르 터히럼지터이 바인 오? [어너:떠르 니쎄
헤뜨 차끄(착) 아가:르 터히럼쥐(쮜)테 바이노:?]

7. *Улаанбаатар хүртэл нислэг хэр удаан үргэлжлэх вэ?*
올란:바:타르 후르텔 니슬렉 헤르 오당: 우르겔질레흐 웨? [올람:바:타르 후르
텔 니쏠렉 헤르 오땅: 우르겔쥘레흐 웨?]

8. **Эндээс Улаанбаатар хүртэл хэдэн цаг нисдэг вэ?**
엔데:스 올란:바:타르 후르텔 헤뎅 차그(착) 니스덱 웨? [엔데:쓰 올람:바:타르
후르텔 헤뎅 차끄(착) 니쓰뜩 웨?]

Гурван цаг хагас нисдэг /юм/.
고르왕 차그(착) 하가스 니스덱 /윰/. [고르왕(고룽) 차끄(착) 하가쓰 니쓰뜩 /임/.]

9. **Уучлаарай! Би суудлаа арагш жаахан хойшлуулж болох уу?**
오:칠라:라이! 비 소:들라: 아라그쉬 자:항 허이쉬롤:지 벌러흐 오:? [오:칠라:
래! 비 소:들라: 아라끄쉬 짜:훙 허이쉬롤:쥐(쮜) 벌호:?]

10. **Таны бие зүгээр үү?(Таны бие гайгүй юу?)**
타니 비예 주게:르 우:?(타니 비예 가이구이 유오?) [타니 비이 쭈게:루:?(타니
비이 가이구이 유오?)]

Ⅰ. 비행기에서 [БИХАЭНГГИЭСО]

1. 안녕하십니까? 제 좌석을(자리를) 가르쳐 주십시오.

   [Аннёнгхасимнигта? жэ жуасогыл(жарирыл) гарычё(о) жүсибссиу.]

   탑승권을(표를) 보여주세요.
   [Табссынгггуоныл(пиурыл) буёжүсэиу.]

   당신의 좌석은 이 열의 중간에 있습니다.
   [Дангсиный жуасогын и ёрый жүнгганэ иссымнида.]

2. 이(제) 좌석은(자리는) 어디입니까? 가르쳐 주십시오.
   [И(Жэ) жуасогын(жаринын) одиимнигта? гарычё(о) жүсибссиу.]

3. 좌석을(자리를) 바꿔도 되겠습니까?
   [Жуасогыл(Жарирыл) баггуоду дуэгэссымнигга?]

4. 여기서 담배를 펴도 됩니까?
   [Ёгисо дамбаэрыл пёду дуэмнигга?]

5. 이 비행기는 언제 이륙합니까?
   [И бихаэнггинын онжэ ирюкамнигга?]

6. 오늘 비행에는 날씨가 적합합니까?
   [Уныл бихаэнгэнын налссига жокапамнига?]

7. 울란:바:타르까지 비행을 얼마나 계속해야 합니까?
   [Улаанбаатарггажи бихаэнгыл олмана гесукаэя хамнигга?]

8. 여기서 울란:바:타르까지는 몇 시간 비행합니까?
   [Ёгисо Улаанбаатарггажинын мёт ссиган бихаэнгхамнигга?]

   세시간 반 비행합니다.
   [Сэсиган бан бихаэнгхамнида.]

9. 미안합니다! 의자를 뒤로 조금 젖혀도(눕혀도) 되겠습니까?
   [Мианхамнида! ыйжарыл дүйру жугым жочёду (нупёду) дуэгэссымнигга?]

10. 몸은 괜찮으십니까?
    [мумын гуаэнчанысимнигга?]

Зүгээр, зүгээр.(Гайгүй дээ.)
주게:르, 주게:르.(가이구이 데:.) [쭈게:르, 쭈게:르.(가이구이 데:.)]

Бие жаахан эвгүй байна. Толгой өвдөж байна. Нэг эм өгнө үү.
비예 자:항 에브구이 바인. 털거이 어브더지 바인. 네그 엠 어근 우:. [비이
짜:홍 에브구이 바인. 털거이 어브더쥐(쮜) 와인. 네끄 엠 어그누:.]

Юм **уумаар байна.**
윰 오:마:르 바인. [윰 오:마:르 바인.]

11. **Та юу уух вэ? Ус, спрайт, пепси, кока кола байна. Алиныг нь
уух вэ?**
타 유오 오:흐 웨? 오스, 스프라이트, 펩시, 코카 콜라 바인. 알리니:그 은 오:흐 웨? [
타 유오 오:흐 웨? 오쓰, 스프라이트, 펩시, 코카 콜라 바인. 알리니:끈 오:흐 웨?]

Ус **ууя.(Ус авчирч өгөөрэй.)**
오스 오:야.(오스 압치르치 어거:레이.) [오쓰 오:야.(오쓰 압치르치 어거:레:.)]

12. **Та ямар ундаа уух вэ?**
타 야마르 온다: 오:흐 웨? [타 야마르 온다: 오:흐 웨?]

Вино **ууя.**
위노 오:야. [위노 오:야(이).]

13. **Та ямар хоол идэх вэ?**
타 야마르 헐: 이데흐 웨? [타 야마르 헐: 이떼흐 웨?]

Тахианы махтай **хоол идье.**
타히아니: 마흐타이: 헐: 이디예. [타히아니: 마흐태 헐: 이띠.]

14. **Энэ хоол надад таалагдахгүй байна. Өөр хоол авч болох уу?**
엔 헐: 나다드 탈:라그다흐구이 바인. 어:르 헐: 아브치 벌러흐 오:? [엔 헐:
나다뜨 탈:라끄다흐꾸이 바인. 어:르 헐: 아브치 벌호:?]

15. **Би үүнийг дахиад нэгийг идмээр байна.**
비 우:니:그 다히아드 네기:그 이드메:르 바인. [비 우:니:끄 다히아뜨 네기:끄
이뜨메:르 바인.]

16. **Үйлчлэгч ээ! Би нэг *сүүтэй кофе* уумаар байна. Авчирч өгнө үү.**
우일칠레그치 에:! 비 네그 수:테이 커페 오:마:르 바인. 압치르치 어근 우:.
[우일칠레끄체:! 비 네끄 수:테 커피 오:마:르 바인. 압치르치 어그누:.]

17. **Үйлчлэгч ээ! Аюулгүйн бүсээ бүслэхэд(чагтлахад) тусална уу.**
우일칠레그치 에:! 아유올구인 부세: 부슬레헤드(차그틀라하드) 토살른 오:.
[우일칠레끄체:! 아욜구인 부쎄: 부쓸레헤뜨(차크틀라하뜨) 토슬르노:.]

18. **Үйлчлэгч ээ! Энэ *агаар тохируулагч* яаж асаах вэ?**
우일칠레그치 에:! 엔 아가:르 터히롤:라그치 야:지 아사:흐 웨? [우일칠레끄
체:! 엔 아가:르 터히롤:라끄치 야:쥐(쮜) 아싸:흐 웨?]

괜찮습니다, 괜찮습니다.
[Гуаэнчанссымнида, гуаэнчанссымнида.]

몸이 조금 안 좋습니다. 머리가 아픈데 약을 좀 주십시오.
[Муми жугым ан жуссымнида, морига апындэ ягыл жум жүсибссиу.]

뭘 좀 마시고 싶습니다.
[Мүол жум масигу сибссымнида.]

11. 무엇을 마시겠습니까? 물, 스프라이트, 펩시, 코카 콜라가 있습니다. 어느 것을 마시겠습니까?
[Мүосыл масигэссымнига? Мүл, спрайт, пепси, кока колага иссымнида. Оны госыл масигэссымнигга?]

물을 마시겠습니다.(물을 가져다 주십시오.)
[Мүрыл масигэссымнида.(Мүрыл гажё(о)да жүсибссиу.)]

12. 당신 어떤 것을 마시겠습니까?
[Дангсин оддон госыл масигэссымнигга?]

포도주를 마시겠습니다.
[Пудужүрыл масигэссымнида.]

13. 당신 어떤 음식을 드시겠습니까?
[Дангсин оддон ымсигыл дысигэссымнигга?]
닭고기가 들어있는 음식을(닭고기 요리를) 먹겠습니다.

[Даггугига дыроиннын ымсигыл(даггуги иурирыл) моггэссым-
нида.]

14. 이 음식은 저에게 맞지 않는군요. 다른 음식을 먹어도 되겠습니까?
[И ымсигын жоэгэ матззи аннынгүниу. Дарын ымсигыл могоду дуэгэссымнигга?]

15. 저는 이것을 다시 하나 더 먹고 싶습니다.
[Жонын игосыл даси хана до моггу сибссымнида.]

16. 아가씨!(승무원!) 커피 한잔 마시고 싶습니다. 가져다 주십시오.
[Агасси!(Сынгмүвон!) Кофи ханжан масигу сибссымнида. Гажё(о)да жүсибссиу.]

17. 아가씨!(승무원!) 안전벨트 착용을 도와주십시오.
[Агасси!(Сынгмүвон!) Анжонбэлт чагиунгыл дуважүсибссиу.]

18. 아가씨!(승무원!) 이 에어컨을(히터를) 어떻게 켭니까?
[Агасси!(Сынгмүвон!) И эоконыл(хиторыл) оддокэ кёмнигга?]

19. Үйлчлэгч ээ! Үүнийг яаж унтраах вэ?
우일칠레그치 에:! 우:니:그 야:지 온트라:흐 웨? [우일칠레ㄲ체:! 우:니:ㄲ 야:
쥐(쮀) 온트라:흐 웨?]

20. Үйлчлэгч ээ! *Бие засах газар* хаана байдаг вэ?
우일칠레그치 에:! 비예 자사흐 가자르 한: 바이닥 웨? [우일칠레ㄲ체:! 비이
자싸흐 가짜르 한: 바이뜩 웨?]

21. Үйлчлэгч ээ! Энэ онгоц *Улаанбаатарт* хэдэн цагт буух вэ?
우일칠레그치 에:! 엔 엉거츠 올란:바:타르트 헤뎅 차그트 보:흐 웨? [우일칠레
ㄲ체:! 엔 엉거츠 올람:바:타르트 헤뎅 차ㄲ트 보:흐 웨?]

22. Бид одоо хаагуур нисч явна(байна) вэ?
비드 어더: 하:고:르 니스치 야운(바인) 웨? [비뜨 어떠: 하:고:르 니쓰치 야운
(바인) 웨?]

***Хятад*ын дээгүүр нисч байна.**
햐타딩: 데:구:르 니스치 바인. [햐타띵: 데:구:르 니쓰치 와인.]

23. Тэнгэр сайхан байна. Цонхоор юм сайхан харагдаж байна.
텡게르 사이항 바인. 청허:르 윰 사이항 하라그다지 바인. [텡게르 사이항 바
인. 청허:르 윰 사이항 하라그다쥐(쮀) 와인.]

24. Тэр доорх ямар *хот* вэ?
테르 더:르흐 야마르 허트 웨? [테르 더:르흐 야마르 허트 웨?]

***Улаанбаатар* хот.**
올란:바:타르 허트. [올람:바:타르 허트.]

25. Энд *Монгол(Солонгос)* сонин байна уу?
엔드 몽골(설렁거스) 서닝 바인 오:? [엔뜨 몽골(설렁거스) 서닝 바이노:?]

26. Аюулгүйн бүсээ бүслээрэй!
아유올구잉 부세: 부슬레:레이! [아욜구잉 부쎄: 부쓸레:레:!]

27. Онгоцны буудлын нэр нь юу вэ?
엉거츠니 보:들링: 네르 은 유오 웨? [엉거츠니 보:들링: 네른 유오 웨?]

***Буянт–Ухаа* онгоцны буудал.**
보양트–오하: 엉거츠니 보:달. [보잉토하: 엉거츠니 보:들.]

***Кимпу* онгоцны буудал.**
김포 엉거츠니 보:달. [김포 엉거츠니 보:들.]

28. Бид ямар онгоцны буудал дээр буух вэ?
비드 야마르 엉거츠니 보:달 데:르 보:흐 웨? [비뜨 야마르 엉거츠니 보:들 데:
르 보:흐 웨?]

***Буянт–Ухаа* онгоцны буудал дээр буунa.**
보얀트–오하: 엉거츠니 보:달 데:르 본:. [보잉토하: 엉거츠니 보:들 데:르 본:.]

19. 아가씨!(승무원!) 이것을 어떻게 끕니까?
[Агасси!(Сынгмүвон!) Игосыл оддокэ ггымнигга?]

20. 아가씨!(승무원!) 화장실은 어디에 있습니까?
[Агасси!(Сынгмүвон!) Хуажангсирын одиэ иссымнигга?]

21. 아가씨!(승무원!) 이 비행기는 울란:바:타르에 몇 시에 도착합니까?
[Агасси!(Сынгмүвон!) И бихаэнггинын Улаанбаатарыэ мёт ссиэ дучакамнигга?]

22. 우리는 지금 어디를 날고 있습니까?
[Уринын жигым одирыл налгу иссымнигга?]

중국 상공을 날고 있습니다.
[Жүнггүг санггунгыл налгу иссымнида.]

23. 하늘이 멋지군요. 창문으로 풍경이 멋있게 보입니다.
[Ханыри мотззигүниу. Чангмүныру пүнггёнги моситггэ буимнида.]

24. 저 아래는 무슨 도시입니까?
[Жо араэнын мүсын дусиимнигга?]

울란:바:타르시 입니다.
[Улаанбаатарыси имнида.]

25. 여기에 몽골어(한국어) 신문이 있습니까?
[Ёгиэ монголо(хангүго) синмүни иссымнигга?]

26. 안전벨트를 매십시오!(착용하십시오!)
[Анжонбэлтырыл маэсибссиу!(чагиунгхасибссиу!)]

27. 비행장의 이름은 무엇입니까?
[Бихаэнгжангый ирымын мүосимнигга?]

보잉트-오하: 비행장입니다.
[Буянт–ухаа бихаэнгжангимнида.]

김포 비행장입니다.
[Гимпу бихаэнгжангимнида.]

28. 우리는 무슨 비행장에 내립니까?
[Уринын мүсын бихаэнгжангэ наэримнигга?]

보잉트-오하 비행장에 내립니다.
[Буянт–ухаа бихаэнгжангэ наэримнида.]

Кимпу онгоцны буудал дээр буурна.
김포 엉거츠니 보:달 데:르 본:.. [김포 엉거츠니 보:들 데:르 본:(보:나).]

29. Одоо *Монгол(Солонгос)* орон нутгийн цаг хэд болж байна /вэ/?
어더: 몽골(설렁거스) 어렁 노트깅: 차그(착) 헤드 벌지 바인 /웨/? [어떠: 몽골
(설렁거쓰) 어렁 노트깅: 차끄(착) 헤뜨 벌쥐(쥐) 와인 /웨/?]

30. Энэ хуудсыг яаж бөглөхийг надад зааж өгөөрэй!
엔 호:드시:그 야:지 버글러히:그 나다드 자:지 어거:레이! [엔 호:드씨:그 야:쥐
(쥐) 버글러히:끄 나다뜨 자:쥐(쥐) 어거:레:!]

31. Энэ хуудсыг яаж бөглөх вэ? Тусална уу.
엔 호:드시:그 야:지 버글러흐 웨? 토살른 오:. [엔 호:드씨:그 야:쥐(쥐) 버글러
흐 웨? 토슬르노:.]

32. Энэ хуудсыг бөглөхөд надад туслаач.
엔 호:드시:그 버글러허드 나다드 토슬라:치. [엔 호:드씨:그 버글러허뜨 나다
뜨 토슬라:치.]

33. Би хаана гарын үсэг зурах хэрэгтэй вэ?
비 한: 가링: 우세그 조라흐 헤레그테이 웨? [비 한: 가링: 우쎄끄 조라흐 헤
레끄테 웨?]

김포 비행장에 내립니다.
[Гимпу бихаэнгжангэ наэримнида.]

29. 지금 *몽골(한국)* 현지시간이 어떻게 됩니까?
[Жигым монгол(хангүг) хёнжисигани оддокэ дуэмнигга?]

30. 이 서류를 어떻게 기입하는지 가르쳐 주십시오!
[И сорюрыл оддокэ гиипанынжи гарчё(о) жүсибссиу!]

31. 이 서류를 어떻게 기입합니까? 좀 도와주십시오
[И сорюрыл оддокэ гиипамнигга? Жум дуважүсибссиу.]

32. 이 서류의 기입을 좀 도와주십시오.
[И сорюый гиибыл жум дуважүсибссиу.]

33. 저는(제가) 어디에 사인을 해야 합니까?
[Жонын(Жэга) одиэ ссаиныл хаэя хамнигга?]

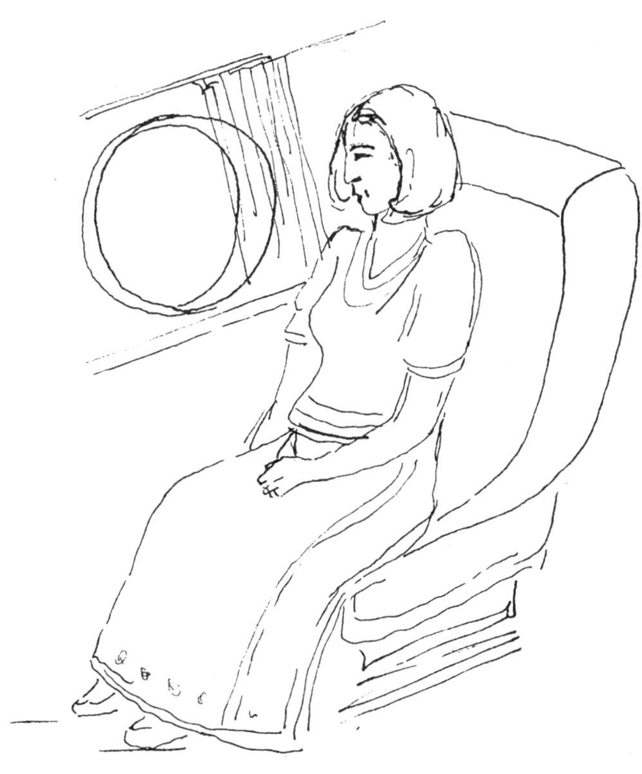

нисэх онгоц	**비행기**
[니쎄흐 엉거츠]	[бихаэнгги]
ачааны онгоц	**화물 수송기**
[아차:니: 엉거츠]	[хуамүл сүсунгги]
нисдэг тэрэг	**헬리콥터**
[니쓰뜩 테레끄(테렉)]	[хэлликубто]
онгоцны билет(тасалбар)	**비행기표**
[엉거츠니: 빌레트(타쌀바르)]	[бихаэнггипиу]
нэг талын билет	**편도비행기표**
[네끄 탈링: 빌레트]	[пёндубихаэнггипиу]
ирэх очихын билет	**왕복비행기표**
[이레흐 어치힝: 빌레트]	[вангбугбихаэнггипиу]
онгоцны шатахуун	**비행기 연료**
[엉거츠니: 샤타훙:]	[бихаэнгги ёлриу]
онгоцны шат	**비행기 승강대(계단)**
[엉거츠니: 샤트]	[бихаэнгги сынггангдаэ(гедан)]
онгоцны сэнс	**비행기 프로펠라**
[엉거츠니: 쎈쓰]	[бихаэнгги прупэлла]
онгоцны дугуй	**비행기 바퀴**
[엉거츠니: 도고이]	[бихаэнгги бакүй]
онгоцны далавч	**비행기 날개**
[엉거츠니: 달라브치]	[бихаэнгги налгаэ]
онгоцны их бие	**비행기 몸체**
[엉거츠니: 이흐 비예(이)]	[бихаэнгги мумчэ]
нисэх буух зурвас зам	**활주로**
[니쎄흐 보:흐 조르와쓰 잠]	[хуалззүру]
холбоо	**관제소**
[헐버:]	[гуанжэсу]
нисэгч(нисгэгч)	**비행사, 조종사**
[니쎄끄치(니쓰게그치)]	[бихаэнгса, жужунгса]
нисэх онгоцны бүрэлдэхүүн(баг)	**비행기 승무원**
[니쎄흐 엉거츠니: 부렐떼훙:(박)]	[бихаэнгги сынгмүвон]
багийн ахлагч	**기장**
[바깅: 아흘라끄치]	[гижанг]
няров	**사무장(항법사)**
[냐라브]	[самүжанг(хангббобсса)]
үйлчлэгч эрэгтэй	**남자승무원, 스튜어드**
[우일칠레끄치 에레끄테]	[намжасынгмүвон, стюоды]

үйлчлэгч эмэгтэй	**여자승무원, 스튜어디스**
[우일칠레ㄲ치 에메ㄲ테]	[ёжасынгмүвон, стюодисы]
зорчигч	**승객**
[저르치ㄲ치]	[сынггаэг]
Тамхи татаж үл болно!(тамхи татах хориотой!) [탐히 타트줘(줘) 울 벌 른!(탐히 타타흐 허리어테!)]	**금연!(담배피지 마시오!)** [гымён!(дамбаэпижи масиу!)]
Аюулгүй бүсээ бүслээрэй!	**벨트착용!(안전벨트를 착용하시오!)**
[아욜구이 부쎄: 부쓸레:레:!]	[бэлтчагиунг!(анжонбэлтрыл чагиунгхасиу!)]
цагийн зөрүү	**시차**
[차깅: 저루:]	[сича]
орон нутгийн цаг	**현지시간**
[어렁 노트깅: 차ㄲ(착)]	[хёнжисиган]
аврах хантааз	**구명조끼**
[아우라흐 한타:즈]	[гүмёнгззугги]
хөнжил	**담요, 모포**
[헌질]	[дамиу, мупу]
дэр	**베개**
[데르]	[бэгаэ]
чихэвч	**헤드폰, 이어폰**
[치헤브치]	[хэдпун, иопун]
сонин	**신문**
[서닝]	[синмүн]
сэтгүүл	**잡지**
[쎄트굴:]	[жабззи]
бөөлжисний уут	**구토봉투(위생주머니)**
[벌:쥐쓰니: 오:트]	[гүтубунгтү(висаэнгжүмони)]
агаарын баг	**산소마스크**
[아가:링: 박]	[сансумасыкы]
цонх	**창문**
[청흐]	[чангмүн]
суудал	**의자, 자리, 좌석**
[소:달(들)]	[ыйжа, жари, жуасог]
дуудах товч	**호출버튼**
[도:따흐 터브치(텁치)]	[хучүлботын]
агаар тохируулагч	**에어콘, 히터**
[아가:르 터히롤:라ㄲ치]	[эокун, хито]
уншлагын гэрэл	**독서등**
[온쉴라깅: 게렐]	[дугссодынг]
бие засах газар	**화장실**

[비예(이) 자싸흐 가짜르]
хүнтэй
[훙(훈)테]
хүнгүй
[훙(훈)구이]
зорчигчийн даатгал
[저르치ㄲ칭: 다:트갈]
суух тасалбар
[소:흐 타쌀바르]
тохируулах нислэг
[터히롤:라흐 니쓸렉(니쓸레ㄲ)]
нэмэлт нислэг
[네멜트 니쓸렉(니쓸레ㄲ)]
тусгай нислэг
[토쓰가이 니쓸렉(니쓸레ㄲ)]
нислэг
[니쓸렉(니쓸레ㄲ)]
нислэг хийх
[니쓸렉(니쓸레ㄲ) 히:흐]
олон улсын шугам
[얼렁 올씽: 쇼감(쇼금)]
дотоодын шугам
[더터:딩: 쇼감(쇼금)]
нисэх онгоцонд суух
[니쎄흐 엉거츤뜨 소:흐]
буухыг мэдээлэх
[보:히:ㄲ 미델:레흐]

[хуажангсил]
사용중(화장실)
[саиунгжүнг(хуажангсил)]
비어있음(화장실)
[биоиссым(хуажангсил)]
승객보험, 여행자보험
[сынгтаэгбухом, ёхаэнгжабухом]
탑승권, 보딩패스
[табссынгггүон, будингпаэссы]
정기운항
[жонггиүнханг]
임시운항
[имсиүнханг]
전세운항
[жонсэүнханг]
비행
[бихаэнг]
비행하다
[бихаэнгхада]
국제선
[гүгзээсон]
국내선
[гүнгнаэсон]
비행기에 탑승하다
[бихаэнггиэ табссынгхада]
착륙을 안내하다
[чангнюгыл аннаэхада]

II . ОНГОЦНЫ БУУДАЛД [엉거츠니: 보:달뜨]

■ ОРОХ, ПАСПОРТЫН ШАЛГАЛТ [어러흐, 파스포르탕 샬갈트]

1. *Монгол(Солонгос)* **улсад тавтай морилно уу.**
몽골(설렁거스) 올사드 타브타이 머릴른 오:. [몽골(설렁거쓰) 올사뜨 타브태 머릴르노:.]

2. **Баримт бичгээ үзүүлээрэй!**
바림트 비치게: 우줄:레:레이! [바림트 비치게: 우쭐:레:레:!]

3. **Хаана паспорт шалгаж байна вэ?**
한: 파스포르트 샬가지 바인 웨? [한: 파스포르트 샬가쥐(쮜) 와인 웨?]

Тэнд шалгаж байна. Хүмүүс зогсож байгаа.
텐드 샬가지 바인. 후무:스 적서지 바이가. [텐뜨 샬가쥐(쮜) 와인. 후무:쓰 적 쓰쮜(쮜) 바이가.]

4. **За, сайн явцгааж байна уу?**
자, 사인 야브츠가:지 바인 오:? [자, 사인 야브츠가:쥐(쮜) 와이노:?]

Таны паспорт?
타니 파스포르트?[타니 파스포르트?]

Май, энэ миний паспорт.
마이, 엔 미니: 파스포르트. [마이(마:), 엔 미니: 파스포르트.]

Та хаанаас явж байна /вэ/ ?
타 하:나:스 야브지 바인 /웨/? [타 하:나:쓰 야브쮜(쮜) 와인 /웨/?]

Би *солонгосоос(монголоос)* **явж байна.**
비 설렁거서:스(몽골러:스) 야브지 바인. [비 설렁거써:스(몽골러:쓰) 야브쮜 (쮜) 와인.]

Та *ганцаараа* **явж байна уу?**
타 강차:라: 야브지 바인 오:? [타 강차:라: 야브쮜(쮜) 와이노:?]

Ганцаараа **явж байна.**
강차:라: 야브지 바인. [강차:라: 야브쮜(쮜) 와인.]

Үгүй. Би *хоёр хүүхэдтэй* **хамт явж байна.**
우구이, 비 허여르 후:헤드테이 함트 야브지 바인. [우구이(우구), 비 허여르 후:흐뜨테 함트 야브쮜(쮜) 와인.]

Та хэд хонох вэ?
타 헤드 허너흐 웨? [타 헤뜨 허너흐 웨?]

II. 공항에서 [ГУНГХАНГЭСО]

■ 도착 및 입국/여권심사 [ДУЧАГМИТИБГГУГ/ЁГГУОНСИМСА]

1. 몽골에(한국에) 오신 것을 환영합니다.
   [Монгорэ(Хангүгэ) усин госыл хуанёнгхамнида.]

2. 증명서(입국카드)를 보여 주십시오!
   [Жынгмёнгсо(Ибггүгкады)рыл буё жүсибссиу!]

3. 어디에서 여권을 검사합니까?
   [Одиэсо ёггуоныл гомсахамнигга?]

   저 곳에서 검사합니다. 사람들이 줄 서 있습니다.
   [Жо гусэсо гомсахамнида. сарамдыри жүл со иссымнида.]

4. 자, 좋은(즐거운) 여행들 하고 계십니까?
   [За, жуын(жылгоүн) ёхаэнгдыл хагу гесимнигга?]

   당신의 여권은요?
   [Дангсиный ёггуоныниу?]

   자 여기 있습니다, 제 여권입니다.
   [За ёги иссымнида, жэ ёггуонимнида.]

   당신 어디서 오십니까?
   [Дангсин одисо усимнигга?]

   저는 한국에서(몽골에서) 옵니다.
   [Жонын хангүгэсо(монгорэсо) умнида.]

   당신 혼자이십니까?
   [Дангсин хунжаисимнигга?]

   혼자입니다.
   [Хунжаимнида.]

   아닙니다. 저는 두 명의 애들과 함께 입니다.
   [Анимнида, жонын дү мёнгый аэдылгуа хамггэ имнида.]

   몇 일간 체류하십니까?
   [Мёчилган чэрюхасимнигга?]

Би *долоо* хононо.(хонох санаатай.)
비 덜러: 허넌.(허너흐 사나:타이.) [비 덜러: 허는.(허너흐 사나:태.)]

Та хотод хаана буух(байрлах) вэ?
타 허터드 한: 보:흐(바이를라흐) 웨? [타 허터뜨 한: 보:흐(바이를라흐) 웨?]

Би *Улаанбаатар* зочид буудалд бууна. (байрлана.)
비 올란:바:타르 저치드 보:달드 본:.(바이를른.) [비 올랍:바:타르 저치드 보:들 뜨 본:.(바이를른.)]

5. **Би *Солонгосын* иргэн.**
비 설렁거싱: 이르겡. [비 설렁거씽: 이르겡.]

6. **Миний овог нэр *Ким Гисонг*.**
미니: 어워그 네르 김기성. [미니: 어워끄 네르 김기성.]

7. **Миний паспорт энэ байна.**
미니: 파스포르트 엔 바인. [미니: 파스포르트 엔 바인(바이나).]

8. **Би албаны паспорттай.**
비 알바니: 파스포르트타이. [비 알바니: 파스포르트태.]

9. **Би дипломат паспорттай.**
비 디플로마트 파스포르트타이. [비 디플로마트 파스포르트태.]

10. **Би энгийн паспорттай.**
비 엥깅: 파스포르트타이. [비 엥깅: 파스포르트태.]

11. **Миний ... виз энэ байна.**
미니: ... 비즈 엔 바인. [미니: ... 비즈 엔 바인.]

орох [어러흐]
гарах [가라흐]

12. **Би ... явж байна.**
비 ... 야브지 바인. [비 ... 야브쥐(쮜) 와인.]

албан ажлаар [알방 아질라:르]
жуулчлалаар [줄:치랄라:르]
хувийн ажлаар [호윈: 아질라:르]

13. **Миний паспорт дээр хүүхдүүд(хүүхэд) хамт бичигдсэн байгаа.**
미니: 파스포르트 데:르 후:흐두:드(후헤드) 함트 비치그드셍 바이가. [미니: 파스포르트 데:르 후:흐두:뜨(후흐뜨) 함트 비치끄드쏭 바이가.]

14. **Манай эхнэрийн паспорт дээр хүүхдүүд хамт бичигдсэн байгаа.**
마나이 에흐네링: 파스포르트 데:르 후:흐두:드 함트 비치그드셍 바이가. [마나이 에흐네링: 파스포르트 데:르 후:흐두:뜨 함트 비치끄드쏭 바이가.]

일주일 체류할 겁니다.(체류할 생각입니다.)
[Илззүил чэрюхал ггомнида.(чэрюхал саэнггагимнида.)]

당신은 시내 어디에 묶으실 예정입니까?
[Дангсинын синаэ одиэ мүгысил ежонгимнигга?]

저는 *울란·바·타르* 호텔에 묶을 겁니다.
[Жонын Улаанбаатар хутэрэ мүгыл ггомнида.]

5. **저는 한국인(한국국민)입니다.**
[Жонын хангүгин(хангүггүнгмин)имнида.]

6. **제 성명은 김기성 입니다.**
[Жэ сонгмёнгын Ким Гисонг имнида.]

7. **제 여권은 여기 있습니다.**
[Жэ ёггүонын ёги иссымнида.]

8. **저는 관용여권을 갖고 있습니다.**
[Жонын гуаниунгёггүоныл гатггу иссымнида.]

9. **저는 외교여권을 갖고 있습니다.**
[Жонын уэгиуёггүоныл гатггу иссымнида.]

10. **저는 일반여권을 갖고 있습니다.**
[Жонын илбанёггүоныл гатггу иссымнида.]

11. **저의 ... 비자는 이것입니다.**
[Жоый ... бижанын игосимнида.]

입국 *[ибггүг]*
출국 *[чүлгүг]*

12. **저는 ... 갑니다.(가고 있습니다.)**
[Жонын ... гамнида.(гагу иссымнида.)]

공무 관계로 *[гунгмү гуангеру]*
관광 목적으로(관광차) *[гуангуанг мугззогыру(гуангуангча)]*
개인사업 목적으로(개인사업차) *[гаэинсаоб мугззогыру(гаэинсаобча)]*

13. **제 여권에 애들도 함께 기록되어 있습니다.**
[Жэ ёггүонэ аэдылду хамггэ гиругддуэо иссымнида.]

14. **제 처의 여권에 애들도 함께 기록되어 있습니다.**
[Жэ чоый ёггүонэ аэдылду хамггэ гиругддуэо иссымнида.]

15. **Би солонгосын элчин сайдын яамтай холбоо баримаар байна.**
비 설렁거싱: 엘친 사이딩: 얌타이 헐버: 바리마:르 바인. [비 설렁거씽: 엘친
사이딩: 얌태 헐버: 바리마:르 바인.]

16. **Бид солонгосын ... уулзмаар байна.**
비드 설렁거싱: ... 올:즈마:르 바인. [비뜨 설렁거씽: ... 올:쯔마:르 바인.]

   консултай *[컨솔태]*
   төлөөлөгчтэй *[털럴:러끄치테]*

17. **Тээшээ хаанаас авах вэ?**
테셰: 하:나:스 아와흐 웨? [테셰: 하:나:쓰 아와흐 웨?]

   Тэндээс.
   텐데:스. [텐데:쓰.]

18. **Энэ миний тээшний тасалбар.**
엔 미니: 테쉬니: 타살바르. [엔 미니: 테쉬니: 타쌀(쏠)바르.]

19. **Би КАЛ(МИАТ) онгоцны 1234 дүгээр нислэгээр ирсэн.**
비 칼(미아트) 엉거츠니: 네끄 허여르 고랍(고릅) 더럽(더룸) 두게:르 니슬레
게:르 이르셍. [비 칼(미아트) 엉거츠니: 네끄 허여르 고랍(고릅) 더럽(더룸)
두게:르 니쏠레게:르 이르쑹.]

20. **Та тээшээ бүгдийг авсан уу?**
타 테셰: 북디:그 압상 오:? [타 테셰: 북디:끄 압쓰노:?]

   Үгүй, би нэг чемоданаа олохгүй байна.
   우구이(우구), 비 네그 체머다나 얼러흐구이 바인. [우구이(우구), 비 네끄 치
   머다나: 얼러흐꾸이 바인.]

   Та сайн харсан уу?
   타 사인 하르상 오:? [타 사인 하르쓰노:?]

   Тийм л дээ. Гэвч байхгүй шиг байна.
   팀: 을 데:. 게브치 바이흐구이 식 바인. [팀: 을 데:. 게브치 바이흐꾸이 식
   바인.]

   Ямар чемодан бэ?
   야마르 체머당 베? [야마르 치머땀 베?]

   Хар өнгөтэй том чемодан.
   하르 엉거테이 팀 체머당. [하르 엉거(웅크)테 팀 치머당.]

   Энэ биш үү?
   엔 비쉬 우:? [엔 비슈:?]

   Биш ээ, энэ арай цайвар байна.
   비쉬 에:, 엔 아라이 차이와르 바인. [비셰:, 엔 아라이 차이와르 바인.]

15. 한국대사관에 연락하고 싶습니다.
[Хангугдаэсагуанэ ёллакагу сибссымнида.]

16. 우리는 한국 측의 ... 만나고 싶습니다.
[Ѵринын хангуг чыгый ... маннагу сибссымнида.]

  영사와 *[ёнгсава]*
  대표와 *[даэпиува]*

17. 짐은 어디에서 찾습니까?(받습니까?)
[Жимын одиэсо чатссымнигга?(батссымнигга?)]

  저쪽에서요.
[Жоззугэсоиу.]

18. 이것이 제 수하물표(수하물인환증) 입니다.
[Игоси жэ сухамулпиу(сухамулинхуанззынг) имнида.]

19. 저는 *КАЛ(МИАТ)*항공의 *1234* 편으로 왔습니다.
[Жонын КАЛ(МИАТ) хангунгый илисамса пёныру вассымнида.]

20. 당신 짐을 모두 받으셨습니까?(찾으셨습니까?)
[Дангсин жимыл мудѵ бадысёссымнигга?(чажысёссымнигга?)]

  아니오, 가방 하나를 찾지 못하겠습니다.
[Аниу, габанг ханарыл чатззи мутагэссымнида.]

  잘 보셨나요?
[Жал бусённаиу?]

  그럼은요. 하지만 없는 것 같습니다.
[Гыромыниу. хажиман омнын гот гатссымнида.]

  어떤 가방입니까?
[Оддон габангимнигга?]

  검정색의 큰 가방입니다.
[Гомжонгсаэгый кын габангимнида.]

  이것 아닙니까?
[Игот анимнигга?]

  아닙니다, 이것은 약간 밝은 색인데요.
[Анимнида, игосын яггган балгын саэгиндэиу.]

Жаахан харъя. Тэгээд байхгүй бол та өргөдөл бичээд өгөөрэй. бид таны чемоданыг заавал олж өгнө.

자:항 하리야. 테게:드 바이흐구이 벌 타 어르거덜 비체:드 어거:레이. [짜:흥 하리. 테게:뜨 바이흐꾸이 벌 타 어르거덜 비체:뜨 어거:레..]

Баярлалаа.

바야르랄라:. [바이를라:.]

Зүгээр зүгээр.

주게:르 주게:르. [쭈게:르 쭈게:르.]

21. Тээш хадгалах газар хаана байдаг вэ?

테쉬 하드갈라흐 가자르 한: 바이닥 웨? [테쉬 하뜨갈라흐 가짜르 한: 바이뜩 웨?]

조금 찾아 봅시다. 그래도 없으면 요청서를 작성해 주십시오. 우리가 반드시 찾아드리겠습니다.
[Жугым чажа бубссида. гыраэду обссымён иучонгсорыл жагссонгхаэ жүсибссиу. үрига бандыси чажадыригэссымнида.]

고맙습니다.
[Гумабссымнида.]

천만에요.
[Чонманэиу.]

21. **물품보관소는 어디에 있습니까?**
[Мүлпүмбугуансунын одиэ иссымнигга?]

байнга оршин суугч	상주인, 교민
[바잉가 어르숑 소:끄치]	[сангжүин, гиумин]
түр оршин суугч	임시거주인
[투르 어르숑 소:끄치]	[имсигожүин]
иргэн	시민
[이르겡]	[симин]
гадаадын хүн	외국인
[가다:띵: 훙]	[уэгүгин]
виз	비자
[비즈]	[биза]
виз авах	비자취득
[비즈 아와흐]	[бизачүйдыг]
виз сунгах	비자연장
[비즈 송가흐]	[бизаёнжанг]
орох виз	입국비자
[어러흐 비즈]	[ибггүгбиза]
гарах виз	출국비자
[가라흐 비즈]	[чүлгүгбиза]
гаалийн мэдүүлэх бичиг	세관신고서
[가:일링: 미뚤:레흐 비치끄]	[сэгуансингусо]
паспортын баримт бичиг бүрдүүлэх	여권증명서류를 기입하다
[파스포르팅: 바림트 비치끄 부르뚤:레흐]	[ёггуонжынгмёнгсорюрыл гиипада]
баримт бичиг(үнэмлэх)	증명서, 입국카드
[바림트 비치끄(우넴레흐)]	[жынгмёнгсо, ибггүгкад]
эрүүл мэндийн гэрчилгээ	건강증명서(예방접종증명서)
[에룰: 멘딩: 게르칠게:]	[гонгангжынгмёнгсо(ебангжоб–ззунгжынгмёнгсо)]
паспорт үзүүлэх	여권을 보여주다
[파스포르트 우쭐:레흐]	[ёггуоныл буёжүда]
паспорт	여권
[파스포르트]	[ёггуон]
паспорт авах	여권을 받다
[파스포르트 아와흐]	[ёггуоныл батдда]
энгийн паспорт	일반여권
[엥깅: 파스포르트]	[илбанёггуон]
албан паспорт	관용여권
[알방 파스포르트]	[гуаниунгёггуон]
дипломат паспорт	외교여권

[디플로마트 파스포르트]

жуулчны паспорт
[졸:치니: 파스포르트]

паспортын шалгалт
[파스포르팅: 샬갈트]

паспортын зураг
[파스포르팅: 조라ㄲ(조락)]

овог, нэр
[어워ㄲ(어웍), 네르]

паспортын дугаар(номер)
[파스포르팅: 도가:르(너미르)]

аль улсын иргэн(ямар үндэстэн)
[아일 올쓰잉 이르겡(야마르 운데스텡)]

хаанаас аль хүрэх(хүрэх газар)
[하:나:쓰 아일 후레흐(후레흐 가짜르)]

төрсөн он, сар, өдөр
[터르쑹 언, 사르, 어더르]

хүйс
[후이쓰]

эрэгтэй(эр)/эмэгтэй(эм)
[에레ㄲ테(에르)/에메ㄲ테(엠)]

нас
[나쓰]

мэргэжил(эрхэлсэн ажил, ажлын газар)
[메르게질(에르헬쑹 아질, 아질링: 가짜르)]

аялалын зорилго
[아이랄링: 저릴러ㄲ(저릴럭)]

албан/хувийн
[알방/호원:]

хаяг
[하이ㄲ]

байнгын хаяг
[바잉깅: 하이ㄲ]

гэр бүлтэй/ганц бие
[게르 불테/강츠 비예(이)]

паспортыг олгосон газар
[파스포르티:ㄲ 얼거쑹 가짜르]

монгол дахь хаяг
[몽골 다히 하이ㄲ]

байх хугацаа
[바이흐 호가차:]

[уэгиуёггүон]

관광여권
[гуангуангёггүон]

여권심사
[ёггүонсимса]

여권사진
[ёггүонсажин]

성, 이름(성명)
[сонг, ирым(сонгмёнг)]

여권번호
[ёггүонбонху]

국적
[гүгззог]

출발지와 목적지
[чүлбалжива мугззогззи]

생년월일
[саэнгнёнворил]

성별
[сонгбёл]

남/여
[нам/ё(нё)]

나이
[наи]

직업(업무, 근무처)
[жигоб(оммү, гынмүчо)]

여행목적
[ёхаэнгмугззог]

공무/개인
[гунгмү/гаэин]

주소
[жүсу]

본적
[бунжог]

기혼/미혼(독신)
[гихун/михун(дугссин)]

여권발급기관
[ёггүонбалгыбгигуан]

몽골내 연락처(주소)
[монголнаэ ёллагчо(жүсу)]

체재예정기간
[чэжаэёжонггиган]

■ ГААЛИЙН ШАЛГАЛТ [가:일링: 샬갈트]

1. **Та гаалийн декларацаа(мэдүүлэх бичгийг) бөглөсөн үү?**
    타 갈:링: 데클라라차:(메둘:레흐 비치기:그) 버글러성 우:? [타 가:일링: 데클라
    르차:(미뚤:레흐 비치기:ㄲ) 버글러쓰누:?]

    Бөглөсөн. Энэ байна.
    버글러성. 엔 바인. [버글러쑹. 엔 바인.]

2. **Та гаалийн декларацийг(мэдүүлэх бичгийг) үзүүлнэ үү.**
    타 갈:링: 데클라라치:그(메둘:레흐 비치기:그) 우줄:른 우:. [타 가:일링: 데클
    라르치:ㄲ(미뚤:레흐 비치기:ㄲ) 우쭐:르누:.]

3. **Ачаа шалгах газар хаана байна вэ?**
    아차: 샬가흐 가자르 한: 바인 웨? [아차: 샬가흐 가짜르 한: 바인 웨?]

4. **Гаалийн мэдүүлэх бичгийн хуудас надад хэрэгтэй.**
    갈:링: 메둘:레흐 비치깅: 호:다스 나다드 헤레그테이. [가:일링: 미뚤:레흐 비
    치깅: 호:다쓰 나다뜨 헤레ㄲ테.]

5. **Гаалийн мэдүүлэх бичигт мэдүүлэх юм надад байхгүй.**
    갈:링: 메둘:레흐 비치그트 메둘:레흐 윰 나다드 바이흐구이. [가일:링: 미뚤::
    레흐 비치ㄲ트 미뚤:레흐 윰 나다뜨 바이흐꾸이.]

6. **Миний ачаа энэ байна.**
    미니: 아차: 엔 바인. [미니: 아차: 엔 바인.]

7. **Юм авч явах эрхийн бичиг надад бий.**
    윰 아브치 야와흐 에르힝: 비치그 나다드 비:. [윰 아브치 야와흐 에르힝: 비
    치ㄲ 나다뜨 비:.]

8. **Надад зөвхөн миний хувийн л юм байгаа.**
    나다드 저우헝 미니: 호윙: 을 윰 바이가:. [나다뜨 저우헝 미니: 호윙: 을 윰
    바이가:.]

9. **Энэ юманд гаалийн татвар төлөх үү?**
    엔 유만드 갈:링: 타트와르 털러흐 우:? [엔 유만뜨 가:일링: 타트와르 털러후:?]

10. **Надад хэдэн бэлэг дурсгалын зүйл бий.**
    나다드 헤뎅 벨레그 도르스갈링: 주일 비:. [나다뜨 헤뎅 벨레ㄲ 도르쓰갈링:
    주일 비:.]

11. **Би ямар бараанд гаалийн татвар төлөх ёстой вэ?**
    비 야마르 바란:드 갈:링: 타트와르 털러흐 여스터이 웨? [비 야마르 바란:뜨
    가:일링: 타트와르 털러흐 여(요)스테 웨?]

■ 세관심사 [СЭГУАНСИМСА]

1. 당신 세관신고서를 작성하셨습니까?
[Дангсин сэгуансингусорыл жагссонгхасёссымнигга?]

작성했습니다. 여기 있습니다.
[Жагссонгхаэссымнида, ёги иссымнида.]

2. 당신 세관신고서를 보여주시겠습니까?
[Дангсин сэгуансингусорыл буёжүсигэссымнигга?]

3. 수하물검사소는 어디에 있습니까?
[Сүхамүлгомсасунын одиэ иссымнигга?]

4. 세관신고서 작성용지가 필요합니다.
[Сэгуансингусо жагссонгиунгжига пириухамнида.]

5. 세관신고서에 신고할 물건이 없습니다.
[Сэгуансингусоэ сингухал мүлгони обссымнида.]

6. 제 짐은 이것입니다.
[Жэ жимын игосимнида.]

7. 물건반출허가서가 있습니다.
[Мүлгонбанчүлхогасога иссымнида.]

8. 저에겐 단지 제 일상 소지품들만 있을 뿐입니다.
[Жоэгэн данжи жэ илссанг сужипүмдылман иссыл ббүнимнида.]

9. 이 물건에 세금을 내야합니까?
[И мүлгонэ сэгымыл наэяхамнигга?]

10. 저에겐 몇 몇 기념품이 있습니다.
[Жоэгэн мёт мёт гинёмпүми иссымнида.]

11. 어떤 물건들에 세금을 내야합니까?
[Оддон мүлгондырэ сэгымыл наэяхамнигга?]

12. Надад гадаад валют(мөнгө) байхгүй.
나다드 가다:드 왈류트(멍거) 바이흐구이. [나다뜨 가다:뜨 왈류트(멍거) 바이흐꾸이.]

13. Надад 2000(хоёр мянга) орчим доллар байгаа.
나다드 2000(허여르 먕가) 어르침 덜라르 바이가. [나다뜨 2000(허여르 먕가)
어르침 덜라르(덜러르) 바이가.]

14. ... энэ байна.
... 엔 바인. [... 엔 바인.]

> ***Миний паспорт***
> 미니: 파스포르트 [미니: 파스포르트]

> ***Гаалийн мэдүүлэх бичиг***
> 갈:링: 메둘:레흐 비치그 [가:일링: 미뚤:레흐 비치끄]

> ***Олон улсын жолоочийн үнэмлэх***
> 얼렁 올싱: 절러:칭: 우넴레흐 [얼렁 올씽: 절러:칭: 우넴레흐]

> ***Олон улсын даатгалын гэрчилгээ***
> 얼렁 올싱: 다:트갈링: 게르칠게: [얼렁 올씽: 다:트갈링: 게르칠게:]

> ***Гаалийн зөвшөөрлийн тасалбар***
> 갈:링: 접셔:를링: 타살바르 [가:일링: 접셔:를링: 타쌀(쏠)바르]

15. Одоо явж болох уу?
어더: 야브지 벌러흐 오:? [어떠: 야브쮜(쮜) 벌호:?]

16. За, таны декларац(бүртгэмж) хаа байна?
자, 타니 데클라라츠(부르트겜지) 하: 바인? [자, 타니 데클라르츠(부르트겜쮜)
하: 와인?]

Паспорт дотор байгаа.
파스포르트 더터르 바이가:. [파스포르트 더터르 바이가:.]

Танд гаалийн татвар хураалгах юм бий юү?
탄드 갈:링: 타트와르 호랄:가흐 윰 비: 유:? [탄뜨 가:일링: 타트와르 호랄:가
흐 윰 비: 유:?]

Үгүй, /юу ч/ байхгүй.
우구이, /유오 치/ 바이흐구이. [우구이, /유오 치/ 바이흐꾸이.]

Та хаанаас явж байна /вэ/ ?
타 하:나:스 야브지 바인 /웨/? [타 하:나:쓰 야브쮜(쮜) 와인 /웨/?]

Би Солонгос улсаас явж байна.
비 설렁거스 올사:스 야브지 바인. [비 설렁거쓰 올사:쓰 야브쮜(쮜) 와인.]

Та энд яахаар ирсэн бэ?
타 엔드 야:하:르 이르셍 베? [타 엔뜨 야:하:르 이르씀 베?]

12. 외화는 없습니다.
[Уэхуанын обссымнида.]

13. 미화 2000(이천)불 가량이 있습니다.
[Михуа ичонбул гарянги иссымнида.]

14. ... 이것입니다.
[... игосимнида.]

   제 여권은
   [Жэ ёггуонын]

   세관신고서는
   [Сэгуансингусонын]

   국제운전면허증은
   [Гугзээунжонмёнхоззынгын]

   국제보험증은
   [Гугзээбухомззынгын]

   세관통과증은
   [Сэгуантунггуаззынгын]

15. 이제 가도 되겠습니까?
[Ижэ гаду дуэгэссымнигга?]

16. 자, 당신의 세관신고서는 어디 있습니까?
[За, дангсиный сэгуансингусонын оди иссымнигга?]

   여권 안에 있습니다.
   [Ёггуон анэ иссымнида.]

   당신에게 세금을 물릴만한 물건이 있습니까?(신고할 물건이 있습니까?)
   [Дангсинэгэ сэгымыл муллилманхан мулгони иссымнигга?
   (сингухал мулгони иссымнигга?)]

   아니오, /전혀, 아무것도/ 없습니다.
   [Аниу, /жонхё, амуготдду/ обссымнида.]

   당신 어디에서 오십니까?
   [Дангсин одиэсо усимнигга?]

   저는 한국에서 옵니다.
   [Жонын хангугэсо умнида.]

   당신 여기에는 뭐 하러 오셨습니까?
   [Дангсин ёгиэнын муо харо усёссымнигга?]

/Би/ *суралцахаар ирсэн.* Би их сургуулийн оюутан.
/비/ 소랄차하:르 이르셍. 비 이흐 소르골:링: 어유오탕. [/비/ 소랄차하:르 이
르쏭. 비 이흐(일) 소르골:링: 어유오퉁.]

/Би/ ... ирсэн.
/비/ ... 이르셍. [/비/ ... 이르쏭.]
　　жуулчлалаар 졸:치랄라:르 [졸:치랄라:르]
　　наймаа хийхээр 나이마: 히:헤:르 [나이마: 히:헤:르]

17. **Энэ хайрцагт юу байна /вэ/ ?**
엔 하이르차그트 유오 바인 /웨/? [엔 하이르차끄트 유오 바인 /웨/?]

Хэдэн *бэлэг дурсгалын юмс, ном, хувцас зэрэг байгаа.*
헤뎅 벨레그 도르스갈링: 윰스, 넘, 호브차스 제레그 바이가:. [헤뎅 벨레끄
도르쓰갈링: 윰쓰, 넘, 호브차쓰 제레끄 바이가:.]

Та хайрцгаа онгойлгоорой! Энэ юу вэ?
타 하이르츠가: 엉거일거:러이! 엔 유오 웨? [타 하이르츠가: 엉거일거:레:! 엔
유오 웨?]

Хутга. 호트가 [호타끄]

Энэ хориотой шүү дээ! Авч явж болохгүй.
엔 허리어터이 슈: 데:! 아브치 야브지 벌러흐구이. [엔 허리어테 슈: 데:! 아
브치 야브쥐(쥐) 벌러흐꾸이.]

**Би мэдээгүй. Тэгвэл үүнийг гаалийн агуулахад хадгалж өгөөрэй!
Буцаж явахдаа аваад явна. Надад тасалбар бичиж өгнө үү.**
비 미데:구이. 테그웰 우:니:그 갈:링: 아골:라하드 하드갈지 어거레이! 보차지
야와흐다 아와:드 야운. 나다드 타살바르 비치지 어근 우:. [비 미떼:구이. 테
그울 우:니:끄 가:일링: 아골:라하뜨 하뜨갈쥐(쥐) 어거레:! 보차쥐(쥐) 야와흐
따 아와:뜨 야운. 나다뜨 타쌀(쏠)바르 비치쥐(쥐) 어그누:.]

Үүний дотор юу байгаа юм бэ?
우:니: 더터르 유오 바이가: 윰 베? [우:니: 더터르 유오 바이가: 윰 베?]

Идэх юм байгаа.
이데흐 윰 바이가:. [이떼흐 윰 바이가:.]

Энэ юу вэ? 엔 유오 웨? [엔 유오 웨?]

**Миний *өөрөө хэрэглэж байгаа зургийн аппарат, дүрс бичлэгийн
аппарат* байна.**
미니: 어:러: 헤레글레지 바이가: 조르깅: 압파라트, 두르스 비칠레깅: 압파라
트 바인. [미니: 어:러: 헤레글레쥐(쥐) 바이가: 조르깅: 압파라트, 두르쓰 비칠
레깅: 압파라트 바인.]

За, боллоо.
자, 벌러:. [자, 벌를러:.]

/저는/ 공부하러 왔습니다. 저는 국립종합대학교의 학생입니다.
[/жонын/ Гунгбухаро вассымнида. Жонын гүнгнибжунгхабддаэхаггиуый хагссаэнгимнида.]

/저는/ ... 왔습니다.
[/жонын/ Гуангуангхаро вассымнида.]

관광하러 [гуангуангхаро]
장사하러(무역하러) [жангсахаро(мүёкаро)]

17. 이 상자에는 무엇이 있습니까?
[И сангжаэнын мүоси иссымнигга?]

몇 몇 선물과 기념품들, 책, 옷가지 등이 있습니다.
[Мёт мёт сонмүлгуа гинёмпүмдыл, чаэг, уттгажи дынги иссымнида.]

상자를 열어주십시오! 이것은 무엇입니까?
[Сангжарыл ёрожүсибссиу! Игосын мүосимнигга?]

칼 입니다. [Кал имнида.(каримнида.ъ]

이것은 금지품목이군요! 가지고 가실 수 없습니다.
[Игосын гымжипүммугигүниу! Гажигу гасил ссү обссымнида.]

저는 몰랐습니다. 그렇다면 이것을 세관에 유치시켜 주십시오! 돌아갈 때
찾아가겠습니다. 저에게 물품보관증을 써 주십시오.
[Жонын муллассымнида. Гыротамён игосыл сэгуанэ ючисикё жү–
сибссиу! Дурагал ддаэ чажагагэссымнида. Жоэгэ мүлпүмбугуан–
ззынгыл ссо жүсибссиу.]

이 안에는 무엇이 있습니까?
[И анэнын мүоси иссымнигга?]

먹을 것이(식료품이) 있습니다.
[Могыл госи(Сингниупүми) иссымнида.]

이건 뭡니까?
[Игон мүомнигга?]

제가 사용하는 카메라와 비디오카메라 입니다.
[Жэга саиунгханын камэрава бидиукамэра имнида.]

자, 됐습니다.
[За, дуаэссымнида.]

📖 참고단어 및 부가단어(ЛАВЛАХ ҮГ, НЭМЭЛТ ҮГ)

нисэх онгоц
[니쎄흐 엉거츠]

비행기
[бихаэнгги]

тийрэлтэд онгоц
[티:렐테뜨 엉거츠]

제트기
[жэтыги]

аврага нисэх онгоц
[아우라ㄲ(아우락) 니쎄흐 엉거츠]

점보제트기
[жомбужэтыги]

нисдэг тэрэг
[니쓰뜩 테레ㄲ(테렉)]

헬리콥터
[хэлликубто]

нисэгч
[니쎄ㄲ치]

비행사, 조종사
[бихаэнгса, жужунгса]

зорчигч
[저르치ㄲ치]

승객
[сынггаэг]

онгоцны үйлчлэгч
[엉거츠니: 우일칠레ㄲ치]

스튜어디스, 스튜어드
[сытюодис, сытюоды]

нисэх онгоцны буудал
[니쎄흐 엉거츠니: 보:달]

공항, 비행장
[гунгханг, бихаэнгжанг]

нисэх онгоцны буудлын барилга
[니쎄흐 엉거츠니: 보:들링: 바릴라ㄲ]

공항청사
[гунгхангчонгса]

цагийн хуваарь
[차깅: 호와:르(호위아:르)]

시간표
[сиганпиу]

нислэг
[니쓸렉(니쓸레ㄲ)]

비행
[бихаэнг]

хар хайрцаг
[하르 하이르ㄲ(착)]

블랙박스
[быллаэгббагссы]

нислэгийн талбай
[니쓸레깅: 탈바이]

비행활주로
[бихаэнг хуалзз үру]

газардлага
[가짜르들라ㄲ(가짜르들락)]

착륙
[чангнюг]

газардах
[가짜르따흐]

착륙하다
[чангнюкада]

аргагүйдэж буух
[아락꾸이데쥐(쮀) 보:흐]

비상착륙하다
[бисангчангнюкада]

хүрч ирэх
[후르치 이레흐]

도착하다, 도착
[дучакада, дучаг]

явах
[야와흐]

출발하다, 출발
[чүлбалхада, чүлбал]

орох
[어러흐]

입국
[ибгүг]

гарах
[가라흐]

출국
[чүлгүг]

хүлээх өрөө(танхим)
[훌레:흐 어러:(탕힘)]

대합실, 로비
[даэхабссил, руби]

лавлах товчоо
[라블라흐 터브처:(텁처:)]

안내창구, 안내프론트
[аннаэчанггү, аннаэпырунты]

гаалийн декларац (гаалийн мэдэгдэл, гаалийн мэдүүлэх бичиг)
[가:일링: 데클라르츠(가:일링 미데ㄲ델, 가:일링: 미뚤레흐 비치ㄲ)]

세관신고서
[сэгуансингусо]

овог, нэр
[어워ㄲ(어웍), 네르]

성,이름(성명)
[сонг, ирым(сонгмёнг)]

паспортын дугаар(номер)
[파스포르팅: 도가:르(너미르)]

여권번호
[ёггүонбонху]

аль улсын иргэн
[아일 올씽: 이르겡]

국적
[гүгззог]

хаанаас хаа хүрэх
[하:나:쓰 하: 후레흐]

출발지 및 목적지
[чүлбалжи мит мугззогззи]

аяллын зорилго
[아이를링: 저릴러ㄲ]

여행목적
[ёхаэнгмугззог]

албан, хувийн
[알방, 호윈:]

공무/개인
[гунгмү/гаэин]

ачаа
[아차:]

짐, 수하물, 물품
[жим,сүхамүл,мүлпүм]

чемодан
[치머당]

트렁크, 케이스, 백
[тыронгкы, кэисы, ббаэг]

гар тээш
[가르 테쉬]

기내수하물
[гинаэсүхамүл]

ачааны тасалбар
[아차:니: 타쌀(쏠)바르]

수하물인환증
[сүхамүлинхуанззынг]

валют
[발류트(왈류트)]

외화
[уэхуа]

хил
[힐]

국경
[гүгггёнг]

баримт бичиг, үнэмлэх
[바림트 비치ㄲ, 우넴레흐]

증명서(입국카드 등의)
[жынгмёнгсо(ибггүгкад дынгый]

гадаадын хүн
[가다:띵: 훙]

외국인
[уэгүгин]

кино камер(дүрс бичлэгийн аппарат)
[키노 카메르(두르쓰 비칠레깅: 압파라트]

비디오카메라
[бидиукамэра]

гэрэл зургийн аппарат

카메라, 사진기

[게렐 조르깅: 압파라트] | [камэра, сажинги]

паспорт | 여권
[파스포르트] | [ёггуон]

энгийн паспорт | 일반여권
[엥깅: 파스포르트] | [илбанёггуон]

дипломат паспорт | 외교여권
[디플로마트 파스포르트] | [уэгиуёггуон]

албан паспорт | 관용여권
[알방 파스포르트] | [гуаниунгёггуон]

жуулчны паспорт | 관광여권
[졸:치니: 파스포르트] | [гуангуангёггуон]

элчин сайдын яам | 대사관
[엘친 사이딩: 얌:] | [даэсагуан]

консулын газар | 영사처
[컨솔링: 가짜르] | [ёнгсачо]

мэргэжил(эрхэлсэн ажил, ажлын газар) | 직업(업무,근무처)
[메르게질(에르헬쑹 아질, 아질링: 가짜르)] | [жигоб(оммү,гынмүчо))]

аялал | 여행,관광
[아일랄] | [ёхаэнг, гуангуанг]

жуулчин | 여행객, 관광객
[졸:칭] | [ёхаэнггаэг, гуангуанггаэг]

амарч яваа хүн | 휴양객, 피서객
[아마르치 야와 홍] | [хюянггаэг, писогаэг]

онгоцны билет | 비행기 표
[엉거츠니: 빌레트] | [бихаэнгги пиу]

бэлэн мөнгө | 현금
[벨렝 멍거(뭉그)] | [хёнгым]

жуулчны чек | 여행자수표
[졸:치니: 첵] | [ёхаэнгжасүпиу]

барааны нэр | 물품명
[바라:니: 네르] | [мүлпүммёнг]

тамхи | 담배
[탐히] | [дамбаэ]

архи, спиртын ундаа | 술, 알콜류, 주류
[아르히, 스피르팅: 온다:] | [сүл, алкулрю, жүрю]

үнэртэй ус(үнэртэн) | 향수
[우네르테 오쓰(우네르텡)] | [хянгсү]

эм | 약, 약품
[엠] | [яг, ягпүм]

үндэсний хоол | 전통음식
[운데쓰니: 헐:] | [жонтунгымсиг]

алт, мөнгө
[알트, 멍거(뭉그)]

금, 은
[гым, ын]

үнэт эдлэл(эрдэнийн чулуу)
[우네트 에뜨렐(에르떼닝: 츌로:)]

귀금속(보석)
[гүйгымсуг(бусог)]

оруулах хориотой бараа
[어롤:라흐 허리어테 바라:]

반입금지품
[банибгымжипүм]

гаргах хориотой бараа
[가르가흐 허리어테 바라:]

반출금지품
[банчүлгымжипүм]

гаалийн газар(гааль)
[가:일링: 가짜르(가:일)]

세관
[сэгуан]

гаалийн татвар
[가:일링: 타트와르]

세금
[сэгым]

онцгой татвар
[엉츠거이 타트와르]

특별세
[тыгббёлссэ]

худалдааны татвар
[호달따:니: 타트와르]

판매세
[панмаэссэ]

гаалийн дүрэм
[가:일링: 두렘(름)]

세관법
[сэгуанббоб]

гаалийн байцаагч
[가:일링: 바이차:ㄲ치]

세관검사원
[сэгуангомсавон]

тамга
[타마ㄲ]

도장
[дужанг]

гаалийн мэдүүлэх бичиг бөглөх
[가:일링: 미뚤:레흐 비치ㄲ 버글러흐]

세관신고서를 기입하다(작성하다)
[сэгуансингусорыл гиипада (жаг-
сонгхада)]

гаалийн татвар төлөх
[가:일링: 타트와르 털러흐]

세금을 내다
[сэгымыл наэда]

гаалийн байцаагчийн гарын үсэг
[가:일링: 바이차:ㄲ칭: 가링: 우쎄ㄲ]

세관검사원의 사인
[сэгуангомсавоный саин]

зорчигчийн гарын үсэг
[저르치ㄲ칭: 가링: 우쎄ㄲ]

여행객의 사인
[ёхаэнггаэгый саин]

он, сар, өдөр
[엉(언), 사르, 어더르]

년, 월, 일
[нён, вол, ил]

■ XOT ХҮРТЭЛ [허트 후르뗄]

1. **Та *Ким Гисонг* гуай мөн үү?**
타 김기성 고아이 문 우:? [타 김기성 고아이 무누:?]

Мөн, та хэн бэ?
뭉, 타 헹 베? [뭉, 타 헴 베?]

Би *их сургуулиас* таныг угтаж авахаар ирсэн *Болдбаатар* гэдэг хүн байна.
비 이흐 소르골:리아스 타니:그 오그타지 아와하:르 이르셍 벌드바:타르 게데 그(게덱) 홍 바인. [비 이흐 소르골:리아스 타니:ㄲ 오그타줘(줴) 아우하:르 이 르쑹 벌뜨바:타르 게데ㄲ(게덱) 홈 바인.]

Тийм үү? Тантай танилцаж байгаадаа /их/ баяртай(таатай) байна.
팀: 우:? 탄타이 타닐차지 바이가:다 /이흐/ 바야르타이(타:타이) 바인. [티:무:? 탄태 타닐차줘(줴) 바이가:다 /이흐/ 바이르태(타:태) 바인.]

Би ч баяртай байна. Манай оронд сайхан зочлоорой. Та *анх удаа* ирж байна уу?
비 치 바야르타이 바인. 마나이 어런드 사이항 저칠러:러이. 타 앙흐 오다: 이르지 바인 오:? [비 치 바야르태 바인. 마나이 어런뜨 사이항 저칠러:레:. 타 앙크 오따: 이르줘(줴) 와인 오:?]

Тийм ээ. 팀: 에:. [티:메:.]

Үгүй ээ. Би *хоёр* удаагаа ирж байна.
우구이 에:. 비 허여르 오다:가: 이르지 바인. [우구이 에:. 비 허여르 오따:가: 이르줘(줴) 와인.]

2. **Хот руу явах *машин(унаа)* хаанаас авдаг вэ?**
허트 로: 야와흐 마신(오나:) 하:나:스 아브닥 웨? [허트 로: 야와흐 마신(오 나:) 하:나:쓰 아브뜩 웨?]

Гадаа талбай дээр байгаа.
가다: 탈바이 데:르 바이가:. [가따: 탈바이 데:르 바이가:.]

3. **(Хаягийг үзүүлэнгээ) Энэ газар луу явъя. (Намайг энд хүргээд өгөөч!)**
(하야기:그 우줄:렝게:) 엔 가자르 로: 야위.(나마이그 엔드 후르게:드 어거:치!) [(하이 기:ㄲ 우쭐:렝게:) 엔 가짜르 로: 야위.(나마이ㄲ 엔뜨 후르게:뜨 어거:치!)]

4. **Хот руу явъя.**
허트 로: 야위. [허트 로: 야위(야위야).]

Та хаана буух вэ?
타 한: 보:흐 웨? [타 한: 보:흐 웨?]

■ 시내까지 [СИНАЭГГАЖИ]

1. 당신 김기성 씨 맞습니까?
[Дангсин Ким Гисонг сси матссымнигга?]

네 맞습니다, 누구시죠?
[Нэ матссымнида, нүгүсижиу?]

저는 국립종합대학교에서 당신을 마중나온 벌드바.타르라는 사람입니다.
[Жонын гүнгнибжунгхабддаэхаггтиуэсо дангсиныл мажүнгнаун Болдбаатарыранын сарамимнида.]

그렇습니까? 당신과 알게 되어 /정말/ 반갑습니다.
[Гыроссымнигта? дангсингуа алгэ дуэо /жонгмал/ бангабссымнида.]

저도 반갑습니다. 좋은 구경 많이 하십시오. 처음 방문하시는 겁니까?
[Жоду бангабссымнида. Жуын гүгёнг мани хасибссиу. Чоым бангмүнхасинын гомнигга?]

예. 그렇습니다.
[Е. Гыроссымнида.]

아닙니다. 저는 두 번째 방문입니다.
[Анимнида. Жонын дү бонззаэ бангмүнимнида.]

2. 시내로 가는 차를 어디에서 잡습니까?
[Синаэру ганын чарыл одиэсо жабссымнигга?]

밖의 광장(주차장)에 있습니다.
[Баггый гуангжанг(жүчажанг)э иссымнида.]

3. (주소를 보여주면서) 이곳으로 갑시다. (저를 이곳까지 데려다 주십시오!)
[(жүсурыл буёжүмёнсо) Игусыру габссида.(Жорыл игуттажи дэрёда жүсибссиу!)]

4. 시내로 갑시다.
[Синаэру габссида.]

어디에서 내리실 겁니까?
[Одиэсо наэрисил ггомнигга?]

Би нэг /сайхан/ зочид буудалд буумаар байна. Та намайг нэг тав туухтай(тохилог) зочид буудалд буулгаж өгнө үү?(өгөхгүй юү?)
비 네그 /사이항/ 저치드 보:달드 보:마:르 바인. 타 나마이그 네그 타브 토:흐타이 (터힐러그) 저치드 보:달드 볼:가지 어근 우:?(어거흐구이 유:?) [비 네끄 /사이항/ 저 치드 보:들뜨 보:마:르 바인. 타 나마이끄 네끄 타브 토:흐태(터힐러끄) 저치드 보: 들뜨 볼:가쥐(쮀) 어그누:?(어거흐구이 유:?)]

За, мэдлээ. *Чингис хаан, Улаанбаатар, Баянгол зочид буудал* байгаа. Түүнээс гадна өөр жижиг олон сайн зочид буудлууд ч бий.
자, 메들레:. 칭기스 항:, 올란:바:타르, 바양걸 저치드 보:달 바이가:. 투:네:스 가든 어:르 지지그 얼렁 사인 저치드 보:들로:드 치 비:. [자, 미뜰레:. 칭기쓰 항:, 올람: 바:타르, 바잉걸 저치드 보:들 바이가:. 투:네:쓰 가뜬 어:르 지지끄 얼렁 사인 저치 드 보:들로:뜨 치 비:.]

Улаанбаатарын хамгийн сайн зочид буудал нь ямар буудал вэ?
올란:바:타링: 함깅: 사인 저치드 보:달 은 야마르 보:달 웨? [올람:바:타링: 함 깅: 사인 저치드 보:들른 야마르 보:들 웨?]

***Чингис хаан* зочид буудал байх аа. *Баянгол* зочид буудал ч бас сайн зочид буудал.**
칭기스 항: 저치드 보:달 바이흐 아:. 바양걸 저치드 보:달 치 바스 사인 저치 드 보:달. [칭기쓰 항: 저치드 보:들 바이하:. 바잉걸 저치드 보:들 치 바쓰 사 인 저치드 보:들.]

За, тэгвэл *Чингис хаан* зочид буудал руу явъя. *Чингис хаан* зочид буудал хүртэл ямар үнэтэй вэ?
자, 테그웰 칭기스 항: 저치드 보:달 로: 야위. 칭기스 항: 저치드 보:달 후르 텔 야마르 운테 웨? [자, 테그울 칭기쓰 항: 저치드 보:들 로: 야위. 칭기쓰 항: 저치드 보:들 후르텔 야마르 운테 웨?]

***Дөрвөн мянгаад* төгрөг. 1 км нь *200* төгрөгөөр шүү.**
더르웡 먕가:드 터그럭. 네그 킬러메트르 은 허여르 종: 터그럭어:르 슈:. [더 르웡 먕가:뜨 터그럭(투그룩). 네끄 킬러메트른 허여르 종: 터그럭어:르 슈:.]

Хүрээд ирлээ. Энэ *Чингис хаан* зочид буудал.
후레:드 이를레:. 엔 칭기스 항: 저치드 보:달. [후레:뜨 이를레:. 엔 칭기쓰 항: 저치드 보:들.]

Баярлалаа. Би танд яг хэдийг төлөх вэ?
바야르랄라:. 비 탄드 약 헤디:그 털러흐 웨? [바이를라:. 비 탄뜨 약 헤디:끄 털러흐 웨?]

3800 төгрөг.(Гурван мянга найм зуун төгрөг.)
3800 터그럭(투그룩).(고르왕(고롱) 먕가 나임 종: 터그럭.) [3800 터그럭(투그 룩).(고르왕(고롱) 먕끄 나임 종: 터그럭(투그룩).)]

Баярлалаа. Баяртай.
바야르랄라:. 바야르타이. [바이를라:. 바이르태.]

/편안한/ 호텔에 내릴 생각입니다. 저를 편안하고 쾌적한 호텔에 내려주십
시오. (내려주시지 않겠습니까?)
[/пёнанхан/ Хутэрэ наэрил саэнггагимнида. Жорыл пёнанхагу
куаэжокан хутэрэ наэрёжусибссиу. (наэрёжусижи анкэссымнигга?]

예, 알겠습니다. *칭기스 항:*, *울란:바:타르*, *바잉걸 호텔*이 있습니다. 그 외
에 다른 조그만 좋은 호텔들도 있습니다.
[Е, алгэссымнида. Чингис хаан, Улаанбаатар, Баянгол хутэри
иссымнида. Гы уээ дарын жугыман жуын хутэлдылду иссым-
нида.]

*울란:바:타르*의 제일 좋은 호텔은 어느 호텔입니까?
[Улаанбаатарый жэил жуын хутэрын оны хутэримнигга?]

칭기스 항: 호텔일 겁니다. 물론 *바잉걸* 호텔도 좋은 호텔입니다.
[Чингис хаан хутэрил ггомнида. Мүллун Баянгол хутэлду жуын
хутэримнида.]

자, 그럼 칭기스 항: 호텔로 갑시다. 칭기스 항: 호텔까지는 얼마입니까?
[За, гыром Чингис хаан хутэллу габссида. Чингис хаан хутэл-
ггажинын олмаимнигга?]

사천 터그럭 정도입니다. 일 킬로미터 당 *이백* 터그럭입니다.
[Сачон төгрөг жонгдуимнида. Ил киллумито данг ибаэг төг-
рөгимнида.]

다 왔습니다. 이곳이 *칭기스 항:* 호텔입니다.
[Да вассымнида. игуси Чингис хаан хутэримнида.]

고맙습니다. 제가 당신에게 정확히 얼마를 지불해야 합니까?
[Гумабссымнида. Жэга дангсинэгэ жонгхуаки олмарыл жибүлхаэя
хамнигга?]

삼천팔백 터그럭입니다.
[Самчонпалбаэг төгрөгимнида.]

감사합니다. 안녕히 가십시오.
[Гамсахамнида. Аннёнгхи гасибссиу.]

■ ГАРАХ [가랗]

1. **Бид ямар онгоцны буудлаас нисэх вэ?**
비드 야마르 엉거츠니: 보:들라:스 니셓 웨? [비뜨 야마르 엉거츠니: 보:들라:쓰 니쎟 웨?]

Буянт–Ухаа онгоцны буудлаас ниснэ.
보양트–오하: 엉거츠니: 보:들라:스 니슨. [보잉토하: 엉거츠니: 보:들라:쓰 니쓴.(니쓰네.)]

2. **Бид хэдийд онгоцны буудал дээр байх ёстой вэ?**
비드 헤디:드 엉거츠니: 보:달 데:르 바잏 여스터이 웨? [비뜨 헤디:뜨 엉거츠니: 보:들 데:르 바잏 여스테 웨?]

Нисэхээс нэг цаг хагасын өмнө байх ёстой.
니세헤:스 네그 차그(착) 하가싱: 어문 바잏 여스터이. [니쎄헤:쓰 네끄 차끄(착) 하가쌍: 어문 바잏 여스테.]

3. **Буянт–Ухаа нисэх онгоцны буудал руу явъя.**
보양트–오하: 니셓 엉거츠니: 보:달 로: 야위. [보잉토하: 니쎟 엉거츠니: 보:들 로: 야위.]

4. **Та онгоцны буудлыг хэрэглэх тасалбарыг авна уу.**
타 엉거츠니: 보:들리:그 헤레글렣 타살바리:그 아운 오:. [타 엉거츠니: 보:들리:끄 헤레글렣 타쌀바리:끄 아우노:.]

5. **Энэ миний паспорт, билет.**
엔 미니: 파스포르트, 빌레트. [엔 미니: 파스포르트, 빌레트.]

6. **Та ачаагаа энд тавиарай.**
타 아차:가: 엔드 타위아라이. [타 아차:가: 엔뜨 타위아래:.]

40 кг. Илүү гарсан ачааны төлбөрийг төлөөд ирээрэй!
더칭 킬로그람. 일루: 가르상 아차:니: 털버리:그 털러:드 이레:레이. [더칭 킬로그람. 일루: 가르쑹 아차:니: 털버리:끄 털러:뜨 이레:레:.]

Ямар хэмжээний ачааг(тээшийг) үнэ төлбөргүй авч явж болох вэ?
야마르 헴제:니: 아차:그(테쉬:그) 운 털버르구이 아브치 야브지 벌렇 웨? [야마르 헴제:니: 아차:끄(테쉬:끄) 운 털버르구이 아브치 야브쥐(쮜) 벌렇 웨?]

20 кг нь үнэ төлбөргүй, түүнээс илүү гарсан нэг кг ачаа 6 доллар байдаг юм. Гар тээш бол хамаагүй.
허링 킬로그람 은 운 털버르구이, 투:네:스 일루: 가르상 네그 킬로그람 아차: 조르강 덜라르 바이닥 윰. 가르 테쉬 벌 하마:구이. [허링 킬로그람 은 운 털버르구이, 투:네:쓰 일루: 가르쑹 네끄 킬로그람(킬) 아차: 조르강 덜라르(덜러르) 바이뜩 임. 가르 테쉬 벌 하마:구이.]

■ 출발 및 출국 [ЧҮЛБАЛ МИТ ЧҮЛГҮГ]

1. 저희는 어느 공항에서 출발합니까?
[Жохыйнын оны гунгхангэсо чүлбалхамнигга?]

보잉트-오하: 공항에서 출발합니다.
[Буянт–ухаа гунгхангэсо чүлбалхамнида.]

2. 저희는 언제 공항에 있어야 합니까?
[Жохыйнын онжэ гунгхангэ иссоя хамнигга?]

출발하기 한 시간 전에는 있어야 합니다.
[Чүлбалхаги хан сиган жонэнын иссоя хамнида.]

3. 보잉트-오하: 공항으로 갑시다.
[Буянт–ухаа гунгхангыру габссида.]

4. 공항이용료(공항세)를 내십시오.
[Гунгхангииунгниу(гунгхангссэ)рыл наэсибссиу.]

5. 이게 제 여권, 항공권입니다.
[Игэ жэ ёггүон, ханггунгггүонимнида.]

6. 물건을 여기에 놓으십시오.
[Мүлгоныл ёгиэ нуысибссиу.]

사십 킬로그램입니다. 초과중량요금을 내고 오십시오!
[Сасиб киллугыраэмимнида. Чугуажүнгнянгиугымыл наэгу усибссиу!]

얼마까지의 짐을(하물을) 그냥 무료로 가지고 갈 수 있습니까?
[Олмаггажиый жимыл(хамүрыл) гынянг мүриуру гажигу гал
ссү иссымнигга?]

이십 킬로그램까지는 무료입니다, 그보다 더 나가는 짐에 대해서는 일 킬
로그램 당 육불입니다. 기내수하물인 경우는 상관없습니다.
[Исиб киллугыраэмгтажинын мүриуимнида, гыбуда до наганын
жимэ даэхаэсонын ил киллугыраэм данг югббүлимнида. Гинаэ
сүхамүрин гёнгүнын сангтуанобссымнида.]

Уучлаарай!, илүү гарсан ачааны жинг жаахан хасаж өгч болохгүй юу? Би оюутан хүн.
오:칠라:라이!, 일루: 가르상 아차:니: 징그 자:항 하사지 어그치 벌러흐구이 유오? 비 어유오탕 훙. [오:칠라:래!, 일루: 가르쑹 아차:니: 징꾸 짜:홍 하쓰쥐(쮜) 어그치 벌러흐 꾸이 유오? 비 어유오퉁 훙.]

Болохгүй. 벌러흐구이. [벌러흐꾸이.]

Энэ юмыг мэдээтэй үзээрэй! Хагарчихна шүү!
엔 윰이:그 메데:테이 우쩨:레이! 하가르치흔 슈:! [엔 유미:그 미떼:테 우쩨: 레:! 하가르치흔 슈:!]

Төлбөрөө хаана төлөх вэ? 털버러: 한: 털러흐 웨? [털버러: 한: 털러흐 웨?]

7. **Энэ цүнхэнд юу байгаа юм бэ? Онгойлгоорой!**
엔 충헨드 유오 바이가: 윰 베? 엉거일거:러이! [엔 충헨뜨 유오 바이가: 윰 베? 엉거일거:레:!]

Энэ бол манай улсын түүхийн дурсгалт зүйл. Та үүнийг авч явж болохгүй. Хуучин дурсгалын зүйлсийг хилээр гаргахыг улсаас зөвшөөрдөггүй юм. Та торгууль төлөх ёстой.
엔 벌 마나이 올스잉: 투:힝: 도르스갈트 주일. 타 우:니:그 아브치 야브지 벌러흐 구이. 호:친 도르스갈링 주일시:그 힐레:르 가르가히:그 올사:스 접셔:르덕구이 윰. 타 터르골: 털러흐 여스터이. [엔 벌 마나이 올쓰잉: 투:힝: 도르쓰갈트 주일. 타 우: 니:꾸 아브치 야브쥐(쮜) 벌러흐꾸이. 호:친 도르쓰갈링 주일씨:그 힐레:르 가르가 히:꾸 올사:쓰 접셔:르뜩꾸이 윰. 타 터르골: 털러흐 여스테.]

Би мэдээгүй. Энэ юманд торгууль төлнө гэж би огт дуулаагүй. Хэдэн төгрөг өгөх болж байна /вэ/? Харин валютын дэлгүүрээс авсан тохиолдолд авч гарч болно гэж дуулсан.(сонссон.) Энэ түүний авсан тасалбар.
비 메데:구이. 엔 유만드 터르골: 털른 게지 비 어그트 돌:라:구이. 헤뎅 터그럭 어거흐 벌지 바인 /웨/? 하린 왈류팅: 델구:레스 압상 터히얼덜드 아브치 가르치 벌른 게지 돌:상.(선스성.) 엔 투:니: 압상 타살바르. [비 미떼:구이. 엔 유만뜨 터르골: 털른 게쥐(쮜) 비 어꾸트 돌:라:구 이. 헤뎅 터그럭 어거흐 벌쮜 와인 /웨/? 하린 왈류팅: 델구:레:쓰 압쑹 터히얼떨뜨 아브치 가 르치 벌른 게쥐(쮜) 돌:쑹.(선스쑹.) 엔 투:니: 압쑹 타쌀바르.]

8. **Зорчигчид онгоцонд сууж байна уу?**
저르치그치드 엉거청드 소:지 바인 오:? [저르치꾸치뜨 엉거츤뜨 소:쥐(쮜) 와이 노:?]

Арай болоогүй. 아라이 벌러:구이. [아라이 벌러:구이.]

Цаг агаар муу байна гээд онгоц нисэхгүй байна.
차그(착) 아가:르 모: 바인 게:드 엉거츠 니세흐구이 바인. [차꾸 아가:르(착아 가르) 모: 바인 게:뜨 엉거츠 니쎄흐꾸이 바인.]

9. **Сөүл хүртэл хэдэн цаг нисдэг вэ?**
서울 후르텔 헤뎅 차그(착) 니스덱 웨? [서울 후르텔 헤뎅 차꾸(착) 니쓰뜩 웨?]
Гурван цаг хагас нисдэг.
고르왕 차그(착) 하가스 니스덱. [고르왕(고롱) 차꾸(착) 하가쓰 니쓰뜩.]

미안합니다!, 하물의 초과 중량을 조금 빼 주실 수 없으십니까? 저는 학생입니다.
[Мианхамнида!, хамұрый чугуа жұнгнянгыл жугым ббаэ жұсил
ссұ обссысимнигга? жонын хагсаэнгимнида.]

안 됩니다.
[Ан дуэмнида.]

이 물건을 주의해 주십시오! 깨집니다!
[И мұлгоныл жұыйхаэ жұсибссиу! Ггаэжимнида!]

요금을 어디에서 냅니까?
[Иугымыл одиэсо наэмнигга?]

7. 이 가방에는 무엇이 들어있습니까? 열어주십시오!
    [И габангэнын мұоси дыроиссымнигга? Ёрожұсибссиу!]

    이것은 우리나라 역사관계자료(문화재)입니다. 이것을 가져가실 수는 없습
    니다. 옛 물건들이 반출되는 것을 국가에서 금지하고 있습니다. 벌금을 내
    셔야 합니다.
    [Игосын ұринара ёгссагуангежариу(мұнхуажаэ)имнида. Игосыл
    гажёгасил ссұнын обссымнида. Ет мұлгондыри банчұлдуэнынгосыл
    гұгтгаэсо гымжихагу иссымнида. Болгымыл наэсёя хамнида.]

    저는 몰랐습니다. 이 물건에 벌금을 내야 한다니 저는 정말 전혀 몰랐습니
    다. 얼마를 물어야 합니까? 하지만 달러 상점에서 구입한 경우는 가져갈
    수 있다고 들었습니다. 이것이 구입 영수증입니다.
    [Жонын муллассымнида. И мұлгонэ болгымыл наэя хандани
    жонын жонгмал жонхё муллассымнида. Олмарыл мұроя хамнигга?
    Хажиман ддалло сангжомэсо гұипан гёнгұнын гажёгал ссұ
    итддагу дыроссымнида. Игоси гұиб ёнгсұзынгимнида.]

8. 승객들이 비행기에 탑승하고 있습니까?
    [Сынггаэгдыри бихаэнггиэ табссынгхагу иссымнигга?]

    아직 안됐습니다.
    [Ажиг андуэссымнида.]

    날씨가 나쁘다며 이륙하지 않고 있습니다.
    [Налссига наббыдамё ирюкажи анку иссымнида.]

9. 서울까지 몇 시간 비행합니까?
    [Сөұлггажи мёт ссиган бихаэнгхамнигга?]

    세시간 반 비행합니다.
    [Сэсиган бан бихаэнгхамнида.]

Ⅲ. ЗОЧИД БУУДАЛД [저치드 보:달뜨]

■ БАЙР/ӨРӨӨ АВАХ [바이르/어러: 아와흐]

1. **Солонгосын төлөөлөгчид ямар зочид буудалд буусан бэ?**
설렁거싱: 털럴:러그치드 야마르 저치드 보:달드 보:상 베? [설렁거씽: 털럴:러 끄치뜨 야마르 저치드 보:들뜨 보:씀 베?]

2. **Улаанбаатарын аль зочид буудал нь хамгийн аятайхан бэ?**
올란:바:타링: 아일 저치드 보:달 은 함깅: 아야타이항 베? [올람:바:타링: 아일 저치드 보:들른 함깅: 아이태함 베?]

3. **Ойролцоо зочид буудал байна уу?**
어이럴처: 저치드 보:달 바인 오:? [어이럴처: 저치드 보:들 바이노:?]

4. **... зочид буудал хаана байдаг юм бэ?**
... 저치드 보:달 한: 바이닥 윰 베? [... 저치드 보:들 한: 바이뜩 윰 베?]

5. **Надад(Бидэнд) ... холгүй зочид буудал хэрэгтэй.**
나다드(비덴드) ... 헐구이 저치드 보:달 헤레그테이. [나다뜨(비덴뜨) ... 헐구이 저치드 보:들 헤레끄테.]

> *хотын төвөөс* [허팅: 터워:쓰]
> *Сүхбаатарын талбайгаас* [수흐바:타링: 탈바이가:쓰]
> *Солонгосын элчин сайдын яамнаас* [설렁거씽: 엘친 사이딩: 얌나:쓰]

6. **... нэг өрөө(хоёр өрөө) захиалж өгөөч.**
... 네그 어러:(허여르 어러:) 자히알지 어거:치. [... 네끄 어러:(허여르 어러:) 자히알쥐(쮀) 어거:치.]

> *Энэ зочид буудалд* [엔 저치드 보:들뜨]
> *Баянгол зочид буудалд* [바잉걸 저치드 보:들뜨]

7. **Танайд хэд хоног суух сул өрөө байна уу?**
타나이드 헤드 허너그 소:흐 솔 어러: 바인 오:? [타나이뜨 헤뜨 허너끄 소:흐 솔 어러: 바이노:?]

Байна, та удаан суух /юм/ уу?(Та удах уу?)
바인, 타 오당: 소:흐 /윰/ 오:?(타 오다흐 오:?)[바인, 타 오땅: 소:흐 /윰/ 오:?(타 오뜨호:?)]

Би дөрөвхөн хономоор байна.(Дөрөв хонох санаатай.)
비 더럽헝(더러우헝) 허너머:르 바인.(더럽 허너흐 사나:타이.) [비 더럽헝(더르우헝) 허너머:르 바인.(더럽(더룹) 허너흐 사나:태.)]

Танд хэдэн өрөө хэрэгтэй вэ?
탄드 헤뎅 어러: 헤레그테이 웨? [탄뜨 헤뎅 어러: 헤레끄테 웨?]

III. 호텔에서 [XYTƏPƏCO]

■ 방 구하기 [БАНГ ГҮХАГИ]

1. **한국측 대표들은 어느 호텔에 있습니까?**
[Хангүгчыг даэпиудрын оны хутэрэ иссымнигга?]

2. **울란:바:타르의 어느 호텔이 가장 안락합니까?**
[Улаанбаатарый оны хутэри гажанг аллагхамнигга?]

3. **이 근처에 호텔이 있습니까?**
[И гынчоэ хутэри иссымнигга?]

4. **... 호텔은 어디에 있습니까?**
[... хутэрын одиэ иссымнигга?]

5. **저에게는(저희에게는) ... 그리 멀지않은 호텔이 필요합니다.**
[Жоэгэнын(Жохыйэгэнын) ... гыри молжианын хутэри пи-
риухамнида.]

   시내중심가에서 *[синаэжүнгсимгаэсо]*
   수흐바:타르 광장에서 *[Сүхбаатар гуангжангэсо]*
   한국 대사관에서 *[хангүг даэсагуанэсо]*

6. **... 방 하나를(방 두개를) 예약해 주십시오.**
[... банг ханарыл(банг дүгаэрыл) еякаэ жүсибссиу.]

   이 호텔에 *[И хутэрэ]*
   바잉걸 호텔에 *[Баянгол хутэрэ]*

7. **몇 일 동안 묵을 빈 방이 있습니까?**
[Мёчил дунган мүгыл бин банги иссымнигга?]

   있습니다, 오래 묵으실 겁니까?
   [Иссымнида, ураэ мүгысил ггомнигга?]

   저는 사일 정도 묵고 싶습니다.(사일 묵을 생각입니다.)
   [Жонын саил жонгду мүггу сибссымнида.(саил мүгыл саэнг-
   гагимнида.)]

   방 몇 개가 필요하십니까?
   [Банг мёт ггаэга пириухасимнигга?]

Надад ганц хүний өрөө хэрэгтэй байна. Нэг хоноход ямар үнэтэй вэ?
나다드 강츠 후니: 어러: 헤레그테이 바인. 네그 허너허드 야마르 운테이 웨? [나다뜨
강츠 후니: 어러: 헤레ㄲ테 바인. 네ㄲ 허너허뜨 야마르 운테 웨?]

... доллар.
... 덜라르. [... 덜라르(덜러르).]

Үйлчилгээний хөлс хамт уу?(Үйлчилгээний хөлс бас орсон уу?)
우일칠게:니 훨스 함트 오:?(우일칠게:니 훨스 바스 어르성 오:?) [우일칠게:
니: 훨쓰 함토:?(우일칠게:니: 훨쓰 바쓰 어르쓰노:?)]

Тийм ээ, тийм. Өглөөний цайны үнэ ч орсон.
팀: 에:, 팀:. 어글러:니: 차이니: 운 치 어르성. [티:메:, 팀:. 어글러:니: 차이니: 운 치
어르쏭.]

За, тэгвэл энэ өрөөг авъя.
자, 테그웰 엔 어러:그 아위. [자, 테그웰(울) 엔 어러:ㄲ 아위.]

**Та паспортаа өгнө үү. Бас энэ хуудсыг(бүртгэлийг) бөглөчихгүй юү?
За, май! Танай өрөөний түлхүүр энэ. Та гарахдаа түлхүүрээ
жижүүрт орхиж байгаарай!**
타 파스퍼르타: 어근 우:. 바스 엔 호:드시:그(부르트겔리:그) 버글러치흐구이 유:? 자,
마이! 타나이 어러:니: 툴후:르 엔. 타 가라흐다: 툴후:레: 지주:르트 어르히지 바이가:
라이! [타 파스퍼(포)르타: 어그누:. 바쓰 엔 호:드씨:ㄲ(부르트겔리:ㄲ) 버글러치흐꾸이
유:? 자, 마이! 타나이 어러:니: 툴후:르 엔. 타 가라흐따: 툴후:레: 지쭈:르트 어르히줘
(쮜) 바이가:래:!]

Манай өрөө хаана байгаа юм бэ?
마나이 어러: 한: 바이가: 윰 베? [마나이 어러: 한: 바이가: 윰 베?]

Үйлчлэгч таны өрөөг зааж өгнө. Энэ хүнийг дагаад яваарай.
우일칠레그치 타니: 어러:그 자:지 어근. 엔 후니:그 다가:드 야와:라이. [우일
칠레ㄲ치 타니: 어러:ㄲ 자:쮜(쮜) 어근. 엔 후니:ㄲ 다가:뜨 야와:래:.]

8. **Би хоёр хүний өрөө авмаар байна.**
비 허여르 후니: 어러: 아우마:르 바인. [비 허여르 후니: 어러: 아우마:르 바인.]

Харамсалтай нь бүх өрөө хүнтэй байгаа.
하람살타이 은 부흐 어러: 훈테이 바이가:. [하람살탠 부흐 어러: 훈테 바이가:.]

9. **Сул өрөө нэг ч байхгүй юу?**
솔 어러: 네그 치 바이흐구이 유오? [솔 어러: 네ㄲ 치 바이흐꾸이 유오?]

10. **Танайд сул өрөө бий юү?**
타나이드 솔 어러: 비: 유:? [타나이뜨 솔 어러: 비: 유:?]

Танд ямар өрөө хэрэгтэй вэ?(Та ямар өрөө авах вэ?)
탄드 야마르 어러: 헤레그테이 웨?(타 야마르 어러: 아와흐 웨?) [탄뜨 야마르
어러: 헤레ㄲ테 웨?(타 야마르 어러: 아와흐 웨?)]

싱글로 필요합니다. 하루에 얼마입니까?
[ССинггыллу пириухамнида. Харүэ олмаимнигга?]

... 불 입니다.
[... бүл имнида.]

서비스료(택스)까지 함께 입니까?(서비스료도 포함됐습니까?)
[ССобиссыриу(таэгссы)ггажи хамггэ имнигга?(ССобиссыриуду пу– хамдуаэссымнигга?)]

예, 그렇습니다. 아침식사료까지 포함됐습니다.
[Е, гыроссымнида. Ачимсигссариуггажи пухамдуаэссымнида.]

자, 그러면 이 방을 주십시오.
[За, гыромён и бангыл жүсибссиу.]

여권 좀 주십시오. 그리고 이 용지를 기입해 주시지 않겠습니까? 자, 여기 있습니다! 방 열쇠입니다. 외출하실 때에는 열쇠를 안내당직자에게 맡겨주십시오!
[Ёггүон жум жүсибссиу. Гыригу и иунгззирыл гиипаэ жүсижи анкэссымнигга? За, ёги иссымнида! Банг ёлсуэимнида. Уэ– чүлхасил ддааэнын ёлсуэрыл аннаэдангжигззаэгэ матггёжү– сибссиу!]

제 방은 어디에 있습니까?
[жэ бангын одиэ иссымнигга?]

종업원이 방을 안내해 드릴 겁니다. 이 사람을 따라 가십시오.
[жунгобүони бангыл аннаэхаэ дырил ггомнида. и сарамыл ддара гасибссиу.]

8. 더블룸을 얻고 싶습니다.
[добыллүмыл отггу сибссымнида.]

죄송합니다만 모든 방이 꽉 찼습니다.
[жуэсунгхамнидаман мудын банги ггуаг чассымнида.]

9. 빈 방이 하나도 없습니까?.
[бин банги ханаду обссымнигга?]

10. 당신네 빈 방 있습니까?
[дангсиннэ бин банг иссымнигга?]

어떤 방이 필요하십니까?(어떤 방을 구하십니까?)
[Оддон банги пириухасимнигга?(Оддон бангыл гүхасимнигга?)]

Бага шиг хямдхан өрөө байвал зүгээр байна.
바가 식 햠드항 어러: 바이왈 주게:르 바인. [바끄 식 햠뜨항 어러: 바이벌 쭈게:르 바인.]

Байна, харин сүүдэр талын өрөө шүү!
바인, 하린 수:데르 탈링: 어러: 슈:! [바인, 하린 수:떼르 탈링: 어러: 슈:!]

Хамаагүй, хоногт ямар үнэтэй вэ?
하마:구이, 허너그트 야마르 운테이 웨? [하마:구이, 허너끄트 야마르 운테 웨?]

Хоногт ... төгрөг.
허너그트 ... 터그럭. [허너끄트 ... 터그럭(투그룩).]

Үнэтэй байна, арай хямдхан өрөө байхгүй юу?
운테이 바인, 아라이 햠드항 어러: 바이흐구이 유오? [운테 바인, 아라이 햠뜨항 어러: 바이흐꾸이 유오?]

Байхгүй.
바이흐구이. [바이흐꾸이.]

Би энэ өрөөнд орж үзэж болох уу?
비 엔 어런:드 어르지 우제지 벌러흐 오:? [비 엔 어런:뜨 어르줘(쮀) 우쯔줘(쮀) 벌호:?]

Тэг тэг, бололгүй яах вэ.
테그 테그, 벌럴구이 야흐 웨. [테끄 테끄, 벌럴구이 야헤.]

Энэ өрөөнөөс өөр өрөө байхгүй юу? Энэ надад таалагдахгүй байна.
엔 어러:너:스 어:르 어러: 바이흐구이 유오? 엔 나다드 탈:라그다흐구이 바인. [엔 어러:너:쓰 어:르 어러: 바이흐꾸이 유오? 엔 나다뜨 탈:라끄다흐꾸이 바인.]

Энэ өрөө надад аятайхан санагдаж байна. Энэ өрөөг авъя.
엔 어러: 나다드 아야타이항 사나그다지 바인. 엔 어러:그 아위. [엔 어러: 나다뜨 아이태항 사나그다쮀(쮀) 와인. 엔 어러:끄 아위.]

11. **Нэг ор нэмж тавьж өгнө үү.**
네그 어르 넴지 타위지 어근 우:. [네끄 어르 넴지 타위지 어그누:.]

12. **Миний нэрийг(Намайг) *Ким Гисонг* гэдэг.**
미니: 네리:그(나마이그) 김기성 게데그. [미니: 네리:끄(나마이끄) 김기성 게데끄(게덱.)]

13. **Би Солонгосоос факсаар захиалсан юм.**
비 설렁거서:스 팍사:르 자히알상 윰. [비 설렁거써:쓰 팍사:르 자히알쓰임.]

14. **Би өчигдөр утсаар өрөөгөө захиалсан юм.**
비 어치그더르 오트사:르 어러:거: 자히알상 윰. [비 어치그더르 오트싸:르 어러:거: 자히알쓰임.]

15. **Надад өрөө(байр) захиалчихсан байгаа. Баталгаа нь энэ байна.**
나다드 어러:(바이르) 자히알치흐상 바이가:. 바탈가: 은 엔 바인. [나다뜨 어러:(바이르) 자히알치흐쌍 바이가:. 바틀간: 엔 바인.]

싼 방이 있다면 괜찮겠습니다.
[ССан банги итддамён гуаэнчанкэссымнида.]

있습니다, 하지만 그늘진 곳의 방입니다!
[Иссымнида, хажиман гынылжин гусый бангимнида!]

상관없습니다, 하루 묶는데 얼마입니까?
[Санггуанобссымнида, хару мүнгнындэ олмаимнигга?]

하루에 ... 터그럭입니다.
[Харүэ ... төгрөгимнида.]

비쌉니다, 조금 더 싼 방은 없습니까?
[Биссамнида, жугым до ссан бангын обссымнигга?]

없습니다.
[Обссымнида.]

제가 이 방에 들어가서 좀 살펴봐도 되겠습니까?
[Жэга и бангэ дырогасо жум салпёбуаду дуэгэссымнигга?]

그럼은요, 되고 말고요.
[Гыромыниу, дуэгу малгуиу.]

이 방 말고 다른 방은 없습니까? 별로 마음에 들지 않습니다.
[И банг малгу дарын бангын обссымнигга? Бёллу маымэ дылжи анссымнида.]

이 방이 제 맘에 듭니다. 이 방으로 하겠습니다.
[И банги жэ мамэ дымнида. и бангыру хагэссымнида.]

11. 침대 하나를 더 놓아주시겠습니까?
[Чимдаэ ханарыл до нуажүсигэссымнигга?]

12. 제 이름은(저는) 김기성 이라고 합니다.
[Жэ ирымын(Жонын) Ким Гисонг ирагу хамнида.]

13. 한국에서 팩스로 예약을 했습니다.
[Хангүгэсо фаэгссыру еягыл хаэссымнида.]

14. 어제 전화로 방을 예약했습니다.
[Ожэ жонхуару бангыл еякаэссымнида.]

15. 방을 예약하였습니다. 증명서는 여기 있습니다.
[Бангыл еякаёссымнида. жынгмёнгсонын ёги иссымнида.]

16. **Энэ миний паспорт.**
엔 미니: 파스포르트. [엔 미니: 파스포르트.]

17. **Хуудас бөглөхөд надад туслана уу.**
호:다스 버글러허드 나다드 토슬란 오:. [호:다쓰 버글러허뜨 나다뜨 토슬르노:.]

18. **Би паспортаа хэзээ буцааж авч болох вэ?**
비 파스포르타: 헤제: 보차:지 아브치 벌러흐 웨? [비 파스포르타: 히쩨: 보차: 쥐(쮜) 아브치 벌러흐 웨?]

19. **Надад(Бидэнд) ... өрөө(байр) хэрэгтэй.**
나다드(비덴드) ... 어러:(바이르) 헤레그테이. [나다뜨(비덴뜨) ... 어러:(바이르) 헤레끄테.]
нэг хүний [네끄 후니:]
хоёр хүний [허여르 후니:]

20. **Өрөөнд ... бий юу?**
어런:드 ... 비: 유:? [어런:뜨 ... 비: 유:?]
агаар тохируулагч [아가:르 터히롤:라끄치]
хөргөгч [허르거그치]
телевиз(зурагт) [텔레비쯔(조라끄트)]
утас [오타쓰]
халуун ус [할롱: 오쓰]

21. **Энэ өрөө хоногт ямар үнэтэй вэ?**
엔 어러: 허너그트 야마르 운테이 웨? [엔 어러: 허너끄트 야마르 운테 웨?]

22. **Арай хямдхан өрөө байна уу? Жаахан үнэтэй байна.**
아라이 햠드항 어러: 바인 오:? 자:항 운테이 바인. [아라이 햠뜨항 어러: 바이노:? 짜:훙 운테 바인.]

23. **Өглөөний хоолны өртөг(үнэ) байрны(өрөөний) хөлсөнд орсон уу?**
어글러:니: 헐:르니: 어르터그(운) 바이르니:(어러:니:) 헐성드 어르성 오:? [어글러:니: 헐:르니: 어르터끄(운) 바이르니:(어러:니:) 헐쑹뜨 어르쓰노:?]

24. **Өглөөний хоол багтаж байгаа юм уу?**
어글러:니: 헐: 바그타지 바이가. 윰 오:? [어글러:니: 헐: 바그타쥐(쮜) 바이가. 윰 오:?]

25. **Өглөөний хоол хаана, хэдийд идэх вэ?**
어글러:니: 헐: 한:, 헤디:드 이데흐 웨? [어글러:니: 헐: 한:, 헤디:뜨 이떼흐 웨?]

26. **Миний өрөө хэд дүгээр давхарт вэ? Хэдэн номер вэ?**
미니: 어러: 헤드 두게:르 다우하르트 웨? 헤뎅 너메르 웨? [미니: 어러: 헤뜨 두게:르 다우하르트 웨? 헤뎅 너미르 웨?]

Таны өрөө ... давхарт. 524(Таван зуун хорин дөрөв) номер.
타니: 어러: ... 다우하르트. 524(타왕 종: 허링 더럽) 너메르. [타니: 어러: ... 다우하르트. 524(타왕(타운) 종: 허링 더럽(더룹) 너미르.]
гуравдугаар [고랍(릅)도가:르]
дөрөвдүгээр [더럽(릅)두게:르]

16. 제 여권입니다.
[Жэ ёггуонимнида.]

17. 서류 작성시 좀 도와주십시오.
[Сорю жагссонги жум дуважусибссиу.]

18. 여권을 언제 돌려 받을 수 있겠습니까?
[Ёггуоныл онжэ дуллё бадыл ссу итггэссымнигга?]

19. 저에게(저희에게) ... 룸이 필요합니다.
[Жоэгэ(жохыйэгэ) ... руми пириухамнида.]

   한 명의(싱글) [хан мёнгый(ссинггыл)]
   두 명의(더블) [ду мёнгый(ддобыл)]

20. 방에 ... 있습니까?
[бангэ ... иссымнигга?]

   에어컨이, 히터가 [эокони, хитога]
   냉장고가 [наэнгжанггуга]
   텔레비전이 [тэллэбижони]
   전화가 [жонхуага]
   뜨거운 물이(온수가) [ддыгоун мури(унсуга)]

21. 이 방은 하룻 밤에 얼마입니까?
[И бангын харуббамэ олмаимнигга?]

22. 약간 더 싼 방이 있습니까? 조금 비쌉니다.
[Яггган до ссан банги иссымнигга? Жугым биссамнида.]

23. 아침식사료가 방 값에 포함됐습니까?
[Ачимсигссариуга банг ггабссэ пухамдуаэссымнигга?]

24. 아침식사가 포함됩니까?
[Ачимсигссага пухамдуэмнигга?]

25. 아침식사는 어디서 언제 합니까?(먹습니까?)
[Ачимсигссанын одисо онжэ хамнигга?(могссымнигга?)]

26. 제 방은 몇 층입니까? 몇 호입니까?
[Жэ бангын мёт чынгимнигга? Мёт хуимнигга?]

   당신의 방은 ... 층. 오백이십사 호입니다.
   [Дангсиный бангын ... чынг. Убаэгисибса хуимнида.]
   세번제(삼) [сэбонззаэ(сам)]
   네번제(사) [нэбонззаэ(са)]

Цахилгаан шат хаана байдаг юм бэ?
차힐강: 샤트 한: 바이닥 윰 베? [차힐강: 샤트 한: 바이뜩 윰 베?]

Чигээрээ явахад зүүн талд байгаа.
치게:레: 야와하드 중: 탈드 바이가:. [치게:레: 야우하뜨 중: 탈뜨 바이가:.]

27. **Би өрөөгөө үзэж болох уу?**
비 어러:거: 우제지 벌러흐 오:? [비 어러:거: 우쩨줘(쮀) 벌호:?]

28. **Энэ өрөө надад таалагдаж(тохирч) байна. (тохирохгүй)**
엔 어러: 나다드 탈:라그다지(터히르치) 바인.(터히러흐구이) [엔 어러: 나다뜨 탈:라끄다줘(쮀)(터히르치) 와인.(터히러흐꾸이)]

29. **Арай ... өрөө байна уу?**
아라이 ... 어러: 바인 오:? [아라이 ... 어러: 바이노:?]

Хямдхан [햠뜨항]
Томхон [텀형]
Чимээ багатай [치메: 바끄태]

30. **Хөлсийг нь урьдчилж төлөх үү, явахдаа төлөх үү?**
헐시:그 은 오리드칠지 털러흐 우:, 야와흐다: 털러흐 우:? [헐씨:근 오리뜨칠쥐(쮀) 털러후:, 야와흐따: 털러후:?]

31. **Өрөөг хэдийд чөлөөлөх ёстой вэ?**
어러:그 헤디:드 철럴:러흐 여스터이 웨? [어러:끄 헤디:뜨 철럴:러흐 여스테 웨?]

32. **Би нэг хоног илүү баймаар байна.**
비 네그 허너그 일루: 바이마:르 바인. [비 네끄 허너끄 일루: 바이마:르 바인.]

33. **Би(Бид) ... байна байх аа гэж бодож байна.**
비(비드) ... 바인 바이흐 아: 게지 버더지 바인. [비(비뜨) ... 바인 바이하: 게쮀(쮀) 버뜨쥐(쮀) 와인.]
гурав хоног [고랍(롭) 허너끄]
долоо хоног [덜러 허너끄]
сар [사르]

34. **Би нэг хоног л байр(өрөө) авна.**
비 네그 허너그 을 바이르(어러:) 아운. [비 네끄 허너끄 을 바이르(어러:) 아운.]

35. **Миний юмыг ... хүргүүлж өгөөч.**
미니: 유미:그 ... 후르굴:지 어거:치. [미니: 유미:끄 ... 후르굴:쥐(쮀) 어거:치.]

өрөөнд [어런:뜨]
үүдэнд [우:덴뜨]

36. **Би буудлын эрхлэгчтэй уулзмаар байна.**
비 보:들링: 에르흘레그치테이 올:즈마:르 바인. [비 보:들링: 에르흘레끄치테 올:쯔마:르 바인.]

엘리베이터는 어디 있습니까?
[Эллибэитонын оди иссымнигга?]

곧장 가다보면 좌측으로 있습니다.
[Гутззанг гадабумён жуачыгыру иссымнида.]

27. 방을 좀 볼 수 있을까요?
[Бангыл жум бул ссу иссылггаиу?]

28. 이 방은 제 마음에 듭니다. (들지 않습니다.)
[И бангын жэ маымэ дымнида.(дылжи анссымнида.)]

29. 좀 더 ... 방이 있습니까?
[Жум до ... банги иссымнигга?]

    싼 *[ссан]*
    큰 *[кын]*
    조용한 *[жуиунгхан]*

30. 요금은 선불입니까, 나중에 나갈 때 지불합니까?
[Иугымын сонбуримнигга, нажунгэ нагал ддаэ жибулхамнигга?]

31. 방을 언제까지 비워야 합니까?
[Бангыл онжэггажи бивоя хамнигга?]

32. 하루 더 묶고 싶습니다.
[Хару до мугггу сибссымнида.]

33. 저는(저희는) ... 있으리라고 생각하고 있습니다.
[Жонын(Жохыйнын) ... иссырирагу саэнггакагу иссымнида.]

    삼일 *[самил]*
    일주일 *[илззуил]*
    한달 *[хандал]*

34. 하루만 방을 빌리겠습니다.
[Харуман бангыл билигэссымнида.]

35. 제 물건을 ... 옮겨다 주십시오.
[Жэ мулгоныл ... умгёда жусибссиу.]

    방에 *[бангэ]*
    문에 *[мунэ]*

36. 호텔의 지배인을 만나고 싶습니다.
[Хутэрый жибаэиныл маннагу сибссымнида.]

■ 참고단어 및 부가단어(ЛАВЛАХ ҮГ, НЭМЭЛТ ҮГ)

зочид буудал
[저치드 보:달(들)]

호텔, 여관
[хутэл, ёгуан]

хаалгач
[할:라ㄲ치]

도어맨
[дуомаэн]

үүдний танхим
[우:뜨니: 탕힘]

로비
[руби]

хонгил(коридор)
[헝길(커리도르)]

복도
[бугдду]

давхар
[다우하르]

층
[чынг]

хоёрдугаар давхар
[허여르도(또)가:르 다우하르]

이층
[ичынг]

долдугаар давхар
[덜(또)가:르 다우하르]

칠층
[чилчынг]

эрэгтэйчүүдийн жорлон
[에레ㄲ테추:딩: 저를렁]

남성 화장실
[намсонг хуажангсил]

эмэгтэйчүүдийн жорлон
[에메ㄲ테추:딩: 저를렁]

여성 화장실
[ёсон хуажангсил]

**жорлоны цаас, ариун цэврийн цаас,
нолийн цаас**
[저를러니: 차:쓰, 아리옹 체웨링: 차:쓰, 너
일링: 차:쓰]

화장지
[хужангжи]

буудлын эрхлэгч
[보:들링: 에르흘레ㄲ치]

호텔 지배인
[хутэл жибаэин]

үйлчлэгч
[우일칠레ㄲ치]

종업원
[жунгобүон]

цэвэрлэгч эмэгтэй
[체웨를레ㄲ치 에메ㄲ테]

여자 청소부
[ёжа чонгсубү]

ачаа зөөгч
[아차: 저:ㄲ치]

포터, 짐꾼
[путо, жимггүн]

үйлчлэх товчоо(лавлах товчоо)
[우일칠레흐 텁처:(라블라흐 텁처:)]

안내소, 프론트
[аннаэсу, пырунты]

ерөнхий жижүүр
[유룽히: 지주(쭈):르]

접수 계원, 접대원, 리셉셔니스트, 수위
[жобсүгевон, жобддаэвон, рисэбсё-
нист, сүви]

бүртгэх газар
[부르트게흐 가짜르]

프론트, 안내, 신청소
[пырунты, аннаэ, синчонгсу]

бүртгэх дэвтэр(хуудас)

숙박명부, 숙박카드

[부르트게흐 데브테르(호:다쓰)]

паспорт

[파스포르트]

ачаа(тээш)

[아차:(테쉬)]

чемодан

[치머당]

цүнх

[충흐(크)]

түлхүүр

[툴후:르]

цахилгаан хонх

[차힐강: 헝흐(헝크)]

цахилгаан шат

[차힐강: 샤트]

явган шат

[야우강 샤트]

үйлчилгээ

[우일칠게:]

гар цайлгах юм

[가르 차일가흐 욤]

сул өрөө

[솔 어러:]

нэг хүний өрөө

[네끄 후니: 어러:]

хоёр хүний өрөө

[허여르 후니: 어러:]

люкс өрөө

[류쓰 어러:]

халуун усны өрөө

[할룽: 오쓰니: 어러:]

шүршүүртэй өрөө

[슈르슈:르테 어러:]

амрах өрөө

[아므라흐 어러:]

өрөө ав/ах

[어러: 아와흐]

өрөө захиал/ах

[어러: 자히알라흐]

[сүгббагмёнгбү, сүгббагкады]

여권

[ёггүон]

짐, 하물

[жим, хамүл]

가방(트렁크류)

[габанг(тыронгкырю)]

가방(백, 색류)

[габанг(ббаэг, ссаэгню)]

열쇠, 키

[ёлссуэ, ки]

벨

[бэл]

엘리베이터

[эллибэито]

계단, 층계

[гедан, чынгге]

서비스

[ссобиссы]

팁

[тиб]

빈 방

[бин банг]

싱글룸

[ссинггылрүм]

더블룸

[ддобылрүм]

특실

[тыгссил]

욕실

[иугссил]

샤워실

[шавосил]

휴게실

[хюгэсил]

방을 얻다

[бангыл отдда]

방을 예약하다

[бангыл еякада]

■ ЗОЧИД БУУДЛЫН ҮЙЛЧИЛГЭЭ [저치드 보:들링: 우일칠개]

1. **Энэ зочид буудалд ... бий юү?**
   엔 저치드 보:달드 ... 비: 유:? [엔 저치드 보:들뜨 ... 비: 유:?]

   ресторан [레스토랑]
   шуудан [쇼: 당]
   баар [바:르]
   банк(валют солих газар) [방크(왈류트 설리흐 가짜르)]

2. **... юм хадгалах газарт(төмөр авдарт) үлдээж болох уу?**
   ... 윰 하드갈라흐 가자르트(터머르 압다르트) 울데:지 벌러흐:? [... 윰 하뜨갈 라흐 가짜르트(터머르 압따르트) 울떼:쥐(쮜) 벌호:?]

   Үүнийг [우: 니:ㄲ]
   Мөнгөө [멍거:(뭉거:)]
   Үнэт зүйлээ [우네트 주일레:]

3. **... хаана байдаг вэ?**
   ... 한: 바이닥 웨? [... 한: 바이뜩 웨?]

   Үйлчлэх товчоо(Контор Ъ
   [우일칠레흐 텁처:(컨토르)]
   Валют(Мөнгө) солих газар
   [왈류트(멍거) 설리흐 가짜르]
   Онгоцны (төмөр замын) билетийн касс
   [엉거츠니: (터머르 자밍:) 빌레팅: 카쓰]

4. **Юм хадгалдаг газар хаана байдаг юм бэ?**
   윰 하드갈닥 가자르 한: 바이닥 윰 베? [윰 하뜨갈뜩 가짜르 한: 바이뜩 윰 베?]

5. **Цахилгаан шат хаана байна вэ?**
   차힐강: 샤트 한: 바인 웨? [차힐강: 샤트 한: 바인 웨?]

6. **Нөөц хаалга хаа байна?**
   너:츠 할:라그 하: 바인? [너:츠 할:라ㄲ 하: 와인?]

7. **Энд солонгосоор ярьдаг хүн байна уу?**
   엔드 설렁거서:르 야리닥 홍 바인 오:? [엔뜨 설렁거써:르 애리뜩 홍 바이노:?]

8. **Надад энэ зочид буудлын танилцуулгыг өгнө үү.**
   나다드 엔 저치드 보:들링: 타닐출:기:그 어근 우:. [나다뜨 엔 저치드 보:들링: 타닐출:라기:ㄲ 어그누:.]

9. **Надад *дөрөвдүгээр* давхрын товчийг дарж өгнө үү.**
   나다드 더럽두게:르 다우흐링: 터브치:그 다르지 어근 우:. [나다뜨 더럽(룹)두 게:르 다우흐링: 터브치:ㄲ 다르쥐(쮜) 어그누:.]

■ 호텔 서비스 [ХУТЭЛ ССОБИСЫ]

1. 이 호텔에 ... 있습니까?
   [И хутэрэ ... иссымнигга?]

   > 레스토랑이 [рэсытуранги]
   > 우체국이 [учэгуги]
   > 바가(술집이) [ббаага(сүлззиби)]
   > 은행이(환전소가) [ынхаэнги(хуанжонсуга)]

2. ... 물품보관소에(금고에) 보관할 수 있습니까?
   [... мүлпүмбугуансуэ(гымгуэ) бугуанхал ссү иссымнигга?]

   > 이것을 [игосыл]
   > 돈을 [дуныл]
   > 귀중품을 [гүйжүнгпүмыл]

3. ... 어디에 있습니까?
   [... одиэ иссымнигга?]

   > 서비스센터는
   > [ССобиссысэнтонын]
   > 환전소는
   > [Хуанжонсунын]
   > 비행기(열차) 표를 끊는 곳은
   > [Бихаэнгги(ёлча) пиурыл ггыннын гусын]

4. 물품보관소는 어디에 있습니까?
   [Мүлпүмбугуансунын одиэ иссымнигга?]

5. 엘리베이터는 어디에 있습니까?
   [Эллибэитонын одиэ иссымнигга?]

6. 비상구는 어디에 있습니까?
   [Бисанггүнын одиэ иссымнигга?]

7. 이곳에 한국어로 얘기하는 사람이 있습니까?
   [Игусэ хангүгору яэгиханын сарами иссымнигга?]

8. 이 호텔의 안내(소개) 책자를 주십시오.
   [И хутэрый аннаэ(сугаэ) чаэгззарыл жүсибссиу.]

9. 사층의 단추를 눌러 주십시오.
   [Сачынгый данчүрыл нүлло жүсибссиу.]

*10. **Жорлон(Бие засах газар, Нолийн өрөө) хаана байдаг юм бэ?***
저를렁(비예 자사흐 가자르, 널링: 어러:) 한: 바이닥 윰 베? [저를렁(비이 자
싸흐 가짜르, 너일링: 어러:) 한: 바이뜩 윰 베?]

*11. **Энэ ширээний чийдэнг яаж асах (унтраах) юм бэ?***
엔 시레:니: 치:뎅그 야:지 아사흐 (온트라:흐) 윰 베? [엔 시레:니: 치:뎅끄 야:
쥐(쮜) 아싸흐 (온트라:흐) 윰 베?]

*12. **/Манай өрөөний/ орны толгойн чийдэн асахгүй байна.***
/마나이 어러:니:/ 어르니: 털거잉 치:뎅 아사흐구이 바인. [/마나이 어러:니:/
어르니: 털거잉 치:뎅(등) 아싸흐꾸이 바인.]

*13. **Шуугианаас болоод унтаж чадахгүй байна.***
쇼:기아나:스 벌러:드 온타지 차다흐구이 바인. [쇼:기아나:쓰 벌러:뜨 온트쥐
(쮜) 차따흐꾸이(차트꾸이) 바인.]

*14. **Сахлын машины залгуурын суурь хаана байна вэ?***
사흘링: 마시니: 잘고:링: 소:리 한: 바인 웨? [사흘링: 마시니: 잘고:링: 소:리
한: 바인 웨?]

*15. **Цахилгааны шугамын хүчдэл хэд вэ?***
차힐가:니: 쇼가밍: 후치델 헤드 웨? [차힐가:니: 쇼그밍: 후치델 헤뜨 웨?]

*16. **Өрөөндөө хоолоо авчруулж болох уу?***
어런:더: 헐:러: 압치롤:지 벌러흐 오:? [어런:더: 헐:러: 압치롤:쥐(쮜) 벌호:?]

*17. **Өчигдөр унтахад жаахан даарсан. Дахиад нэг хөнжил авчирч өгөхгүй
юү?***
어치그더르 온타하드 자:항: 다:르상. 다히아드 네그 헌질 압치르치 어거흐구
이 유:? [어치그더르 온타하뜨 짜:흥: 다:르쑹. 다히아뜨 네끄 헌질 압치르치
어거흐꾸이 유:?]

*18. **Намайг шөнө арван цагт сэрээгээрэй!***
나마이그 션 아르왕 차그트 세레:게:레이! [나마이끄 션 아르왕(아롱) 차끄트
세레:게:레:!]

*19. **Намайг өглөө зургаан цагт сэрээгээрэй.***
나마이그 어글러: 조르강: 차그트 세레:게:레이! [나마이끄 어글러: 조르강: 차
끄트 세레:게:레:!]

*20. **... явуулна уу.(... явуулж өгнө үү.)***
... 야올:른 오:.(... 야올:지 어근 우:.) [... 야올:르노:.(... 야올:쥐(쮜) 어그누:.)]

    Үйлчлэгч [우일칠레끄치]
    Хоол зөөгч [헐: 저:끄치]

*21. **Надад ... авчирч өгнө үү.(өгөөрэй.)***
나다드 ... 압치르치 어근 우:.(어거:레이.) [나다뜨 ... 압치르치 어그누:.(어거:레:.)]

10. *화장실은* 어디에 있습니까?
[Хуажангсирын одиэ иссымнигга?]

11. 이 *탁상조명을* 어떻게 켭니까?(끕니까?)
[И тагссангжумёнгыл оддокэ кёмнигга?(ггымнигга?)]

12. /제 방의/ 침대 조명등이 켜지지 않습니다.
[/жэ бангый/ Чимдаэ жумёнгдынги кёжижи анссымнида.]

13. 시끄러워서 잠을 잘 수가 없습니다.
[Сиггыровосо жамыл жал ссүга обссымнида.]

14. 면도기 꼽는 콘센트는 어디에 있습니까?
[Мёндуги ггумнын кунсэнтынын одиэ иссымнигга?]

15. 전압이 얼마입니까?
[Жонаби олмаимнигга?]

16. 방으로 음식을 주문해도 됩니까?
[Бангыру ымсигыл жүмүнхаэду дуэмнигга?]

17. 어제는 잘 때 조금 추웠습니다. 담요 하나를 더 가져다 주시지 않겠습니까?
[Ожэнын жал ддаэ жугым чүвотссымнида. дамиу ханарыл до
гажёда жүсижи анкэссымнигга?]

18. *저를 밤 열시에 깨워주십시오!*
[Жорыл бам ёлссиэ ггаэвожүсибссиу!]

19. *저를 아침 여섯시에 깨워주십시오.*
[Жорыл ачим ёсотссиэ ггаэвожүсибссиу.]

20. ... 보내주십시오.
[... бунаэжүсибссиу.]

   종업원을
   [Жунгобүоныл]
   웨이터, 웨이트리스를(식당의 급사를)
   [Вэито, вэитыриссырыл(Сигддангый гыбссарыл)]

21. 저에게 ... 가져다 주십시오.
[Жоэгэ ... гажё(о)да жүсибссиу.]

алчуур (гар нүүрийн алчуур) [알초:르(가르 누:링: 알초:르)]
хөнжил [헌질]
цагаан даавуу [차강: 다오:]
тамхины үнсний сав [탐히니: 운쓰니: 사우]
нэг аяга халуун ус(цай) [네ㄲ 아야ㄲ(아약) 할롱: 오쓰(차이)]

22. Миний өрөөнд ... байхгүй байна.
미니: 어런:드 ... 바이흐구이 바인. [미니: 어런:뜨 ... 바이흐꾸이 바인.]

гэрэл [게렐]
халуун(хүйтэн) ус [할롱:(후이텡) 오쓰]

23. Миний өрөөний ... ажиллахгүй байна.
미니: 어러:니: ... 아질라흐구이 바인. [미니: 어러:니: ... 아질라흐꾸이 바인.]

агаар тохируулагч [아가:르 터히롤:라ㄲ치]
зурагт [조라ㄲ트]

24. /Миний/ өрөө жаахан халуун(хүйтэн) байна.
/미니:/ 어러: 자:항 할롱:(후이텡) 바인. [/미니:/ 어러: 짜:홍 할롱:(후이퉁) 바인.]

25. /Миний/ өрөө их халуун(хүйтэн) байна.
/미니:/ 어러: 이흐 할롱:(후이텡) 바인. [/미니:/ 어러: 이흐 할롱:(후이퉁) 바인.]

26. Миний өрөөний чийдэнгийн шил шатчихжээ, сольж өгөөч.
미니: 어러:니: 치:뎅깅: 실 샤트치흐제:, 설지 어거:치. [미니: 어러:니: 치:뎅깅: 실 샤트치흐제:, 서일쥐(쮀) 어거:치.]

27. Миний өрөөний жорлон бөглөрчихжээ.
미니: 어러:니: 저를렁 버글러르치흐제:. [미니: 어러:니: 저를렁 버글러르치흐제:.]

28. Миний өрөөний жорлон усаа татахгүй байна.
미니: 어러:니: 저를렁 오사: 타타흐구이 바인. [미니: 어러:니: 저를렁 오싸: 타타흐꾸이 바인.]

29. Би үүнийг ... байна. Хэзээ бэлэн болох вэ?
비 우:니:그 ... 바인. 헤제: 벨렝 벌러흐 웨? [비 우:니:ㄲ ... 바인. 히쩨: 벨렝 벌러흐 웨?]

цэвэрлүүлмээр [체웨르룰:메:르]
индүүдүүлмээр [인두:둘:메:르]
угаалгамаар [오갈:가마:르]

30. 345 өрөөний түлхүүрийг өгнө үү.
고르왕 종: 더칭 타우 어러:니: 툴후:리:그 어근 우:. [고르왕(고른) 종: 더칭 타우 어러:니: 툴후:리:ㄲ 어그누:.]

31. Би түлхүүрээ өрөөндөө мартчихжээ.
비 툴후:레: 어런:더: 마르트치흐제:. [비 툴후:레: 어런:더: 마르트치흐제:.]

수건을(세수수건을) [сүгоныл(сэсүсүгоныл)]
담요를(모포를) [дамиурыл(мупурыл)]
침대 시트를 [чимдаэ сситырыл]
담배 재떨이를 [дамбаэ жаэддорирыл]
뜨거운 물(차) 한잔을 [ддыгоүн мүл(ча) ханжаныл]

22. 제 방에는 ... 없습니다.
[Жэ бангэнын ... обссымнида.]

불이(조명이) [бүри(жумёнги)]
온수가(냉수가) [үнсүга(наэнгсүга)]

23. 제 방의 ... 작동하지 않습니다.
[Жэ бангый ... жагддунгхажи анссымнида.]

에어컨이(히터가) [эокони(хитога)]
텔레비전이 [тэллэбижони]

24. /제/ 방이 조금 덥습니다.(춥습니다.)
[/жэ/ Банги жугым добссымнида.(чүбссымнида.)]

25. /제/ 방이 굉장히 덥습니다.(춥습니다.)
[/жэ/ Банги гуэнгжангхи добссымнида.(чүбссымнида.)]

26. 제 방 전구가 나갔습니다(타버렸습니다), 교환해 주십시오.
[Жэ банг жонгүга нагассымнида(таборёссымнида), гиухуанхаэ жүсибссиу.]

27. 제 방 화장실이 막혀버렸습니다.
[Жэ банг хуажангсири макёборёссымнида.]

28. 제 방 화장실은 물이 내려가지 않습니다.
[Жэ банг хуажангсирын мүри наэрёгажи анссымнида.]

29. 이것을 ... 싶습니다. 언제 됩니까?
[Игосыл ... сибссымнида. онжэ дуэмнигга?]

청소하고 [чонгсухагу]
다리고 [даригу]
세탁하고 [сэтакагу]

30. 삼백사십오 호의 열쇠를 주십시오.
[Самбаэгсасибу хуый ёлсуэрыл жүсибссиу.]

31. 열쇠를 방에 두고 잊어버렸습니다.
[Ёлсуэрыл бангэ дүгу ижоборёссымнида.]

32. Миний өрөөний цоож эвдэрсэн байна.
미니: 어러:니: 처:지 엡데르셍 바인. [미니: 어러:니: 처:줘 엡뜨르쑹 바인.]

33. Надад ... байна уу?
나다드 ... 바인 오:? [나다뜨 ... 바이노:?]

захиа(захидал) [자히아(자히달)]
зурвас [조르와쓰]
цахилгаан [차힐강:]

34. ... руу яаж утасдах вэ? Хэлж өгөөч.
... 로: 야:지 오타스다흐 웨? 헬지 어거:치. [... 로: 야:줘(쮜) 오타쓰다흐 웨? 헬줘(쮜) 어거:치.]

Солонгосын элчин сайдын яам [설렁거씽: 엘친 사이딩: 얌:]
"КАЛ"-ын төлөөлөгчийн газар ["칼"-링: 틸럴:러끄칭: 가짜르]
Солонгос(Сөул) [설렁거쓰(서울)]
Улаанбаатар [올람:바:타르]

35. Хот дотор яаж утасдах юм бэ?
허트 더터르 야:지 오타스다흐 윰 베? [허트 더터르 야:줘(쮜) 오타쓰따흐 윰 베?]

36. Над руу хүн утасдаагүй юу?
나드 로: 홍 오타스다:구이 유오? [나뜨 로: 홍 오타쓰따:구이 유오?]

37. Намайг хүн сураглаагүй(асуугаагүй) юу?
나마이그 홍 소라글라:구이(아소:가:구이) 유:? [나마이끄 홍 소라끌라:구이(아쏘:가:구이) 유:?]

38. Над дээр /нэг/ хүн ирэх ёстой.
나드 데:르 /네그/ 홍 이레흐 여스터이. [나뜨 데:르 /네끄/ 홍 이레흐 여스테.]

39. Намайг удахгүй ирнэ гэж хэлээрэй(хэлж өгөөрэй).
나마이그 오다흐구이 이른 게지 헬레:레이(헬지 어거:레이). [나마이끄 오따흐꾸이(오트꾸이) 이른 게줘(쮜) 헬레:레:(헬줘(쮜) 어거:레:).]

40. Намайг хүн асуувал *орой таван цагт ирнэ* гэж хэлээрэй.
나마이그 홍 아소:발 어러이 타왕 차그트 이른 게지 헬레:레이. [나마이끄 홍 아쏘:벌 어러이 타왕(타웅) 차끄트 이른 게줘(쮜) 헬레:레:.]

41. Намайг хүн асуувал ... байна гэж хэлээрэй.
나마이그 홍 아소:발 ... 바인 게지 헬레:레이. [나마이끄 홍 아쏘:벌 ... 바인 게줘(쮜) 헬레:레:.]
ресторанд [레스토랑뜨]
амралтын өрөөнд [아므랄팅: 어런:뜨]

42. Нөхөр Ким ямар өрөөнд байгаа вэ?
너허르 김 야마르 어런:드 바이가: 웨? [너허르 김 야마르 어런:뜨 바이가: 웨?]

32. 제 방 자물쇠가 고장났습니다.
[Жэ банг жамүлсуэга гужангнассымнида.]

33. 저에게(저에게 온) ... 있습니까?
[Жоэгэ(жоэгэ ун) ... иссымнигга?]

> 편지가 [*пёнжига*]
> 메모가 [*мэмуга*]
> 전보가 [*жонбуга*]

34. ...(으)로 어떻게 전화를 겁니까? 말씀해(가르쳐) 주십시오.
[...(ы)ру оддокэ жонхуарыл гомнигга? малссымхаэ(гарычё) жүсибссиу.]

> 한국대사관 [*Хангүгдаэсагуан*]
> "КАЛ"사무소 [*"КАЛ"самүсу*]
> 한국(서울) [*Хангүг(сөүл)*]
> 울란바타르 [*Улаанбаатар*]

35. 시내로 어떻게 전화를 겁니까?
[Синаэру оддокэ жонхуарыл гомнигга?]

36. 저에게 어떤 사람이(누가) 전화하지 않았습니까?
[Жоэгэ оддон сарами (нүга) жонхуахажи анассымнигга?]

37. 저를 어떤 사람이(누가) 물어보지 않았습니까?
[Жорыл оддон сарами(нүга) мүробужи анассымнигга?]

38. 저에게 /한/ 사람이 와야 합니다.
[Жоэгэ /хан/ сарами вая хамнида.]

39. 저는 금방 온다고 말씀해 주십시오.
[Жонын гымбанг ундагу малссымхаэ жүсибссиу.]

40. 저를(저에 대해) 누가 묻거든 저녁 5시에 온다고 말씀해 주십시오
[Жорыл(жоэ даэхаэ) нүга мүтггодын жонёг дасотссиэ ундагу малссымхаэ жүсибссиу.]

41. 저를(저에 대해) 누가 묻거든 ... 있다고 말씀해 주십시오.
[Жорыл(жоэ даэхаэ) нүга мүтггодын ... итддагу малссымхаэ жүсибссиу.]

> 레스토랑에 [*рэсытурангэ*]
> 휴게실에 [*хюгэсирэ*]

42. 친구 김은 어떤 방에 있습니까?
[Чингү Кимын оддон бангэ иссымнигга?]

43. Хэдэн цагаас хоолны газар(гуанз, ресторан) онгойх вэ?
헤뎅 차가:스 횔:니: 가자르(광즈, 레스토랑) 엉거이흐 웨? [헤뎅 차가:쓰 횔:르
니: 가짜르(관쯔, 레스토랑) 엉거이흐 웨?]

44. Энэ захиаг(захидлыг) солонгос руу явуулж болох уу?
엔 자히아그(자히들리:그) 설렁거스 로: 야올:지 벌러흐 오:? [엔 자히아ㄲ(자
히들리:ㄲ) 설렁거쓰 로: 야올:쥐(쮜) 벌호:?]

45. Надад ирсэн захидал байна уу?
나다드 이르셍 자히달 바인 오:? [나다쯔 이르쑹 자히달 바이노:?]

46. Зочид буудлаас *Их дэлгүүр* хүртэл автобус явдаг уу?
저치드 보:들라:스 이흐 델구:르 후르텔 아브터보스 야브닥 오:? [저치드 보:들
라:쓰 이흐 델구:르 후르텔 아브터보쓰 야브뜩 오:?]

47. ... хүрэх автобус хэдийд явдаг вэ?
... 후레흐 아브터보스 헤디:드 야브닥 웨?[... 후레흐 아브터보쓰 헤디:뜨 야브뜩 웨?]

> *Онгоцны буудал* [엉거츠니: 보:들]
> *Төмөр замын буудал* [터머르 자밍: 보:들]

48. Тооцоог бэлэн болгож өгөөч.
터:처:그 벨렝 벌거지 어거:치. [터:처:ㄲ 벨렝 벌거쥐(쮜) 어거:치.]

49. Тооцоо хийе.(Тооцоо хиймээр байна.)
터:처: 히:예.(터:처: 히:메:르 바인.) [터:처: 히:예.(터:처: 히:메:르 바인.)]

50. Би одоо мөнгөө төлмөөр байна.
비 어더: 멍거: 털머:르 바인. [비 어떠: 멍거(뭉그): 털머:르 바인.]

51. Жуулчны чекээр тооцоо хийж болох уу?
졸:치니: 체케:르 터:처: 히:지 벌러흐 오:? [졸:치니: 체케:르 터:처: 히:쥐(쮜) 벌호:?]

52. Миний тооцоон дээр нэг юм буруу бодсон байна.
미니: 터:청: 데:르 네그 윰 보로: 버드성 바인. [미니: 터:청: 데:르 네ㄲ 윰 보
로: 버뜨쑹 바인.]

53. Би *өнөөдөр(маргааш)* хоёр цагт явна.
비 어너:더르(마르가:시) 허여르 차그트 야운. [비 어너:떠르(마르가:쉬) 허여르
차ㄲ트 야운.]

54. Би *маргааш өглөө* эрт явна.
비 마르가:시 어글러: 에르트 야운. [비 마르가:시 어글러: 에르트 야운.]

55. Өглөөний(оройн) *есөн* цагт такси дуудаж өгөөч.
어글러:니:(어러인) 예성 차그트 탁시 도:다지 어거:치. [어글러:니:(어러인) 유
쑹 차ㄲ트 탁씨 도:뜨쥐(쮜) 어거:치.]

56. Хүн явуулж миний юмыг авахуулна уу.
홍 야올:지 미니: 윰이:그 압홀:른 오:. [홍 야올:지 미니: 유미:ㄲ 압홀:르노:.]

43. 몇 시부터 식당이 문을 엽니까?
[Мёт ссибұто сигдданги мұныл ёмнигга?]

44. 이 편지를 한국으로 보낼 수 있습니까?
[И пёнжирыл хангұгыру бунаэл ссұ иссымнигга?]

45. 저에게 온 편지가 있습니까?
[Жоэгэ ун пёнжига иссымнигга?]

46. 호텔에서 백화점까지 버스가 다닙니까?
[Хутэрэсо баэгхуажомггажи бboссыга данимнигга?]

47. ... 가는 버스는 언제 다닙니까?
[... ганын бboссынын онжэ данимнигга?]

    공항 [гунгханг]
    기차역 [гичаёг]

48. 계산을 부탁합니다.
[Гесаныл бұтакамнида.]

49. 계산합시다.(계산하고 싶습니다.)
[Гесанхабссида.(Гесанхагу сибссымнида.)]

50. 지금 계산하고 싶습니다.
[Жигым гесанхагу сибссымнида.]

51. 여행자수표로 계산이 가능합니까?
[Ёхаэнгжасұпиуру гесани ганынгхамнигга?]

52. 계산상에서 한가지 잘못된 것이 있습니다.
[Гесансангэсо хангажи жалмутддуэн госи иссымнида.]

53. 저는 오늘(내일) 두 시에 떠납니다.
[Жонын уныл(наэил) дұ сиэ ддонамнида.]

54. 저는 내일 아침 일찍 떠납니다.
[Жонын наэил ачим илззиг ддонамнида.]

55. 아침(저녁) 아홉 시에 택시를 불러 주십시오.
[Ачим(жонёг) ахуб ссиэ таэгссирыл бұлло жұсибссиу.]

56. 사람을 보내 제 물건을 운반해 주십시오.
[Сарамыл бунаэ жэ мұлгоныл ұнбанхаэ жұсибссиу.]

57. Миний ачааг доош нь буулгаж өгнө үү.
미니: 아차:그 더:시 은 볼:가지 어근 우:. [미니: 아차:끄 더:쉰 볼:가줘(쥐) 어그누:.]

58. За, танай зочид буудалд сайхан суулаа. Та бүхэнд баярлалаа, баяртай!
자, 타나이 저치드 보:달드 사이항 솔:라:. 타 부헨드 바야르랄라:, 바야르타이! [자, 타나이 저치드 보:들뜨 사이항 솔:라:. 타 부헨드 바이를라:, 바이르태!]

57. 제 물건을 아래로 옮겨다 주십시오.
[жэ мүлгоныл араэру умгёда жүсибссиу.]

58. 자, 당신네 호텔에 편안히 잘 묵었습니다. 모든 분들께 감사드립니다, 안녕히 계십시오!
[за, дангсиннэ хутэрэ пёнанхи жал мүгоссымнида. мудын бүндыл–гтэ гамсадыримнида, аннёнгхи гесибссиу!]

📖 참고단어 및 부가단어(ЛАВЛАХ ҮГ, НЭМЭЛТ ҮГ)

зочид буудлын үйлчилгээ 호텔서비스
[저치드 보:들링: 우일칠게:] [хутэлссобиссы]

үйлчлэх товчоо 안내소
[우닐칠레흐 텁처:] [аннаэсу]

ор 침대
[어르] [чимдаэ]

хоёр хүний ор 더블침대
[허여르 후니: 어르] [ддобылчимдаэ]

орны давуу 침대시트
[어르니: 다오:] [чимдаэсситы]

дэр 베개
[데르] [бэгаэ]

хөнжил 담요, 이불, 모포
[헌질] [дамиу, ибүл, мупу]

хивс 양탄자
[히브쓰] [янгтанжа]

ширээ 책상
[시레:] [чаэгссанг]

сандал 의자
[산달(들)] [ыйжа]

зөөлөн сандал(диван) 소파
[절:렁 산달(디왕)] [ссупа]

шүүгээ 옷장
[슈:게:] [утззанг]

телевиз(зурагт) 텔레비전
[텔레비쯔(조라끄트)] [тэллэбижон]

радио хүлээн авагч 라디오
[라디오 홀렝: 아와끄치] [радиу]

утас 전화
[오타쓰] [жонхуа]

агаар тохируулагч 에어컨, 히터
[아가:르 터히롤:라끄치] [эокон, хито]

залгуур 콘센트, 전원코드
[잘고:르] [кунсэнты, жонвонкуды]

товч 스위치, 버튼
[터브치] [сывичи, ботын]

унтраалга 점화스위치
[온트랄:라끄] [жомхуасывичи]

хонх

[헝흐(크)]

чийдэн

[치:뎅(등)]

чийдэнгийн шил

[치:뎅(등)깅: 실]

цахилгааны хүчдэл

[차힐가:니: 후치델]

гутлын сойз

[고틀링: 서이즈]

шаахай

[샤:하이]

алчуур

[알초:르]

саван

[사왕]

сам

[삼]

жорлонгийн цаас

[저를렁깅: 차:쓰]

шүдний оо

[슈뜨니: 어:]

шүдний сойз

[슈뜨니: 서이즈]

бие угаах онгоц

[비이 오가:흐 엉거츠]

гоожуур(крант)

[거:조:르(크란트)]

угаагуур(тосгуур)

[오가:고:르(터쓰고:르)]

толь

[터일]

ус

[오쓰]

халуун ус

[할롱: 오쓰]

хүйтэн ус

[후이퉁 오쓰]

мөстэй ус

[머(무)쓰테 오쓰]

бие угаа/х

벨, 종

[бэл, жунг]

전등

[жондынг]

전구

[жонгү]

전압

[жонаб]

구두솔

[гүдүссул]

슬리퍼

[сыллипо]

수건

[сүгон]

비누

[бинү]

빗

[бит]

화장실 휴지

[хуажангсил хюжи]

치약

[чияг]

치솔

[чиссул]

욕조

[иугззу]

수도

[сүду]

세면대

[сэмёндаэ]

거울

[гоүл]

물

[мүл]

온수

[унсү]

냉수

[наэнгсү]

얼음물

[орыммүл]

목욕하다

[비이 오가:흐]

өглөөний хоол

[어글러:니: 헐:]

өдрийн хоол

[어드링: 헐:]

оройн хоол

[어러인 헐:]

үйлчилгээ

[우일칠게:]

угаа/х

[오가:흐]

цэвэрлэ/х

[체웨를레흐]

угаалгах юм

[오갈:가흐 윰]

эрэгтэй цамц

[에레끄테 참츠]

эмэгтэй цамц

[에메끄테 참츠]

дотуур хувцас(цамц)

[더토:르 호브차쓰(참츠)]

өмд

[엄뜨]

банзал

[반잘]

оймс

[어임쓰]

түрийтэй оймс

[투리:테 어임쓰]

индүү

[인두:]

индүүдэх

[인두:떼흐]

шуудан

[쇼:당(등)]

факс

[팍쓰]

телекс

[텔렉쓰]

захиа

[자히아]

[мугиукада]

아침식사

[ачимсигсса]

점심식사

[жомсимсигсса]

저녁식사

[жонёгссигсса]

서비스

[ссобисы]

빨다, 씻다

[ббалда, сситдда]

청소하다

[чонгсухада]

세탁물

[сэтангмүл]

남성복

[намсонгбуг]

여성복

[ёсонгбуг]

속옷

[сугут]

바지

[бажи]

치마

[чима]

양말

[янгмал]

스타킹

[стакинг]

다리미

[дарими]

다림질하다, 다리다

[даримжилхада, дарида]

우체국

[үчэгүг]

팩스

[фаэгссы]

텔렉스

[тэллэгссы]

편지

[пёнжи]

ил захидал
[일 자히달]

мөнгө солих газар
[멍거(뭉그) 설리흐 가짜르]

банк
[방크]

ресторан(гуанз)
[레스토랑(관쯔)]

үсчин
[우쓰칭]

баар
[바:르]

бие засах газар(жорлон, ноль/ нолийн орөө) [비이 자싸흐 가짜르(저를렁, 너 일/너일링: 어러:]

эмэгтэйчүүдийн бие засах газар
[에메끄테추:딩: 비이 자싸흐 가짜르]

эрэгтэйчүүдийн бие засах газар
[에레끄테추:딩: 비이 자싸흐 가짜르]

тооцоо
[터:처:]

мөнгө төлөх
[멍거(뭉그) 털러흐]

тасалбар
[타쌀바르]

엽서
[ёбссо]

환전소
[хуанжонсу]

은행
[ынхаэнг]

레스토랑
[рэсытуранг]

이용소, 미용소
[ииунгсу, мииунгсу]

바, 술집
[бба, сүлззиб]

화장실
[хуажангсил]

여자화장실
[ёжахуажангсил]

남자화장실
[намжахуажангсил]

계산
[гесан]

돈을 지불하다, 계산하다
[дуныл жибүлхада, гесанхада]

영수증
[ёнгсүжынг]

1. **Хаана ойрхон ... байна вэ?**
한: 어이르헝 ... 바인 웨? [한: 어이르헝 ... 바인 웨?]
банк [방크]
мөнгө солих газар [멍거(뭉그) 설리흐 가짜르]

2. **Америк доллар хаана сольж болох вэ?**
아메리크 덜라르 한: 서일지 벌러흐 웨? [아메리크 덜러르 한: 서일쥐(쮜) 벌러흐 웨?]

3. **Банк хэдэн цагаас хэдэн цаг хүртэл ажилладаг вэ?**
방크 헤뎅 차가:스 헤뎅 차그(착) 후르텔 아질라닥 웨? [방크 헤뎅 차가:쓰 헤뎅 차끄(착) 후르텔 아질뜩 웨?]

4. **Би аль цонх руу очих вэ?**
비 아일 청흐 로: 어치흐 웨? [비 아일 청흐(크) 로: 어치흐 웨?]

5. **Би хэдэн доллар солиулмаар байна.**
비 헤뎅 덜라르 설리올마:르 바인. [비 헤뎅 덜러르 설리올마:르 바인.]

6. **Долларын ханш хэд байна вэ? Ямар ханшаар сольж байгаа юм бэ?**
덜라링: 한시 헤드 바인 웨? 야마르 한샤:르 서일지 바이가: 윰 베? [덜러링: 한쉬 헤뜨 바인 웨? 야마르 한샤:르 서일쥐(쮜) 바이가: 윰 베?]

7. **Би 100 доллар солиулмаар байна.**
비 100(종:) 덜라르 설리올마:르 바인. [비 종: 덜러르 설리올마:르 바인.]

8. **Энэ жуулчны чекийг бэлэн мөнгөөр болгож өгч болох уу?**
엔 졸:치니: 체기:그 벨렝 멍거:르 벌거지 어그치 벌러흐 오:? [엔 졸:치니: 체기:끄 벨렝 멍거:르(뭉거:르) 벌거쥐(쮜) 어그치 벌호:?]

9. **Би хаана гарынхаа үсгийг зурах вэ?**
비 한: 가링:하: 우스기:그 조라흐 웨? [비 한: 가링:하: 우쓰기:끄 조라흐 웨?]

10. **Валют солих тухай тасалбар өгөөч.**
왈류트 설리흐 토하이 타살바르 어거:치. [왈류트 설리흐 토하이 타쌀바르 어거:치.]

11. **Надад 5000(таван мянган) төгрөг задалж өгөхгүй юү?**
나다드 5000(타왕 먕강) 터그럭 자달지 어거흐구이 유:? [나다뜨 5000(타왕/타웅 먕강) 터그럭(투그룩) 자뜰쥐(쮜) 어거흐꾸이 유:?]

12. **Та 10000(арван мянган) төгрөг задалж өгнө үү.**
타 10000(아르왕 먕강) 터그럭 자달지 어근 우:. [타 10000(아르왕/아룽 먕강) 터그럭(투그룩) 자뜰쥐(쮜) 어그누:.]

13. **Та үүнийг задалж өгөхгүй юү?**
타 우:니:그 자달지 어거흐구이 유:? [타 우:니:끄 자뜰쥐(쮜) 어거흐꾸이 유:?]
Надад задгай мөнгө(төгрөг, доллар) алга.
나다드 자드가이 멍거(터그럭, 덜라르) 알가. [나다뜨 자뜨가이 멍거(터그럭, 덜러르) 알라끄(알락).]

■ 환전 **[ХУАНЖОН]**

1. **가까운 ... 어디에 있습니까?**
[Гаггаүн ... одиэ иссымнигга?]

   은행이 *[ынхаэнги]*
   환전소가 *[хуанжонсуга]*

2. **미국 달러를 어디에서 바꿀 수 있습니까?**
[Мигүг ддаллорыл одиэсо баггүл ссү иссымнигга?]

3. **은행은 몇 시부터 몇 시까지 일을 합니까?**
[Ынхаэнгын мёт ссибүто мёт ссиггажи ирыл хамнигга?]

4. **어느 창구로 갑니까?**
[Оны чанггүру гамнигга?]

5. **몇 푼의 달러를 환전하고 싶습니다.**
[Мёт пүный ддаллорыл хуанжонхагу сибссымнида.]

6. **환율가가 어떻게 됩니까? 어떤 환율로 교환합니까?**
[Хуанюлггага оддокэ дуэмнигга? Оддон хуаннюллу гиухуан–
хамнигга?]

7. **저는 백불을 바꾸고 싶습니다.**
[Жонын баэг бүрыл баггүгу сибссымнида.]

8. **이 여행자수표를 현금으로 바꿔 주실 수 있습니까?**
[И ёхаэнгжасүпиурыл хёнгымыру баггүо жүсил ссү иссымнигга?]

9. **어디에 사인을 합니까?**
[Одиэ ссаиныл хамнигга?]

10. **화폐 교환에 대한 영수증을 주십시오.**
[Хуапе гиухуанэ даэхан ёнгсүжынгыл жүсибссиу.]

11. **오천 터그럭을 (잔돈으로) 바꿔 주시지 않겠습니까?**
[Учон төгрөгыл (жандуныру) баггүо жүсижи анкэссымнигга?]

12. **만 터그럭을 (잔돈으로) 바꿔 주십시오.**
[Ман төгрөгыл (жандуныру) баггүо жүсибссиу.]

13. **이것을 (잔돈으로) 바꿔 주시지 않겠습니까?**
[Игосыл (жандуныру) баггүо жүсижи анкэссымнигга?]

   저에게는 잔돈이 없습니다.
   [Жоэгэнын жандуни обссымнида.]

■ 참고단어 및 부가단어(ЛАВЛАХ ҮГ, НЭМЭЛТ ҮГ)

банк	은행
[방크]	[ынхаэнг]
мөнгө солих газар(цэг)	환전소
[멍거(뭉그) 설리흐 가짜르(체ㄲ)]	[хуанжонсу]
мөнгө солих	환전
[멍거(뭉그) 설리흐]	[хуанжон]
мөнгөний ханш	환율
[멍거니:(뭉그니:) 한쉬]	[хуанюл]
бэлэн мөнгө	현금
[벨렝 멍거(뭉그)]	[хёнгым]
жуулчны чек	여행자수표
[졸:치니: 체크(첵)]	[ёхаэнгжасүпиу]
карт	카드(신용카드)
[카르트]	[кад(синиунгкад)]
бүхэл мөнгө	거액권(액수가 큰 돈)
[부헬 멍거(뭉그)]	[гоаэгггүон(аэгссүга кын дун)]
задгай мөнгө	잔돈
[자뜨가이 멍거(뭉그)]	[жандун]
/АНУ(Америкнэгдсэнулс)–ын/ доллар	/미국의/ 달러, 불
[/АНУ(아메르크 네ㄲ드쑹 올쓰)–잉:/덜러르]	[/мигүгый/ ддалло, бүл]
/Германы/ марк	/독일의/ 마르크
[/게르마니:/ 마르크]	[/дугирый/ марк]
/Японы/ иен	/일본의/ 엔
[/야퍼니:/ 옌]	[/илбуный/ эн]
/Швейцарийн/ франк	/스위스의/ 프랑
[/시웨이차링:/ 프랑크]	[/сывисый/ франг]
/Британийн/ фунт	/영국의/ 파운드
[/브리타닝:/ 폰(푼)트]	[/ёнггүгый/ паүнды]
/Хонконгийн/ доллар	/홍콩의/ 달러
[/헝컹깅:/ 덜러르]	[/хунгкунгый/ ддалло]
/Италийн/ лир	/이탈리아의/ 리라
[/이탈링:/ 리르]	[/италлиаый/ лира]
/ОХУ(Орос холбооны улс)–ын/ рубль	/러시아의/ 루블
[/ОХУ(어러쓰 헐버:니: 올쓰)–잉::/루블]	[/росиаый/ рүбыл]
/БНХАУ(Бүгд найрамдах хятад ард-чилсан улс)–ын/ юань [/БНХАУ(부ㄱ뜨 나이 람다흐 햐타뜨 아르뜨찰쑹 올쓰)–잉/ 유안]	/중국의/ 위안(위엔) [/жүнггүгый/ виан(вияэн)]
/Канадын/ доллар	/캐나다의/ 달러

[/카나딩:/ 덜러르] | [/каэнадаый/ ддалло]

/БНСУ(Бүгд найрамдах солонгос улс)–ын/ вон [/БНСУ(부그뜨 나이람 다흐 설렁거쓰 올쓰)–잉:/ 원] | **/한국의/ 원** [/хангүгый/ вон]

/Францын/ франк [/프란칭:/ 프랑크] | **/프랑스의/ 프랑** [/франгсый/ франг]

/Австри/ шиллинг [/아우스트리/ 실링] | **/오스트리아의/ 실링** [/устриаый/ силлинг]

/Монголын/ төгрөг [/몽골링:/ 터그럭(투그룩)] | **/몽골의/ 터그럭** [/монгорый/ төгрөг]

IV. РЕСТОРАНД, БААРАНД, КАФЕД
[레스토랑드, 바:른뜨, 카페뜨]

1. **Та сайн хоолтой ресторан надад зааж өгнө үү.(өгөөрэй.)**
   타 사인 헐:터이 레스토랑 나다드 자:지 어근 우:.(어거:레이.) [타 사인 헐:테 레스토랑 나다뜨 자:쥐(쮜) 어그누:.(어거:레..)]

2. **Энэ хавьд хятад ресторан байна уу?**
   엔 하비드 햐타드 레스토랑 바인 오:? [엔 하비뜨 햐타뜨 레스토랑 바이노:?]

3. **Ресторан хэдэн цагт онгойх вэ?**
   레스토랑 헤뎅 차그트 엉거이흐 웨? [레스토랑 헤뎅 차끄트 엉거이흐 웨?]

4. **Ресторан хэдэн цагт хаах вэ?**
   레스토랑 헤뎅 차그트 하:흐 웨? [레스토랑 헤뎅 차끄트 하:흐 웨?]

5. **Ресторан(Гуанз, Баар) хэзээ онгойх вэ?**
   레스토랑(관즈, 바:르) 헤제: 엉거이흐 웨? [레스토랑(관쯔, 바:르) 히쩨: 엉거 이흐 웨?]

6. **Хаана ... болох вэ?**
   한: ... 벌러흐 웨? [한: ... 벌러흐 웨?]

   жаахан юм хурдхан идэж [짜:흥 윰 호르뜨항 이뜨쥐(쮜)]
   хямдхан хоол идэж [햠뜨항 헐: 이뜨쥐(쮜)]
   рашаан(жимсний шүүс) ууж [라샹/아르샹 (짐쓰니: 슈:쓰) 오:쥐(쮜)]

7. **... хаана байна вэ?**
   ... 한: 바인 웨? [... 한: 바인 웨?]

   Ресторан(Зуушны газар, Зоогийн газар, Гуанз, Цайны газар)
   [레스토랑(조:쉬니: 가짜르, 저:깅: 가짜르, 관쯔, 차이니: 가짜르)]
   Кафе [카페]
   Баар [바:르]
   Пивоны баар [피오니: 바:르]

8. **Хоёулаа хоолонд(*ресторанд, гуанзанд, зоогийн газарт*) явья.**
   허여올라: 헐:런드(레스토랑드, 관잔드, 저:깅 가자르트) 야위. [허욜:라: 헐:런 뜨(레스토랑뜨, 관잔뜨, 저:깅 가짜르트) 야위.]

9. **Хоёулаа ... бааранд ороод жаахан архиууя.**
   허여올라: ... 바:란드 어러:드 자:항 아르히 오:야. [허욜:라: ... 바:른뜨 어러:뜨 짜:홍 아르히 오:야(이).]

10. **Хоёулаа ... кафед ороод кофе ууя.**
    허여올라: ... 카페드 어러:드 커페 오:야. [허욜:라: ... 카페뜨 어러:뜨 커피 오:야(이).]

11. **Бид таныг ресторанд урих гэсэн юм.**
    비드 타니:그 레스토랑드 오리흐 게셍 윰. [비뜨 타니:끄 레스토랑뜨 오리흐 게쓰임.]

IV. 레스토랑, 술집, 까페에서

[РЭСЫТУРАНГ, СҮЛЗЗИБ, ГГАФЭЭСО]

1. 음식 맛이 좋은 식당을 가르쳐 주십시오.
[Ымсиг маси жуын сигддангыл гарычё(о) жүсибссиу.]

2. 이 주변에 중국 음식점이 있습니까?
[И жүбёнэ жүнггүг ымсигззоми иссымнигга?]

3. 식당은 몇 시에 문을 엽니까?
[Сигддангын мёт ссиэ мүныл ёмнигга?]

4. 식당은 몇 시에 문을 닫습니까?
[Сигддангын мёт ссиэ мүныл датссымнигга?]

5. 식당은(바는) 언제 문을 엽니까?
[Сигддангын(ббанын) онжэ мүныл ёмнигга?]

6. 어디에서 ... 수 있습니까?
[Одиэсо ... ссү иссымнигга?]

    음식을 빨리 먹을 [ымсигыл ббалли могыл]
    싼 음식을 먹을 [ссан ымсигыл могыл]
    물을(음료수를) 마실 [мүрыл(ымриусүрыл) масил]

7. ... 어디에 있습니까?
[... одиэ иссымнигга?]

    레스토랑이 [Рэсытуранги]
    까페가 [ГГафэга]
    술집바가 [Сүлззибббага]
    맥주바가 [Маэгззүббага]

8. 함께(같이) 식사하러 갑시다.
[Хамггэ(гачи) сигссахаро габссида.]

9. 함께 ... 바에 들러 술을 조금 합시다.
[Хамггэ ... ббаэ дылло сүрыл жугым хабссида.]

10. 함께 ... 까페에 들러 커피를 마십시다.
[Хамггэ ... ггафээ дылло кофирыл масибссида.]

11. 저희는 당신을 식당에 초대하려고 합니다.
[Жохыйнын дангсиныл сигддангэ чудаэхарёгу хамнида.]

12. **Та хоол идэхгүй юу?**
타 헐: 이데흐구이 유:? [타 헐: 이떼흐꾸이(이트꾸이) 유:?]

13. **Та юм идмээр байна уу?**
타 윰 이뜨메:르 바인 오:? [타 윰 이뜨메:르 바이노:?]

14. **Та юм уумаар байна уу?**
타 윰 오:마:르 바인 오:? [타 윰 오:마:르 바이노:?]

15. **Та өлсч байна уу?**
타 얼스치 바인 오:? [타 얼쓰치 바이노:?]

16. **/Бид/ Энэ *ресторанд* орж жаахан юм идэх үү?(уух уу?)**
/비드/ 엔 레스토랑드 어르지 자:항 윰 이데흐 우:?(오:흐 오:?) [/비뜨/ 엔 레스
토랑뜨 어르쮜 짜:홍 윰 이뜨후:?(오:호:?)]

17. **Би жаахан юм идмээр байна. *Хоёулаа* энэ рестаранд хоол идье.**
비 자:항 윰 이드메:르 바인. 허여올라: 엔 레스토랑드 헐: 이디예. [비 짜:홍
윰 이뜨메:르 바인. 허욜:라: 엔 레스토랑뜨 헐: 이띠(이띠예).]

18. **Та *өглөөний цайгаа* хэдийд(хэдэн цагт) уудаг вэ?**
타 어글러:니: 차이가: 헤디:드(헤뎅 차그트) 오:닥 웨? [타 어글러:니: 차이가:
헤디:뜨(헤뎅 차끄트) 오:뜩 웨?]

Найм хагаст.
나임 하가스트. [나임 하가쓰트.]

Та өглөө юу юу идэж уудаг вэ?
타 어글러: 유오 유오 이데지 오:닥 웨? [타 어글러: 유오 유오 이뜨쮜(쮜) 오:
뜩 웨?]

Би *талх, шарсан өндөг* идэж *сүүтэй кофе* уудаг.
비 탈흐, 샤르상 언더그 이데지 수:테이 커페 오:닥. [비 탈흐, 샤르쑹 언더끄
이뜨쮜(쮜) 수:테 커피 오:뜩.]

Та ямар хоол идэх дуртай вэ?
타 야마르 헐: 이데흐 도르타이 웨? [타 야마르 헐: 이떼흐 도르태 웨?]

Би жаахан *өөхтэй мах* идэх дуртай.
비 자:항 어:흐테이 마흐 이데흐 도르타이. [비 짜:홍 어:흐테 마흐 이떼흐 도
르태.]

19. **Та оройн хоолоо хэдэн цагт иддэг вэ?**
타 어러인 헐:러: 헤뎅 차그트 이드덱 웨? [타 어러인 헐:러: 헤뎅 차끄트 이
뜨뜩 웨?]

/Би/ голдуу долоон цагт иддэг.
/비/ 걸도: 덜렁: 차그트 이드덱. [/비/ 걸또: 덜렁: 차끄트 이뜨뜩.]

12. 식사하시지 않겠습니까?
[Сигссахасижи анкэссымнигга?]

13. 뭘 좀 드시고 싶으세요?
[Мγол жум дысигу сипысэиу?]

14. 뭘 좀 마시고 싶으세요?
[Мγол жум масигу сипысэиу?]

15. 배고프세요?
[Баэгупысэиу?]

16. /우리/ 이 식당에 들러 뭘 좀 먹을까요?(마실까요?)
[/γри/ И сигддангэ дылло мγол жум могылггаиу?(масилггаиу?)]

17. 저는 뭘 좀 먹고 싶습니다. 함께 이 식당에서 식사를 합시다.
[Жонын мγол жум моггту сибссымнида. Хамггэ и сигддангэсо
сигссарыл хабссида.]

18. 당신은 아침식사를 언제 하십니까?
[Дангсинын ачимсигссарыл онжэ хасимнигга?]

여덟시 반에 합니다.
[Ёдолсси банэ хамнида.]

당신은 아침에 무엇 무엇을 드십니까?
[Дангсинын ачимэ мγот мγосыл дысимнигга?]

저는 빵과 계란후라이 그리고 커피를 마십니다.
[Жонын ббанггуа геранхγраи гыригу кофирыл масимнида.]

당신은 어떤 음식 드시기를 좋아합니까?
[Дангсинын оддон ымсиг дысигирыл жуахамнигга?]

저는 약간 비계 낀 고기 먹기를 좋아합니다.
[Жонын яггган биге ггин гуги могггирыл жуахамнида.]

19. 저녁식사는 몇 시에 하십니까?
[Жонёгсигссанын мёт ссиэ хасимнигга?]

/저는/ 주로 일곱시에 먹습니다.
[/жонын/ Жγру илгубссиэ могссымнида.]

20. **Танайд захиалга өгч болох уу? Орой 7(долоон) цагт гурван хүний суудал захиалмаар байна. Намайг Ким Гисонг гэдэг.**

타나이드 자히알가 어그치 벌러흐 오:? 어러이 7(덜렁:) 차그트 고르왕 후니: 소:달 자히알마:르 바인. 나마이그 김기성 게데그. [타나이뜨 자히알라ㄲ 어그 치 벌호:? 어러이 7(덜렁:) 차ㄲ트 고르왕(고롱) 후니: 소:들 자히알마:르 바인. 나마이ㄲ 김기성 게데ㄲ(게텍).]

21. **Бид захиалгатай. Гурван хүний суудал захиалчихсан.**

비드 자히알가타이. 고르왕 후니: 소:달 자히알치흐상. [비뜨 자히알라ㄲ태. 고르왕(고롱) 후니: 소:들 자히알치흐쌍.]

22. **Хувцсаа хаана өлгөх вэ?**

호브츠사: 한: 얼거흐 웨? [호브츠싸: 한: 얼거흐 웨?]

23. **Өлгүүр хаана байна?**

얼구:르 한: 바인? [얼구:르 한: 바인?]

24. **Сул ширээ байна уу?**

솔 시레: 바인 오:? [솔 시레: 바이노:?]

25. **Бид хаана суух вэ?**

비드 한: 소:흐 웨? [비뜨 한: 소:흐 웨?]

26. **Энд(Тэнд) сууж болох уу?**

엔드(텐드) 소:지 벌러흐 오:? [엔뜨(텐뜨) 소:쥐(쮜) 벌호:?]

27. **Тэнд суух уу?**

텐드 소:흐 오:? [텐뜨 소:호:?]

28. **Цонхны дэргэд сул суудал байхгүй юу?**

청흐니: 데르게드 솔 소:달 바이흐구이 유오? [청흐니: 데르게뜨 솔 소:들 바 이흐꾸이 유오?]

29. **Энэ(Тэр) ширээнд сууя.**

엔(테르) 시렌:드 소:야. [엔(테르) 시렌:뜨 소:야.]

30. **Би (Бид) ... суумаар байна.**

비(비드) ... 소:마:르 바인. [비(비뜨) ... 소:마:르 바인.]

 буланд *[볼랑뜨]*
 цонхны дэргэд *[청흐니 데르게뜨]*

31. **Та(Та нар) юу(ямар хоол) идэх вэ?**

타(타 나르) 유오(야마르 헐:) 이데흐 웨? [타(타 나르) 유오(야마르 헐:) 이떼흐 웨?]

32. **Та юу авах вэ?**

타 유오 아와흐 웨? [타 유오 아와흐 웨?]

Би *төмстэй салат* авъя.

비 텀스테이 살라트 아위야. [비 텀쓰테 살라트 아위(아위야).]

20. 예약을 할 수 있습니까? 저녁 일곱시에 세 사람의 자리를 예약하고 싶습
니다. 저는 김기성이라고 합니다.
[Еягыл хал ссу иссымнигга? Жонёг илгубссиэ сэ сарамый жарирыл
еякагу сибссымнида. Жонын Ким Гисонгирагу хамнида.]

21. 저희는 예약을 했습니다. 세 사람의 자리를 예약했습니다.
[Жохыйнын еягыл хаэссымнида. Сэ сарамый жарирыл еякэссымнида.]

22. 옷을 어디다 겁니까?
[Усыл одида гомнигга?]

23. 옷걸이가 어디에 있습니까?
[Утгорига одиэ иссымнигга?]

24. 빈 자리가 있습니까?
[Бин жарига иссымнигга?]

25. 어디에 앉을까요?
[Одиэ анжылггаиу?]

26. 여기에(저기에) 앉아도 되겠습니까?
[Ёгиэ(Жогиэ) анжаду дуэгэссымнигга?]

27. 저기에 앉을까요?
[Жогиэ анжылггаиу?]

28. 창가에는 빈자리가 없습니까?
[Чанггэнын бинжарига обссымнигга?]

29. 이 자리에 앉읍시다.
[И жариэ анжыбссида.]

30. 저는(저희는) ... 앉고 싶습니다.
[Жонын(Жохыйнын) ... анггу сибссымнида.]

구석에 *[гусогэ]*
창가에 *[чанггаэ]*

31. 당신(당신들) 무엇을(어떤 음식을) 드시겠습니까?
[Дангсин(дангсиндыл) муосыл(оддон ымсигыл) дысигэссымнигга?]

32. 뭘 주문하시겠습니까?
[Муол жумунхасигэссымнигга?]

저는 감자샐러드를 하겠습니다.
[Жонын гамжассаэллодрыл хагэссымнида.]

33. Та өөр юм авахгүй юу?
타 어:르 윰 아와흐구이 유오? [타 어:르 윰 아와흐꾸이 유오?]

Өөр юм авахгүй, одоо боллоо.
어:르 윰 아와흐구이, 어더: 벌러:. [어:르 윰 아와흐꾸이, 어떠: 벌를러:.]

34. Та юу уух вэ?
타 유오 오:흐 웨? [타 유오 오:흐 웨?]

35. Та юу идэж уух вэ?
타 유오 이데지 오:흐 웨? [타 유오 이뜨줘(쮀) 오:흐 웨?]

36. Та ундаа уух уу?
타 온다: 오:흐 오? [타 온다: 오:호?]

Ууя. ... /авчирч/ өгөөч.(өгөөрэй!)
오:야. ... /압치르치/ 어거:치.(어거:레이!) [오:야. ... /압치르치/ 어거:치.(어거:레:!)]

Нэг пепси [네끄 펩시]
Хоёр кока кола [허여르 코카 콜라]
Гурван спрайт [고르왕(고롱) 스프라이트]
Дөрвөн рашаан ус [더르웡(더롱) 라샹:(아르샹:) 오쓰]

37. Ямар хоол байна вэ?
야마르 헐: 바인 웨? [야마르 헐: 바인 웨?]

38. Хоолны цэсээ өгөөч.
헐:르니: 체세: 어거:치. [헐:르니: 체쎄: 어거:치.]

39. Та сайхан хооллоорой.(Та сайхан зооглоорой.)
타 사이항 헐:러:러이.(타 사이항 저:글러:러이.) [타 사이항 헐:러:레:.(타 사이항 저:글러:레:.)]

40. Жаахан архи уух уу?(Зуун грамм татах уу?)
자:항 아르히 오:흐 오:?(종: 그람 타타흐 오:?) [짜:홍 아르히 오:호:?(종: 그람 타트호:?)]

Тэгье.
테기예. [테기(테기예).]

Би архи огт уудаггүй.
비 아르히 어그트 오:닥구이. [비 아르히 어그트 오:뜨꾸이.]

41. Жаахан пиво уух уу?
자:항 피오 오:흐 오:? [짜:홍 피오 오:호:?]

42. Ямар пиво байна вэ?
야마르 피오 바인 웨? [야마르 피오 바인 웨?]

33. 다른 것은 시키지 않으십니까?
[Дарын госын сикижи анысимнигга?]

다른 것은 시키지 않겠습니다, 이제 됐습니다.
[Дарын госын сикижи анкэссымнида, ижэ дуаэссымнида.]

34. 당신 뭘 마시겠습니까?
[Дангсин мγол масигэссымнигга?]

35. 당신 뭘 드시겠습니까?
[Дангсин мγол дысигэссымнигга?]

36. 음료수를 마시겠습니까?
[Ымриусγрыл масигэссымнигга?]

예. .... /가져다/ 주십시오.
[Е. .... /гажё(о)да/ жγсибссиу.]

펩시 한 병을 *[пепси хан бёнгыл]*
코카 콜라 두 병을 *[кока кола дγ бёнгыл]*
스프라이트 세 병을 *[спрайт сэ бёнгыл]*
생수 네 병을 *[саэнгсγ нэ бёнгыл]*

37. 어떤 음식이 있습니까?
[Оддон ымсиги иссымнигга?]

38. 메뉴를 보여주십시오.
[Мэнюрыл буёжγсибссиу.]

39. 맛있게 드십시오.(맛있게 드십시오 –존경 표현–)
[Маситггэ дысибссиу.(Маситггэ дысибссиу –жунгёнг пиухён–)]

40. 술을 조금 하시겠습니까?
[Сγрыл жугым хасигэссымнигга?]

그럽시다.
[Гыробссида.]

저는 술을 전혀 안합니다.
[Жонын сγрыл жонхё анхамнида.]

41. 맥주를 조금 마시겠습니까?
[Маэгзэγрыл жугым масигэссымнигга?]

42. 무슨 맥주가 있습니까?
[Мγсын маэгзγга иссымнигга?]

43. **Бүгдийн эрүүл мэндийн төлөө энэ хундагыг тогтооё.**
북딩: 에룰: 멘딩: 털러: 엔 혼다기:그 터그터:여. [북떵: 에룰: 멘딩: 털러: 엔
혼드기:ㄲ 터그터:여.]

44. **Би таны эрүүл мэндийн төлөө энэ хундагыг өргөө.**
비 타니: 에룰: 멘딩: 털러: 엔 혼다기:그 어르거예. [비 타니: 에룰: 멘딩: 털
러: 엔 혼드기:ㄲ 어르거예(이).]

45. **За, хундагтайгаа тогтоочихъё! Таны өлмий бат орших болтугай!**
자, 혼다그타이가: 터그터:치흐여! 타니: 얼미: 바트 어르시흐 벌토가이! [자,
혼다ㄲ태가: 터ㄲ터:치흐여! 타니: 얼미: 바트 어르쉬흐 벌토가이!]

46. **Танд дахиад нэг хундага хийчих үү?**
탄드 다히아드 네그 혼다가 히:치흐 우:?[탄뜨 다히아뜨 네ㄲ 혼다ㄲ 히:치후:?]

За, нэг жаахан хийчих.
자, 네그 자:항 히:치흐. [자, 네ㄲ 짜:홍 히:치흐.]

Одоо болно.
어더: 벌른. [어떠: 벌른(벌르너).]

47. **Танд энэ *хоол* ямар санагдаж байна /вэ/?**
탄드 엔 헐: 야마르 사나그다지 바인 /웨/?[탄뜨 엔 헐: 야마르 사나그다쮜(쮀) 와인 /웨/?]

Зүгээр байна.
주게:르 바인. [쭈게:르 바인.]

Сайхан байна.
사이항 바인. [사이항 바인.]

48. **Үйлчлэгч ээ! Хоолны цэс авчирч өгөөрэй!**
우일칠레그치 에:! 헐:르니 체스 압치르치 어거:레이! [우일칠레ㄲ체:! 헐:르니
체쓰 압치르치 어거:레:!]

49. **Үйлчлэгч ээ! Хоолны цэс үзүүлнэ үү.**
우일칠레그치 에:! 헐:르니 체스 우줄:른 우:. [우일칠레ㄲ체:! 헐:르니 체쓰 우
쭐:르누:.]

50. ***Давс, цуу, перц* байна уу?**
다브스, 초:, 페르츠 바인 오:? [다우스, 초:, 페르츠 바이노:?]

51. ***Энэ халбага, сэрээг* сольж өгөхгүй юү?(сольж өгөөрэй.)**
엔 할바가, 세레:그 서일지 어거흐구이 유:?(서일지 어거:레이.) [엔 할바ㄲ, 세
레:ㄲ 서일쥐(쮀) 어거흐꾸이 유:?(서일쥐(쮀) 어거:레:.)]

52. ***Дахиад хоёр аяга* авчирч өгөөрэй.**
다히아드 허여르 아야가 압치르치 어거레이. [다히아뜨 허여르 아야ㄲ(아약)
압치르치 어거:레:.]

43. 모두의 건강을 위하여 건배합시다.
[Мудуый гонгангыл вихаё гонбаэхабссида.]

44. 당신의 건강을 위하여 이 잔을 듭시다.(들겠습니다.)
[Дангсиный гонгангыл вихаё и жаныл дыбссида.(дылгэссымнида.)]

45. 자, 건배합시다! 당신의 건강을 기원합니다!
[За, гонбаэхабссида! Дангсиный гонгангыл гивонхамнида!]

46. 다시 한잔 따를까요?
[Даси ханжан ддарылггаиу?]

    예, 조금만 따르십시오.
    [Е, жугымман ддарысибссиу.]

    이제 됐습니다.
    [Ижэ дуаэссымнида.]

47. 이 음식이 어떻습니까?
[И ымсиги оддоссымнигга?]

    괜찮습니다.
    [Гуаэнчанссымнида.]

    맛있습니다.(훌륭합니다.)
    [Масиссымнида.(хуллюнгхамнида.)]

48. 아가씨!(종업원!) 메뉴를 가져다 주십시오!
[Агасси!(Жунгобуон!) мэнюрыл гажё(о)да жусибссиу!]

49. 아가씨!(종업원!) 메뉴를 보여주십시오
[Агасси!(Жунгобуон!) мэнюрыл буёжусибссиу.]

50. 소금, 간장, 후추가 있습니까?
[Сугым, ганжанг, хучуга иссымнигга?]

51. 이 숟가락, 포크를 바꿔주시지 않겠습니까?(바꿔주십시오.)
[и сутггараг, пукырыл баггуожусижи анкэссымнигга?(баггуо-
жусибссиу.)]

52. 다시 잔 두개를 가져다 주십시오.
[Даси жан дугаэрыл гажё(о)да жусибссиу.]

53. Дахиад *нэг* ... авчирч өгөөч.
다히아드 네그 ... 압치르치 어거:치. [다히아뜨 네끄 ... 압치르치 어거:치.]

сандал [산달(들)]
/тамхины/ үнсний сав [/탐히니:/ 운쓰니: 사우]
дарсны хундага [다르쓰니: 혼다끄]
амны алчуур [암니: 알초:르]
халбага [할바끄]
сэрээ [세레:]

54. Бид яарч байна.
비드 야:르치 바인. [비뜨 야:르치 와인.]

55. Ямар үнэтэй вэ?
야마르 운테이 웨? [야마르 운테 웨?]

56. Би тооцоо хиймээр байна.
비 터:처: 히:메:르 바인. [비 터:처: 히:메:르 바인.]

57. Тооцоо хийе.
터:처: 히:예. [터:처: 히:예.]

58. Би хэдийг өгөх вэ?
비 헤디:그 어거흐 웨? [비 헤디:끄 어거흐 웨?]

53. **다시 ... 한 개를 가져다 주십시오.**
[даси ... хан гаэрыл гажё(о)да жүсибссиу.]

> *의자* [ыйжа]
> */담배/재떨이* [/дамбаэ/ жаэддори]
> *와인잔* [ваинззан]
> *냅킨* [наэбкин]
> *숟가락* [сүтггараг]
> *포크* [пукы]

54. **저희는 바쁩니다.**
[Жохыйнын баббымнида.]

55. **얼마입니까?**
[Олмаимнигга?]

56. **계산을 하고 싶습니다.**
[Гесаныл хагу сибссымнида.]

57. **계산합시다.**
[Гесанхабссида.]

58. **얼마를 내야합니까?**
[Олмарыл наэяхамнигга?]

■ ЗАХИАЛАХ [자히알라흐]

1. **Хоолны цэс үзүүлнэ үү.(Хоолны цэс өгнө үү.(өгөөч.))**
헐:르니: 체스 우줄:른 우:.(헐:르니: 체스 어근 우:.(어거:치.)) [헐:르니: 체쓰
우쭐:르누:.(헐:르니: 체쓰 어그누:.(어거:치.))]

2. **Танайд ямар ... байна вэ?**
타나이드 야마르 ... 바인 웨? [타나이뜨 야마르 ... 바인 웨?]

> *үндэсний хоол [운데쓰니: 헐:]*
> *ногоо [너거:]*
> *зууш [조:쉬]*
> *жимс [짐쓰]*

3. **Танайд өнөөдөр ... хоолонд юу байна вэ?**
타나이드 어너:더르 ... 헐:런드 유오 바인 웨? [타나이뜨 어너:떠르 ... 헐:런뜨
유오 바인 웨?]

> *өглөөний [어글러:니:]*
> *үдийн [우딩:]*
> *оройн [어러인]*

4. **Өнөөдөр ... ямар хоол байна вэ?**
어너:더르 ... 야마르 헐: 바인 웨? [어너:떠르 ... 야마르 헐: 바인 웨?]

> *загасаар хийсэн [자가싸:르 히:쏭]*
> *махаар хийсэн [마하:르 히:쏭]*

5. **... ямрыг нь авахыг та зөвлөхсөн бол?**
... 야므리:그 은 아와히:그 타 저블러흐성 벌? [... 야므리:끈 아와히:끄 타 저
블러흐쏭 벌?]

> *Монгол үндэсний хоолноос*
> *[몽골 운데쓰니: 헐:너:쓰]*
> *Хүйтэн (халуун) зуушнаас*
> *[후이퉁 (할룽:) 조:쉬나:쓰]*
> *Махан (Загасан) хоолноос*
> *[마홍 (자가쏭) 헐:너:쓰]*

6. **Танай рестораны хамгийн амттай, нэртэй хоол нь ямар хоол вэ?**
타나이 레스토라니: 함깅: 암트타이, 네르테이 헐: 은 야마르 헐: 웨? [타나이
레스토라니: 함깅: 암트태, 네르테 헐:른 야마르 헐: 웨?]

7. **Та(Та нар) юу авах вэ? (Та ямар хоол идэх вэ?)**
타(타 나르) 유오 아와흐 웨?(타 야마르 헐: 이데흐 웨?) [타(타 나르) 유오 아
와흐 웨?(타 야마르 헐: 이떼흐 웨?)]

■ 주문하기 **[ЖҮМҮНХАГИ]**

1. **메뉴를 보여주십시오**
[Маэнюрыл буёжүсибссиу.]

2. **당신네는 어떤 ... 있습니까?**
[Дангсиннэнын оддон ... иссымнигга?]

> **고유민속음식이(전통요리가)** *[гуюминсугымсиги(жонтунг иурига)]*
> **야채가** *[ячаэга]*
> **전채요리가(에피타이저)** *[жончаэиурига(аэпитаижо)]*
> **과일이** *[гуаири]*

3. **당신네 오늘 ... 식사에는 무엇이 있습니까?**
[Дангсиннэ уныл ... сигссаэнын мүоси иссымнигга?]

> **아침** *[ачим]*
> **점심** *[жомсим]*
> **저녁** *[жонёг]*

4. **오늘은 ... 어떤 요리가 있습니까?**
[Унырын ... оддон иурига иссымнигга?]

> **생선으로 만든** *[саэнгсоныру мандын]*
> **고기로 만든** *[гугиру мандын]*

5. **... 어떤 것 드시기를 추천하시겠습니까?**
[... оддон гот дысигирыл чүчонхасигэссымнигга?]

> **몽골 전통음식 중에서**
> *[монгол жонтунгымсиг жүнгэсо]*
> **차거운 (뜨거운) 전채요리 가운데에서**
> *[чагоүн(ддыгоүн) жончаэиури гаүндээсо]*
> **고기(생선)요리 가운데에서**
> *[гуги(саэнгсон)иури гаүндээсо]*

6. **당신네 식당의 가장 맛있고 정평 나있는 음식은 어떤 요리입니까?**
[Дангсиннэ сигдцангый гажанг маситггу жонгпёнг наиннын
ымсигын оддон иуриимнигга?]

7. **당신(당신네) 무엇을 드시겠습니까? (어떤 음식을 드시겠습니까?)**
[Дангсин(Дангсиннэ) мүосыл дысигэссымнигга?(оддон ым—
сигыл дысигэссымнигга?)]

8. **Би(Бид) ямар хоол авахаа арай шийдээгүй байна.**
비(비드) 야마르 헐: 아와하: 아라이 지:데:구히 뱌안. [비(비뜨) 야마르 헐:
아와하: 아라이 쉬:떼:구이 바인.]

9. **Жаахан байзнаж байгаад захиалж болох уу?**
자:항 바이즈나지 바이가:드 자히알지 벌러흐 오:? [짜:홍 바이쯔나쥐(쮀) 바이
가:뜨 자히알쥐(쮀) 벌호:?]

10. **Түр хүлээж байгаарай.**
투르 홀레:지 바이가:라이. [투르 홀레:쥐(쮀) 바이가:래:.]

11. **Надад(Бидэнд) ... авчирч өгөөч.**
나다드(비덴드) ... 압치르치 어거:치. [나다뜨(비덴뜨) ... 압치르치 어거:치.]

цөцгийн тос [처츠긩: 터쓰]

гахайн утсан мах [가하잉 오트쑹 마흐]

нэг бяслаг нэг сүүтэй кофе

[네끄 뱌쓸라끄 네끄 수:테 커피]

12. **Надад(Бидэнд) ... өгнө үү.**
나다드(비덴드) ... 어근 우:. [나다뜨(비덴뜨) ... 어그누:.]

бууз [보:쯔]

бифштекс [비프스텍쓰]

шарсан загас [샤르쑹 자가쓰]

шарсан тахиа [샤르쑹 타히아]

шарсан мах [샤르쑹 마흐]

13. **Би ... бифштексэнд дуртай.**
비 ... 비프스텍센드 도르타이. [비 ... 비프스텍쓴뜨 도르태.]

шүүстэй [슈:쓰테]

шүүрхийдүү шарсан [슈:르히:두: 샤르쑹]

сайн шарсан [사인 샤르쑹]

14. **... авчирч өгөөч.**
... 압치르치 어거:치. [... 압치르치 어거:치.]

Хоёр лонх рашаан [허여르 렁흐(렁크) 라샹:(아르샹:)]

Нэг аяга хар кофе [네끄 아야끄(아약) 하르 커피]

Нэг аяга байхуу цай [네끄 아야끄(아약) 바이호: 차이]

Мөстэй ус [머쓰테(무쓰테) 오쓰]

Нэг аяга виски [네끄 아야끄(아약) 위스키]

Нарийн боов [나링: 버:우]

15. **Би үүнийг авъя.**
비 우:니:그 아위야. [비 우:니:끄 아위(야).]

8. 저는(저희는) 어떤 음식을 시킬지 아직 결정하지 않았습니다.
   [Жонын(Жохыйнын) оддон ымсигыл сикилжи ажиг гёлззонгхажи
   анассымнида.]

9. 조금 있다가 주문해도 되겠습니까?
   [Жугым итддага жумунхаэду дуэгэссымнигга?]

10. 잠시 기다리십시오.
    [Жамси гидарисибссиу.]

11. 저에게(저희에게) ... 가져다 주십시오.
    [Жоэгэ(Жохыйэгэ) ... гажё(о)да жусибссиу.]

    생크림을 [ссаэнгкыримыл]
    훈제 돼지고기를 [хүнжэ дуаэжигугирыл]
    바슬락 한 접시와 커피 한 잔을
    [бяслаг хан жобссива кофи хан жаныл]

12. 저에게(저희에게) ... 주십시오.
    [Жоэгэ(Жохыйэгэ) ... жусибссиу.]

    보:쯔를 [буузырыл]
    비프스테이크를 [бифысытэикырыл]
    생선튀김을 [саэнгсонтүйгимыл]
    닭튀김을 [дагтүйгимыл]
    고기튀김을 [гүгитүйгимыл]

13. 저는 ... 비프스테이크를 좋아합니다.
    [Жонын ... бифысытэикырыл жуахамнида.]

    덜 익힌 [дол икин(дорикинъ]
    중간 정도 익힌 [жүнгган жонгду икин]
    완전히 익힌 [ванжонхи икин]

14. ... 가져다 주십시오.
    [... гажё(о)да жусибссиу.]

    생수 두 병을 [саэнгсу дү бёнгыл]
    블랙커피 한 잔을 [быллаэгкофи хан жаныл]
    배호차 한 잔을 [баэхуча хан жаныл]
    얼음물을 [орыммүрыл]
    위스키 한 잔을 [висыки хан жаныл]
    "나링: 버:우(과자, 빵류)"를 [нарийн боов(гуажа, ббангню)рыл]

15. 저는 이것으로 하겠습니다.(시키겠습니다.)
    [Жонын игосыру хагэссымнида.(сикигэссымнида.)]

16. **Би үүнийг захиалаагүй. Би ... захиалсан.**
비 우:니:그 자히알라:구이. 비 ... 자히알상. [비 우:니:ㄲ 자히알라:구이. 비 ...
자히알쑹.]

> *шарсан загас [샤르쑹 자가쓰]*
> *шорлог [서를럭]*

17. **Би тэр хүний идэж байгаа юмтай адилхан юм идье.**
비 테르 후니: 이데지 바이가: 욤타이 아딜항 욤 이디예. [비 테르 후니: 이뜨
쥐(쮜) 바이가: 욤태 아딜항 욤 이띠(예).]

18. **Үүнийг яаж иддэг юм бэ?**
우:니:그 야:지 이드덱 욤 베? [우:니:ㄲ 야:쮜 이뜨뜩 욤 베?]

19. **Үүнийг сольж өгч болох уу?**
우:니:그 서일지 어그치 벌러흐 오:? [우:니:ㄲ 서일쥐(쮜) 어그치 벌호:?]

20. **Үйлчлэгч ээ! Миний захиалсан хоол одоо хүртэл гараагүй
байна. Жаахан хурдалж болох уу? Би яарч байна.**
우일칠레그치 에:! 미니: 자히알상 헐: 어더: 후르텔 가라:구이 바인. 자:항 호
르달지 벌러흐 오:? 비 야:르치 바인. [우일칠레ㄲ체:! 미니: 자히알쑹 헐: 어
떠: 후르텔 가라:구이 바인. 짜:훙 호르딸쥐(쮜) 벌호:? 비 야:르치 와인.]

21. **Танай хоол унд миний сэтгэлд таарч байна.**
타나이 헐: 온드 미니: 세트겔드 타:르치 바인. [타나이 헐: 온드 미니: 쎄트겔
뜨 타:르치 와인.]

22. **Их сайхан амттай байна.(Амт нь их гоё байна.)**
이흐 사이항 암트타이 바인.(암트 은 이흐 거여 바인.) [이흐 사이항 암트태
바인.(암튼 이흐 거이(고이) 바인.)]

23. **Тооцоо хийе.**
터:처: 히:예. [터:처: 히:예.]

16. 저는 이것을 주문하지 않았습니다. ... 주문했습니다.
[Жонын игосыл жумунхажи анассымнида. ... жумунхаэссымнида.]

   생선튀김을 [саэнгсонтуйгимыл]
   바베큐를 [бабэкюрыл]

17. 저는 저 사람이 먹고 있는 것과 같은 걸로 하겠습니다.
[Жонын жо сарами моггу иннын готгуа гатын голлу хагэссымнида.]

18. 이것을 어떻게 먹습니까?
[Игосыл оддокэ могссымнигга?]

19. 이것을 바꿔 주실 수 있습니까?
[Игосыл баггуо жусил ссу иссымнигга?]

20. 종업원! 제가 주문한 음식이 아직까지 안 나왔습니다. 조금 서둘러 주실
수 있겠습니까? 바빠서 말이죠.
[Жунгобуон! Жэга жумунхан ымсиги ажиггажи ан навассымнида.
Жугым содулло жусил ссу иттгэссымнигга? Баббасо марижиу.]

21. 당신네 음식들은 제 취향에(입맛에) 맞습니다.
[Дангсиннэ ымсигдырын жэ чуйхянгэ(иммасэ) матссымнида.]

22. 아주 맛이 있습니다.(맛이 아주 기가 막힙니다.)
[Ажу маси иссымнида.(Маси ажу гига макимнида.)]

23. 계산합시다.
[Гесанхабссида.]

📖 참고단어 및 부가단어(ЛАВЛАХ ҮГ, НЭМЭЛТ ҮГ)

үйлчлэгч(хоол зөөгч)
[우일칠레끄치(훨: 저:끄치)]
식당종업원(웨이터,웨이트레스)
[сигддангжунгобүон(вэито,вэитырэс)]

үйлчлүүлэгч(зочин)
[우일칠룰:레끄치(저칭)]
손님
[сунним]

тогооч
[터거:치]
요리사, 조리사
[иуриса, журиса]

хоолны цэс
[훨:르니: 체쓰]
메뉴
[мэню]

халуун сав
[할롱: 사우]
보온병
[буунббёнг]

хундага
[혼다끄]
술잔
[сүлззан]

аяга(шазан аяга, цайны аяга)
[아야끄(아약)(샤짱 아야끄(아약), 차이니: 아야끄(아약))]
사기잔,공기,밥공기(사기대접,찻잔)
[сагиззан,гунгги,бабггунги(са-гидаэжоб,чатззан)]

шилэн аяга(стакан)
[실링(실렝) 아야끄(아약)(스타캉)]
유리컵
[юрикоб]

сэнжтэй аяга
[센지테(센쥐테) 아야끄(아약)]
손잡이가 있는 찻잔(사기잔,커피잔)
[сунзабига итнын чатззан(саги-ззан, кофиззан)]

таваг
[타와끄(타왁)]
접시
[жобсси]

сав
[사우]
그릇, 냄비, 통
[гырыт, наэмби, тунг]

лонх(шил)
[렁크(흐)(실)]
병
[бёнг]

бөглөө
[버글러:]
병마개
[бёнгмагаэ]

бөглөө онгойлгогч
[버글러: 엉거일거그치]
병따개
[бёнгддагаэ]

сугалуур
[소갈로:르]
마개뽑이, (포도주 병등의)코르크뽑개
[магаэббуби, (пудужү бёнгдыный) куркыббубгаэ]

соруул
[서롤:]
담배파이프
[дамбаэпаипы]

үнсний сав
[운쓰니: 사우]
재멸이
[жаэддори]

асаагуур
라이타

[아싸:고:르]

чүдэнз(шүдэнз)

[추덴쯔(슈덴쯔)]

амны алчуур(ам арчих цаас)

[암니 알초:르(암 아르치흐 차:쓰)]

шүдний чигчлүүр

[슈뜨니: 치끄칠루:르]

ширээний бүтээлэг

[시레:니: 부텔:레끄(부텔:렉)]

зөөх тосгуур

[저:흐 터쓰고:르]

хоолны хэрэгсэл

[헐:르니: 헤레끄셀]

халбага

[할바끄(할박)]

сэрээ

[세레:]

хутга

[호타끄(호탁)]

савх

[사우흐]

амтлаг

[암틀라끄(암틀락)]

амтлагч(сүмс)

[암틀라끄치(숨쓰)]

цуу

[초:]

давс

[다우쓰]

элсэн чихэр

[엘쏭 치헤르]

сахар(ёотон)

[사하르(여:텅)]

перец

[페르츠]

халуун ногоо

[할룽: 너거:]

гич

[기치]

сайхан үнэртэй

[사이항 우네르테]

[раита]

성냥

[сонгнянг]

냅킨

[наэпкин]

이쑤시개, 요지

[иссүсигаэ, иужи]

식탁보

[сигтагббу]

쟁반

[жаэнгбан]

식사도구

[сигссадугү]

숟가락

[сүтггараг]

포크

[пукы]

칼, 나이프

[кал, наифы]

젓가락

[жотггараг]

조미료

[жумириу]

소스

[ссусс]

간장

[ганжанг]

소금

[сугым]

설탕

[солтанг]

각설탕

[гагссолтанг]

후추

[хүчү]

고춧가루

[гучүтггарү]

겨자

[гёжа]

맛있는 냄새, 향긋한 냄새, 향기

[масиннын наэмсаэ, хянггытан

наэмсаэ, хянгги]

муухай үнэртэй
[모:하이 우네르테]
나쁜 냄새, 악취
[наббын наэмсаэ, агчүй]

амттай
[암트태]
맛있는(맛있다)
[масиннын(маситдда)]

амтгүй
[암트꾸이]
맛없는(맛없다)
[мадомнын(мадобдда)]

давстай
[다우쓰태]
짠(짜다)
[ззан(ззада)]

давсгүй
[다우쓰구이]
싱거운(싱겁다)
[синггоүн(синггобдда)]

чихэртэй(чихэрлэг)
[치헤르테(치헤를렉)]
단(달다)
[дан(далда)]

чихэргүй
[치헤르구이]
단기가 없는(단기가 없다)
[дангига омнын(дангига обдда)]

халуун
[할롱:]
뜨거운, 매운
[ддыгоүн, маэүн]

гашуун
[가쏭:]
쓴
[ссын]

исгэлэн
[이쓰겔렝]
신
[син]

нялуун
[냘롱:]
느끼한
[ныггихан]

түүхий
[투:히:]
날것의, 생
[налгосый, саэнг]

өтгөн [어트겅]
진한 [жинхан]

шингэн
[싱겡]
묽은, 엷은, 밋밋한
[мүлгын, ёлбын, минмитан]

монгол үндэсний хоол
[몽골 운데쓰니: 헐:]
몽골 전통음식
[монгол жонтунгымсиг]

буцалсан(буцлах(буцал–))
[보찰(츨)쏭(보츨라흐(보찰–))]
끓은(끓다)
[ггырын(ггылта)]

чанасан(чана/х)
[차나(느)쏭(차나흐)]
삶은(삶다)
[салмын(самдда)]

шарсан, хуурсан(шар/ах, хуур/ах)
[샤르쏭, 호:르쏭(샤라흐,호:라흐)]
구운,볶은,지진(굽다,볶다,지지다)
[гүүн,буггын,жижин(гүбдда,буг
дда, жижида)]

жигнэсэн(жигнэ/х)
[지그네쏭(지그네흐)]
쩐(쩌다)
[ззин(ззида)]

утсан(ут/ах)
[오트쏭(오타흐)]
훈제한(훈제하다)
[хүнжэхан(хүнжэхада)]

■ 메뉴 [мэню] (ХООЛНЫ ЦЭС [헐:르니: 체쓰])

өглөөний хоол(өглөөний цай)
[어글러:니: 헐:(어글러:니: 차이)]
아침식사
[ачимсигсса]

өдрийн хоол(үдийн хоол)
[어드링: 헐:(우딩: 헐:)]
점심식사
[жомсимсигсса]

оройн хоол
[어러잉(인) 헐:]
저녁식사
[жонёгссигсса]

талх
[탈흐]
빵
[ббанг]

хачиртай талх(гамбүргер)
[하치르태 탈흐(감부르게르)]
샌드위치(햄버거)
[ссаэндывичи(хаэмбого)]

зайдас
[자이다쓰]
핫도그
[хатддугы]

жимсний чанамал(варень)
[짐쓰니: 차나말(와렌)]
과일쨈
[гуаилззаэм]

тос(масло)
[터쓰(마쏠)]
버터, 마아가린
[ббото, маагарин]

нухаш
[노하쉬]
범벅요리, 으깬요리
[бомбогиури, ыггаэниури]

нухсан төмс
[노흐쏭 텀쓰]
감자범벅
[гамжабомбог]

шарсан төмс
[샤르쏭 텀쓰]
튀김감자, 감자튀김
[түйгимгамжа, гамжатүйгим]

шарсан сонгино
[샤르쏭 성긴]
볶은 양파, 양파볶음
[буггын янгпа, янгпабуггым]

кофе
[커피]
커피
[кофи]

хар кофе
[하르 커피]
블랙커피
[былраэгкофи]

сүүтэй кофе
[수:테 커피]
밀크커피
[милкыкофи]

сүү
[수:]
우유
[үю]

цөцгийн тос
[처츠깅: 터쓰]
생크림
[ссаэнгкырим]

нарийн боов
[나링: 버:우]
"나링: 버:우" –과자, 빵
["нарийн боов" –гуажа, ббанг]

бяслаг
[뱌슬락]
"뱌슬락" –치즈의 일종–
["бяслаг" –чижый илззунг–]

жимсний шүүс
[짐쓰니: 슈:쓰]
цай
[차이]
өндөг
[언더ㄲ(언덕)]
шарсан өндөг
[샤르쑹 언더ㄲ(언덕)]
жигнэсэн өндөг
[지그네쑹 언더ㄲ(언덕)]

파일쥬스
[гуаилжюссы]
차
[ча]
계란
[геран]
계란후라이
[геранхүрай]
삶은계란
[салмынгеран]

ZУУШ [조:쉬] (전체요리/애피타이저 [ЖОНЧАЭИУРИ/ЭПИТАИЖО])–

хүйтэн зууш
[후이텡(퉁) 조:쉬]
салат
[살라트]
төмстэй салат
[텀쓰테 살라트]
өндөгтэй салат
[언더ㄲ테 살라트]
байцаатай салат
[바이차:태 살라트]
улаан лоольтой салат
[올랑: 러:일테 살라트]
дарсан мөөг
[다르쑹 머:ㄲ]
түрс
[투르쓰]
хиам
[히암(함)]
гахайн утсан мах
[가하잉 오트쑹 마흐]
үхрийн чанасан мах
[우흐링: 차나(느)쑹 마흐]
бяслаг
[뱌쏠락]
үхрийн хэл
[우흐링: 헬]

차가운 전체요리
[чагаүн жончаэиури]
샐러드
[ссаэллоды]
감자샐러드
[гамжассаэллоды]
계란샐러드
[геранссаэллоды]
배추샐러드
[баэчуссаэллоды]
토마토샐러드
[туматуссаэллоды]
소금에 절인 버섯
[сугымэ жорин босот]
알(일반적으로 철갑상어의 알)
[ал(илбанзогыру чолгабссаноый ал)]
햄
[хаэм]
훈제 돼지고기
[хүнжэ дуэжигуги]
삶은 소고기
[салмын сугуги]
"뱌슬락" –치즈의 일종–
["бяслаг"–чижый илззунг–]
소혀 요리
[сухё иури]

шөл
[설]

тунгалаг шөл
[통갈라끄(통갈락) 설]

"설" – 탕, 국, 스프의 일종
["шөл" – танг, гүг, сыпый илззунг]

"통갈락 설" – 건데기가 없는 맑은 국
물만의 스프
["тунгалаг шөл" – гондэгига омнын
малгын гүнгмүлманый сыпы]

ногоотой шөл
[너거:테 설]

야채로 만든 스프, 야채국
[ячаэру мандын сыпы, ячаэггүг]

байцаатай шөл
[바이차:태 설]

배추로 만든 스프, 배추국
[баэчүру мандын сыпы, баэчүггүг]

манжинтай шөл
[만징태 설]

무우로 만든 스프, 무우국
[мүүру мандын сыпы, мүүггүг]

загасны махтай шөл
[자가쓰니: 마흐태 설]

생선으로 만든 스프, 생선국(명태국,북어
국), 생선찌개
[саэнгсоныру мандын сыпы, саэнг-
сонггүг(мёнгтаэггүг,богоггүг), саэнг-
сонззигаэ]

тахианы махтай шөл
[타히아니: 마흐태 설]

닭고기로 만든 스프, 닭고기국
[даггугиру мандын сыпы, даг-
ггугиггүг]

үхэрийн махтай шөл
[우헤링: 마흐태 설]

소고기로 만든 스프, 소고기국
[сугугиру мандын сыпы, су
гугиггүг]

бантан
[반탕]

"반탕" – 수제비와 비슷한 음식
["бантан" – сүжэбива бисытан
ымсиг]

банштай шөл
[반쉬태 설]

"반쉬태 설" – 만두국과 비슷한 음식
["банштай шөл" – мандүггүггүа
бисытан ымсиг]

гурилтай шөл
[고릴태 설]

"고릴태 설" – 칼국수와 비슷한 음식
["гурилтаэ шөл" – калгүгссүва би-
сытан ымсиг]

хавиргатай шөл
[하비(위)라끄태 설]

갈비로 만든 스프, 갈비탕
[галбиру мандын сыпы, галбитанг]

гуляш
[굴랴쉬]

"굴랴쉬" – 야채,고기를 섞어 끓인 음식
["гуляш" – ячаэ, гупирыл сото пырин
ымсиг]

махан хоол
[마항(홍) 헐:]

고기음식, 육류음식
[гугиымсиг, юнгнюымсиг]

мах
[마흐]

고기
[гуги]

адууны мах
[아또니: 마흐]

말고기
[малгуги]

үхрийн мах
[우흐링: 마흐]

소고기
[сугуги]

гахайн мах
[가하잉 마흐]

돼지고기
[дуаэжигуги]

хонины мах
[헌니: 마흐]

양고기
[янггуги]

тахианы мах
[타히아니: 마흐]

닭고기
[дагггуги]

загасны мах
[자가쓰니 마흐]

물고기, 생선
[мүлггуги, саэнгсон]

шарсан мах
[샤르쌍 마흐]

튀김고기, 고기튀김
[түйгимгуги, гугитүйгим]

жигнэсэн мах
[지그네쌍 마흐]

찐고기, 고기찜
[ззингуги, гугиззим]

давтсан мах
[다브트쌍 마흐]

소금에 절인 고기
[сугымэ жорин гуги]

төмстэй, гахайн шарсан мах
[텀쓰테, 가하잉 샤르쌍 마흐]

감자를 곁들인 돼지고기 볶음
[гамжарыл
гётддырин дуаэжигуги буггым]

шорлог
[셔를럭]

바베큐
[бабэкю]

бифштекс
[비프스텍쓰]

비프스테이크
[бипысытэикы]

котлет
[커틀렛]

커틀렛
[котыллэт]

махан хуурга
[마항(홍) 호:라ㄲ]

고기볶음요리 –고기와 야채를 섞어 볶은
요리
[гугибуггымиури –гугива ячаэрыл
согго буггын иури]

пунтүүзтэй хуурга
[푼투:즈테 호:라ㄲ]

당면볶음요리 –잡채요리와 비슷
[дангмёнбуггым –жабчаэиурива

бисыт]

цуйван
[초이왕]

"초이왕" – 칼국수를 고기등과 함께 볶은 요리
["цуйван" – калгугсуҏыл гугидынгтуа хамтэ бугтын иури]

бууз
[보:쯔]

"보:쯔" – 쩐만두와 유사
["бууз" – ззинмандува юса]

банш
[반쉬]

"반쉬" – 만두국에 넣는 만두와 유사
["банш" – мандугтугэ нотнын мандува юса]

хуушуур
[호:쇼:르]

"호:쇼:르" – 호떡과 비슷하나 안에 고기를 넣은 점이 다름, 호떡모양의 튀김만두라 볼 수 있음
["хуушуур" – худдогттуа бисытана анэ гугирыл ноын жоми дарым, худдогмуянгый түйгиммандура бул ссу иссым]

☞ *УНДАА, АРХИ* [온다:, 아르히] (*음료 및 주류* [ЫМНИУ МИТ ЖУРЮ])

ундаа
[온다:]

음료수
[ымриусү]

ус
[오쓰]

물
[мул]

лонхтой рашаан ус
[렁흐(크)테 라샹:(아르샹:) 오쓰]

병에 든 생수
[бёнгэ дын саэнгсү]

жимсний шүүс
[짐쓰니: 슈:쓰]

과일쥬스
[гуаилжюссы]

жүржийн шүүс
[주르징: 슈:쓰]

오렌지쥬스
[урэнжижюссы]

усан үзмийн шүүс
[오쑹 우쯔밍: 슈:쓰]

포도쥬스
[пудужюссы]

интоорын шүүс
[인터:링: 슈:쓰]

체리쥬스
[чэрижюссы]

улаан лоолийн шүүс
[올랑: 러:일링: 슈:쓰]

토마토쥬스
[туматужюссы]

алимны шүүс
[알림니: 슈:쓰]

사과쥬스
[сагуажюссы]

нимбэгийн(лимоны) шүүс
[님베깅:(리모니:) 슈:쓰]

레몬쥬스
[рэмунжюссы]

айраг
[아이락]

"아이락" –말 등의 가축젖을 짜서 발
효시킨 음료, 알콜성분이 있음, 우리
네 막걸리와 흡사. 말젖을 짜서 발효
시킨 것을 마유주(馬乳酒)라고도 부르
지만 소, 양, 염소, 낙타 등 모든 가축
젖으로도 만들기 때문에 '젖산발효음
료'라 통칭하는 것이 더 옳음. 몽골인
들에게 있어 이는 술의 개념보단 음
료의 개념이 강함.
["айраг"]

пиво(шар айраг)
[피오(샤르 아이락)]

맥주
[маэгзз훈]

архи
[아르히]

술
[сул]

цагаан архи
[차강: 아르히]

술(보드카) –우리네 소주 개념–
[сул(будыка)]

дарс
[다르쓰]

포도주, 와인
[пудужу, ваин]

шарз(коньяк)
[샤르쯔(코냑)]

꼬냑
[ггуняг]

ликёр
[리켜르]

리쿠르
[рикуры]

шампанск
[샴판스크(키)]

샴페인
[шампэин]

виски
[위스키]

위스키
[виски]

какао
[카카오]

코코아
[кукуа]

кофе
[커피]

커피
[кофи]

сүүтэй кофе
[수:테 커피]

밀크커피
[милкыкофи]

хар кофе
[하르 커피]

블랙커피
[быллаэгкофи]

цай
[차이]

차
[ча]

сүүтэй цай
[수:테 차이]

"수:테 차이" –찻잎에 우유와 소금 등
을 넣고 섞어 끓인 차–
["сүүтэй цай"]

байхуу цай
[바이호: 차이]

"바이호: 차이" –배호차–
["байхуу цай"]

хар цай	"하르 차이" –홍차–
[하르 차이]	["хар цай"]

✿ *АМТТАН/АМТАТ ЗУУШ* [암트탕/암타트 조:쉬](**후식** *[ХҮСИГ])*

жимсний компот	과일통조림
[짐쓰니: 컴포트]	[гуаилтунгжурим]
бялуу	케익
[뱔로:]	[кэиг]
нарийн боов	"나링: 버:우"–과자, 빵
[나링: 버:우]	["нарийн боов"–гуажа, ббанг]
тараг	"타락"–고체 요구르트와 흡사–
[타락]	["тараг" –гучэ иугүртва хыбсса]
цөггий	"처츠기"–생크림–
[처츠기:]	["цөггий"]
зайрмаг(мөхөөлдөс)	아이스크림
[자이르막(머헐:더쓰)]	[аисскырим]
шоколад	쵸콜렛
[셔컬라뜨(쇼콜라뜨)]	[циукуллэт]
шербет	샤베트
[셰르베트]	[шабэты]
чунз(пудинг)	푸딩
[촌쯔(푸딩)]	[пүдинг]
жимс	과일
[짐쓰]	[гуаил]
алим	사과
[알림]	[сагуа]
лийр	배
[리:르]	[баэ]
гүзээлзгэнэ	딸기
[구젤:즈근]	[ддалги]
бөөрөлзгөнө	산딸기
[버:럴즈근]	[санддалги]
үхрийн нүд	구즈베리
[우흐링: 누뜨]	[гүзбэри]
усан үзэм	포도
[오쏭 우젬]	[пуду]
шийгуа	수박
[시:고아(시:과)]	[сүбаг]
амтат гуа	멜론, 참외

[암타트 고아(과)]

жүрж(мандарин)

[주르쥐(만다링)]

амтат жүрж(апельсин)

[암타트 주르쥐(아필씬)]

хан боргоцой(ананас)

[항 버르거처이(아나나쓰)]

нимбэг(лимон)

[님베끄(님벡)(리몽)]

гүйлс

[구일쓰]

гадил(банан)

[가딜(바난)]

интоор

[인터:르]

тоор

[터:르]

чавга

[차와끄(차왁)]

[мэллун, чамуэ]

귤

[гюл]

오렌지

[урэнжи]

파인애플

[паинаэпыл]

레몬

[рэмун]

살구

[салгү]

바나나

[ббанана]

체리, 버쩌

[чэри, боззи]

복숭아

[бугссүнга]

대추

[даэчү]

МЕНЮ МЕНЮ

V. ХОТОД [허터뜨]

■ ГУДАМЖИНД [고담쯩:뜨]

1. ... хаана байдаг вэ?
... 한: 바이닥 웨? [... 한: 바이뜩 웨?]

> *Улсын төв музей* [올쓰잉: 터우 무제이(무지)]
> *Хувьсгалын музей* [호비(위)쓰갈링: 무제이(무지)]
> *Дүрслэх урлагийн музей* [두르슬레흐 오를라깅: 무제이(무지)]

2. ... яаж очих вэ?
... 야:지 어치흐 웨? [... 야:쥐(쮜) 어치흐 웨?]

> *Дуурь, бүжгийн театр руу* [도:리, 부지깅: 티아트르 로]
> *Хувьсгалын музей рүү* [호비(위)쓰갈링: 무제이(무지) 루]
> *Солонгосын элчин сайдын яам руу* [설렁거씽: 엘친 사이딩: 얌 로]

3. Уучлаарай! Намайг *солонгосын элчин сайдын яам* дээр хүргэж өгнө үү.(өгөөрэй.)
오:칠라:라이! 나마이그 설렁거씽: 엘친 사이딩: 얌 데:르 후르게지 어근
우:(어거:레이) [오:칠라:래! 나마이끄 설렁거씽: 엘친 사이딩: 얌 데:르 후르게
쥐(쮜) 어그누:(어거:레..)]

4. Намайг ... хүргэж өгнө үү.
나마이그 ... 후르게지 어근 우:. [나마이끄 ... 후르게쥐(쮜) 어그누:.]

> *Их сургуулийн гадаад оюутны байранд*
> [이흐(익) 소르골:링: 가다:뜨 어유오트니: 바이란뜨]
> *Сүхбаатарын талбайд* [수흐바:타링: 탈바이뜨]
> *Их сургуульд* [이흐(익) 소르골:뜨]

5. ... яаж хурдхан очих вэ?
... 야:지 호르드항 어치흐 웨? [... 야:쥐(쮜) 호르뜨항 어치흐 웨?]

> *Сүхбаатарын талбай руу* [수흐바:타링: 탈바이 로:]
> *Их дэлгүүр лүү* [이흐 델구:르 루]

6. Энэ автобус ... хүртэл явах уу?
엔 아브터보스 ... 후르텔 야와흐 오:? [엔 아브(우)토보쓰 ... 후르텔 야호:?]

> *Их сургууль* [이흐(익) 소르골:]
> *Барилгачдын талбай* [바릴라끄치딩: 탈바이]
> *Зайсан толгой* [자이쌍 털거이]

V. 시내에서 [СИНАЭЭСО]

■ 거리에서 [ГОРИЭСО]

1. ... 어디에 있습니까?
   [... одиэ иссымнигга?]

   국립중앙박물관은 [Гүнгнибжүнгангбангмүлгуанын]
   혁명박물관은 [Хёнгмёнгбангмүлгуанын]
   미술박물관은 [Мисүлбангмүлгуанын]

2. ... 어떻게 갑니까?
   [... оддокэ гамнигга?]

   오페라, 무용극장으로는 [Упэра, мүиунггыгззангырунын]
   혁명박물관으로는 [Хёнгмёнгбангмүлгуанырунын]
   한국대사관으로는 [Хангугдаэсагуанырунын]

3. 미안합니다만 저를 한국대사관으로 데려다 주십시오.
   [Мианхамнидаман жорыл хангүгдаэсагуаныру дэрёда жүсибссиу.]

4. 저를 ... 데려다 주십시오.
   [Жорыл ... дэрёда жүсибссиу.]

   국립종합대학교 외국인 학생기숙사에
   [гүнгнибжунгхабддаэхагггиу уэгүгин хагссаэнггисүгссаэ]
   "수흐바.타르" 광장에 ["Сүхбаатар" гуангжангэ]
   국립종합대학교에 [гүнгнибжунгхабддаэхагггиуэ]

5. ... 어떻게 질러(빨리) 갑니까?
   [... оддокэ жилло(ббалли) гамнигга?]

   "수흐바.타르"광장으로 ["Сүхбаатар" гуангжангыру]
   백화점으로 [баэкуажомыру]

6. 이 버스는 ...까지 갑니까?
   [И ббоссынын ...ггажи гамнигга?]

   국립종합대학교 [гүнгнибжунгхабддаэхагггиу]
   "바릴라그치드"광장 ["Барилгачид" гуангжанг]
   "자이승 털거이" ["Зайсан толгой"]

7. **Хаана ... ойрхон буудал байна вэ?**
한: ... 어이르헝 보:달 바인 웨? [한: ... 어이르헝 보:들 바인 웨?]
автобусны [아브토보쓰니:]
троллейбусны [트롤레이보쓰니:]

8. **Та 15(арван тав) дугаар байшинг олоход туслана уу?**
타 15(아르왕(아롱) 타우) 도가:르 바이싱그 얼러허드 토슬른 오:? [타 15(아르왕(아롱) 타우) 도가:르 바이싱끄 얼러허뜨 토슬르노:?]

9. **Энэ хэддүгээр байшин бэ?**
엔 헤드두게:르 바이싱 베? [엔 헤뜨두게:르 바이심 베?]

10. **Энэ юун байшин бэ?**
엔 유온 바이싱 베? [엔 유온 바이심 베?]

11. **/Энэ байшинг, Энэ барилгыг, Энэ гүүрийг/ хэзээ барьсан бэ?**
/엔 바이싱그, 엔 바릴기:그, 엔 구:리:그/ 헤제: 바리상 베? [/엔 바이싱끄, 엔 바릴라기:끄, 엔 구:리:끄/ 히쩨: 바리쏨 베?]

12. *Орц* **хаана байгаа юм бэ?**
어르츠 한: 바이가: 윰 베? [어르츠 한: 바이가: 윰 베?]

13. *Гарц* **хаана байгаа юм бэ?**
가르츠 한: 바이가: 윰 베? [가르츠 한: 바이가: 윰 베?]

14. **Энэ хавьд нийтийн бие засах газар(жорлон) бий юү?**
엔 하비드 니:팅: 비예 자사흐 가자르(저를렁) 비: 유:? [엔 하비뜨 니:팅: 비이 자싸흐 가짜르(저를렁) 비: 유:?]

15. **Уучлаарай! Би танай бие засах газарт бие засч болох уу?**
오:칠라:라이! 비 타나이 비예 자사흐 가자르트 비예 자스치 벌러흐 오:? [오:칠라:래:! 비 타나이 비이 자싸흐 가짜르트 비이 자쓰치 벌호:?]

16. **Би** *драмын театр* **луу зөв явж байна уу?**
비 드라밍: 테아트르 로: 저우 야브지 바인 오:? [비 드라밍: 테아트르 로: 저우 야브줘(쮜) 바이노:?]

17. **Би аль чиглэл рүү явах вэ? Энэ тал руу юу?**
비 아일 치그렐루: 야와흐 웨? 엔 탈로: 유오?[비 아일 치그렐루: 야와흐 웨? 엔 탈로: 유오?]

18. **Чигээрээ явах уу?**
치게:레: 야와흐 오:? [치게:레: 야호:?]

Чигээрээ яваарай.
치게:레: 야와:라이. [치게:레: 야와:래:.]

Чигээрээ яваад баруун гар тийшээ(зүүн гар тийшээ) эргээрэй.
치게:레: 야와:드 바룽: 가르 티:셰:(중: 가르 티:세:) 에르게:레이. [치게:레: 야와:뜨 바룽: 가르 티:셰:(중: 가르 티:세:) 에르게:레:.]

7. 어디에 가까운 ... 정류장이 있습니까?
[Одиэ гаггаүн ... жонгнюжанги иссымнигга?]

 버스 [ббосы]
 트롤리버스 [тыруллиббоссы]

8. 당신 15(십오)동 건물 찾는 것을 좀 도와주십시오.
[Дангсин 15(сибу)дунг гонмүл чаннын госыл жум дуважүсибссиу.]

9. 이것은 몇 동 건물입니까?
[Игосын мёт ддунг гонмүримнигга?]

10. 이것은 무슨 건물입니까?
[Игосын мүсын гонмүримнигга?]

11. /이 건물을, 이 건축물을, 이 다리를/ 언제 지었습니까?
[/и гонмүрыл, и гончүгмүрыл, и дарирыл/ Онжэ жиоссымнигга?]

12. 입구는 어디에 있습니까?
[Ибггүнын одиэ иссымнигга?]

13. 출구는 어디에 있습니까?
[Чүлгүнын одиэ иссымнигга?]

14. 이 주변에 공공화장실이 있습니까?
[И жүбёнэ гунггунгхуажангсири иссымнигга?]

15. 실례합니다만 당신네 화장실을 좀 이용해도 되겠습니까?
[Силлехамнидаман дангсиннэ хуажангсирыл жум ииунг-
хаэду дуэгэссымнигга?]

16. 저는 드라마극장으로 제대로 가고 있습니까?
[Жонын дырамагыгззангыру жэдаэру гагу иссымнигга?]

17. 저는 어느 방향으로 가야합니까? 이 쪽으로요?
[Жонын оны бангхянгыру гаяхамнигга? И ззугыруиу?]

18. 곧장 갑니까?
[Гутззанг гамнигга?]

곧장 가십시오.
[Гутззанг гасибссиу.]

곧장 가서 오른쪽으로(왼쪽으로) 도십시오.
[Гутззанг гасо урынззугыру(уэнззугыру) дусибссиу.]

19. Би зам мэднэ. (мэдэхгүй.)
비 잠 메든.(메데흐구이.) [비 잠 미뜬(미뜨네).(미트꾸이.)]

20. Би гадаадын хүн. *Солонгосоос ирсэн.*
비 가다:딩: 홍. 설렁거서:스 이르셍. [비 가다:떵: 홍. 설렁거써:쓰 이르쑹.]

21. Би төөрчихлөө.
비 터:르치흘러:. [비 터:르치흘러:.]

22. Би ... хайж явна.
비 ... 하이지 야운. [비 ... 하이쥐(쮜) 야운(야우나).]

> **... гудамжийг** [... 고담쥐:ㄲ]
> **... талбайг** [... 탈바이ㄲ]
> **... дугаар байшинг** [... 도가:르 바이싱ㄲ]

23. Би төөрчихжээ. Та надад *Хуучин цирк руу* явах замыг зааж өгнө үү.
비 터:르치흐제:. 타 나다드 호:친 치르크 루: 야와흐 자미:그 자:지 어근 우:.
[비 터:르치흐제:. 타 나다뜨 호:친 치르크 루: 야와흐 자미:ㄲ 자:쥐(쮜) 어그
누:.]

24. Надад хотын газрын зураг дээр заагаад өгөөч.
나다드 허팅: 가즈링: 조라그 데:르 자:가:드 어거:치. [나다뜨 허팅: 가쯔링:
조라ㄲ 데:르 자:가:뜨 어거:치.]

25. Явах замыг нь надад зураад өгөөч.
야와흐 자미:그 은 나다드 조라:드 어거:치. [야와흐 자미:끈 나다뜨 조라:뜨
어거:치.]

26. Миний хаана байгааг энэ газрын зураг дээр зааж өгөөрэй.
미니: 한: 바이가:그 엔 가즈링: 조라그 데:르 자:지 어거:레이. [미니: 한: 바이
가:ㄲ 엔 가쯔링: 조라ㄲ 데:르 자:쥐(쮜) 어거:레:.]

27. Хаягийг нь бичээд өгөөч.
하야기:그 은 비체:드 어거:치. [하이기:끈 비체:뜨 어거:치.]

28. Эндээс хол уу?(ойрхон уу?)
엔데:스 헐(어이르헝) 오:? [엔데:쓰 헐로:?(어이르허노:?)]

29. Хир хугацаа орох вэ?
히르 호가차: 어러흐 웨? [히르 호가차: 어러흐 웨?]

30. Би *Сүхбаатарын талбай руу* яаж очих вэ?
비 수흐바:타링: 탈바이 로: 야:지 어치흐 웨? [비 수흐바:타링: 탈바이 로: 야:
쥐(쮜) 어치흐 웨?]

31. Явган явбал хол уу?
야우강 얍발 헐 오:? [야우강 얍벌 헐로:?]

19. 저는 길을 압니다.(모릅니다.)
[Жонын гирыл амнида.(мурымнида.)]

20. 저는 외국사람입니다. 한국에서 왔습니다.
[Жонын уэгүгссарамимнида. Хангүгэсо вассымнида.]

21. 저는 길을 잃었습니다.
[Жонын гирыл ироссымнида.]

22. 저는 ... 찾고 있습니다.
[Жонын ... чатггу иссымнида.]

> *...거리를(...로를)* [*...горирыл(...рурыл)*]
> *...광장을* [*...гуангжангыл*]
> *...동 건물을* [*...дунг гонмүрыл*]

23. 저는 길을 잃어 버렸습니다. 저에게 "호:친 치르크(구 서커스)"까지 가는
    길을 좀 알려주십시오.
[Жонын гирыл иро борёссымнида. Жоэгэ "Хуучин цирк"ггажи
ганын гирыл жум аллёжүсибссиу.]

24. 시내지도상에 알려주십시오.
[Синаэжидусангэ аллё жүсибссиу.]

25. 가는 길을 저에게 그려주십시오.(약도를 그려주십시오.)
[Ганын гирыл жоэгэ гырёжүсибссиу.(ягддурыл гырёжүсибссиу.)]

26. 제가 어디에 있는지를 이 지도상에서 알려주십시오.
[Жэга одиэ иннынжирыл и жидусангэсо аллёжүсибссиу.]

27. 주소를 좀 적어 주십시오.
[Жүсурыл жум жого жүсибссиу.]

28. 여기에서 멉니까?(가깝습니까?)
[Ёгиэсо момнигга?(гаггабссымнигга?)]

29. 얼마나 시간이 걸립니까?(시간이 얼마나 걸립니까?)
[Олмана сигани голлимнигга?(сигани олмана голлимнигга?)]

30. *"수흐바:타르"* 광장으로 어떻게 갑니까?
["Сүхбаатар" гуангжангыру оддокэ гамнигга?]

31. 걸어서 가면 멉니까?
[Горосо гамён момнигга?]

32. ... очиж болох уу?
... 어치지 벌러흐 오:? [... 어치쥐(쮜) 벌호:?]

> ***Автобусаар*** *[아브토보싸:르]*
> ***Троллейбусаар*** *[트롤레이보싸:르]*

33. Энэ гудамжаар Хувьсгалчдын талбай руу явж болох уу?
엔 고담자:르 호비스갈치딩: 탈바이 로: 야브지 벌러흐 오:? [엔 고담자:르 호
비(위)쓰갈치딩: 탈바이 로: 야브(우)쥐(쮜) 벌호:?]

34. Энэ ... юу гэж нэрлэдэг вэ?
엔 ... 유오 게지 네를레덱 웨? [엔 ... 유오 게쥐(쮜) 네를뜩 웨?]

> ***талбайг*** *[탈바이ㄲ]*
> ***гудамжийг*** *[고담쥐:ㄲ]*
> ***гүүрийг*** *[구:리:ㄲ]*

35. ... хүртэл яаж явах вэ?
... 후르텔 야:지 야와흐 웨? [... 후르텔 야:쥐(쮜) 야와흐 웨?]

> ***... зочид буудал*** *[... 저치드 보:달(들)]*

36. Урд(өмнө) зүг нь аль вэ?
오르드(어문) 주그(죽) 은 아일 웨? [오르뜨(어문) 주근 아일 웨?]

37. Хойд зүг нь аль вэ?
허이드 주그(죽) 은 아일 웨? [허이뜨 주근 아일 웨?]

32. ... 갈 수 있습니까?
[... гал ссу иссымнигга?]

> 버스로 [ббоссыру]
> 트롤리버스로 [тыруллиббоссыру]

33. 이 거리로 "호위스갈치드(혁명자)" 광장으로 갈 수 있습니까?
[И гориру "Хувьсгалчид" гуангжангыру гал ссу иссымнигга?]

34. 이 ... 뭐라고 부릅니까?
[И ... муорагу бурымнигга?]

> 광장을 [гуангжангыл]
> 거리를 [горирыл]
> 다리를 [дарирыл]

35. ...까지 어떻게 갑니까?
[...ггажи оддокэ гамнигга?]

> ...호텔(... 여관) [...хутэл(...ёгуан)]

36. 남쪽은 어느 쪽입니까?
[Намззугын оны ззугимнигга?]

37. 북쪽은 어느 쪽입니까?
[Бугззугын оны ззугимнигга?]

● **АВТОБУСНЫ БУУДАЛ(ЗОГСООЛ)** 버스 정류장
　[아브토보쓰니: 보:달(보:들)(적썰:)] [ббоссы жонгнюжанг]
● **ТРОЛЛЕЙБУСНЫ БУУДАЛ** 트롤리버스 정류장
　[트롤레이보쓰니: 보:달(보:들)] [тыруллибоссы жонгнюжанг]
● **ТАКСИЙН ЗОГСООЛ** 택시 승강장
　[탁씽: 적썰:] [таэгсси сынггангжанг]
● **ВОКЗАЛ** 기차역
　[와크잘(왁잘)] [гичаёг]
● **КАФЕ** 까페
　[카페] [ггафэ]
● **БААР** 바(술집)
　[바:르] [бба(сүлззиб)]
● **РЕСТОРАН** 레스토랑
　[레스토랑)] [рэсытуранг]
● **ГУАНЗ** 식당
　[관쯔] [сигдданг]
● **ЗООГИЙН ГАЗАР** 식당
　[저:깅: 가짜르] [сигдданг]
● **ЦАЙНЫ ГАЗАР** 식당
　[차이니: 가짜르] [сигдданг]
● **НОМЫН САН** 도서관
　[너밍: 상] [дусогуан]
● **НОМЫН ДЭЛГҮҮР** 서점
　[너밍: 델구:르] [сожом]
● **ЦАГ ЗАСВАР** 시계수리
　[차끄(착) 자쓰와르] [сигесүри]
● **ГУТАЛ ЗАСВАР** 구두수선
　[고탈(고틀) 자쓰와르] [гүдүсүсон]
● **МАШИН ЗАСВАР** 자동차수리
　[마신(마쉰) 자쓰와르] [жадунгчасүри]
● **ГЭРЭЛ ЗУРАГ(ФОТО ЗУРАГ)** 사진
　[게렐 조라끄(포토 조라끄)] [сажин]
● **ШУУДАН** 우체국
　[쇼:당(쇼:등)] [үчэгүг]
● **ҮСЧИН** 이발소, 미용소
　[우쓰칭] [ибалссу, мииунгсу]
● **ЭМИЙН САН(АПТЕКЪ** 약국
　[에밍: 상(압텍)] [ягггүг]

● ИХ ДЭЛГҮҮР
[이흐 델구:르]

백화점
[баэкуажом]

● БАРААНЫ ДЭЛГҮҮР
[바라:니: 델구:르]

잡화상점
[жапуасангжом]

● ХҮНСНИЙ ДЭЛГҮҮР
[훈쓰니: 델구:르]

식료품상점
[сингниупүмсангжом]

● КИНО ТЕАТР
[키노 테아트르(티아트르)]

영화관, 극장
[ёнгхуагуан, гыгззанг]

● КАСС
[카쓰]

계산대, 계산창구
[гесанддаэ, гесанчанггү]

● ОЮУТНЫ ...-Р БАЙР
[어유오트니:...도가:르(두게:르) 바이르]

...호 학생기숙사
[...ху хагссаэнггисүгсса]

● МУХЛАГ
[모홀락]

길거리 상점, 가판대
[гилггори сангжом, гапанддаэ]

● ЦАГДААГИЙН ГАЗАР
[차ㄲ따:깅: 가짜르]

경찰서, 파출소
[гёнгчалссо, пачүлссу]

● ... ЗОЧИД БУУДАЛ
[... 저치드 보:달(보:들)]

... 호텔, ...여관
[...хутэл, ...ёгуан]

● ... ГУДАМЖ
[... 고담쮜]

...로, ...가, ...거리
[...ру, ...га, ...гори]

● ... ДҮҮРЭГ
[... 두:레ㄲ(두:렉)]

...구, ...지역
[...гү, ...жиёг]

● ... ХЭВЛЭЛИЙН ГАЗАР
[... 헤브렐링: 가짜르]

...출판사
[...чүлпанса]

● ... БАНК
[... 방크]

...은행
[...ынхаэнг]

● ... КОМПАНИ
[... 컴파니]

...회사
[...хуэса]

● ... ЗАСВАР
[... 자쓰와르]

...수리, ... 수리점
[...сүри, ... сүрижом]

● ... ЭМНЭЛЭГ
[... 엠넬레ㄲ]

...병원
[...бёнгвон]

● БҮҮ ХҮР!
[부: 후르!]

접근금지!
[жобггынгымжи!]

● АНХААР, БУДАГТАЙ!
[앙하:(앙카:)르, 보따ㄲ태!]

주의, 페인트칠!
[жүый, пэинтычил!]

● ЗУРАГ АВЧ БОЛОХГҮЙ!
[조라ㄲ 아브치 벌러흐꾸이!]

사진촬영금지!
[сажинчуарёнггымжи!]

● ОРЖ БОЛОХГҮЙ!
[어르쮜(쮜) 벌러흐꾸이!]

출입금지!
[чүрибггымжи!]

● НЭВТРЭХИЙГ ХОРИГЛОНО!

출입금지!

[네브트레히:ㄲ 허리글른(허리글르너)!] | [чүрибггымжи!]

● **НЭЭЛТТЭЙ!**
[넬:트테!] | 개점!, 영업중!
[гаэжом!, ёнгобззүнг!]

● **ХААЛТТАЙ!**
[할:트태!] | 폐점!, 영업끝남!
[пежом!, ёнгобггыннам!]

● **АЮУЛТАЙ!**
[아유올태!] | 위험!
[вихом!]

● **ТАМХИ ТАТАЖ БОЛОХГҮЙ!**
[탐히 타타(트)쮜 벌러흐꾸이!] | 금연!
[гымён!]

● **УСАНД ОРЖ БОЛОХГҮЙ!**
[오쑹뜨 어르쮜 벌러흐꾸이!] | 물에 들어가지 말것!
[мүрэ дырогажи малггот!]

● **ГАДНЫ ХҮН ОРОХЫГ ҮЛ ЗӨВ–ШӨӨРНӨ!**
[가뜨니: 홍 어러히:ㄲ 울 접셔:른!] | 외부인 출입금지!
[уэбүин чүрибггымжи!]

● **ДУГУЙ НӨХНӨ!**
[도고이 너흔(너흐너)!] | 땅구때움!(자동차)
[ббангггүддаэүм!(жадунгча)]

● **ЗАХИАЛГАТАЙ!**
[자히알라ㄲ태!] | 예약석!
[еягссог!]

● **АЖИЛГҮЙ!(ЭВДЭРСЭН!)**
[아질구이!(엡뜨르쑹!)] | 고장!
[гужанг!]

● **САНАМЖ**
[사남쥐] | 주의, 경고
[жүый, гёнггу]

● **ЗАРЛАЛ**
[자르랄] | 알림
[аллим]

● **МЭДЭЭ**
[미떼:] | 소식
[сусиг]

● **МЭДЭЭЛЭЛ**
[미떼:렐] | 정보
[жонгбу]

● **ЗАР СУРТАЛЧИЛГАА**
[자르 소르탈칠가:] | 광고
[гуанггу]

● **НОГОО, ЖИМС**
[너거:, 짐쓰] | 야채, 과일
[ячаэ, гуаил]

● **СҮҮ**
[수:] | 우유
[үю]

● **ЧИХЭР**
[치헤르] | 설탕
[солтанг]

● **УНДАА**
[온다:] | 음료수
[ымниусү]

● **ПИВО**
[피오] | 맥주
[маэгззү]

● **ТАЛХ, НАРИЙН БООВ** | 빵, 조그마한 빵, 과자류, 제과

[탈흐, 나링: 버:우]

[ббанг, жугьымахан ббанг, гуажарю, жэгуа]

● **ОРЦ**
[어르츠]

입구
[ибггγ]

● **ГАРЦ**
[가르츠]

출구
[чγлгγ]

● **НӨӨЦ ХААЛГА**
[너:츠 할:라ㄲ(할:락)]

비상구
[бисанггγ]

● **ТАМХИ ТАТАХ ӨРӨӨ**
[탐히 타타흐 어러:]

흡연실
[хыбёнсил]

● **БИЕ ЗАСАХ ГАЗАР(ЭР, ЭМ)**
[비예(이) 자싸흐 가짜르(에르, 엠)]

화장실(남,여)
[хуажангсил(нам,ё(нё))]

● **УТАС**
[오타쓰)]

전화
[жонхуа]

● **ХОТ ХООРОНДЫН УТАС**
[허트 허:런딩: 오타쓰]

시외전화
[сиуэжонхуа]

● **УЛС ХООРОНДЫН УТАС**
[올쓰 허:런딩: 오타쓰]

국제전화
[гγгззэжонхуа]

● **ЛАВЛАХ ТОВЧОО**
[라블라흐 텁처:]

전화안내국(114)
[жонхуааннаэгγг(илилсса)]

● **ЦАХИЛГААН ШАТ**
[차힐강: 샤트]

엘리베이터
[эллибэито]

● **ХОГИЙН САВ**
[허깅: 사우]

쓰레기통
[ссырэгитунг]

● **ҮЗЭСГЭЛЭН ХУДАЛДАА**
[우쩨쓰겔렝 호달따:]

전시판매장
[жонсипанмаэжанг]

● **ЛОМБАРД**
[롬바르뜨]

전당포
[жондангпу]

✍ ***방위/방향*** [БАНГВИ/БАНГХЯНГ] (*ЗҮГ ЧИГ/ТАЛ* [주ㄲ(죽) 치ㄲ(칙)/탈])

зүүн /зүг/
[중: /죽/]

동/쪽/
[дунг/ззуг/]

баруун /зүг/
[바롱: /죽/]

서/쪽/
[со/ззуг/]

урд(өмнө) /зүг/
[오르뜨(어문) /죽/]

남/쪽/
[нам/ззуг/]

хойд(хойно) /зүг/
[허이뜨(허인) /죽/]

복/쪽/
[бγг/ззуг/]

зүүн хойд(хойно) /зүг/
[중: 허이뜨(허인) /죽/]

동복/쪽/
[дунгбγг/ззуг/]

зүүн урд(өмнө) /зүг/

[중: 오르뜨(어문) /죽/]

баруун хойд(хойно) /зүг/

[바롱: 허이뜨(허인) /죽/]

баруун урд(өмнө) /зүг/

[바롱: 오르뜨(어문) /죽/]

тал

[탈]

баруун тал(баруун гар тал)

[바롱: 탈(바롱: 가르 탈)]

зүүн тал(зүүн гар тал)

[중: 탈(중: 가르 탈)]

өмнө(өвөр) тал

[어문(어워르) 탈]

ар тал

[아르 탈]

дээд тал

[데:드 탈]

доод тал

[더:드 탈]

гадна тал

[가뜬 탈]

дотор тал

[더터르 탈]

энэ тал

[엔 탈]

тэр тал

[테르 탈]

хажуу тал

[하조: 탈]

эсрэг тал

[에쓰레끄(에쓰렉) 탈]

동남/쪽/

[дунгнам/ззуг/]

서북/쪽/

[собүг/ззуг/]

서남/쪽/

[сонам/ззуг/]

방향, 방면, 측, 편

[бангхянг, бангмён, чыг, пён]

오른쪽, 우측, 오른편

[урынззуг, үчыг, урынпён]

왼쪽, 좌측, 왼편

[уэнззуг, жуачыг, уэнпён]

앞쪽, 앞측, 앞편

[абззуг, абчыг, абпён]

뒤쪽, 뒤측, 뒤편

[дүйззуг, дүйчыг, дүйпён]

위쪽, 위측

[виззуг, вичыг]

아래쪽, 아래측

[араэззуг, араэчыг]

바깥쪽, 외측

[баггатззуг, уэчыг]

안쪽, 내측

[анззуг, наэчыг]

이쪽, 이쪽방면

[иззуг, иззугбангмён]

저쪽, 저쪽방면

[жоззуг, жоззугбангмён]

측면

[чынгмён]

반대쪽, 반대편(측)

[бандаэззуг, бандаэпён(чыг)]

📖 참고단어 및 부가단어(ЛАВЛАХ ҮГ, НЭМЭЛТ ҮГ)

гэрэл дохио
[게렐 더히어]
신호등
[синхудынг]

гудамжны гэрэл
[고담쥐니: 게렐]
거리의 가로등
[гориый гарудынг]

цагдаа
[차끄따:]
경찰
[гёнгчал]

машины зам
[마쉬니: 잠]
차도
[чаду]

явган хүний зам
[야우강 후니: 잠]
인도
[инду]

замын тэмдэг
[자밍: 템데끄(템덱)]
교통표지판
[гиутунгпиужипан]

гудамж
[고담쥐]
거리, 가, 로
[гори, га, ру]

автобусны зогсоол
[아브토보쓰니: 적썰:]
버스정류장
[ббоссыжонгнюжанг]

таксины зогсоол
[탁씨니: 적썰:]
택시승차장
[таэгссисынгчажанг]

хогийн сав
[허깅: 사우]
쓰레기통
[ссырэгитунг]

хөшөө
[허셔:]
기념비, 동상
[гинёмби, дунгсанг]

мод
[머뜨]
가로수, 나무
[гарусү, намү]

шуудангийн хайрцаг
[쇼:당깅: 하이르착(하이르차끄)]
사서함
[сасохам]

байшин
[바이싱]
건물
[гонмүл]

шуудан
[쇼:당(쇼:등)]
우체국
[үчэгүг]

сургууль
[소르골:]
학교
[хагггиу]

их(дээд) сургууль
[이흐(데:드) 소르골:]
대학교
[даэхагггиу]

дунд сургууль
[돈뜨 소르골:]
중.고등학교
[жүнг.гудынгхагггиу]

номын сан
[너밍: 상]
도서관
[дусогуан]

театр 극장
[테(티)아트르] [гыгззанг]

кино театр 영화관
[키노 테(티)아트르] [ёнгхуагуан]

цирк 서커스장
[치르크] [ссокоссыжанг]

цэнгэлдэх хүрээлэн(стадион) 종합운동장(스타디움)
[쳉겔떼흐 후렐:렝(스타디온)] [жунгхабүндунгжанг(сытадиүм)]

сүм 사원, 사찰, 교회
[숨] [савон, сачал, гиухуэ]

цэцэрлэг(парк) 공원, 유치원
[체체를레ㄲ(체체를렉)(파르크)] [гунгвон, ючивон]

талбай 광장
[탈바이] [гуангжанг]

цагдаагийн газар 경찰서
[차ㄲ따:깅: 가짜르] [гёнгчалссо]

дэлгүүр 상점
[델구:르] [сангжом]

мухлаг 길거리 상점, 가판대
[모흘락] [гилггори сангжом, гапанддаэ]

албан газар 관공서
[알방 가짜르] [гуангунгсо]

засгийн газрын ордон 정부청사
[자쓰깅: 가쯔링: 어르덩] [жонгбүчонгса]

хотын захиргаа 시청
[허팅 자히르가:] [сичонг]

музей 박물관
[무제이(무지:)] [бангмүлгуан]

элчин сайдын яам 대사관
[엘친 사이딩: 얌] [даэсагуан]

үсчин 이용소, 이발소, 미용소
[우쓰칭] [ииунгсу, ибалссу, мииунгсу]

гэрэл зургийн газар 사진관
[게렐 조르깅: 가짜르] [сажингуан]

гуанз(зоогийн газар, ресторан) 식당
[관쯔(저:깅: 가짜르, 레스토랑)] [сигдданг]

баар 바(술집)
[바(빠):르] [бба(сүлззиб)]

кафе 까페
[카페] [ггафэ]

ресторан 레스토랑

[레스토랑] [рэсытуранг]

усан сан 수영장
[오쑹 상] [сүёнгжанг]

зочид буудал 호텔, 여관
[저치드 보:달] [хутэл, ёгуан]

банк 은행
[방크] [ынхаэнг]

үйлдвэр 공장
[우일뜨웨르] [гунгжанг]

эмийн сан(аптек) 약국
[에밍: 상(압텍)] [яггүг]

эмнэлэг 병원
[엠넬레ㄲ(엠넬렉)] [бёнгвон]

цэцэрлэг 공원
[체체를렉(체체를레ㄲ)] [гунгвонь]

гүүр 다리
[구:르] [дари]

нийтийн бие засах газар 공공화장실
[니:팅: 비예(이) 자싸흐 가짜르] [гунггунгхуажангсил]

хөл ихтэй газар 사람이 복적거리는 장소, 번화가
[헐 이흐테 가짜르] [сарами бүгззогггоринын жангсу,
бонхуага]

хотын газрын зураг 시내지도
[허팅: 가쯔링: 조라ㄲ] [синаэжиду]

торгууль 벌금
[터르골:] [болгым]

торгууль төл/өх 벌금을 내다
[터르골: 털러흐] [болгымыл наэда]

унааны(замын) хөлс 승차요금, 교통요금
[오나:니:(자밍:) 헐쓰] [сынгчаиугым, гиутунгиугым]

унааны хөлс төл/өх 승차요금을 내다
[오나:니: 헐쓰 털러흐] [сынгчаиугымыл наэда]

трамвай 전철
[트람바이] [жончол]

метро 지하철
[메트로(미트로)] [жихачол]

замд төөр/өх 길을 잃다
[잠뜨 터:러흐] [гирыл илта]

юм гээ/х 물건을 잃어버리다
[윰 게:흐] [мүлгоныл ироборида]

■ УНААНЫ ЗҮЙЛ/ХОТЫН ТЭЭВЭР [오냐:니: 주일/허탕: 테:웨르]

☞ *АВТОБУС, ТРОЛЛЕЙБУС* [아우토보쓰, 트롤레이보쓰]

1. Хотын тээвэр хэдэн цагт ажиллаж эхэлдэг(дуусдаг) вэ?
허팅: 테웨르 헤뎅 차그트 아질라지 에헬덱(도:스닥) 웨? [허팅: 테웨르 헤뎅 차끄트 아질라줘(쮜) 에헬뜩(도:쓰뜩) 웨?]

2. Би Өргөө кино театр хүртэл ямар унаагаар явж болох вэ?
비 어르거: 키노 테아트르 후르텔 야마르 오나:가.르 야브지 벌러흐 웨? [비 어르거: 키노 테(티)아트르 후르텔 야마르 오나:가.르 야브줘(쮜) 벌러흐 웨?]

Тийшээ ... явж болно.
티:셰: ... 야브지 벌른. [티:셰: ... 야브줘(쮜) 벌른(벌르너).]

    автобусаар [아브토보싸:르]
    троллейбусаар [트롤레이보싸:르]

3. Багшийн их сургууль хүрэх автобусанд хаанаас суух вэ?
박싱: 이흐 소르골: 후레흐 아브토보상드 하:나:스 소:흐 웨? [박싱: 이흐 소르골: 후레흐 아브토보쑹뜨 하:나:쓰 소:흐 웨?]

4. Ойрхон автобусны буудал хаана байна вэ?
어이르헝 아브토보스니: 보:달 한: 바인 웨? [어이르헝 아브토보쓰니: 보:달 (들) 한: 바인 웨?]

Булан тойроод баруун тийшээ(зүүн тийшээ) яваарай.
볼랑 터이러:드 바룽: 티:셰:(중: 티:셰:) 야와:라이. [볼랑 터이러:뜨 바룽: 티:셰:(중: 티:셰:) 야와:래:.]

5. ... замын хөлс ямар үнэтэй вэ?
... 자밍: 헐스 야마르 운테이 웨? [... 자밍: 헐쓰 야마르 운테 웨?]

    Автобусанд [아브토보쑹뜨]
    Троллейбусанд [트롤레이보쑹뜨]

6. Автобусны тасалбар ямар үнэтэй вэ?
아브토보스니: 타살바르 야마르 운테이 웨? [아브토보쓰니: 타쌀바르 야마르 운테 웨?]

7. ... руу явмаар байвал хэдэн номерийн автобусанд(троллейбусанд) суух хэрэгтэй вэ?
... 로: 야우마:르 바이발 헤뎅 너메링: 아브토보상드(트롤레이보상드) 소:흐 헤레그테이 웨? [... 로: 야우마:르 바이벌 헤뎅 너미링: 아브토보쑹뜨(트롤레이보쑹뜨) 소:흐 헤레끄테 웨?]

■ 탈 것/교통수단 [ТАЛ ГГОТ/ГИУТУНГСҮДАН]

✍ 버스, 전차 [ББОССЫ, ЖОНЧА]

1. 시내 대중교통은 몇 시부터 운행됩니까?(멈춥니까?)
   [Синаэ даэжүнггиутунгын мёт ссибүто үнхаэнгдуэмнигга? (мом—чүмнигга?)]

2. "어르거" 극장까지 무슨 교통수단으로 갈 수 있습니까?
   ["Өргөө" гыгззанггажи мүсын гиутунгсүданыру гал ссү иссым—нигга?]

   그 곳까지는 ... 갈 수 있습니다.
   [Гы гутггажинын ... гал ссү иссымнида.]

   > 버스로 [ббоссыру]
   > 트롤리버스로 [тыруллиббоссыру]

3. 사범대학으로 가는 버스를 어디에서 탑니까?
   [Сабомдаэхагыру ганын ббоссырыл одиэсо тамнигга?]

4. 가까운 버스정류장은 어디에 있습니까?
   [Гаггаүн ббоссыжонгнюжангын одиэ иссымнигга?]

   모퉁이를 돌아 오른쪽으로(왼쪽으로) 가십시오.
   [Мутүнгирыл дура урынззугыру(уэнззугыру) гасибссиу.]

5. ... 요금이 얼마입니까?
   [... иугыми олмаимнигга?]

   > 버스 [ббоссы]
   > 트롤리버스 [тыруллиббосы]

6. 버스 표는 얼마입니까?(버스비는 얼마입니까?)
   [ББоссы пиунын олмаимнигга?(ББоссыбинын олмаимнигга?)]

7. ...로 가려면 몇 번 버스를(트롤리버스를) 타야 합니까?
   [...ру гарёмён мёт ббон ббоссырыл(труллиббоссырыл) тая хамнигга?]

8. **Уучлаарай. Энэ автобус ... хүрэх үү?**
오:칠라:라이. 엔 아브토보스 ... 후레흐 우:? [오:칠라:래:. 엔 아브토보쓰 ... 후
르후:?]

> ***Их дэлгүүр*** *[이흐 델구:르]*
> ***Гадаад харилцааны яам*** *[가다:뜨 하릴차:니: 얌:]*

9. **Энэ автобус(троллейбус) *Хар зах* руу явдаг уу?**
엔 아브토보스(트롤레이보스) 하르 자흐 로: 야브닥 오:? [엔 아브토보쓰(트롤
레이보쓰) 하르 자흐 로: 야브뜩 오:?]

10. **... хүртэл хэдэн буудал явах вэ?**
... 후르텔 헤뎅 보:달 야와흐 웨? [... 후르텔 헤뎅 보:달(들) 야와흐 웨?]

11. **Дараагийнх ямар буудал вэ?**
다라:깅:흐 야마르 보:달 웨? [다라:깅:흐 야마르 보:달(들) 웨?]

12. **... хүрэхэд аль тал руу явах вэ?**
... 후레헤드 아일 탈 로: 야와흐 웨? [... 후레헤뜨 아일 탈 로: 야와흐 웨?]

13. **Би хаана ... хэрэгтэй вэ?**
비 한:... 헤레그테이 웨? [비 한:... 헤레끄테 웨?]

> ***буух*** *[보:흐]*
> ***сэлгэж суух*** *[셸게쥐(쮜) 소:흐]*

14. **Би хаа(хэзээ) буухыг надад сануулаарай.**
비 하:(헤제:) 보:히:그 나다드 사눌:라:라이. [비 하:(히쩨:) 보:히:끄 나다뜨 사
눌:라:래:.]

15. **Дараагийн буудал дээр буух уу? Одоо буух уу?**
다라:깅: 보:달 데:르 보:흐 오:? 어더: 보:흐 오:? [다라:깅: 보:들 데:르 보:흐?
어떠:(오또:) 보:호:?]

16. **Уучлаарай, хажуугаар чинь өнгөрөөдхөө.**
오:칠라:라이, 하조:가:르 친 엉거러:드허예. [오:칠라:래:, 하조:가:르 친 엉거
러:뜨허이.]

17. **Уучлаарай, зам тавьж өгнө үү. Би одоо буух хэрэгтэй.**
오:칠라:라이, 잠 타위지 어근 우:. 비 어더: 보:흐 헤레그테이. [오:칠라:래:, 잠
타위쥐(쮜) 어그누:. 비 어떠:(오또) 보:흐 헤레끄테.]

18. **Энэ буудал дээр бууя.**
엔 보:달 데:르 보:야. [엔 보:들 데:르 보:야.]

19. **Би /энд/ бууя.**
비 /엔드/ 보:야. [비 /엔뜨/ 보:야.]

20. **Би тасалбараа хаячихжээ.**
비 타살바라: 하야치흐제:. [비 타쌀(쏼)바라: 하이치흐제:.]

8. 실례합니다. 이 버스는 ... 갑니까?
[Силлехамнида. И ббоссынын ... гамнигга?]

백화점까지 [*баэкуажомггажи*]
외무부까지 [*уэмубуггажи*]

9. 이 버스는(트롤리버스는) "하르 자흐(블랙 마켓)"로 다닙니까?
[И ббоссынын(тыруллиббоссынын) "Хар зах"ру данимнигга?]

10. ...까지는 몇 정거장을 갑니까?
[...ггажинын мёт ззонггожангыл гамнигга?]

11. 다음은 무슨 정거장입니까?
[Даымын мүсын жонггожангимнигга?]

12. ...까지 가려면 어느 방향으로(쪽으로) 가야합니까?
[...ггажи гарёмён оны бангхянгыру(ззугыру) гаяхамнигга?]

13. 저는 어디에서 ... 합니까?
[Жонын одиэсо ... хамнигга?]

내려야 [*наэрёя*]
갈아타야(바꿔타야) [*гаратая(баггуотая)*]

14. 제가 어디에서 내려야 하는지 알려주십시오.
[Жэга одиэсо наэрёя ханынжи аллёжүсибссиу.]

15. 다음 역에서 내립니까? 지금 내립니까?
[Даым ёгэсо наэримнигга? Жигым наэримнигга?]

16. 실례합니다만 좀 지나가겠습니다.
[Силлехамнидаман жум жинагагэссымнида.]

17. 실례합니다만 길 좀 비켜주십시오. 지금 내려야 합니다.
[Силлехамнидаман гил жум бикёжүсибссиу. жигым наэрёя
хамнида.]

18. 이 역에서 내립시다.
[И ёгэсо наэрибссида.]

19. /여기/ 내립시다.
[/ёги/ Наэрибссида.]

20. 저는 표를 잃어버렸습니다.(버렸습니다.)
[Жонын пиурыл ижоборёссымнида.(борёссымнида.)]

21. Би торгууль төлөхөд бэлэн байна.
비 터르골: 털러허드 벨렝 바인. [비 터르골: 털러허뜨 벨렝 바인.]

22. Хэдийг төлөх хэрэгтэй вэ?
헤디:그 털러흐 헤레그테이 웨? [헤디:ㄲ 털러흐 헤레ㄲ테 웨?]

 ТАКСИ [탁씨]

23. Хаана таксины зогсоол байна вэ?
한: 탁시니: 적설: 바인 웨? [한: 탁씨니: 적썰: 바인 웨?]

24. Та хүнгүй юү?
타 훙구이 유:? [타 훙구이 유:?]

25. Намайг ... хүргэж өгөөч.
나마이그 ... 후르게지 어거:치. [나마이ㄲ ... 후르게쥐(줴) 어거:치.]

> *... зочид буудалд* [... 저치드 보:달(들)뜨]
> *нисэх онгоцны буудалд* [니쎄흐 엉거츠니: 보:달(들)뜨]
> *энэ хаягаар* [엔 하이가:르]
> *солонгосын элчин сайдын яаманд* [설렁거씽: 엘친 사이딩: 야만뜨]

26. Хэдээс явж байна вэ?
헤데:스 야브지 바인 웨? [헤데:쓰 야브쥐(줴) 와인 웨?]

27. Би их яарч явна(байна). Хурдлаарай!
비 이흐 야:르치 야운(바인). 호르들라:라이! [비 이흐 야:르치 야운(와인). 호르뜰라:래:!]

28. Энд зогсож өгнө үү.
엔드 적서지 어근 우:. [엔뜨 적쓰쥐(줴) 어그누:.]

29. Чигээрээ яв.
치게:레: 야우. [치게:레: 야우.]

30. Баруун гар тийшээ яв.
바롱: 가르 티:셰: 야우. [바롱: 가르 티:셰: 야우.]

31. Зүүн гар тийшээ яв.
중: 가르 티:셰: 야우. [중: 가르 티:셰: 야우.]

32. Тэр байшингийн үүдэнд зогсоно уу.
테르 바이싱깅: 우:덴드 적선 오:. [테르 바이싱깅: 우:덴뜨 적쓰노:.]

33. Би хэдийг төлөх вэ?(Ямар үнэтэй вэ?)
비 헤디:그 털러흐 웨?(야마르 운테이 웨?) [비 헤디:ㄲ 털러흐 웨?(야마르 운테 웨?)]

21. 저는 벌금 물 준비가(차비가) 되어 있습니다.
[Жонын болгым мүл жүнбига(чабига) дуэо иссымнида.]

22. 얼마를 내야 합니까?
[Олмарыл наэя хамнигга?]

   🖙 **택시** [ТАЭГССИ]

23. 어디에 택시승차장이 있습니까?
[Одиэ таэгссисынгчажанги иссымнигга?]

24. 손님이 없습니까?
[Сунними обссымнигга?]

25. 저를 ... 데려다 주십시오.
[Жорыл ... дэрёда жүсибссиу.]

    ...호텔에 *[...хутэрэ]*
    공항에 *[гунгхангэ]*
    이 주소로 *[и жүсуру]*
    한국대사관에 *[хангүгдаэсагуанэ]*

26. 얼마에서 출발합니까?
[Олмаэсо чүлбалхамнигга?]

27. 저는 대개 급합니다. 서두르세요!
[Жонын даэгаэ гыпамнида. Содүрысэиу!]

28. 여기에 세워 주십시오.
[Ёгиэ сэво жүсибссиу.]

29. 곧장 가십시오.
[Гутззанг гасибссиу.]

30. 오른쪽으로 가십시오.
[Урынззугыру гасибссиу.]

31. 왼쪽으로 가십시오.
[Уэнззугыру гасибссиу.]

32. 저 건물의 문에 세워주십시오.
[Жо гонмүрый мүнэ сэвожүсибссиу.]

33. 얼마입니까?
[Олмаимнигга?]

📖 참고단어 및 부가단어(ЛАВЛАХ ҮГ, НЭМЭЛТ ҮГ)

автобус
[아브토보쓰]
троллрейбус
[트롤레이보쓰]
такси
[탁씨]
метро
[메(미)트로]
машин(хөнгөн тэрэг)
[마신(형겅 테레끄(테렉))]
ачааны машин
[아차:니: 마신]
микробус
[미크로보쓰]
гадаадын машин
[가다:띵: 마신]
эх орны үйлдвэрийн машин
[에흐 어르니: 우일뜨웨링: 마신]
урд шил
[오르뜨 실]
арын шил
[아링: 실]
жолоо
[절러:]
зогсоогуур
[적써:고:르]
урд гэрэл
[오르뜨 게렐]
арын гэрэл
[아링: 게렐]
машины дугуй
[마시니: 도고이]
араа
[아라:]
хөдөлгүүр
[허떨구:르]
унадаг дугуй
[오느뜩 도고이]

버스
[ㅂ보ssы]
트롤리버스
[트룰리ㅂ보ssы]
택시
[타эгсси]
지하철
[жихачол]
자동차(승용차)
[жадунгча(сынгиунгча)]
화물차
[хуамүлча]
마이크로버스
[маикруㅂбоссы]
외국차, 외국산 자동차
[уэгүгча, уэгүгссан жадунгча]
국산차
[гүгссанча]
앞유리
[амнюри]
뒷유리
[дүйннюри]
운전대, 핸들
[үнжонддаэ, хаэндыл]
브레이크
[бырэикы]
전조등
[жонжудынг]
후측등
[хүчыгддынг]
자동차바퀴
[жадунгчабакүй]
기어
[гио]
엔진
[энжин]
자전거
[жажонго]

дугуй	바퀴
[도고이]	[바쿠й]
эмээл	안장
[에멜:]	[анжанг]
хонх	벨, 종
[헝흐(크)]	[бэл, жунг]
тоормос(зогсоогуур)	브레이크
[터:르머쓰(적써:고:르)]	[бырэики]
мотоцикл	오토바이
[모터치클]	[утубаи]
хаалга	문
[할:라ㄲ(할:락)]	[мүн]
орох хаалга	입구
[어러흐 할:라ㄲ(할:락)]	[ибггү]
гарах хаалга	출구
[가라흐 할:라ㄲ(할:락)]	[чүлгү]
цонх	창문
[청흐(크)]	[чангмүн]
зогсоол(буудал)	정거장, 정류장
[적썰:(보:달(들))]	[жонггожанг, жонгнюжанг]
автобусны зогсоол(буудал)	버스정류장
[아브토보쓰니: 적썰:(보:달(들))]	[ббоссыжонгнюжанг]
эцсийн зогсоол(буудал)	종점
[에츠씽: 적썰:(보:달(들))]	[жунгззом]
дараагийн зогсоол(буудал)	다음 정거장, 다음 역
[다라:깅: 적썰:(보:달(들))]	[даым жонггожанг, даым ёг]
галт тэрэгний буудал(вокзал)	기차역
[갈트 테레ㄲ니: 보:달(와ㄲ잘)]	[гичаёг]
усан онгоцны буудал	항구
[오쑹 엉거츠니: 보:달(들)]	[ханггү]
нисэх онгоцны буудал	공항
[니쎼흐 엉거츠니: 보:달(들)]	[гунгханг]
метроны өртөө(буудал)	지하철역
[메(미)트로니: 어르터:(보:달(들))]	[жихачоллёг]
жолооч	운전사
[절러:치]	[үнжонса]
кондуктор	버스차장
[컨독터(토)르]	[ббоссычажанг]
зорчигч	승객
[저르치ㄲ치]	[сынггаэг]
билет(тийз)	표, 티켓, 탑승권

[빌레트(티:쯔)]

тасалбар

[타쌀바르]

үнэмлэх

[우넴레흐]

жолоочийн үнэмлэх

[절러:칭: 우넴레흐]

суудал

[소:달(들)]

сул суудал

[쑬 소:달(들)]

жолоочийн суудал

[절러:칭: 소:달(들)]

арын суудал

[아링: 소:달(들)]

албаны унаа

[알바니: 오나:]

хувийн унаа

[호윙: 오나:]

зам

[잠]

агаарын зам

[아가:링: 잠]

усан зам

[오쌍 잠]

төмөр зам

[터머르 잠]

засмал зам

[자쓰말 잠]

бартаат зам

[바르타:트 잠]

төв зам(гол зам)

[터우 잠(걸 잠)]

давхар(түргэн) зам

[다우하르(투르겡) 잠]

замын уулзвар

[자밍: 올:쯔와르]

явган хүний зам

[야우강 후니: 잠]

явган хүний гарц

[야우강 후니: 가르츠]

[пиу, тикэт, табссынгггуон]

영수증, 표

[ёнгсүжыng, пиу]

신분증

[синбүнззынг]

운전면허증

[үнжонмёнхоззынг]

좌석, 자리

[жуасог, жари]

빈좌석, 빈자리

[бинжуасог, бинжари]

운전석

[үнжонсог]

뒷좌석

[дүйтззуасог]

관용차

[гуаниунгча]

개인승용차

[гаэинсынгиунгча]

길, 도로

[гил, дуру]

항공노선

[ханггунгнусон]

해운항로

[хаэүнхангну]

철로

[чоллу]

포장도로

[пужангдуру]

요철형도로

[иучолхёнгдуру]

중심도로, 대로

[жүнгсимдуру, даэру]

고가도로, 고속도로

[гуггадуру, гусугддуру]

교차로, 로터리

[гиучару, рутори]

인도

[инду]

출구

[чүлгү]

замын гэрэл дохио

[자밍: 게렐 더히어]

교통신호(신호등)

[гиутунгсинху(синхудынг)]

замын хөдөлгөөн

[자밍: 허뜰겅:]

도로교통

[дуругиутунг]

замын тэмдэг

[자밍: 템데끄(템덱)]

교통표지, 표지판

[гиутунгпиужи, пиужипан]

замын осол

[자밍: 어썰]

교통사고

[гиутунгсагу]

замын цагдаа

[자밍: 차끄따:]

교통경찰

[гиутунггёнгчал]

гудамж

[고담쥐]

거리, 가, 로

[гори, га, ру]

гол гудамж

[걸 고담쥐]

중심가

[жүнгсимга]

нарийн гудамж

[나링: 고담쥐]

골목길

[гулмугггил]

гудамжны гэрэл

[고담쥐니: 게렐]

거리가로등

[горигарудынг]

дүүрэг(район)

[두:레끄(라이옹)]

구, 구역

[гү, гүёг]

хороолол

[허러:럴]

지역

[жиёг]

чигээрээ !

[치게:레:!]

곧장!, 똑바로!

[гутззанг!, ддугббару!]

зүүн гар тийшээ!

[중: 가르 티:셰:!]

왼쪽으로!

[уэнззугыру]

баруун гар тийшээ!

[바룽: 가르 티:셰:!]

오른쪽으로!

[урынззугыру!]

зогс!

[적쓰!]

스톱!, 세우시오!, 멈추시오!

[сытуб!, сэүсиу!, момчүсиу!]

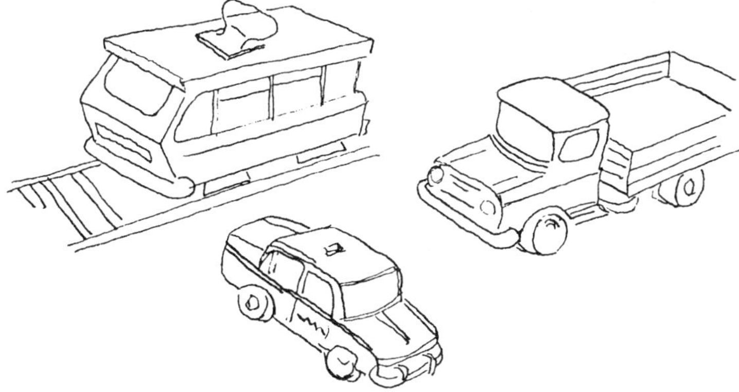

■ YCЧИН/ГОО САЙХНЫ ГАЗАР[우쓰칭거: 싸이흐나: 가짜르]

1. **Зочид буудалд *усчин* бий юү?**
   저치드 보:달드 우스칭 비: 유:? [저치드 보:들뜨 우쓰칭 비: 유:?]

2. **Би үсчинд утсаар захиалга өгч болох уу?**
   비 우쓰칭드 오트사:르 자히알가 어그치 벌러흐 오:? [비 우쓰칭뜨 오트싸:르 자히알라끄 어그치 벌호:?]

3. **Би ... цагт(өнөөдөр, маргааш) үсээ засуулах захиалга өгөх гэсэн юм.**
   비 ... 차그트(어너:더르, 마르가:시) 우세: 자술:라흐 자히알가 어거흐 게셍 윰. [비 ... 차끄트(어너:떠르, 마르가:쉬) 우쎄: 자쏠:라흐 자히알라끄 어거흐 게쓰임.]

4. **Энд ойрхон *усчин* байна уу?**
   엔드 어이르헝 우스칭 바인 오:? [엔뜨 어이르헝 우쓰칭 바이노:?]

5. **Үсчний газрыг зааж өгнө үү.**
   우스치니: 가즈리:그 자:지 어근 우:. [우쓰치니: 가쯔리:끄 자:쥐(쮜) 어그누:.]

6. **Эрэгтэйчүүдийн(эмэгтэйчүүдийн) танхим хаана байна?**
   에레그테이추:딩:(에메그테이추:딩:) 탕힘 한: 바인? [에레끄테추:딩:(에메끄테추:딩:) 탕힘 한: 바인?]

7. **Сүүлчийн хүн хэн бэ?**
   술:칭: 홍 헹 베? [술:칭: 홍 헴 베?]

8. **Дараах нь! Одоо хэний ээлж вэ?**
   다라:흐 은! 어더: 헤니: 엘:지 웨? [다라:흔! 어떠:(오또:) 헤니: 엘:쥐 웨?]

9. **Одоо миний(таны) ээлж.**
   어더: 미니:(타니:) 엘:지. [어떠:(오또:) 미니:(타니:) 엘:쥐.]

10. **Би хэдийд ирэх вэ?**
    비 헤디:드 이레흐 웨? [비 헤디:뜨 이레흐 웨?]

11. **Би *үсээ засуулах* хэрэгтэй.(Би *үсээ засуулмаар байна*).**
    비 우세: 자술:라흐 헤레그테이.(비 우세: 자술:마:르 바인.) [비 우쎄: 자쏠:라흐 헤레끄테.(비 우쎄: 자쏠:마:르 바인.)]

12. **Би ... гэсэн юм.**
    비 ... 게셍 윰. [비 ... 게쓰임.]

> *үсээ засуулах* [우쎄: 자쏠:라흐]
> *сэнсээр хэлбэр гаргах* [어릴:거흐]
> *үс, хөмсөг, сормуусаа будуулах* [우쓰 험써끄 서르모:싸: 보똘:라흐]
> *үсэндээ хими хийлгэх* [우쎈데: 히미 힐:게흐]

■ 이발소/미용소(뷰티센터)[ИБАЛССУ/МИИУНГСУ(БЮТИССЭНТО)]

1. 호텔에 이용소가(이발소가, 미용소가) 있습니까?
   [Хутэрэ ииунгсуга(ибалссуга, мииунгсуга) иссымнигга?]

2. 이용소에(이발소에, 미용소에) 예약할 수 있습니까?
   [Ииунгсуэ(ибалссуэ, мииунгсуэ) еякал ссу иссымнигга?]

3. 저는 ... 시에(오늘, 내일) 머리손질(이발) 예약을 하고 싶습니다.
   [Жонын ... сиэ(уныл, наэил) морисунжил(ибал) еягыл хагу
   сибссымнида.]

4. 여기에 가까운 이용소가(이발소가 ,미용소가) 있습니까?
   [Ёгиэ гаггаун ииунгсуга(ибалссуга, мииунгсуга) иссымнигга?]

5. 이용소를(이발소를, 미용소를) 가리켜 주십시오.
   [Иунгсурыл(ибалссурыл, мииунгсурыл) гарикё жусибссиу.]

6. 남성(여성)실은 어디에 있습니까?
   [Намсонг(ёсонг)сирын одиэ иссымнигга?]

7. (순서가) 마지막 사람은 누구십니까?
   [(сунсога) Мажимаг сарамын нугусимнигга?]

8. 다음 순서는요! 이제 누구 순서입니까?
   [Даым сунсоныниу! Ижэ нугу сунсоимнигга?]

9. 이제 제(당신의) 순서입니다.
   [Ижэ жэ(дангсиный) сунсоимнида.]

10. 언제 올까요?
    [Онжэ улггаиу?]

11. 저는 머리 손질이 필요합니다.(머리를 손질하고(머리를 깎고) 싶습니다.)
    [Жонын мори сунжири пириухамнида.(Морирыл сунжилхагу
    (Морирыл ггагггу) сибссымнида.]

12. 저는 ... 하려고 하는데요.
    [Жонын ... харёгу ханындэиу.]

> 머리를 손질(머리를 깎으려고) [морирыл сунжил (морирыл ггаггырёгу)]
> 드라이 [дыраи]
> 머리, 눈썹, 속눈썹을 염색 [мори, нунссоб, сунгнунссобыл ёмсаэг]
> 퍼머를 [поморыл]

13. **Та үсээ яаж засуулах вэ?**
타 우세: 야:지 자솔:라흐 웨? [타 우쎄: 야:쥐(쮜) 자쏠:라흐 웨?]

Хоёр хажуу, ар талаас нь жаахан авхуулъя.
허여르 하조:, 아르 탈라:스 은 자:항 압훌:리야. [허여르 하조:, 아르 탈라:쓴
짜:홍 압훌:리(압훌:리야).]

Зөвхөн сахлаа хусуулъя.
저우헝 사흘라: 하솔:리야. [저우헝 사흘라: 하쏠:리(하쏠:리야).]

Эндээс жаахан аваарай.
엔데:스 자:항 아와:라이. [엔데:쓰 짜:홍 아와:래:.]

14. **Миний үсийг жаахан тайраад өгнө үү.**
미니: 우시:그 자:항 타이라:드 어근 우:. [미니: 우씨:끄 짜:홍 타이라:뜨 어그누:.]

15. **Богинохон засч өгөөрэй.**
버긴헝 자스치 어거:레이. [버긴헝 자쓰치 어거:레:.]

16. **Миний үс их урт ургачихжээ. Та сайн тайраад өгөөрэй.**
미니: 우스 이흐 오르트 오르가치흐제:. 타 사인 타이라:드 어거:레이. [미니:
우쓰 이흐 오르트 오르가치흐제:. 타 사인 타이라:뜨 어거:레:.]

17. **Бас л урт байна, дахиад жаахан тайрахгүй(авахгүй) юу?**
바스 을 오르트 바인, 다히아드 자:항 타이라흐구이(아와흐구이) 유오? [바쏠
오르트 바인, 다히아뜨 짜:홍 타이라흐꾸이(아와흐꾸이) 유오?]

18. **Одоо сайхан болж байна.**
어더: 사이항 벌지 바인. [어떠:(오또:) 사이항 벌쥐(쮜) 와인.]

19. **Болно.**
벌른. [벌른(벌르너).]

20. **Миний толгойг угааж өгнө үү.(өгөөрэй.)**
미니: 털거이그 오가:지 어근 우:.(어거:레이.) [미니: 털거이끄 오가:쥐(쮜) 어그누:.(어거:레:.)]

21. **Би хумсаа засуулмаар байна.(Миний хумсыг засаж өгнө үү.)**
비 홈사: 자솔:마:르 바인.(미니: 홈시:그 자사지 어근 우:.) [비 홈싸: 자쏠:마:
르 바인.(미니: 홈씨:끄 자쓰쥐(쮜) 어그누:.)]

22. **Миний сахлыг хусаад, үсийг засаад өгөөч.**
미니: 사흘리:그 호사:드, 우시:그 자사:드 어거:치. [미니: 사흘리:끄 호싸:뜨,
우씨:끄 자싸:뜨 어거:치.]

23. **Сахлаа хусуулъя.**
사흘라: 호솔:리야. [사흘라: 호쏠:리야.]

24. **Миний үсийг буржийлгаж өгнө үү.(Буржийлгуул)я.)**
미니: 우시:그 보르질:가지 어근 우:.(보르질:골:리야.) [미니: 우씨:끄 보르질:가
쥐(쮜) 어그누:.(보르쥘:골:리야.)]

13. 당신 머리를 어떻게 손질하시려고(깎으려고) 합니까?
[Дангсин морирыл оддокэ сунжилхасирёгу(ггаггырёгу) хамнигга?]

양쪽, 뒷쪽 부분에서 조금씩 깎겠습니다.
[Янгззуг, дүйтззуг бүбүнэсо жугымссиг ггагггэссымнида.]

단지 수염만 깎겠습니다.
[Данжи сүёмман ггагггэссымнида.]

여기에서 조금 잘라내 주십시오.(쳐주십시오.)
[Ёгиэсо жугым жалланаэ жүсибссиу.(чё(о)жүсибссиу.)]

14. 제 머리를 조금 깎아 주십시오.
[Жэ морирыл жугым ггаггажүсибссиу.]

15. 짧게 깎아 주십시오.
[ЗЗалггэ ггагга жүсибссиу.]

16. 제 머리가 너무 길게 자랐습니다. 잘 깎아 주십시오.
[Жэ морига номү гилгэ жарассымнида. жал ггагга жүсибссиу.]

17. 역시 길군요, 다시 조금 더 쳐주시지 않겠습니까?
[Ёгсси гилгүниу, даси жугым до чё(о)жүсижи анкэссымнигга?]

18. 이제 제대로 되갑니다.
[Ижэ жэдаэру дуэгамнида.]

19. 됩니다.(됐습니다.)
[Дуэмнида.(дуаэссымнида.)]

20. 제 머리를 감겨 주십시오.
[Жэ морирыл гамгё жүсибссиу.]

21. 저는 손톱을 손질하고 싶습니다.(제 손톱을 손질해 주십시오.)
[Жонын сунтубыл сунжилхагу сибссымнида.(Жэ сунтубыл сунжилхаэ жүсибссиу.)]

22. 제 수염을 깎고, 머리를 좀 깎아 주십시오.
[Жэ сүёмыл ггаггу, морирыл жум ггагга жүсибссиу.]

23. 수염을 좀 깎읍시다(깎겠습니다).
[Сүёмыл жум ггаггыбссида(ггаггэссымнида).]

24. 제 머리를 펴머해 주십시오.(펴머를 하겠습니다.)
[Жэ морирыл помохаэ жүсибссиу.(Поморыл хагэссымнида.)]

25. **Долгио тавиулъя.**
덜기어 타위올리야. [덜기어 타위올리야.]

26. **Эндээс жаахан ав даа!**
엔데:스 자:항 아우 다:! [엔데:쓰 짜:홍 아우 따:!]

27. **Энэ ямар үнэтэй вэ?**
엔 야마르 운테이 웨? [엔 야마르 운테 웨?]

(Эрэгтэйчүүдийн танхимд) *[(에러끄테추:딩: 탕힘뜨)]*

28. **Би** *сахлаа хусуулах* **гэсэн юм.**
비 사흘라: 호솔:라흐 게셍 윰. [비 사흘라: 호쏠:라흐 게쓰임.]

29. **Миний үсийг ... засаж өгөөч.**
미니: 우시:그 ... 자사지 어거:치. [미니: 우씨:끄 ... 자쓰줘(쮜) 어거:치.]

    богинохон *[버긴헝]*
    хэт богино биш *[헤트 버긴 비쉬]*

30. **... тайрч өгөөч.**
... 타이르치 어거:치. [... 타이르치 어거:치.]

    Урдаас нь *[오르따:쓴]*
    Хажуу талаас нь *[하조: 탈라:쓴]*
    Араас нь *[아라:쓴]*

31. **Битгий их тайраарай.**
비트기: 이흐 타이라:라이. [비트기: 이흐 타이라:래:.]

32. **Санчигийг ... засаж өгөөч.**
산치기:그 ... 자사지 어거:치. [산치기:끄 ... 자쓰줘(쮜) 어거:치.]

    эгц *[에그츠]*
    богинохон *[버긴헝]*
    чихний гэдэсний хэмжээнд *[치흐니: 게데쓰니: 헴젠:뜨]*

33. **Тэгш(Хазгай) хагалж самнаж өгөөч.**
테그시(하즈가이) 하갈지 삼나지 어거:치. [테그쉬(하쯔가이) 하갈줘(쮜) 삼나줘(쮜) 어거:치.]

34. **... сахлыг тэгшилж өгөөч.**
... 사흘리:그 테그실지 어거:치. [... 사흘리:끄 테끄쉴줘(쮜) 어거:치.]

    Уруулын *[오롤:링:]*
    Эрүүний *[에루:니:]*
    Хууз *[호:쯔]*

35. **Толгой угааж өгөөч.**
털거이 오가:지 어거:치. [털거이 오가:줘(쮜) 어거:치.]

25. 웨이브로 해주세요.
[Вэибыру хаэ жүсэиу.]

26. 여기에서 조금 쳐주세요!
[Ёгиэсо жугым чё(о)жүсэиу!]

27. 얼마입니까?
[Олмаимнигга?]

(남성실에서, 이용실에서) [намсонгсирэсо, ииунгсирэсо]

28. *수염을 깎*으려고 합니다.
[Сүёмыл ггаггырёгу хамнида.]

29. 제 머리를 ... 손질해 주세요.
[Жэ морирыл ... сунжилхаэ жүсэиу.]
   짧게 [жалггэ]
   그리 짧지 않게 [гыри ззалззи анкэ]

30. ... *깎아* 주세요.
   [... ггагга жүсэиу.]
   앞쪽에서 [абззугэсо]
   양쪽 측면에서 [янгззуг чынгмёнэсо]
   뒷쪽에서 [дүйтззугэсо]

31. 너무 많이 쳐내지는 마십시오.
[Номү мани чё(о)наэжинын масибссиу.]

32. 귀밑머리를 ... 손질해 주세요.
[Гүймитморирыл ... сунжилхаэ жүсэиу.]
   직선으로 [жигссоныру]
   짧게 [ззалггэ]
   귓볼에 맞게 [гүйтббурэ матггэ]

33. 가운데 가르마를 타서 빗어 주십시오.
[Гаүндэ гарымарыл тасо бисо жүсибссиу.]

34. ... 양쪽 똑바르게 해주세요.
[...сүёмыл янгззуг ддугббарыгэ хаэжүсэиу.]
   콧수염을 [Кутссүёмыл]
   턱수염을 [Тогссүёмыл]
   구레나룻을 [Гүрэнарүсыл]

35. 머리를 감겨 주세요.
[Морирыл гамгё жүсэиу.]

36. **Халуун жин тавьж өгнө үү.**
할롱: 징 타위지 어근 우:. [할롱: 징 타위쥐(쮀) 어그누:.]

37. **Жаахан *үнэртэй ус* түрхэж өгөөч.**
자:항 우네르테이 오스 투르헤지 어거:치.[짜:홍 우네르테 오쓰 투르헤쥐(쮀) 어거:치.]

(Эмэгтэйчүүдийн танхимд) [에메끄테추:딩: 탕험뜨]

38. **Үс ... аль зэрэг удах вэ?**
우스 ... 아일 제레그 오다흐 웨? [우쓰 ... 아일 제레끄 오따흐 웨?]

> ***буржийлгахад** [보르쥘:가하뜨]*
> ***долгио тавиулахад** [덜기어 타위올라하뜨]*
> ***будахад** [보따하뜨]*

39. **Би ... гэсэн юм.**
비 ... 게셍 윰. [비 ... 게쓰임.]

> ***толгойгоо угаалгах** [털거이거: 오갈:가흐]*
> ***үсээ буржийлгуулах (засуулах)** [우쎄: 보르쥘:골:라흐]*
> ***үсээ тайруулах** [우쎄: 타이롤:라흐]*
> ***үсээ өөрөөр засуулах** [우쎄: 어:러:르 자쏠:라흐]*
> ***химийн буржийлга хийлгэх** [히밍: 보르쥘:라끄 힐:게흐]*

40. **Та яаж засуулмаар байна?**
타 야:지 자쏠:마:르 바인? [타 야:쥐(쮀) 자쏠:마:르 바인?]

Та харж байгаад л нэг засаад өг дөө.
타 하르지 바이가:드 을 네그 자사:드 어그 더:. [타 하르쥐(쮀) 바이가:뜰 네
끄 자싸:뜨 어그 떠:.]

Жаахан шингэлүүлье.
자:항 싱겔룰:리예. [짜:홍 싱겔룰:리(예).]

Богиносгоод долгио тавиулья.
버긴스거:드 덜기어 타위올리야. [버긴쓰거:뜨 덜기어 타위올리야.]

Бүр тайруулаад буржийлгуулья.
부르 타이롤:라:드 보르질:골:리야. [부르 타이롤:라:뜨 보르쥘:골:리(야).]

Үсээ бигудээр ороолгоё.
우쎄: 비구떼:르 어럴:거여. [우쎄: 비구떼:르 어럴:거여.]

Лак цацуулья.(Лакдуулья.)
라크 차촐:리야.(라크돌:리야) [라크 차촐:리(야).(라크돌:리야)]

36. 스팀타올을 씌어주세요.
[Сытимтаурыл ссыйожұсэиу.]

37. 향수를 조금 뿌려 주세요.
[Хянгсұрыл жугым ббұрё жұсэиу.]

38. 머리를 ... 어느 정도 걸리지요?
[Морирыл ... оны жонгду голлижииу?]

> *퍼머하려면* [помохарёмён]
> *웨이브하려면* [вэибхарёмён]
> *염색하려면* [ёмсаэкарёмён]

39. 저는 ... 해요.
[Жонын ... хаэиу.]

> *머리를 감으려고* [морирыл гамырёгу]
>
> *머리를 퍼머하려고(손질하려고, 다듬으려고)*
> *[морирыл помохарёгу(сунжилхарёгу, дадымырёгу)]*
> *머리를 깎으려고* [морирыл ггаггырёгу]
> *머리를 다르게 손질하려고* [морирыл дарыгэ сунжилхарёгу]
> *퍼머하려고* [помохарёгу]

40. 당신 어떻게 손질하시겠어요?
[Дангсин оддокэ сунжилхасигэссоиу?]

> 당신이 알아서 손질해 주세요.
> [Дангсини арасо сунжилхаэ жұсэиу.]
>
> 머리숱을 좀 쳤았으면 하는데요.
> [Морисұсыл жум суггассымён ханындэиу.]
>
> 짧게 친 후에 웨이브를 해주세요.
> [Ззалгэ чин хұэ вэибырыл хаэ жұсэиу.]
>
> 완전히 쳐낸 후에 퍼머하겠습니다.
> [Ванжонхи чё(о)наэн хұэ помохагэссымнида.]
>
> 고데기로 말았으면 합니다.(구르프로 말았으면 합니다.)
> [Гудэгиру марассымён хамнида.(Гұрыпыру марассымён хамнида]
>
> 스프레이를 뿌려 주세요.
> [Сыпырэирыл ббұрё жұсэиу.]

41. Би үс засалтын загвар үзмээр байна.
비 우스 자살팅: 자그와르 우즈메:르 바인. [비 우쓰 자쌀팅: 자끄와르 우쯔
메:르 바인.]

42. Орчин үеийн(Сүүлийн үеийн) маягаар засаарай.
어르칭 우잉:(술:링: 우잉:) 마야가:르 자사:라이. [어르칭 우잉:(술:링: 우잉:) 마이가:르
자싸:래:.]

43. Сүүлийн үед ямар засалт дэлгэрч байна вэ?
술:링: 우이뜨 야마르 자살트 델게르치 바인 웨? [술:링: 우이뜨 야마르 자쌀
트 델게르치 바인 웨?]

44. Надад ямар засалт зохих вэ?
나다드 야마르 자살트 저히흐 웨? [나다뜨 야마르 자쌀트 저히흐 웨?]

45. ... тайрч өгнө үү.
... 타이르치 어근 우:. [... 타이르치 어그누:.]

Хажуу талаас нь [하조: 탈라:쓴]
Урдаас нь [오르따:쓴]
Богинохон [버긴헝]
Зөвхөн араас нь [저우헝 아라:쓴]

46. Би үсээ бодуулмаар байна.
비 우세: 버둘:마:르 바인. [비 우쎄: 버둘:마:르 바인.]

47. Чих ил(далд) баймаар байна.
치흐 일(달드) 바이마:르 바인. [치흐 일(달뜨) 바이마:르 바인.]

48. Миний үсийг ... самнаж өгөөч.
미니: 우시:그 ... 삼나지 어거:치. [미니: 우씨:끄 ... 삼나쥐(쮀) 어거:치.]

хагалалгүй [하가랄구이]
зүүн тал руу (баруун тал руу нь) хагалж [중: 탈로: (바룽: 탈 룬) 하갈쥐(쮀)]

49. Хөмсгөө засуулъя.(будуул)я.)
험스거: 자솔:리야.(보돌:리야.) [험쓰거: 자쏠:리야.(보똘:리야.)]

50. Үсэнд лак шүршиж өгнө үү.
우센드 라크 슈르시지 어근 우:. [우쎈뜨 라크 슈르쉬쥐(쮀) 어그누:.]

51. Сормуусаа эргүүлье.
서르모:사: 에르굴:리예. [서르모:싸: 에르굴:리(예).]

52. Хиймэл сормуус хийлгээ.
히:멜 서르모:스 힐:게예. [히:멜 서르모:쓰 힐:게예.]

53. Миний хөмсөгийг нарийсгаад будаад өгнө үү.
미니: 험서기:그 나리:스가:드 보다:드 어근 우:. [미니: 험써기:끄 나리:쓰가:뜨
보따:뜨 어그누:.]

41. 저는 헤어스타일(머리손질) 견본을 보고싶군요.
[Жонын хэосытаил(морисунжил) гёнбуныл бугусибггүниу.]

42. 요즘 유행하는 스타일로(모양으로) 손질해 주세요.
[Иужым юхаэнгханын сытаиллу(муянгыру) сунжилхаэ жүсэиу.]

43. 요사이는(지금은) 어떤 스타일이(손질이) 유행하나요?
[Иусаинын(жигымын) оддон сытаири(сунжири) юхаэнгханаиу?]

44. 저에게는 어떤 스타일이(손질이) 어울리나요?
[жоэгэнын оддон сытаири(сунжири) оүллинаиу?]

45. ... 깎아주세요.
[... ггаггажүсэиу.]

양쪽 측면에서, 옆쪽에서 [*янгззуг чынгмёнэсо, ёбззугэсо*]
앞쪽에서 [*абззугэсо*]
짧게 [*ззалггэ*]
오직 뒤에서만 [*ужиг дүйэсоман*]

46. 저는 염색하고 싶은데요.
[Жонын ёмсаэкагу сипындэиу.]

47. 귀가 완전히 보이게(안보이게) 했으면 합니다.
[Гүйга ванжонхи буигэ(анбуигэ) хаэссымён хамнида.]

48. 제 머리를 ... 빗겨 주세요.
[Жэ морирыл ... битггё жүсэиу.]

가르마를 가르지 말고
[*гарымарыл гарыжи малгу*]
왼쪽 가르마를(오른쪽 가르마를) 갈라
[*уэнззуг гарымарыл(урынззуг гарымарыл) галла*]

49. 눈썹을 손질했으면 해요.(그렸으면 해요.)
[Нүнссобыл сунжилхаэссымён хаэиу.(грёссымён хаэиу.)]

50. 머리에 스프레이를 뿌려주세요.
[Мориэ сыпырэирыл ббүрёжүсэиу.]

51. 속눈썹 펴머 해 주세요.
[Сунгнүнссоб помо хаэ жүсэиу.]

52. 인조눈썹을 붙였으면 해요.
[Инжунүнссобыл бүчёссымён хаэиу.]

53. 제 눈썹을 가늘게 그려주세요.
[жэ нүнссобыл ганылгэ гырёжүсэиу.]

54. **Лак шүрших хэрэггүй.**
라크 슈르시흐 헤렉구이. [라크 슈르쉬흐 헤렉꾸이.]

55. ***Хүрэн өнгөөр үс будаж өгөөч.***
후렝 엉거:르 우스 보다지 어거:치. [후렝 엉거:르 우쓰 보뜨쥐(쮜) 어거:치.]

(Гоо сайхны тасагт) [(거: 싸이흐니: 타싸끄트)]

56. **Гоо сайхны тасаг хаана байна вэ?**
거: 사이흐니: 타사그 한: 바인 웨? [거: 싸이흐니: 타싸끄 한: 바인 웨?]

57. **Миний *нүүрэнд(хүзүүнд, толгойд)* иллэг хийж өгнө үү.**
미니: 누:렌드(후준:드, 털거이드) 일레그 히:지 어근 우:. [미니: 누:렌뜨(후쭌: 드, 털거이뜨) 일레끄 히:쥐(쮜) 어그누:.]

58. **Миний нүүрэнд маск тавьж өгөөч.**
미니: 누:렌드 마스크 타위지 어거:치. [미니: 누:렌뜨 마스크 타위쥐(쮜) 어거:치.]

59. **Миний нүүрийг арчиж өгөөч.**
미니: 누:리:그 아르치지 어거:치. [미니: 누:리:끄 아르치쥐(쮜) 어거:치.]

60. **Би ... будуулах гэсэн юм.**
비 ... 보돌:라흐 게셍 윰. [비 ... 보똘:라흐 게쓰임.]

   хөмсгөө [험쓰거:]
   сормуусаа [서르모:싸:]
   хөмсөг, сормуус хоёроо [험써끄, 서르모:쓰 허여러:]

61. **Миний *хөмсгийг* жаахан засаад (будаад) өгөөч.**
미니: 험스기:그 자:항 자사:드(보다:드) 어거:치. [미니: 험쓰기:끄 짜:흥 자싸: 뜨(보따:뜨) 어거:치.]

62. ***Хөмсөг засаж өгөөч.***
험서그 자사지 어거:치. [험써끄 자쓰쥐(쮜) 어거:치.]

63. ***Хумс засаж өгнө үү.***
홈스 자사지 어근 우:. [홈쓰 자쓰쥐(쮜) 어그누:.]

64. **Миний хумсыг тэгшилж өгөөч.**
미니: 홈시:그 테그실지 어거:치. [미니: 홈씨:끄 테그실쥐(쮜) 어거:치.]

65. **Миний хумсыг урт чигээр нь үлдээнэ үү.**
미니: 홈시:그 오르트 치게:르 은 울덴: 우:. [미니: 홈씨:끄 오르트 치게:른 울 데:누:.]

66. ***Хумсанд ... лак түрхээрэй.***
홈상드 ... 라크 투르헤:레이. [홈쏜뜨 ... 라크 투르헤:레:.]

54. 스프레이를 뿌릴 필요는 없어요.
[Сыпырэирыл ббурил пириунын обссоиу.]

55. 갈색으로 염색해 주세요.
[Галссаэгыру ёмсаэкаэ жүсэиу.]

56. 뷰티센터는 어디에 있나요?
[Бютиссэнтонын одиэ иннаиу?]

57. 제 얼굴에(목에, 머리에) 마사지 좀 해 주세요.
[Жэ олгүрэ(мугэ, мориэ) массажи жум хаэ жүсэиу.]

58. 제 얼굴에 (마사지)팩을 해 주세요.
[Жэ олгүрэ (массажи)паэгыл хаэ жүсэиу.]

59. 제 얼굴을 닦아 주세요.
[Жэ олгүрыл дагга жүсэиу.]

60. 저는 ... 그리려고 해요.
[Жонын ... гырирёгу хаэиу.]

눈썹을 [нүнссобыл]
속눈썹을 [сугнүнссобыл]
눈썹과 속눈썹을 [нүнссобгуа сугнүнссобыл]

61. 제 눈썹을 좀 손질해(그려) 주세요.
[Жэ нүнссобыл жум сунжилхаэ(гырё) жүсэиу.]

62. 눈썹을 손질해 주세요.
[Нүнссобыл сунжилхаэ жүсэиу.]

63. 손톱을 손질해 주세요.
[Сунтубыл сунжилхаэ жүсэиу.]

64. 제 손톱을 뭉툭하게 손질해 주세요.
[Жэ сунтубыл мүнгтүкагэ сунжилхаэ жүсэиу.]

65. 제 손톱을 뾰족하게 다듬어 주세요.
[Жэ сунтубыл ббиужукагэ дадымо жүсэиу.]

66. 손톱에 ... 매니큐어를 발라주세요.
[Сунтубэ ... маэникюорыл балажүсэиу.]

өнгөгүй [엉거(웅그)구이]
цайвар (бараан) [차이와르(바랑:)]
дун цагаан [둥 차강:]
ягаан [야강:]

67. Лакыг нь арилгаж өгөөч.
라키:그 은 아릴가지 어거:치. [라키:끄 은 아릴가쥐(쮜) 어거:치.]

68. Танд их баярлалаа.
탄드 이흐 바야르랄라:. [탄뜨 이흐 바이를라:.]

69. Би хэдийг төлөх вэ?(Ямар үнэтэй вэ?)
비 헤디:그 털러흐 웨?(야마르 운테이 웨?) [비 헤디:끄 털러흐 웨?(야마르 운
테 웨?)]

70. Мөнгөө авна уу.(аваарай.)
멍거: 아운 오:(아와:라이.) [멍거:(뭉그:) 아우노:(아와:래:.)]

무색, 투명 [мусаэг, түмёнг]
밝은색(어두운색) [балгынсаэг(одүүнсаэг)]
새하얀색, 흰색 [саэхаянсаэг, хыйнсаэг]
보라색 [бурасаэг]

67. **매니큐어를 지워주세요.**
[Маэникюорыл живожүсэиу.]

68. **매우 고맙습니다.**
[Маэү гумабссымнида.]

69. **얼마입니까?**
[Олмаимнигга?]

70. **돈 받으세요.**
[Дун бадысэиу.]

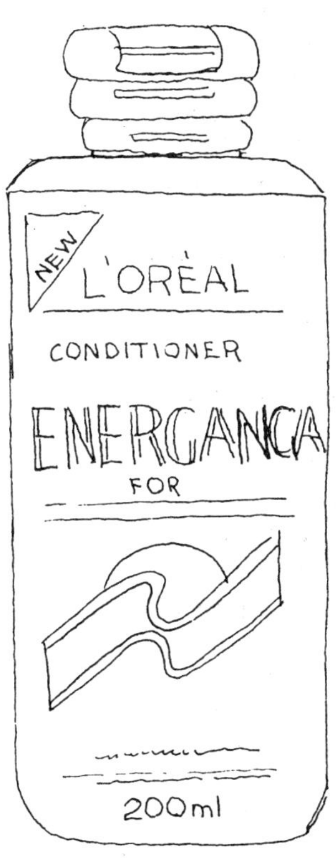

📖 참고단어 및 부가단어(ЛАВЛАХ ҮГ, НЭМЭЛТ ҮГ)

үсчин
[우쓰칭]
이발사, 미용사, 이발소, 미용소
[ибалсса, мииунгса, ибалссу, мииунгсу]

үйлчлүүлэгч
[우일칠룰:레끄치]
손님
[сунним]

ажлын хувцас
[아질링: 호브차쓰]
작업복
[жагоббуг]

сандал
[산달(산들)]
의자
[ыйжа]

сам
[삼]
빗
[бит]

хайч
[하이치]
가위
[гави]

толь
[터일]
거울
[гоүл]

үсний машин
[우쓰니: 마신]
머리깎는 기계, 컷트기
[мориггангнын гиге, коттыги]

сахлын хутга
[사흘링: 호타끄(호탁)]
면도칼
[мёндукал]

сахлын машин
[사흘링: 마신]
면도기
[мёндуги]

шүршүүр
[슈르슈:르]
분무기
[бүнмүги]

сахлын багс
[사흘링: 바그쓰]
비누거품 바르는 솔(면도시)
[бинүгопүм барынын сул(мёндуси)]

үс
[우쓰]
머리(털), 머리카락
[мори(тол), морикараг]

богино үс
[버긴 우쓰]
짧은 머리
[ззалбын мори]

дунд зэргийн үс
[돈뜨 제르깅: 우쓰]
중간 머리
[жүнгган мори]

урт үс
[오르트 우쓰]
긴 머리
[гин мори]

энгийн засалт
[엥깅: 자쌀트]
보통 손질
[бутунг сунжил]

үс зас/ах(ав/ах)
[우쓰 자싸흐(아와흐)]
머리를 손질하다(머리를 깎다)
[морирыл сунжилхада (морирыл ггагдда)]

үс буд/ах
머리를 염색하다

[우쓰 보따흐] [морирыл ёмсаэкада]

үс самна/х 머리를 빗다
[우쓰 삼나흐] [морирыл битдда]

санчиг 귀밑머리, 관자놀이의 머리칼
[산(상)치끄] [гүймитмори, гуанжануриый морикал]

хөмсөг 눈썹
[험써끄] [нүнссоб]

сормуус 속눈썹
[서르모:쓰] [сунгнүнссоб]

сахал 수염
[사할] [сүём]

ширвээ сахал 콧수염
[시(쉬)르웨: 사할] [кутссүём]

эрүүний сахал 턱수염
[에루:니: 사할] [тогссүём]

ооч сахал 입술밑의 수염
[어:치 사할] [ибссүлмитый сүём]

хууз 구레나룻
[호:쯔] [гүрэнарүт]

сахал хус/ах 수염을 깎다
[사할 호싸흐] [сүёмыл ггагдда]

нүүр 얼굴
[누:르] [олгүл]

үнэртэй ус 향수
[우네르테 오쓰] [хянгсү]

саван 비누
[사왕] [бинү]

шингэн саван(шампунь) 샴푸
[싱겡 사왕(샴폰)] [шампү]

гар нүүрийн тос(лосьон) 로션
[가르 누:링: 터쓰(로션)] [рушон]

уруул 입술
[오롤:] [ибссүл]

уруулын будаг 립스틱
[오롤:링: 보딱] [либссытиг]

цахилгаан хатаагуур 머리 말리는 기계
[차힐강: 하타:고:르] [мори маллинын гиге]

сэнс 드라이기
[센쓰] [драиги]

сэнсээр хэлбэр гаргаж хатаах 드라이기로 모양을 내며 말리다
[센쎄:르 헬베르 가르가쥐(쮀) 하타:흐] [драигиру муянгыл наэмё маллида]

лак(толлого)

[라크(털러ㄲ)]

үсний лак

[우쓰니: 라크]

무쓰, 스프레이, 젤, 매니큐어

[무ссы, сыпырэи, жэл, маэникюо]

머리에 사용하는 무쓰, 젤, 스프레이

[мориэ саиунгханын мүссы, жэл, сыпырэи]

хумсны лак

[홈쓰니: 라크]

лак түрх/эх

[라크 투르헤흐]

손톱에 사용하는 매니큐어

[сунтубэ саиунгханын маэникюо]

무쓰를 바르다, 매니큐어를 칠하다

[мүссырыл барыда, маэникюорыл чилхада]

тайралт

[타이랄트]

угаалга(толгой угаа/х)

[오갈:라ㄲ(털거이 오가:흐)]

химийн буржийлга

[히밍: 보르젤:라ㄲ]

бигуд吖 吖

бигуд ороо/х

[비구뜨 어러:흐]

хумс

[홈쓰]

хумс зас/ах

[홈쓰 자싸흐]

컷트

[котты]

머리감기(머리를 감다)

[мориггамги(морирыл гамдда)]

퍼머

[помо]

고데

[гудэ]

손톱

[сунтуб]

손톱을 다듬다

[сунтубыл дадымдда]

—*Эрэгтэйчүүдийн үсчин*—

угаалга

[오갈:라ㄲ(락)]

үс тайралт

[우쓰 타이랄트]

сэнс

[센쓰]

сахал хусах

[사할 호싸흐]

үс будах

[우쓰 보따흐]

хүүхдийн үс тайрах

[후:흐딩: 우쓰 타이라흐]

үс тослох(Лакдах)

[우쓰 터쓸러흐(라크따흐)]

—*남자 이용소*—

머리감기

[моригамгги]

이발, 컷트

[ибал, котты]

드라이

[дыраи]

면도

[мёнду]

염색

[ёмсаэг]

어린이 이발

[орини ибал]

머릿기름 바르기

[мориггирым барыги]

—*Эмэгтэйчүүдийн үсчин*—

—*여자 미용실*—

угаалга [오갈:라끄(락)]

тайралт [타이랄트]

сэнс [셴쓰]

богино үсний [버긴 우쓰니:]

дунд зэргийн үсний [둥뜨 제르강 우쓰니]

урт үсний [오르트 우쓰니:]

гоёлын засалт

[거열링: 자쌀트]

будаг [보따끄(보딱)]

бигуди ороох

[비구뜨 어러:흐]

үс тослох(лакдах)

[우쓰 터쓸러흐(라크따흐)]

үс цайруулах

[우쓰 차이롤:라흐]

–гоо сайхны үйлчилгээ–

массаж [마싸지(쥐)]

нүүрний массаж [누:르니: 마싸지(쥐)]

биеийн массаж [비잉: 마싸지(쥐)]

хар батга цэвэрлэх

[하르 바타끄 체웨를레흐]

тэжээлийн маска тавих

[테젤:링: 마스크 타위흐]

сэвх маска тавих

[세우흐 마스크 타위흐]

үрчлээ маска тавих

[우르칠레: 마스크 타위흐]

батга маска тавих

[바타끄 마스크 타위흐]

хумс засах [홈쓰 자싸흐]

хумсны мах авах

[홈쓰니: 마흐 아와흐]

хумс будах

[홈쓰 보따흐]

хөлийн эвэр авах

[헐링: 에웨르 아와흐]

гоёлын будалт

[거열링: 보딸트]

энгийн будалт [엥깅: 보딸트]

머리감기 [моригамгги]

컷트 [котты]

드라이 [дыраи]

짧은 머리의 [ззалбын мориый]

중간 머리의 [жүнгтан мориый]

긴 머리의 [гин мориый]

특별한 머리손질

[тыгббёлхан морисунжил]

염색 [ёмсаэг]

고데기로 말기(고데하기)

[гудэгиру малги(гудэхаги)]

스프레이, 무쓰, 젤 바르기

[сыпырэи, мүссы, жэл барыги]

염색하기(다른 색깔로)

[ёмсаэкаги(дарын саэгггаллу)]

–뷰티센터(뷰티살롱)의 서비스–

마사지, 안마 [массажи, анма]

얼굴마사지 [олгүлмассажи]

몸체마사지 [мумчэмассажи]

여드름 치료

[ёдырым чириу]

영양팩을 하다

[ёнгянгпаэгыл хада]

기미, 주근깨 예방팩을 하다

[гими, жүгынгтаэ ебангпаэгыл хада]

주름살 예방팩을 하다

[жүрымсал ебангпаэгыл хада]

여드름 예방팩을 하다

[ёдырым ебангпаэгыл хада]

손톱 손질 [сунтуб сунжил]

손톱의 군살 제거

[сунтубый гүнсал жэго]

매니큐어 바르기

[маэникюо барыги]

발꿈치 각질 제거

[балггүмчи гагззил жэго]

특별, 특수화장

[тыгббёл, тыгссүхуажанг]

일반화장 [илбанхуажанг]

■ ГУТАЛ ЗАСВАР [고탈(를) 자쓰와르]

1. **Ойрхон** *гутал засдаг газар*(гутал засварчин) **байна уу?**
어이르헝 고탈 자스닥 가자르(고탈 자스와르칭) 바인 오:? [어이르헝 고틀 자쓰뜩 가짜르(고틀 자쓰와르칭) 바이노:?]

2. **Та надад энэ гутлыг засаж өгч болох уу?**
타 나다드 엔 고틀리:그 자사지 어그치 벌러흐 오:? [타 나다뜨 엔 고틀리:끄 자쓰쥐(쮜) 어그치 벌호:?]

3. ***Тах* тавьж өгөөч.**
타흐 타위지 어거:치. [타흐 타위쮜(쮜) 어거:치.]

4. **Миний** *гутлын цахилгаан* **эвдэрчихлээ.**
미니: 고틀링: 차힐강: 엡데르치흘레:. [미니: 고틀링: 차힐강: 엡떼르치흘레:.]

5. **Хадаас хатгаад байна. Та цохиод өгөхгүй юү?**
하다:스 하트가:드 바인. 타 처히어드 어거흐구이 유:? [하따:쓰 하트가:뜨 바인. 타 처히어뜨 어거흐꾸이 유:?]

6. **Өсгий хадаж өгөөч.**
어스기: 하다지 어거:치. [어쓰기: 하따쥐(쮜) 어거:치.]

7. **Яг энд нь оёорой.**
야그(약) 엔드 은 어여:러이. [약 엔뜬 어여:레:.]

8. **Гутлаа будуулъя.**
고틀라: 보돌:리야. [고틀라: 보똘:리야.]

9. **Би хүлээж байх уу? Сүүлд ирж авах уу?**
비 훌레:지 바이흐 오:? 술:드 이르지 아와흐 오:? [비 훌레:쥐(쮜) 바이호:? 술:뜨 이르쥐(쮜) 아호:?]

10. **Би жаахан яарч байна. Үүнийг одоо хийж өгч болох уу?**
비 자:항 야:르치 바인. 우:니:그 어더: 히:지 어그치 벌러흐 오:? [비 짜:훙 야:르:치 와인. 우:니:끄 어떠:(오또:) 히:쥐(쮜) 어그치 벌호:?]

11. **Хэзээ бэлэн болох вэ?**
헤제: 벨렝 벌러흐 웨? [히쩨: 벨렝 벌러흐 웨?]

12. **Одоо сайхан болжээ. Баярлалаа.**
어더: 사이항 벌제:. 바야르랄라:. [어떠:(오또:) 사이항 벌제:. 바이를라:.]

13. **Одоо цоо шинэ юм шиг боллоо. Танд их баярлалаа.**
어더: 처: 신 윰 식 벌러:. 탄드 이흐 바야르랄라. [어떠:(오또:) 처: 신 윰 식 벌를러:. 탄뜨 이흐 바이를라.]

14. **Надаас хэдийг авах вэ? (Ямар үнэтэй вэ?)**
나다:스 헤디:그 아와흐 웨?(야마르 운테이 웨?) [나다:쓰 헤디:끄 아와흐 웨?(야마르 운테 웨?)]

■ 신발수선 [СИНБАЛСҮСОН]

1. 가까운 곳에 신발수선소가(구두수선소가) 있습니까?
[Гаггаүн гусэ синбалсүсонсуга(гүдүсүсонсуга) иссымнигга?]

2. 당신 저에게 이 신발을 수선해 주실 수 있습니까?
[Дангсин жоэгэ и синбарыл сүсонхаэ жүсил ссү иссымнигга?]

3. 징을 박아 주세요.
[Жингыл бага жүсэиу.]

4. 제 신발의 작크가 고장났습니다.
[Жэ синбарый жагкыга гужангнассымнида.]

5. 못이 뛰어나왔습니다. 박아주시지 않겠습니까?
[Муси түйонавассымнида. Багажүсижи анкэссымнигга?]

6. 구두 굽을 붙여주세요.
[Гүдү гүбыл бүчёжүсэиу.]

7. 바로 이곳을 꿰매십시오.
[Бару игусыл ггүэмаэсибссиу.]

8. 구두를 염색하렵니다.
[Гүдүрыл ёмсаэкарёмнида.]

9. 기다릴까요? 나중에 와서 찾을까요?
[Гидарилггаиу? нажүнгэ васо чажылггаиу?]

10. 조금 급합니다. 이것을 지금 해 주실 수 있습니까?
[Жугым гыпамнида. Игосыл жигым хаэ жүсил ссү иссымнигга?]

11. 언제 다 됩니까?
[Онжэ да дуэмнигга?]

12. 잘 됐습니다. 고맙습니다.
[Жал дуэссымнида. гумабссымнида.]

13. 이제 완전히 새 것 처럼 됐군요. 매우 고맙습니다.
[Ижэ ванжонхи саэ гот чором дуаэтггүниу. Маэү гумабссымнида.]

14. 얼마를 받으시겠어요?(얼마입니까?)
[Олмарыл бадысигэссоиу?(Олмаимнигга?)]

📖 참고단어 및 부가단어(ЛАВЛАХ ҮГ, НЭМЭЛТ ҮГ)

гутал
[고탈(틀)]
신발, 구두, 부츠, 장화
[синбал, гүдү, бүцы,жангхуа]

савхин гутал
[사우힝 고탈(틀)]
가죽구두
[гажүггүдү]

эсгий гутал
[에쓰기: 고탈(틀)]
펠트로 만든 구두
[пэлтру мандын гүдү]

усны гутал
[오쓰니: 고탈(틀)]
장화
[жангхуа]

уулын гутал
[올:링: 고탈(틀)]
등산화
[дынгсанхуа]

цаны гутал
[차닝: 고탈(틀)]
스키화
[сыкихуа]

ажлын гутал
[아질링: 고탈(틀)]
작업화
[жагопуа]

эрэгтэй хүний гутал
[에레끄테 후니: 고탈(틀)]
신사화
[синсахуа]

эмэгтэй хүний гутал
[에메끄테 후니: 고탈(틀)]
숙녀화
[сүнгнёхуа]

хүүхдийн гутал
[후:흐딩: 고탈(틀)]
아동화
[адунгхуа]

урт түрийтэй гутал
[오르트 투리:테 고탈(틀)]
목이 긴 부츠
[муги гин бүцы]

хагас түрийтэй гутал
[하가쓰 투리:테 고탈(틀)]
목이 짧은 부츠
[муги ззалбын бүцы]

өндөр өсгийтэй гутал
[언더르 어쓰기:테 고탈(틀)]
하이힐
[хаихил]

нам өсгийтэй гутал
[남 어쓰기:테 고탈(틀)]
단화, 굽이 낮은 구두
[данхуа, гүби назын гүдү]

гутлын түрий
[고틀링: 투리:]
부츠의 목부분
[бүцыый мугббүбүн]

гутлын ул [고틀링: 올]
구두밑창 [гүдүмитчанг]

гутлын өсгий [고틀링: 어쓰기:]
구두굽 [гүдүгүб]

гутлын хоншоор [고틀링: 헝셔:르]
구두코 [гүдүку]

гутлын үдээс [고틀링: 우데:쓰]
구두끈 [гүдүггын]

гутлын сойз [고틀링: 서이즈]
구두솔 [гүдүсул]

гутлын тос [고틀링: 터쓰]
구두약 [гүдүяг]

гутлын өмсүүр [고틀링: 엄쑤:르]
구두칼 [гүдүкал]

гутлын үйлдвэр
신발공장, 구두공장

[고틀링: 우일뜨웨르]

шаахай(ботинк)

[샤:하이(보팅크)]

гэрийн шаахай

[게링: 샤:하이]

биеийн тамирын шаахай

[비잉: 타미링: 샤:하이]

задгай шаахай(онгорхой гутал)

[자뜨가이 샤:하이(엉거르허이 고틀)]

гутал өмс/өх

[고탈(틀) 엄써흐]

гутал тайл/ах

[고탈(틀) 타일라흐]

гутал буд/ах

[고탈(틀) 보따흐]

гутал засуул/ах

[고탈(틀) 자쏠:라흐]

гутал тахлуул/ах

[고탈(틀) 타흘롤:라흐]

гутал тослох(тосол–)

[고탈(틀) 터쏠러흐(터썰–)]

гутал сойздох(сойзод–)

[고탈(틀) 서이즈떠흐(서이저뜨–)]

гутал арч/их

[고탈(틀) 아르치흐]

гутлын үдээс үд/эх

[고틀링: 우데:쓰 우데흐]

оё/х [어여(이)흐]

шир [쉬르]

бохигт

[버히끄트]

бохигт наа/х

[버히끄트 나:흐]

тах [타흐]

тах тави/х

[타흐 타위흐]

хадаас

[하다:쓰]

цавуу

[차오:]

[синбалгунгжанг, гүдүгунгжанг]

운동화, 샌달

[үндунгхуа, ссаэндал]

슬리퍼

[сыллипо]

운동화

[үндунгхуа]

샌달

[ссаэндал]

신발을(구두를) 신다

[синбарыл(гүдүрыл) синда]

신발을(구두를) 벗다

[синбарыл(гүдүрыл) ботдда]

구두를 염색하다

[гүдүрыл ёмсаэкада]

신발을(구두를) 수선하다

[синбарыл(гүдүрыл) сүсонхада]

구두에 징을 박다

[гүдүэ жингыл баккда]

구두약을 바르다, 광택내다

[гүдүягыл барьıда, гуангтаэнгнаэда]

신발을(구두를) 솔질하다

[синбарыл(гүдүрыл) сулжилхада]

신발을(구두를) 닦다

[синбарыл(гүдүрыл) дагдда]

신발(구두)끈을 묶다

[синбал(гүдү)ггыныл мүгдда]

꼬매다 [ггумаэда]

가죽 [гажүг]

굽에 붙이는 고무

[гүбэ бүчинын гумү]

굽에 붙이는 고무를 붙이다

[гүбэ бүчинын гумүрыл бүчида]

징 [жинг]

징을 박다

[жингыл багдда]

못

[мут]

본드, 풀

[бунды, пүл]

■ ЦАГ ЗАСВАР [차끄(착) 자쓰와르]

1. Энд хаана цаг засвар ойрхон байна вэ?
엔드 한: 차그(착) 자스와르 어이르헝 바인 웨? [엔뜨 한: 차끄(착) 자쓰와르 어이르헝 바인 웨?]

2. Та миний цагийг нэг үзэж өгөөч.(өгөөрэй.)
타 미니: 차기:그 네그 우제지 어거:치.(어거:레이.) [타 미니: 차기:끄 네끄 우쯔줘(쭤) 어거:치.(어거:레:.)]

3. Миний цаг заримдаа зогсчихоод байна.
미니: 차그(착) 자림다: 적스치허:드 바인. [미니: 차끄(착) 자림다: 적쓰치허:뜨 바인.]

4. Миний цаг заримдаа хоцроод байна.
미니: 차그(착) 자림다: 허츠러:드 바인. [미니: 차끄(착) 자림다: 허츠러:뜨 바인.]

5. Миний цаг заримдаа түрүүлээд байна.
미니: 차그(착) 자림다: 투룰:레:드 바인. [미니: 차끄(착) 자림다: 투룰:레:뜨 바인.]

6. Цаг заримдаа яваад, заримдаа зогсчихоод байна.
차그(착) 자림다: 야와:드, 자림다: 적스치허:드 바인. [차끄(착) 자림다: 야와: 뜨, 자림다: 적쓰치허:뜨 바인.]

7. Миний цаг зогсчихжээ.
미니: 차그(착) 적스치흐제:. [미니: 차끄(착) 적쓰치흐제:.]

8. Би цагаа юманд цохичихлоо.
비 차가: 유만드 처히치흘러:. [비 차가: 유만뜨 처히치흘러:.]

9. Би цагаа унагачихлаа.
비 차가: 오나가치흘라:. [비 차가: 오나가치흘라:.]

10. Миний цаг хоногт ... минут түрүүлээд(хоцроод) байна.
미니: 차그(착) 허너그트 ... 미노트 투룰:레:드(허츠러:드) 바인. [미니: 차끄(착) 허너끄트 ... 미노트 투룰:레:뜨(허츠러:뜨) 바인.]

11. Шил нь хагарчихжээ.
실 은 하가르치흐제:.(힐스 처히치흐제:) [실른 하가르치흐제:.(힐쓰 처히치흐제:)]

12. Ус нэвтэрсэн байна. 오스 네브테르셍 바인. [오쓰 네브테르쏭 바인.]

13. Хуанли нь эвдэрчихсэн байна.
황리 은 엡데르치흐셍 바인. [황린 엡떼르치흐쏭 바인.]

14. Зайг нь сольж өгөөч. 자이그 은 서일지 어거:치. [자이끈 서일줘(쭤) 어거:치.]

15. Удаан засах уу? 오당: 자사흐 오:? [오땅: 자쓰호:?]

16. Одоохон засаад өгч болох уу?
어더:헝 자사:드 어그치 벌러흐 오:? [어떠:헝(오또:헝) 자싸:뜨 어그치 벌호:?]

■ 시계 수리 [СИГЕ СҮРИ]

1. 이곳 어디에 시계수선소가 가까이 있습니까?
[Игут одиэ сигесүсонсуга гаггаи иссымнигга?]

2. 당신 제 시계를 좀 봐 주십시오.
[Дангсин жэ сигерыл жум буа жүсибссиу.]

3. 제 시계는 가끔 멈춥니다.
[Жэ сигенын гаггым момчүмнида.]

4. 제 시계는 가끔 늦습니다.
[Жэ сигенын гаггым нытссымнида.]

5. 제 시계는 가끔 빠릅니다.
[Жэ сигенын гаггым ббарымнида.]

6. 시계가 가끔은 가다가 가끔은 멈춰버립니다.
[Сигега гаггымын гадага гаггымын момчуоборимнида.]

7. 제 시계가 멈춰버렸습니다.
[Жэ сигега момчуоборёссымнида.]

8. 저는 시계를 그만 어디에 부딪혀 버렸습니다.
[Жонын сигерыл гыман одиэ бүдичё борёссымнида.]

9. 저는 시계를 그만 떨어뜨려 버렸습니다.
[Жонын сигерыл гыман ддороддырё борёссымнида.]

10. 제 시계는 하루에 ... 분이 빠릅니다.(늦습니다.).
[Жэ сигенын харүэ ... бүни ббарымнида.(нытссымнида.)]

11. 시계 유리가 깨져버렸습니다.
[Сиге юрига ггаэжёборёссымнида.]

12. 물이 들어갔습니다.
[Мүри дырогассымнида.]

13. 날짜 판이 고장났습니다.
[Налзза пани гужангнассымнида.]

14. 전지를 교환해 주세요. [Жонжирыл гиухуанхаэ жүсэиу.]

15. 오래 걸립니까?(오래 고칩니까?) [Ураэ голлимнигга?(Ураэ гучимнигга?)]

16. 지금 고쳐 주실 수 있겠습니까?
[Жигым гучё(о) жүсил ссү итгэссымнигга?]

цаг [차끄(착)]	시계, 시간 [сиге, сиган]
бугуйн цаг [보고잉 차끄(착)]	손목시계 [сунмугссиге]
энгэрийн цаг [엥게링: 차끄(착)]	회중시계 [хуэжүнгсиге]
ханын цаг [하닝: 차끄(착)]	벽시계 [бёгссиге]
сэрүүлэгтэй цаг [세룰:레끄테 차끄(착)]	알람시계 [алламсиге]
ширээний цаг [시레:니: 차끄(착)]	탁상시계 [тагссангсиге]
цагийн нүүр [차깅: 누:르]	시계의 문자판 [сигеый мүнзапан]
цагийн шил [차깅: 실]	시계유리 [сигеюри]
цагийн оосор [차깅: 어:써르]	시계줄 [сигеззүл]
цагийн зүү [차깅: 주:]	시계바늘, 시침 [сигебаныл, сичим]
минутын зүү [미노팅: 주:]	분침 [бүнчим]
секундын зүү [쎄콘딩: 주:]	초침 [чучим]

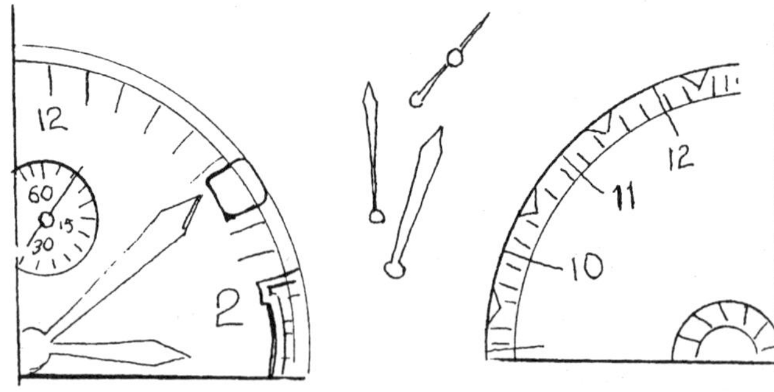

Цаг засвар

VI. ДЭЛГҮҮРТ/ХУДАЛДАН АВАХ
[델구:르트/호달땅 아와흐]

1. **... хаанаас худалдаж авч болох вэ?**
... 하:나:스 호달다지 아브치 벌러흐 웨? [... 하:나:쓰 호달따줘(쭤) 아브치 벌러흐 웨?]

2. **Хаана ... дэлгүүр байна вэ?**
한: ... 델구:르 바인 웨? [한: ... 델구:르 바인 웨?]
  их [이흐]
  номын [너밍:]
  хүнсний [훈쓰니:]
  чихэр боовны [치헤르 버:우니:]

3. **Дэлгүүр хэдэн цагт онгойдог вэ?**
델구:르 헤뎅 차그트 엉거이덕 웨? [델구:르 헤뎅 차끄트 엉거이뜩 웨?]

4. **Дэлгүүр хэдэн цагт хаадаг вэ?**
델구:르 헤뎅 차그트 하:닥 웨? [델구:르 헤뎅 차끄트 하:뜩 웨?]

5. **Ням гаригт дэлгүүрүүд ажилладаг уу?**
냠 가리그트 델구:루:드 아질라닥 오:? [냠 가리끄트 델구:루:뜨 아질뜩 오:?]

6. **Хаана ... тасаг (дэлгүүр) байна вэ?**
한: ... 타사그(타삭)(델구:르) 바인 웨? [한: ... 타싸끄(타싹)(델구:르) 바인 웨?]
  эрэгтэйчүүдийн(эмэгтэйчүүдийн, хүүхдийн) хувцасны
  [에레끄테추: 딩:(에메끄테추: 딩:, 후:흐딩:) 호브차쓰니:]
  тоглоомын [터글러:밍:]
  спортын барааны [스포르팅: 바라:니:]
  бичгийн хэрэгсэлийн [비치깅: 헤레끄셀링:]

7. **Би их дэлгүүрт орж юм худалдаж авмаар байна.**
비 이흐 델구:르트 어르지 윰 호달다지 아우마:르 바인. [비 이흐 델구:르트 어르쥐(쮜) 윰 호달따줘(쭤) 아우마:르 바인.]

8. **Хаана шат(цахилгаан шат) байна вэ?**
한: 샤트(차힐강: 샤트) 바인 웨? [한: 샤트(차힐강: 샤트) 바인 웨?]

9. **Танд юу хэрэгтэй вэ?(Та юу авмаар байна?)**
탄드 유오 헤레그테이 웨?(타 유오 아우마:르 바인?) [탄뜨 유오 헤레끄테 웨?(타 유오 아우마:르 바인?)]

  Би ... авах гэсэн юм.
비 ... 아와흐 게셍 윰. [비 ... 아와흐 게쓰임.]

  нэг ном [네끄 넘]
  нэг зураг [네끄 조라끄]

[САНГЖОМЭСО/СИУПИНГ]

1. ... 어디에서 살 수(구입할 수) 있습니까?
[... одиэсо сал ссү(гүипал ссү) иссымнигга?]

2. 어디에 ...이(상점이) 있습니까?
[Одиэ ...и(сангжоми) иссымнигга?]

> 백화점 [баэкуажом]
> 서점 [сожом]
> 식료품점 [сингниупүмжом]
> 과자점 [гуажажом]

3. 상점은 몇 시에 문을 엽니까?
[Сангжомын мёт ссиэ мүныл ёмнигга?]

4. 상점은 몇 시에 문을 닫습니까?
[Сангжомын мёт ссиэ мүныл датссымнигга?]

5. 일요일에 상점들은 일을 합니까?
[Ириуирэ сангжомдырын ирыл хамнигга?]

6. 어디에 ... 매장이(상점이) 있습니까?
[Одиэ ... маэжанги(сангжоми) иссымнигга?]

> 남성복(여성복, 아동복) [намсонгбуг(ёсонгбуг, адунгбуг)]
> 장난감 [жангнанггам]
> 체육용품 [чэюгиунпүм]
> 문구류 [мүнгүрю]

7. 저는 백화점에 들러 쇼핑을 하고 싶습니다.(물건을 사고 싶습니다.)
[Жонын баэкуажомэ дылло ссиупингыл хагу сибссымнида.
(мүлгоныл сагу сибссымнида.)]

8. 어디에 계단이(엘리베이터가) 있습니까?
[Одиэ гедани(эллибэитога) иссымнигга?]

9. 당신에게 무엇이 필요합니까?(무엇을 사시겠습니까?)
[Дангсинэгэ мүоси пириухамнигга?(мүосыл сасигэссымнигга?)]

저는 ... 사려고 합니다.
[Жонын ... сарёгу хамнида.]

> 책 한 권을 [чаэг хан гуоныл]
> 그림 한 점을 [гырим хан жомыл]

Зүгээр, би юм үзэж(сонирхож) байна.
주게:르, 비 욤 우제지(서니르허지) 바인 [쭈게:르, 비 욤 우쯔쥐(쮜)(서니르허쥐(쮜)) 와인.]

10. **Танайд ... байна уу?(Танайд ... байхгүй юу?)**
타나이드 ... 바인 오:?(타나이드 ... 바이흐구이 유오?) [타나이뜨 ... 바이노:?(타나이뜨 ... 바이흐꾸이 유오?)]

11. **Надад ... үзүүлээч.**
나다드 ... 우줄:레:치. [나다뜨 ... 우쭐:레:치.]

12. **Та үүнийг надад үзүүлнэ үү.**
타 우:니:그 나다드 우줄:른 우:. [타 우:니:끄 나다뜨 우쭐르누:.]

13. **Надад хоёр ... өгөөч.**
나다드 허여르 ... 어거:치. [나다뜨 허여르 ... 어거:치.]

14. **Өөр юм байна уу?**
어:르 욤 바인 오:? [어:르 욤 바이노:?]

15. **Жаахан(Арай) үнэтэй байна.**
자:항(아라이) 운테이 바인. [짜:훙(아라이) 운테 바인.]

16. **Хэтэрхий үнэтэй байна. Арай хямдхан юм байна уу?**
헤테르히: 운테이 바인. 아라이 햠드항 욤 바인 오:? [헤테르히: 운테 바인. 아라이 햠뜨항 욤 바이노:?]

17. **Өнгө муутай байна. Өөр өнгөтэй байна уу?**
엉거 모:타이 바인. 어:르 엉거테이 바인 오:? [엉거(웅그) 모:태 바인. 어:르 엉거테(웅그테) 바이노:?]

18. **Энэ ямар үнэтэй вэ?**
엔 야마르 운테이 웨? [엔 야마르 운테 웨?]

19. **Үүнийг авъя.**
우:니:그 아워야. [우:니:끄 아워(야).]

20. **Танд мөнгөө өгөх үү, кассанд тушаах уу?**
탄드 멍거: 어거흐 우:, 카싼드 토샤:흐 오:?[탄뜨 멍거:(뭉거:) 어그후:, 카쓴뜨 토샤:호:?]

21. **Касс хаана байна?** 카쓰 한: 바인? [카쓰 한: 바인?]

22. **Үүнийг боож өгнө үү.** 우:니:그 버:지 어근 우:. [우:니:끄 버:쥐(쮜) 어그누:.]

23. **Бүгдийг нь хамт боож өгөөч.**
북디:그 은 함트 버:지 어거:치. [북디:끈 함트 버:쥐(쮜) 어거:치.]

24. **Баярлалаа.**
바야르랄라:.[바이를라:.]

25. **Гарах хаалга хаана байна вэ?**
가라흐 할:라끄 한: 바인 웨? [가라흐 할:라끄 한: 바인 웨?]

아닙니다, 그저 구경하고 있습니다.
[Анимнида, гыжо гүгёнгхагу иссымнида.]

10. 당신네 ...이 있습니까?(당신네 ... 없습니까?)
[Дангсиннэ ...и иссымнигга?(Дангсиннэ ... обссымнигга?)]

11. 저에게 ... 보여주세요.
[Жоэгэ ... буёжүсэиу.]

12. 당신 이것을 저에게 보여주십시오.
[Дангсин игосыл жоэгэ буёжүсибссиу.]

13. 저에게 ... 두 개를 주십시오.
[Жоэгэ ... дү гаэрыл жүсибссиу.]

14. 다른 것이 있습니까?
[Дарын госи иссымнига?]

15. 조금 비쌉니다.
[Жугым биссамнида.]

16. 너무 비쌉니다. 조금 싼 것이 있습니까?
[Номү биссамнида. Жугым ссан госи иссымнигга?]

17. 색깔이 나쁩니다. 다른 색깔이 있습니까?
[Саэгггари наббымнида. Дарын саэгггари иссымнигга?]

18. 이것 얼마입니까?
[Игот олмаимнигга?]

19. 이것을 사겠습니다.(이것으로 하겠습니다.)
[Игосыл сагэссымнида.(Игосыру хагэссымнида.)]

20. 당신에게 돈을 지불합니까, 계산대에 지불합니까?
[Дангсинэгэ дуныл жибүлхамнигга, гесандаээ жибүлхамнигга?]

21. 계산대는 어디에 있습니까? [Гесанддаэнын одиэ иссымнигга?]

22. 이것을 포장해(싸) 주십시오. [Игосыл пужангхаэ(сса) жүсибссиу.]

23. 전부 같이(함께) 싸 주십시오.
[Жонбү гачи(хамггэ) сса жүсибссиу.]

24. 감사합니다.
[Гамсахамнида.]

25. 출구는 어디에 있습니까?
[Чүлгүнын одиэ иссымнигга?]

■ ИХ ДЭЛГҮҮРТ [이흐 델구:르트]

1. **Хэд дүгээр давхарт ..., зардаг вэ?**
   헤드 두게:르 다우하르트 ... 자르닥 웨? [헤뜨 두게:르 다우하르트 ... 자르뜩 웨?]

   зураг [조라ㄲ]
   гэрийн тавилга [게링: 타윌라ㄲ]
   гоо сайхны бараа [거: 사이흐니: 바라:]

2. **Танайд *Солонгосоор* ярьдаг худалдагч бий юү?**
   타나이드 설렁거서:르 야리닥 호달다그치 비: 유:? [타나이뜨 설렁거써:르 애
   리뜩 호달따ㄲ치 비: 유:?]

3. **Энд үнэ хямдарсан бараа зарч байна уу?**
   엔드 운 햠다르상 바라: 자르치 바인 오:? [엔뜨 운 햠뜨르쌍 바라: 자르치 와
   이노:?]

4. **Би ... авмаар байна.**
   비 ... 아우마:르 바인. [비 ... 아우마:르 바인.]

   үзэг [우쩨ㄲ]
   бугуйн цаг [보고잉 차ㄲ(착)]
   бэлэг дурсгал [벨레ㄲ 도르쓰갈]

5. **Би ... хайж явна(байна).**
   비 ... 하이지 야운(바인). [비 ... 하이쮜(쮀) 야운(바인).]

   гутал [고탈(틀)]
   шүдний оо [슈뜨니: 어:]

6. **Энэ надад маш хэрэгтэй байна.**
   엔 나다드 마시 헤레그테이 바인. [엔 나다뜨 마쉬 헤레ㄲ테 바인.]

7. **Энэ надад хэрэггүй.**
   엔 나다드 헤레그구이. [엔 나다뜨 헤렉꾸이.]

8. **Ямар нэг ... надад үзүүлээч.**
   야마르 네ㄲ ... 나다드 우줄:레:치. [야마르 네ㄲ ... 나다뜨 우쭐:레:치.]

   хямдхан юм [햠뜨항 욤]
   арай дээр юм [아라이 데:르 욤]
   өөр янз маягийн юм [어:르 얀즈 마이깅: 욤]
   өөр өнгө зүстэй юм [어:르 엉거(웅그) 주쓰테 욤]
   өөр зурагтай юм [어:르 조라ㄲ태 욤]

9. **Би үүнийг авъя. (авахгүй.)**
   비 우:니:그 아위야.(아와흐구이.) [비 우:니:ㄲ 아위야.(아와흐꾸이.)]

■ 백화점에서 [БАЭКУАЖОМЭСО]

1. 몇 층에서 ... 팝니까?
   [Мёт чынгэсо ... памнигга?]

   > 그림을 [гыримыл]
   > 가정용품을 [гажонгиунгпумыл]
   > 화장품을 [хуажангпумыл]

2. 당신네는 한국어로 말할 수 있는 판매원이 있습니까?
   [Дангсиннэнын хангугору малхал ссу иннын панмаэвони иссымнигта?]

3. 이곳에서는 세일 상품을 팔고 있습니까?
   [Игусэсонын ссэил сангпумыл палгу иссымнигга?]

4. 저는 ... 사고 싶습니다.
   [Жонын ... сагу сибссымнида.]

   > 펜을 [пэныл]
   > 손목시계를 [сунмугсигерыл]
   > 기념품을 [гинёмпумыл]

5. 저는 ... 찾고 있습니다.
   [Жонын ... чатггу иссымнида.]

   > 신발을(구두를) [синбарыл(гудурыл)]
   > 치약을 [чиягыл]

6. 이것은 저에게 굉장히 필요합니다.
   [Игосын жоэгэ гуэнгжангхи пириухамнида.]

7. 이것은 저에게 필요합니다.
   [Игосын жоэгэ пириухамнида.]

8. 아무거나 ... 저에게 보여주세요.
   [Амугона ... жоэгэ буёжусэиу.]

   > 싼 것을 [ссан госыл]
   > 좀 더 좋은 것을 [жум до жуын госыл]
   > 다른 모양의 것을 [дарын муянгый госыл]
   > 다른 색깔의 것을 [дарын саэгггарый госыл]
   > 다른 그림이 그려져 있는 것을 [дарын гырими гырёжё(о) иннын госыл]

9. 저는 이것을 사겠습니다. (사지 않겠습니다.)
   [Жонын игосыл сагэссымнида.(сажи анкэссымнида.)]

10. **Энэ миний санаанд таарч(таарахгүй) байна.**
엔 미니: 사난:드 타:르치(타:라흐구이) 바인. [엔 미니: 사난:뜨 타:르치(타:라흐꾸이) 와인.]

11. **Энэ надад таарч(таарахгүй) байна.**
엔 나다드 타:르치(타:라흐구이) 바인. [엔 나다뜨 타:르치(타:라흐꾸이) 와인.]

12. **Авсан барааг сольж болох уу?**
압상 바라:그 서일지 벌러흐 오:? [압쑹 바라:끄 서일쥐(쮜) 벌호:?]

13. **Авсан барааг мөнгөөр буцааж өгч болох уу?**
압상 바라:그 멍거:르 보차:지 어그치 벌러흐 오:? [압쑹 바라:끄 멍거:르 보차:쥐(쮜) 어그치 벌호:?]

14. **Та үүнийг ... өгч чадах уу?**
타 우:니:그 ... 어그치 차다흐 오:? [타 우:니:끄 ... 어그치 차트호:?]

засаж [자쓰쥐(쮜)]
уртасгаж [오르타쓰가쥐(쮜)]
богиносгож [버긴쓰거쥐(쮜)]
хасаж [하쓰쥐(쮜)]
сольж [서일쥐(쮜)]

15. **Хэзээ бэлэн болох вэ? Одоо болох уу?**
헤제: 벨렝 벌러흐 웨? 어더: 벌러흐 오:? [히쩨: 벨렝 벌러흐 웨? 어떠:(오또:) 벌호:?]

16. **Үүнийг ... хийж өгч болохгүй юу?**
우:니:그 ... 히:지 어그치 벌러흐구이 유오? [우:니:끄 ... 히:쥐(쮜) 어그치 벌러흐꾸이 유오?]

хурдхан [호르뜨항]
одоо [어떠:(오또:)]
оройдоо [어러이떠:]
13(арван гурван) цаг хүртэл [13(아롱 고롱) 차끄(착) 후르텔]

17. **Та арай хямдхан юмыг үзүүлж болох уу?**
타 아라이 햠드항 유미:그 우줄:지 벌러흐 오:? [타 아라이 햠뜨항 유미:끄 우쫄:쥐(쮜) 벌호:?]

18. **Энэ юм надад 7(долоо) ширхэг хэрэгтэй байна.**
엔 윰 나다드 7(덜러:) 시르헤그 헤레그테이 바인. [엔 윰 나다뜨 7(덜러:) 쉬르헤끄 헤레끄테 바인.]

19. **Үнэ нэмэгдсэн үү?**
운 네메그드셍 우:? [운 네메끄뜨쓰누:?]

20. **Үнэ буулгасан уу?**
운 볼:가상 오:? [운 볼:가쓰노:?]

10. 이것이(이것은) 제 마음에 듭니다.(듣지 않습니다.)
[Игоси(игосын) жэ маымэ дымнида.(дылжи анссымнида.)]

11. 이것이(이것은) 저에게 적합합니다.(적합하지 않습니다.)
[Игоси(игосын) жоэгэ жокапамнида.(жокапажи анссымнида.)]

12. 구입한 물건을 교환할 수 있습니까?
[Гүипан мүлгоныл гиухуанхал ссү иссымнигга?]

13. 구입한 물건을 돈으로 다시 바꿔 주실 수 있습니까?
[Гүипан мүлгоныл дуныру даси баггүо жүсил ссү иссымнигга?]

14. 당신 이것을 ... 주실 수 있습니까?
[Дангсин игосыл ... жүсил ссү иссымнигга?]

고쳐, 수리해 [гучё(о), сүрихаэ]
길게 만들어 [гилгэ мандыро]
짧게 만들어 [ззалггэ мандыро]
때 [ббаэ]
교환해, 바꿔 [гиухуанхаэ, баггүо]

15. 언제 됩니까? 지금 됩니까?
[Онжэ дуэмнигга? Жигым дуэмнигга?]

16. 이것을 ... 해 주실 수는 없으신가요?
[Игосыл ... хаэ жүсил ссүнын обссысингаиу?]

빨리 [ббалли]
지금 [жигым]
저녁때 [жонёгддаэ]
오후 한 시까지 [ухү ханси ггажи]

17. 당신 조금 더 싼 것을 보여주실 수 있습니까?
[Дангсин жугым до ссан госыл буёжүсил ссү иссымнигга?]

18. 이 물건이 저에게 일곱 개 필요합니다.
[И мүлгони жоэгэ илгуб ггаэ пириухамнида.]

19. 값이 올랐습니까?
[Габсси улассымнигга?]

20. 값이 내렸습니까?
[Габсси наэрёссымнигга?]

21. Ямар үнэтэй /вэ/?
야마르 운테이 /웨/? [야마르 운테 /웨/?]

22. Нийлээд хэдэн төгрөг болж байна /вэ/?
닐:레:드 헤뎅 터그럭 벌지 바인 /웨/? [닐:레:뜨 헤뎅 터그럭 벌쥐(쮜) 와인 /웨/?]

23. Үүнийг жаахан хямдруулж болохгүй юу?
우:니:그 자:항 햠드롤:지 벌러흐구이 유오? [우:니:ㄲ 짜:홍 햠뜨롤:쥐(쮜) 벌러
흐꾸이 유오?]

24. Хэд хэдийг(Олон) авбал хямд өгөх үү?
헤드 헤디:그(얼렁) 압발 햠드 어거흐 우:? [헤뜨 헤디:ㄲ(얼렁) 압벌 햠뜨 어그후:?]

25. Та хариулт мөнгөө аваарай.
타 하리올트 멍거: 아와:라이. [타 하리올트 멍거:(뭉거:) 아와:래:.]

Энэ дутуу юм шиг байна. Та буруу бодсон юм биш үү?
엔 도토: 윰 식 바인. 타 보로: 버드성 윰 비시 우:? [엔 도토: 윰 식 바인. 타
보로: 버뜨쑹 윰 비슈:?]

Энэ илүү юм шиг байна. Та буруу бодсон юм биш үү?
엔 일루: 윰 식 바인. 타 보로: 버드성 윰 비시 우:? [엔 일루: 윰 식 바인. 타
보로: 버뜨쑹 윰 비슈:?]

26. Тасалбар өгөөч.(өгөөрэй.)
타살바르 어거:치.(어거:레이.) [타쌀바르 어거:치.(어거:레:.)]

ХУВЦАС/ЦАМЦ/КОСТЮМ/ПАЛЬТО [호브차쓰/참츠/커스툼/팔토]

27. Үүнийг өмсөж үзэж болох уу?
우:니:그 엄서지 우제지 벌러흐 오:? [우:니:ㄲ 엄쓰쥐(쮜) 우쩨쥐(쮜) 벌호:?]

28. Өмсөж үзэх газар(өмсдөг өрөө) хаа байна?
엄서지 우제흐 가자르(엄스덕 어러:) 하: 바인? [엄쓰쥐(쮜) 우쩨흐 가짜르(엄
쓰뜩 어러:) 하: 와인?]

29. Энэ надад таарч байна уу?
엔 나다드 타:르치 바인 오:? [엔 나다뜨 타:르치 바이노:?]

Яг таарч байна.(Сайхан таарч байна.)
약 타:르치 바인.(사이항 타:르치 바인.) [약 타:르치 와인.(사이항 타:르치 와인.)]

Таарахгүй байна.
타:라흐구이 바인. [타:라흐꾸이 바인.]

/Жаахан/ Томдож байна.
/자:항/ 텀더지 바인. [/짜:홍/ 텀더쥐(쮜) 와인.]

21. 얼마입니까?
[Олмаимнигга?]

22. 모두 얼마가 됩니까?
[Мудү олмага дуэмнигга?]

23. 이것을 조금 깎아주실 수는 없습니까?
[Игосыл жугым ггаггажүсил ссүнын обссымнигга?]

24. 많이 구입하면(사면) 싸게 해 주시나요?
[Мани гүипамён(самён) ссагэ хаэ жүсинаиу?]

25. 당신 거스름 돈 받으세요.
[Дангсин госрым дун бадысэиу.]

이거 모자른(부족한) 것 같습니다. 당신 잘못 계산하신 것 아닙니까?
[Иго мужарын(бүжукан) гот гассымнида. Дангсин жалмут ге
санхасин гот анимнигга?]

이거 더 주신 것 같습니다. 당신 잘못 계산한 것 아니세요?
[Иго до жүсин гот гатссымнида. Дангсин жалмут гесанхан гот
анисэиу?]

26. 영수증을 주십시오.
[Ёнгсүжынгыл жүсибссиу.]

옷 매장 [УТ МАЭЖАНГ]

27. 이것을 입어봐도 되겠습니까?
[Игосыл ибобуаду дуэгэссымнигга?]

28. 탈의실이 어디에 있습니까?
[Тарыйсири одиэ иссымнигга?]

29. 이거 저에게 맞습니까?
[Иго жоэгэ матссымнигга?]

딱 맞습니다.(잘 맞습니다.)
[ДДаг матссымнида.(Жал матссымнида.)]

안 맞습니다.
[Ан матссымнида.]

/조금/ 큽니다.
[/жугым/ Кымнида.]

/Жаахан/ Багадаж байна.
/자:항/ 바가다지 바인. [/짜:훙/ 바끄다줘(쮀) 와인.]

/Жаахан/ Уртдаж байна.
/자:항/ 오르트다지 바인. [/짜:훙/ 오르트다줘(쮀) 와인.]

/Жаахан/ Богинодож байна.
/자:항/ 버긴더지 바인. [/짜:훙/ 버긴더줘(쮀) 와인.]

30. **Энэ надад зохиж байна уу?**
엔 나다드 저히지 바인 오:? [엔 나다뜨 저히쥐(쮀) 바이노:?]

Сайхан зохиж байна.
사이항 저히지 바인. [사이항 저히쥐(쮀) 와인.]

Зохихгүй байна.
저히흐구이 바인. [저히흐꾸이 바인.]

31. **Энэ ямар хэмжээтэй вэ?(Энэ хэдэн размер вэ?)**
엔 야마르 헴제:테이 웨?(엔 헤뎅 라즈메르 웨?) [엔 야마르 헴제:테 웨?(엔 헤뎅 라즈메르 웨?)]

32. **Энэ хэмжээ(размер) надад таарахгүй байна.**
엔 헴제:(라즈메르) 나다드 타:라흐구이 바인. [엔 헴제:(라즈메르) 나다뜨 타:라흐꾸이 바인.]

33. **Арай том(бага) хэмжээтэй байхгүй юу?**
아라이 텀(바가) 헴제:테이 바이흐구이 유오?[아라이 텀(바끄) 헴제:테 바이흐꾸이 유오?]

34. **/Надад/ Үүнээс том(бага) хэмжээний(размерийн) юмыг өгөөч.**
/나다드/ 우:네스 텀(바가) 헴제:니:(라즈메링:) 유미:그 어거:치. [/나다뜨/ 우:네:쓰 텀(바끄) 헴제:니:(라즈메링:) 유미:끄 어거:치.]

35. **Таны хэмжээ хэд вэ?(Таны размер хэд вэ?)**
타니: 헴제: 헤드 웨?(타니: 라즈메르 헤드 웨?) [타니: 헴제: 헤뜨 웨?(타니: 라즈메르 헤뜨 웨?)]

36. **Жаахан том(бага) байсансан бол зүгээр юм.**
자:항 텀(바가) 바이상상 벌 주게:르 윰. [짜:훙 텀(바끄) 바이쑹쑹 벌 쭈게:르 윰.]

37. **Энэ хэтэрхий ... байна.**
엔 헤테르히: ... 바인. [엔 헤테르히: ... 바인.]

  урт (богино) [오르트 (버긴)]
  өргөн (нарийхан) [어르겅 (나리:항)]
  том (бага) [텀 (바끄)]

38. **Танайд өөр загварынх байхгүй юу?**
타나이드 어:르 자그와링:흐 바이흐구이 유오? [타나이뜨 어:르 자끄와링:흐 바이흐꾸이 유오?]

/조금/ 작습니다.
[/Жугым/ Жагссымнида.]

/조금/ 깁니다.
[/Жугым/ Гимнида.]

/조금/ 짧습니다.
[/Жугым/ ЗЗабссымнида.]

30. 이거 저에게 어울립니까?
[Иго жоэгэ оуллимнигга?]

잘 어울립니다.
[Жал оуллимнида.]

어울리지 않습니다.
[Оуллижи анссымнида.]

31. 이거 사이즈가 어떻게 됩니까?(이거 몇 사이즈입니까?)
[Иго ссаизыга оддокэ дуэмнигга?(Иго мёт ссаизыимнигга?)]

32. 이 사이즈는 저에게 안 맞습니다.
[И ссаизынын жоэгэ ан матссымнида.]

33. 조금 더 큰(작은) 사이즈는 없습니까?
[Жугым до кын(жагын) ссаизынын обссымнигга?]

34. /저에게/ 이것보다 큰(작은) 사이즈의 것을 주세요.
[/жоэгэ/ иготббуда кын(жагын) ссаизыый госыл жүсэиу.]

35. 당신의 사이즈는 얼마입니까?
[Дангсиный ссаизынын олмаимнигга?]

36. 조금 더 컸었으면(작았었으면) 괜찮았는데요.
[Жугым до коссоссымён(жагассоссымён) гуаэнчананнындэиу.]

37. 이것은 너무 ... .
[Игосын номү ... .]

깁니다(짧습니다) [гимнида(ззабссымнида)]
넓습니다(좁습니다) [нолссымнида(жубссымнида)]
큽니다(작습니다) [кымнида(жагссымнида)]

38. 당신네 다른 스타일의 옷은 없습니까?
[Дангсиннэ дарын сытаирый усын обссымнигга?]

39. Сүүлийн үеийн загвартай зуны(өвлийн) ямар хувцас байна вэ?
술:링: 우잉: 자그와르타이 조니:(어울링:) 야마르 호브차스 바인 웨? [술:링:
우잉: 자끄와르태 조니:(어울링:) 야마르 호브차쓰 바인 웨?]

40. Надад энэ костюмын маяг таалагдаж байна.
나다드 엔 커스튜밍: 마야그 탈:라그다지 바인. [나다뜨 엔 커스튜밍: 마이끄
탈:라끄다쥐(쮜) 와인.]

41. Энэ костюмыг ямар материалаар хийсэн бэ?
엔 커스튜미:그 야마르 마테리알라:르 히:셍 베? [엔 커스튜미:끄 야마르 마테
리알라:르 히:씀 베?]

42. Энэ костюм надад жаахан томдож(багадаж) байна.
엔 커스튬 나다드 자:항 텀더지(바가다지) 바인. [엔 커스튬 나다뜨 짜:홍 텀
더쮜(쮜)(바끄다쮜(쮜)) 와인.]

43. Надад *спортын цамц* хэрэгтэй байна.
나다드 스포르팅: 참츠 헤레그테이 바인. [나다뜨 스포르팅: 참츠 헤레끄테
바인.]

44. Би хавар намрын(өвлийн) *пальто* авмаар байна.
비 하와르 나므링:(어울링:) 팔토 아우마:르 바인. [비 하와르 나므링:(어울링:)
팔토 아우마:르 바인.]

45. Би үүнийг авъя. Ямар үнэтэй /вэ/?
비 우:니:그 아위야. 야마르 운테이 /웨/? [비 우:니:끄 아위야. 야마르 운테 /웨/?]

46. Танд шууд төлөх үү, эсвэл кассанд бичүүлэх үү?
탄드 쇼:드 털러흐 우:, 에스웰 카싼드 비출:레흐 우:? [탄뜨 쇼:뜨 털러후:, 에
쓰웰 카쓴드 비출:레후:?]

47. Баярлалаа.
바야르랄라:. [바이를라:.]

48. Өчигдөр эндээс авсан *цамцаа* солих гэсэн юм.
어치그더르 엔데:스 압상 참차: 설리흐 게셍 윰. [어치그더르 엔데:쓰 압쑹 참
차: 설리흐 게쓰임.]

49. Надад үүнийг сольж өгөхгүй юү?
나다드 우:니:그 서일지 어거흐구이 유:? [나다뜨 우:니:끄 서일쥐(쮜) 어거흐
꾸이 유:?]

50. Надад үүнийг мөнгөөр буцаж өгөхгүй юү?
나다드 우:니:그 멍거:르 보차지 어거흐구이 유:? [나다뜨 우:니:끄 멍거:르 보
차쮜(쮜) 어거흐꾸이 유:?]

51. Надад ондооныг өгч болохгүй юу?
나다드 언더:니:그 어그치 벌러흐구이 유오? [나다뜨 언더:니:끄 어그치 벌러
흐꾸이 유오?]

39. 최신 스타일의 여름(겨울) 어떤 옷이 있습니까?(최신 스타일의 여름옷으로
는 어떤 것이 있습니까?)
[Чуэсин сытаирый ёрым(гёул) оддон уси иссымнигга?(Чуэсин
сытаирый ёрымусырунын оддон госи иссымнигга?)]

40. 저에게는(저는) 이 양복의 모양이 마음에 듭니다.
[Жоэгэнын(Жонын) и янбугый муянги маымэ дымнида.]

41. 이 양복을 어떤 원료로 만들었습니까?
[И янбугыл оддон воллиуру мандыроссымнигга?]

42. 이 양복은 저에게 조금 큽니다.(작습니다.)
[И янбугын жоэгэ жугым кымнида.(жагссымнида.)]

43. 저에게는 체육복이 필요합니다.
[Жоэгэнын чэюгбуги пириухамнида.]

44. 저는 봄.가을(겨울) 코트를 사고 싶습니다.
[Жонын бум.гаыл(гёул) кутырыл сагу сибссымнида.]

45. 저 이것을 사겠습니다. 얼마입니까?
[Жо игосыл сагэссымнида. олмаимнигга?]

46. 당신에게 직접 지불합니까, 아니면 계산대에 냅니까?
[Дангсинэгэ   жигззоб   жибулхамнигга,   анимён   гесанддаээ
наэмнигга?]

47. 감사합니다.
[Гамсахамнида.]

48. 어제 이곳에서 산 옷을 바꾸고 싶습니다.
[Ожэ игусэсо сан усыл баггугу сибссымнида.]

49. 저에게 이것을 바꿔 주시지 않겠습니까?
[Жоэгэ игосыл баггуо жусижи анкэссымнигга?]

50. 저에게 이것을 돈으로 교환해 주시지 않겠습니까?
[Жоэгэ игосыл дуныру гиухуанхаэ жусижи анкэссымнигга?]

51. 저에게 다른 것을 주실 수 없으십니까?
[Жоэгэ дарын госыл жусил ссу обссысимнигга?]

хувцас
[호브차쓰]

옷
[ут]

монгол үндэсний хувцас
[몽골 운데쓰니: 호브차쓰]

몽골 전통민속의상, 몽골 전통복
[монгол   жонтунгминсугыйсанг,
монгол жонтунгбуг]

эрэгтэй хүний хувцас
[에레ㄲ테 후니: 호브차쓰]

남성복
[намсонгбуг]

эмэгтэй хүний хувцас
[에메ㄲ테 후니: 호브차쓰]

여성복
[ёсонгбуг]

захиалга хувцас
[자히알라ㄲ 호브차쓰]

맞춤복
[матчумбуг]

бэлэн хувцас
[벨렝 호브차쓰]

기성복
[гисонгбуг]

хатгамалтай(шаглаатай) хувцас
[하트가말태(샤글라:태) 호브차쓰]

수를 놓은 옷
[сурыл нуын ут]

ажлын хувцас
[아질링: 호브차쓰]

작업복
[жагоббуг]

албаны хувцас
[알바니: 호브차쓰]

제복
[жэбуг]

ёслолын хувцас
[여쓰럴링: 호브차쓰]

예복, 정장
[ебуг, жонгжанг]

гашуудалын хувцас
[가쑈:들링: 호브차쓰]

상복
[сангбуг]

дүрэмт хувцас
[두렘트 호브차쓰]

유니폼
[юнипум]

цэргийн хувцас
[체르깅: 호브차쓰]

군복
[гүнбуг]

энгийн хувцас
[엥깅: 호브차쓰]

평상복, 일상복
[пёнгсангбуг, илссангбуг]

гэрийн хувцас
[게링: 호브차쓰]

집에서 입는 옷
[жибэсо имнын ут]

унтлагын хувцас
[온틀라깅: 호브차쓰]

잠옷
[жамут]

хавар намрын хувцас
[하와르 나므링: 호브차쓰]

춘추복
[чүнчүбуг]

зууны хувцас
[조:니 호브차쓰]

하복
[хабуг]

өвлийн хувцас

동복

[어울링: 호브차쓰]

дулаан хувцас

[돌랑: 호브차쓰]

хувцас өмс/өх

[호브차쓰 엄써흐]

хувцас тайл/ах

[호브차쓰 타일라흐]

монгол дээл

[몽골 델:]

монгол гутал

[몽골 고탈(틀)]

бүс

[부쓰]

тэлээ

[텔레:]

малгай

[말가이]

костюм

[커스튭]

пиджак

[피드작(핃작)]

хантааз

[한타:쯔]

өмд

[엄뜨]

эрэгтэй хүний цагаан цамц

[에레ㄲ테 후니: 차강: 참츠]

зангиа

[장기아]

хүрэм

[후렘]

пальто

[팔토]

цув

[초우]

цамц

[참츠]

битүү захтай цамц

[비투: 자흐태 참츠]

джинс

[진쓰]

[дунгбуг]

방한복

[бангханбуг]

옷을 입다

[усыл ибдда]

옷을 벗다

[усыл ботдда]

"몽골 델:" (몽골의 전통복장)

["монгол дээл"]

"몽골 고탈" (몽골의 전통신발)

["монгол гутал"]

혁대, 띠 모양의 물건

[хёгддаэ, дди муянгый мүлгон]

벨트, 가죽띠

[бэлт, гажүгдди]

모자

[мужа]

신사복, 양복

[синсабуг, янгбуг]

신사복 상의, 재킷

[синсабуг сангый, жаэкит]

조끼

[зугги]

바지

[бажи]

와이셔츠

[ваишоцы]

넥타이

[нэгтаи]

반코트, 짧은코트

[банкуты, ззалбынкуты]

긴코트(롱코트), 오버코트

[гинкуты(лунгкуты), убокуты]

비옷, 레인코트

[биут, рэинкуты]

셔츠, 난방, 스웨터

[шоцы, нанбанг, свэто]

폴라 티셔츠

[пула тишоцы]

청바지

[чонгбажи]

цээжвч	**런닝**
[체:줘브치]	[роннинг]
богино өмд	**반바지, 스포츠용 짧은 팬츠**
[버긴 엄뜨]	[банбажи, спуцыиунг ззалбын паэнцы]
оймс	**양말**
[어임쓰]	[янгмал]
шилэн оймс(тирко)	**스타킹**
[실렝(실링) 어임쓰(티르코)]	[стакинг]
нүүр гарын алчуур	**수건**
[누:르 가링: 알초:르]	[сүгон]
нусны алчуур(өврийн алчуур, хамрын алчуур) [노쓰니: 알초:르(어우링: 알초:르, 하므링: 알초:르]	**손수건** [сунсүгон]
бээлий	**장갑**
[벨:리:]	[жанггаб]
хүзүүний ороолт	**목도리, 스카프**
[후쭈:니: 어럴:트]	[мугддури, сыкафы]
халаад(нөмрөг)	**잠옷**
[할라:뜨(너므럭)]	[жамут]
банзал(юбка)	**치마**
[반잘(유브카)]	[чима]
палааж(дан дээл)	**소매없는 원피스**
[팔라:줘(당 델:)]	[сумаэомнын вонписы]
платье(даашинз)	**원피스, 드레스**
[플라티예(다:쉰쯔)]	[вонписы, дырэсы]
эмэгтэй хүний костюм	**투피스**
[에메끄테 후니: 커스튬]	[түписы]
эмэгтэй хүний цамц	**블라우스**
[에메끄테 후니: 참츠]	[былаүсы]
хормогч	**앞치마**
[허르머끄치]	[абчима]
хөхөвч, хөх даруулагч	**브라자**
[허허브치, 허흐 다롤:라끄치]	[быража]
усны хувцас	**수영복**
[오쓰니: 호브차쓰]	[сүёнгбуг]
дотуур хувцас(дотоож)	**속옷, 내의**
[더토:르 호브차쓰(더터:줘)]	[сугут, наэый]
эмэгтэй хүний дотуур хувцас(дотоож)	**여성 속옷**
[에메끄테 후니: 더토:르 호브차쓰(더터:줘)]	[ёсонг сугут]
хүүхдийн хувцас	**아동복**
[후:흐딩: 호브차쓰]	[адунгбуг]

зах
[자흐]

ханцуй
[한초이]

цахилгаан
[차힐강:]

товч
[터브치(텁치)]

өвөр(халаас,карман)
[어워르(할라:쓰, 카르만)]

гар үйлдвэрийн бүтээгдэхүүн(гараар хийсэн бүтээгдэхүүн) [가르 우일뜨웨랑 부테끄대훙(가라:르 하:쌍 부테끄대훙:]

эд
[에뜨]

даавуу
[다:오:]

хөвөн даавуу
[허웡 다:오:]

ноосон даавуу
[너:쏭 다:오:]

цэмбэ
[쳄베]

савхи
[사우히]

маалинга
[말:링가]

торго
[터러끄]

нийлэг(нейлон) [닐:레끄(네일롱)]

ноолуур [널:로:르]

полиэстер [폴리에스테르]

капрон [카프론]

нэхмэл
[네흐멜]

тафта нэхмэл
[타프타 네흐멜]

옷깃
[утгит]

소매
[сумаэ]

지퍼
[жипо]

단추
[данчү]

포켓, 주머니
[пукэт, жүмони]

수공업제품
[сүгунгобжэпүм]

재료, 원료
[жаэриу, воллиу]

면
[мён]

목면
[мунгмён]

모직, 울
[мужиг, үл]

명주, 면의 브로드 천
[мёнгжү, мёный бырыды чон]

가죽
[гажүг]

대마
[даэма]

실크, 비단
[ссилкы, бидан]

나일론 [наиллун]

캐쉬미어 [каэшимио]

폴리에스터 [пулиэсыто]

카프론 [кафрун]

편물, 메리야스, 니트
[пёнмүл, мэриясы, ниты]

호박단(琥珀緞), 태피터, 편지으로 짠 견직 비단의 하나
[хубагддан, таэпито, пёнжигыру ззан гёнжиг биданый хана]

✐ БИЧГИЙН *ХЭРЭГСЭЛ* [비치킹: 헤레끄셀]

1. **Танайд улаан өнгөтэй будгийн харандаа бий юү?**
타나이드 올랑: 엉거테이 보드깅: 하란다: 비: 유:? [타나이뜨 올랑: 엉그(웅크)
테 보뜨깅: 하란다: 비: 유:?]

2. **Танайд бичгийн хавчаар байна уу?**
타나이드 비치깅: 하브차:르 바인 오:? [타나이뜨 비치깅: 합차:르 바이노:?]

3. ***Баллуур, харандаа* хоёр авъя.**
발로:르, 하란다: 허여르 아워야. [발로:르, 하란다: 허여르 아위(야).]

4. **Би нэг харандаа, хоёр хайрцаг тосон бал авъя.**
비 네그 하란다:, 허여르 하이르차그(착) 터성 발 아워야. [비 네끄 하란다:,
허여르 하이르차끄(착) 터쑹 발 아위(야).]

5. **... өгнө үү.(өгөөрэй.)**
... 어근 우:.(어거:레이.) [... 어그누:.(어거:레:)]

> *Үзэг [우쩨끄]*
> *Бэх [베흐]*
> *Будгийн харандаа [보뜨깅: 하란다:]*
> *Балын харандаа [발링: 하란다:]*
> *Тосон бал [발링: 하란다:]*

6. **Энэ ямар үнэтэй /вэ/?**
엔 야마르 운테이 /웨/? [엔 야마르 운테 /웨/?]

7. **Надад хэдэн *бал* үзүүлнэ үү.**

나다드 헤뎅 발 우줄:른 우:. [나다뜨 헤뎅 발 우쭐:르누:.]

8. **Энэ тосон балд тохирох гол байна уу?**

엔 터성 발드 터히러흐 걸 바인 오:? [엔 터쑹 발뜨 터히러흐 걸(골) 바이노:?]

9. **Үүнийг юунд хэрэглэдэг юм бэ?**

우:니:그 유온드 헤레글레덱 욤 베? [우:니:끄 유온뜨 헤레글뜩 욤 베?]

10. **Үүнийг авъя.**

우:니:그 아워야. [우:니:끄 아위(야).]

11. **... нэг хайрцагийг авъя.**

... 네그 하이르차기:그 아워야. [... 네끄 하이르차기:끄 아위(야).]

12. **... нэг боодлыг авъя.**

... 네그 버:들리:그 아워야. [... 네끄 버:들리:끄 아위(야).]

1. 당신네 빨간색 색연필이 있습니까?
   [Дангсиннэ ббалгансаэг саэнгнёнпири иссымнигга?]

2. 당신네 종이 집게가 있습니까?
   [Дангсиннэ жунги ззибггэга иссымнигга?]

3. 지우개와 연필을 사렵니다.
   [Жиүгэва ёнпирыл сарёмнида.]

4. 저는 연필 한 자루와 볼펜 두 타스를 사렵니다.
   [Жонын ёнпил хан жарүва булпэн дү тассрыл сарёмнида.]

5. ... 주십시오.
   [... жүсибссиу.]

   펜을 *[пэныл]*
   잉크를 *[ингкырыл]*
   색연필을 *[саэнгнёнпирыл]*
   연필을 *[ёнпирыл]*
   볼펜을 *[булпэныл]*

6. 이거 얼마입니까?
   [Иго олмаимнигга?]

7. 저에게 몇 자루의 볼펜을(볼펜 몇 자루) 보여주십시오.
   [Жоэгэ мёт ззарүый булпэныл(булпэн мёт ззарү) буёжүсибссиу.]

8. 이 볼펜에 맞는 볼펜심이 있습니까?
   [И булпэнэ маннын булпэсими иссымнигга?]

9. 이것을 어디에 사용하는 겁니까?
   [Игосыл одиэ саиунханын гомнигга?]

10. 이것을 삽시다.
    [Игосыл сабссида.]

11. ... 한 박스(타스, 통) 삽시다.
    [... хан ббагссы(тассы, тунг) сабссида.]

12. ... 한 묶음(보투) 삽시다.
    [... хан мүггым(бурү) сабссида.]

📖 참고단어 및 부가단어(ЛАВЛАХ ҮГ, НЭМЭЛТ ҮГ)

харандаа	연필
[하란다:]	[ёнпил]
будгийн харандаа	색연필
[보뜨깅: 하란다:]	[саэнгнёнпил]
харандаан будаг	크레용
[하란당: 보따끄]	[кырэиунг]
үзэг	펜, 만년필
[우쩨끄]	[пэн, маннёнпил]
үзэг харандааны гэр	필통
[우쩨끄 하란다:니: 게르]	[пилтунг]
үзэг харандааны сав	필기구통
[우쩨끄 하란다:니: 사우]	[пилгигүтунг]
бэх	잉크
[베흐]	[ингкы]
будаг	그림물감, 페인트
[보따끄]	[гыриммүлггам, пэинты]
усан будаг	수성그림물감
[오쑹 보따끄]	[сүсонггыриммүлггам]
тосон будаг	유성그림물감
[터쑹 보따끄]	[юсонггыриммүлггам]
бийр	붓
[비:르]	[бүт]
янтай	벼루
[양타이]	[бёрү]
тосон бал	볼펜
[터쑹 발]	[булпэн]
тосон балын гол	볼펜심
[터쑹 발링: 걸(골)]	[булпэнсим]
дэвтэр	공책
[데브테르(뎁테르)]	[гунгчаэг]
тэмдэглэлийн дэвтэр	수첩
[템데끄렐링: 데브테르(뎁테르)]	[сүчоб]
өдрийн тэмдэглэлийн дэвтэр	일기장
[어드링: 템데끄렐링: 데브테르(뎁테르)]	[илгиззанг]
цомог(альбом)	사진앨범
[처머끄(알범)]	[сажинаэлбом]
бичгийн машин	타자기
[비치깅: 마신]	[тажаги]

хувилуур(хувилах машин)
[호빌로:르(호빌라흐 마신)]

цаас
[차:쓰]

зургийн цаас
[조르깅: 차:쓰]

бичгийн цаас
[비치깅: 차:쓰]

бичгийн хорон цаас
[비치깅 허렁 차:쓰]

захидлын цаас
[자히들링: 차:쓰]

дугтуй
[도끄토이]

хуанли
[황리]

хайч
[하이치]

цавуу
[차오:]

баллуур
[발로:르]

үдээсний машин
[우데:쓰니: 마신]

хутга [호타끄(호탁)]

шугам [쇼감(금)]

гурвалжин шугам
[고르왈징 쇼감(금)]

бичгийн хавчаар
[비치깅: 하브차:르(합차:르)]

дардаг хадаас
[다르뜩 하따:쓰]

гортиг
[거르틱]

нэг ширхэг
[네끄 쉬르헤끄(쉬르헥)]

нэг хайрцаг
[네끄 하이르착(하이르차끄)]

нэг боодол
[네끄 버:덜]

복사기
[бугссаги]

종이
[жунги]

도화지
[духуажи]

타자용지(16 절지), 복사용지
[тажаиунгззи(симнюгззолззи),
бугссаиунгззи]

먹지
[могззи]

편지지
[пёнжиззи]

편지봉투
[пёнжибунгтү]

카렌다, 달력
[карэнда, даллёг]

가위
[гави]

풀
[пүл]

지우개
[жиүгаэ]

스테플러
[стэпылло]

칼 [кал]

자 [жа]

삼각자
[самгагзза]

종이집게
[жунгиззибггэ]

압정
[абззонг]

컴파스
[компассы]

한 개
[хаӊ гаэ]

한 롱, 한 갑
[хан тунг, хан габ]

한 박스(한 보루–담배 등의)
[хан ббакс(хан бурү–дамбаэ дыный)]

✒ *ГОО САЙХНЫ БАРАА/ҮНЭРТЭН* [거: 싸이흐니: 바라:/우네르텡]

1. **Танайд ... байна уу?**
타나이드 ... 바인 오:? [타나이뜨 ... 바이노:?]

   уруулын будаг [오롤링: 보다끄]
   үнэртэй ус [우네르테 오쓰]
   усний лак [우쓰니: 라크]
   нүүрийн тос [누:링: 터쓰]

2. **Энд ямар хэдэн зүйл үнэртэй ус байдаг вэ?**
엔드 야마르 헤뎅 주일 우네르테이 오스 바이닥 웨? [엔뜨 야마르 헤뎅 주일 우네
르테 오쓰 바이뜩 웨?]

3. **Энд францд үйлдвэрлэсэн үнэртэй ус байна уу?**
엔드 프란츠드 우일드웨를레셍 우네르테이 오스 바인 오:? [엔뜨 프란츠뜨 우일뜨
웨를레쑹 우네르테 오쓰 바이노:?]

4. **Энэ үнэртэй ус жаахан хурц үнэртэй байна. Сул үнэртэй байна уу?**
엔 우네르테이 오스 자:항 호르츠 우네르테이 바인. 솔 우네르테이 바인 오:? [엔
우네르테 오쓰 짜:홍 호르츠 우네르테 바인. 솔 우네르테 바이노:?]

5. **Үйлчлэгч ээ! Үүнийг үзье.**
우일칠레그치 에:! 우:니:그 우지예. [우일칠레끄체:! 우:니:끄 우찌.]

6. **Энэ юу вэ?**
엔 유오 웨? [엔 유오 웨?]

7. **Ямар үнэтэй /вэ/?**
야마르 운테이 /웨/? [야마르 운테 /웨/?]

8. **Надад ... өгөөч.**
나다드 ... 어거:치. [나다뜨 ... 어거:치.]

   саван [사왕]
   хумсын лак [훔씽: 라크]

9. **Би үүнийг авъя.**
비 우:니:끄 아워야. [비 우:니:끄 아워(야).]

1. **당신네 ... 있습니까?**
   [Дангсиннэ ... иссымнигга?]

   > **립스틱이** *[либссытиги]*
   > **향수가** *[хянгсуга]*
   > **무쓰가, 스프레이가, 젤이** *[муссыга, сыпырэига, жэри]*
   > **로션이** *[русёни]*

2. **이곳에는 어떤, 몇 가지의 향수가 있습니까?**
   [Игусэнын оддон, мёт ггажиый хянгсуга иссымнигга?]

3. **여기 프랑스에서 생산된(프랑스산) 향수가 있습니까?**
   [Ёги франгссыэсо саэнгсандуэн(франгссысан) хянгсуга иссымнигга?]

4. **이 향수는 (냄새가) 조금 독합니다. 은은한 냄새의 향수가 있습니까?**
   [И хянгсунын (наэмсаэга) жугым дукамнида. Ынынхан наэмсаэый
   хянгсуга иссымнигга?]

5. **종업원(미용사)! 이것을 좀 봅시다.**
   [Жунгобүон(Мииунгса)! Игосыл жум бубссида.]

6. **이것은 무엇입니까?**
   [Игосын мүосимнигга?]

7. **얼마입니까?**
   [Олмаимнигга?]

8. **저에게 ... 주세요.**
   [Жоэгэ ... жүсэиу.]

   > **비누를** *[бинүрыл]*
   > **매니큐어를** *[маэникюорыл]*

9. **저는 이것을 사겠습니다.**
   [Жонын игосыл сагэссымнида.]

📖 참고단어 및 부가단어(ЛАВЛАХ ҮГ, НЭМЭЛТ ҮГ)

саван
[사왕]

барааны саван
[바라:니: 사왕]

нүүр гарын саван
[누:르 가링: 사왕]

нунтаг саван
[논타ㄲ 사왕]

шингэн саван
[싱겡 사왕]

шампун
[슈쁘니: 어:]

шүдний оо
[슈쁘니: 어:]

шүдний сойз
[슈쁘니: 서이즈]

гар нүүрийн тос
[가르 누:링 터쓰]

сахал хуссаны дараа түрхэгч
[사할 호쓰쓰니: 다라: 투르헤ㄲ치]

үсний тос
[우쓰니: 터쓰]

үсний лак
[우쓰니: 라크]

хумсны лак
[홈쓰니: 라크]

нүдний будаг
[누쁘니: 보따ㄲ]

хөмсөгний будаг
[험써ㄲ니: 보따ㄲ]

уруулын будаг
[오롤:링: 보따ㄲ]

үнэртэй ус
[우네르테 오쓰]

энгэсэг(пудр)
[엥게쎄ㄲ(푸드르)]

сахлын хутга
[사흘링: 호타ㄲ]

비누
[бинү]

세탁비누
[сэтагббинү]

세수비누
[сэсүббинү]

가루세제
[гарүсэжэ]

주방세제
[жүбангсэжэ]

샴푸
[шампү]

치약
[чияг]

치솔
[чиссул]

로션, 크림
[рушон, кырим]

애프터셰이브 로션
[аэпытошеибы рушон]

머릿기름
[моритггирым]

무쓰, 스프레이, 젤
[муссы, сыпырэи, жэл]

매니큐어
[маэникюо]

아이섀도
[аишяэду]

마스카라
[масыкара]

립스틱
[либссытиг]

향수
[хянгсү]

파우다, 분
[паүда, бүн]

면도칼
[мёндукал]

сахлын машин
[사흘링: 마신]
сам
[삼]
үсний сойз
[우쓰니: 서이즈]

면도기
[мёндуги]
빗
[бит]
헤어브러쉬
[хаэобыроши]

1. Би ... авмаар байна. Жаахан үзэж болох уу?
비 ... 아우마:르 바인. 자:항 우제지 벌러흐 오:? [비 ... 아우마:르 바인. 짜:홍 우쯔쥐(쮜) 벌호:?]

> **бөгж** *[버그쥐(쮜)]*
> **бугуйвч** *[보고이브치]*
> **ээмэг** *[에:메끄]*
> **хүзүүний зүүлт** *[후쭈:니: 줄:트]*

2. Би арай хямдхан юм авмаар байна.
비 아라이 햠뜨항 욤 아우마:르 바인.[비 아라이 햠뜨항 욤 아우마:르 바인.]

3. Энэ ямар чулуу вэ?
엔 야마르 쵤로: 웨? [엔 야마르 쵤로: 웨?]

4. Энэ юу вэ?
엔 유오 웨? [엔 유오 웨?]

5. Энэ ямар үнэтэй вэ?
엔 야마르 운테이 웨? [엔 야마르 운테 웨?]

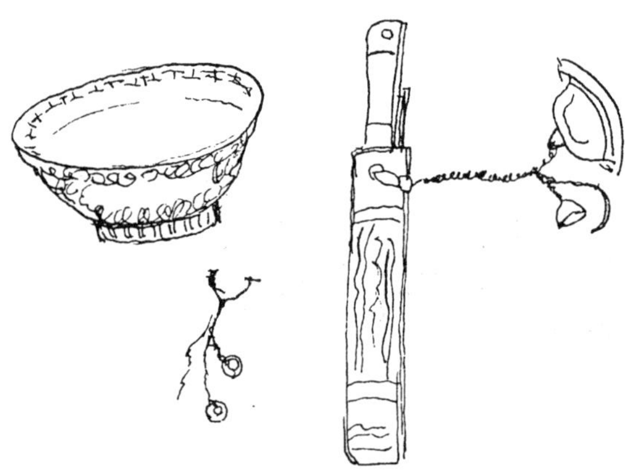

✒ 귀금속 매장 [ГҮЙГЫМСУГ МАЭЖАНГ]

1. 저는 ... 사고 싶습니다. 조금 봐도 되겠습니까?
   [Жонын ... сагу сибссымнида. Жугым буаду дуэгэссымнигга?]

   반지를 *[банжирыл]*
   팔찌를 *[палззирыл]*
   귀걸이를 *[гүйгорирыл]*
   목걸이를 *[мугггорирыл]*

2. 저는 좀 더 싼 것을 사고 싶습니다.
   [Жонын жум до ссан госыл сагу сибссымнида.]

3. 이것은 무슨 돌입니까?
   [Игосын мүсын дуримнигга?]

4. 이것은 무엇입니까?
   [Игосын мүосимнигга?]

5. 이것 얼마입니까?(이것 얼마예요?)
   [Игот олмаимнигга?(Игот олмаеиу?)]

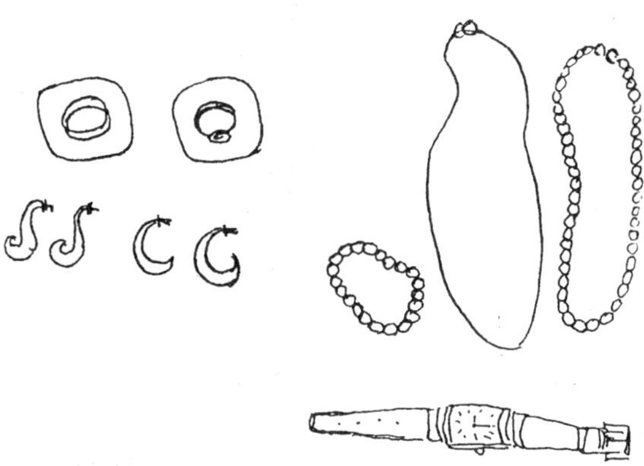

📖 참고단어 및 부가단어(ЛАВЛАХ ҮГ, НЭМЭЛТ ҮГ)

алт	금
[알트]	[гым]
цагаан алт	백금
[차강: 알트]	[баэгггым]
мөнгө	은
[멍거(뭉그)]	[ын]
бөгж	반지
[버그쥐(쮜)]	[банжи]
бөгж зүү/х	반지를 끼다
[버그쥐(쮜) 주:흐]	[банжирыл ггида]
алтан бөгж	금반지
[알탕 버그쥐(쮜)]	[гымбанжи]
мөнгөн бөгж	은반지
[멍겅 버그쥐(쮜)]	[ынбанжи]
сүйн бөгж	약혼반지
[수인 버그쥐(쮜)]	[якунбанжи]
хуримын бөгж	결혼반지
[호리밍: 버그쥐(쮜)]	[гёлхунбанжи]
бугуйвч	팔찌
[보고이브치]	[палззи]
бугуйн цаг	손목시계
[보고인(잉) 차끄(착)]	[сунмугссиге]
алтан бугуйвч	금팔찌
[알탕 보고이브치]	[гымпалззи]
мөнгөн бугуйвч	은팔찌
[멍경 보고이브치]	[ынпалззи]
мөнгөн аяга	은잔, 은대접
[멍경 아야끄(아약)]	[ынзан, ындаэжоб]
ээмэг	귀걸이
[에:메끄]	[гүйгори]
хүзүүний зүүлт	목걸이
[후쮸:니: 줄:트]	[мугггори]
гоёлын зүү(энгэрийн зүүлт)	브로우치
[거열링: 주:(엥게링: 줄:트)]	[быруүчи]
унжлага	펜던트, 귀걸이.목걸이 등의 장식
[온쮈라끄(온쮈락)]	[паэндюнты, гүйгори. мугггори дынгый жангсиг]
чагтан товч(ханцуйн товч)	커프링크, 커프스 단추

[차끄탕 터브치(한초인 터브치)]

зангианы хавчаар

[장기아니: 하브차:르(합차:르)]

эрдэнийн чулуу(үнэт чулуу)

[에르데닝: 촐로:(우네트 촐로:)]

үнэт зүйлсийн хайрцаг

[우네트 주일씽: 하이르착(하이르차끄)]

алмаз

[알마쯔]

маргад

[마르가뜨]

биндэрьяа(сапфир)

[빈데리야:(삽피르)]

бадмаараг(рубин)

[바뜨마:라끄(루빈)]

сувд

[소브뜨]

хув

[호브(우)]

шүр

[슈르]

[копырингкы, копысы данчү]

넥타이핀

[нэгтаипин]

보석

[бусог]

보석함

[бусокам]

다이아몬드

[даиамунды]

에머랄드

[эморалды]

사파이어

[ссапаио]

루비

[рүби]

진주

[жинжү]

호박

[хубаг]

산호

[санху]

1. **Энэ дээлийг юуны арьсаар хийсэн бэ?**
   엔 델:리:그 유오니: 아리샤:르 히:셍 베? [엔 델:리:끄 유오니: 아리싸:르 히:씀 베?]

2. **Үүнийг юуны үсээр хийсэн бэ?**
   우:니:그 유오니: 우세:르 히:셍 베? [우:니:끄 유오니: 우쎄:르 히:씀 베?]

3. **Энэ юуны үс вэ?**
   엔 유오니: 우스 웨? [엔 유오니: 우쓰 웨?]

4. **Энэ юуны арьс вэ?**
   엔 유오니: 아리스 웨? [엔 유오니: 아리쓰 웨?]

5. **Энэ юуны шир вэ?**
   엔 유오니: 시르 웨? [엔 유오니: 쉬르 웨?]

6. **Танайд үстэй малгай байна уу?**
   타나이드 우스테이 말가이 바인 오:? [타나이뜨 우쓰테 말가이 바이노:?]

☞ *ДУУНЫ БИЧЛЭГ, ЦАХИЛГААН БАРАА* [도:니: 비칠렉, 차힐강: 바라:]

7. **...тасаг хаана байдаг вэ?**
   ... 타사그 한: 바이닥 웨? [... 타사끄 한: 바이뜩 웨?]

   Цахилгаан барааны [차힐강: 바라:니:]
   Дуу хөгжимийн [도: 허그지밍:]
   Радио аппаратын [라디오 압파라팅:]

8. **Би систем хөгжим сонирхож байна.**
   비 시스템 허그짐 서니르허지 바인. [비 씨스템 허그짐 서니르허쥐(쮜) 와인.]

9. **Танайд ... байна уу?(бий юү?)**
   타나이드 ... 바인 오:?(비: 유:?) [타나이뜨 ... 바이노:?(비: 유:?)]

10. **Танайд ... бичлэг байна уу?**
    타나이드 ... 비칠레그 바인 오:? [타나이뜨 ... 비칠레끄 바이노:?]

11. **Надад ... хэрэгтэй.**
    나다드 ... 헤레그테이. [나다뜨 ... 헤레끄테.]

    дууны кассет [도:니: 카셋트]
    кино(видео) кассет [키노(비데오) 카셋트]
    пянз [판쯔]
    магнитофон [마그니토폰]

☞ *가죽, 모피 매장* [ГАЖҮГ, МУПИ МАЭЖАНГ]

1. 이 "멜:"온(코트는) 무슨 가죽으로 만들었습니까?
   [И "дээл"ын(дээрын) (кутынын) мүсын гажүгыру мандыроссымнигга?]

2. 이것을 무슨 털로 만들었습니까?
   [Игосыл мүсын толлу мандыроссымнигга?]

3. 이것은 무슨 털입니까?
   [Игосын мүсын торимнигга?]

4. 이것은 무슨 가죽입니까?
   [Игосын мүсын гажүгимнигга?]

5. 이것은 무슨 피혁입니까?
   [Игосын мүсын пихёгимнигга?]

6. 당신네 털모자가 있습니까?
   [Дангсиннэ толмужага иссымнигга?]

☞ *레코드, 전자제품 매장* [РЭКУДЫ, ЖОНЖАЖЭПҮМ МАЭЖАНГ]

7. ... 매장은 어디에 있습니까?
   [... маэжангын одиэ иссымнигга?]

   전자제품 [*Жонжажэпүм*]
   카세트, 레코드 [*Касэты, рэкуды*]
   라디오 [*Радиу*]

8. 저는 콤펴넌트에 관심을 가지고 있습니다.
   [Жонын кумпононтыэ гуансимыл гажигу иссымнида.]

9. 당신네 ... 있습니까?
   [Дангсиннэ ... иссымнигга?]

10. 당신네 ... 카세트가 있습니까?
    [Дангсиннэ ... касэтыга иссымнигга?]

11. 저에게 ... 필요합니다.
    [Жоэгэ ... пириуханмнида.]
    노래테이프가 [нураэтэипыга]
    영화(비디오) 테이프가 [ёнгхуа(бидиу) тэипыга]
    레코드가(음반이) [рэкудыга(ымбани)]
    녹음기가 [нугымгига]

хүлээн авагч [홀렝: 아와끄치]

пянз тоглуулагч [판쯔 터글룰:라끄치]

дуу өсгөгч [도: 어쓰거ㄱ치]

12. Энэ бичлэгийг сонсож болох уу?

엔 비칠레기:그 선서지 벌러흐 오:? [엔 비칠레기:끄 선스쥐(쮜) 벌호:?]

13. Үүнийг сонсож үзэж болох уу?

우:니:그 선서지 우제지 벌러흐 오:? [우:니:끄 선스쥐(쮜) 우쯔쥐(쮜) 벌호:?]

14. Ямар ажиллаж байгааг нь сонсож болох уу?

야마르 아질라지 바이가:그 은 선서지 벌러흐 오:? [야마르 아질라쥐(쮜) 바이
가:끈 선스쥐(쮜) 벌호:?]

15. Надад ... өгөөч.

나다드 ... 어거:치. [나다뜨 ... 어거:치.]

16. Энэ(Тэр) ямар үнэтэй вэ?

엔(테르) 야마르 운테이 웨? [엔(테르) 야마르 운테 웨?]

17. Тэр ... ямар үнэтэй вэ?

테르 ... 야마르 운테이 웨? [테르 ... 야마르 운테 웨?]

видео кассет [비디오 카셋트]

дуу өсгөгч [도: 어쓰거ㄱ치]

зурагт(телевиз) [조라끄트(텔레비쯔)]

микрофон [미크로폰]

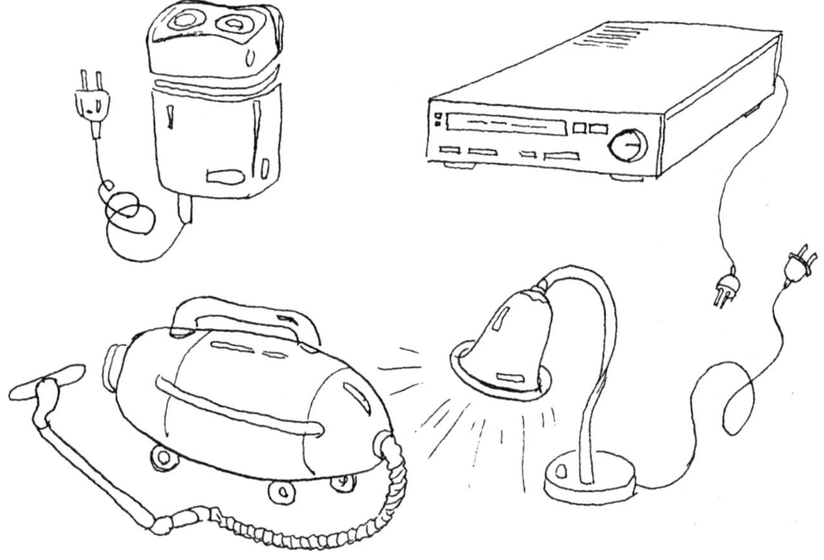

라디오가 [*радиуга*]
턴테이블이 [*тонтэибыри*]
스피커가 [*сыпикога*]

12. **이 카세트를 들어도 되겠습니까?**
[И касэтырыл дыроду дуэгэссымнигга?]

13. **이것을 들어봐도 되겠습니까?**
[Игосыл дыробуаду дуэгэссымнигга?]

14. **어떻게 작동하는지를 들어봐도 되겠습니까?**
[Оддокэ жагддунгханынжирыл дыробуаду дуэгэссымнигга?]

15. **저에게 ...을 주세요.**
[Жоэгэ ...ыл жүсэиу.]

16. **이것(저것) 얼마입니까?**
[Игот(Жогот) олмаимнигга?]

17. **저 ... 얼마입니까?**
[жо ... олмаимнигга?]

비디오카세트는 [*бидиукасэтынын*]
스피커는 [*сыпиконын*]
텔레비전은 [*тэллэбижонын*]
녹음기는 [*нугымгинын*]

цахилгаан бараа [차힐강: 바라:]	**전기, 전자제품** [жонги, жонжажэпүм]
цахилгаан таваг [차힐강: 타와ㄲ]	**전기쿠커, 전기뚝배기** [жонгикүко, жонгиддүгббаэги]
цахилгаан данх, ус буцалгагч [차힐강: 당흐(크), 오쓰 보촬가그치]	**전기포트, 전기주전자** [жонгипуты, жонгижүжонжа]
цахилгаан индүү [차힐강: 인두:]	**전기다리미** [жонгидарими]
цахилгаан сэнс, үсний сэнс [차힐강: 인두:., 우쓰니 쎈쓰]	**헤어드라이기** [хэодыраиги]
талх шарагч [탈흐 샤라ㄲ치]	**토스터기** [тусытоги]
цахилгаан будаа агшаагч [차힐강: 보따: 아그(악)샤:ㄲ치]	**전기밥통** [жонгибабтунг]
тоос сорогч [터:쓰 서러ㄲ치]	**진공청소기** [жингунгчонгсуги]
кофе чанагч [커피 차나ㄲ치]	**커피메이커** [кофимэико]
хөргөгч [허르거그치]	**냉장고** [наэнгжанггу]
угаалгын машин [오갈:깅: 마신]	**세탁기** [сэтаггги]
зурагт(телевиз) [조라ㄲ트(텔레비쯔)]	**텔레비전** [тэллэбижон]
өнгөт зурагт(телевиз) [엉거트 조라ㄲ트(텔레비쯔)]	**칼라텔레비전** [каллатэллэбижон]
хар цагаан зурагт(телевиз) [하르 차강: 조라ㄲ트(텔레비쯔)]	**흑백텔레비전** [хыгббаэгтэллэбижон]
радио [라디오(아라디오)]	**라디오** [радиу]
систем хөгжим [씨스템 허그짐]	**컴포넌트** [компунонты]
чихэвчний хөгжим [치헤브치니: 허그짐]	**미니카세트(워크맨)** [миникасэты(вокымаэн)]
чихэвч [치헤브치]	**헤드폰** [хэдыпун]
видео тоглуулагч(приставка) [비데오 터글룰로:라ㄲ치(프리쓰타브카)]	**비디오** [бидиу]

дүрс бичлэгийн аппарат (кино аппарат)

[두르쓰 비칠레깅: 압파라트 (키노 압파라트)]

видео хальс

[비데(디)오 하일쓰]

компьютер

[컴퓨테르]

агааржуулах сэнс

[아가:르졸:라흐 쎈쓰]

магнитофон

[마그니토퐁]

비디오 카메라

[бидиу камэра]

비디오 카세트

[бидиу касэты]

컴퓨터

[компюто]

선풍기

[сонпүнгги]

녹음기

[нугымги]

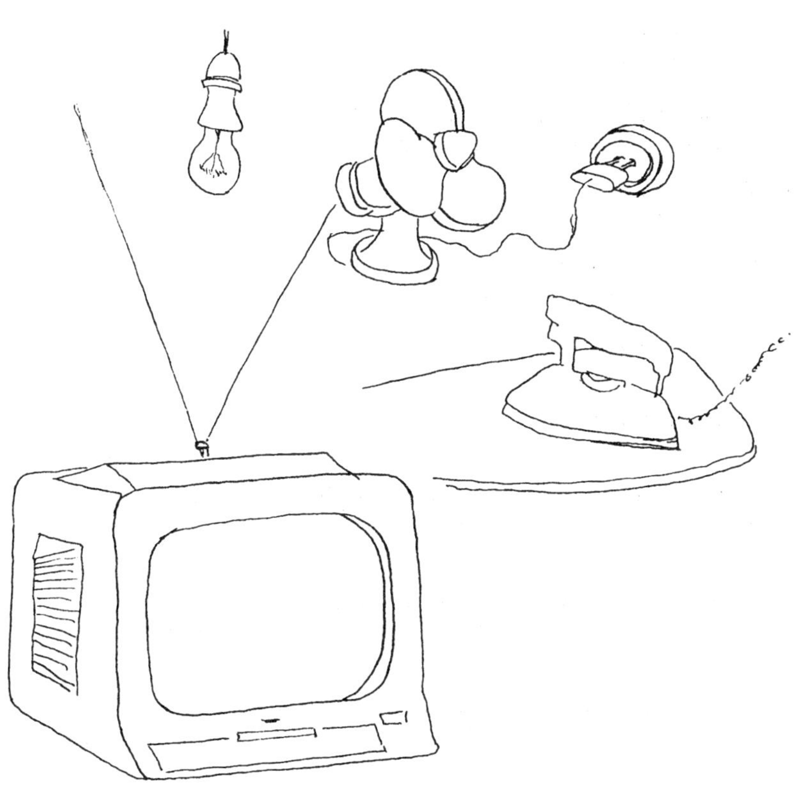

■ ХҮНСНИЙ ДЭЛГҮҮРТ [훈쓰니: 델구:르트]

1. **Надад ... өгөөч.**
나다드 ... 어거:치. [나다뜨 ... 어거:치.]

   нэг кило(килограммъ төмс [네끄 킬로(킬로그람) 텀쓰]
   хоёр кило(килограммъ сонгино [허여르 킬로(킬로그람) 성긴]
   хагас кило(килограммъ алим [하가쓰 킬로(킬로그람) 알림]
   30(гучин) ширхэг өндөг [30(고칭) 쉬르헤끄 언덕(언더끄)]
   таван кило цагаан будаа [타왕(타웅) 킬로 차강: 보따:]

2. **Танайд ... байна уу?**
타나이드 ... 바인 오:? [타나이뜨 ... 바이노:?]

   өнөөдрийн сүү [어너:뜨링: 수:]
   лонхтой рашаан(жимсний шүүс) [렁흐(크)테 라샨(아르샹)(짐쓰니: 슈:쓰]

3. **Би ... авъя.**
비 ... 아워야. [비 ... 아워(야).]

   хоёр /ширхэг/ талх [허여르 /시르헤끄/ 탈흐]
   гурван кило(килограмм) гурил [고르왕(고룽) 킬로(킬로그람) 고릴]

4. **Ямар үнэтэй /вэ/?**
야마르 운테이 /웨/? [야마르 운테 /웨/?]

5. **/Гялгар/ Уут байна уу?**
/걀가르/ 오:트 바인 오:? [/걀가르/ 오:트 바이노:?]

6. **Үүнийг боож өгөөрэй.**
우:니:그 버:지 어거:레이. [우:니:끄 버:쥐(쮀) 어거:레:.]

7. **Энэ юуны мах вэ?**
엔 유오니: 마흐 웨? [엔 유오니: 마흐 웨?]

8. **Үхрийн мах(Гахайн мах, Хонины мах, Тахианы мах) байна уу?**
우흐링: 마흐(가하인 마흐, 헌니: 마흐, 타히아니: 마흐) 바인 오:? [우흐링: 마흐(가하인 마흐, 헌니: 마흐, 타히아니: 마흐) 바이노:?]

9. **Үхрийн хавирганаас гурван кило авъя.**
우흐링: 하위르가나:스 고르왕 킬로 아워야. [우흐링: 하위라끄나:쓰 고르왕 킬로 아워(야).]

10. **Гахайн ясгүй мах нэг кило нь ямар үнэтэй вэ?**
가하인 야스구이 마흐 네끄 킬로 은 야마르 운테이 웨? [가하인 야쓰구이 마흐 네끄 킬로 은 야마르 운테 웨?]

11. **Энэ махыг жижгээр огтолж өгнө үү?**
엔 마히:그 지지게:르 어그털지 어근 우:?[엔 마히:끄 지지게:르 어그틀쥐(쮀) 어그누:?]

■ 식료품점에서 [СИНГНИУПУМЖОМЭСО]

1. **저에게 ... 주세요.**
   [Жоэгэ ... жүсэиу.]

   > 감자 1(일) 킬로(킬로그램) [гамжа 1 (ил) киллу (киллугыраэмъ]
   > 양파 2(이) 킬로(킬로그램) [янгпа 2 (и) киллу (киллугыраэмъ]
   > 사파 반 킬로그램(오백 그램) [сагуа бан киллугыраэм (убаэг гыраэм)]
   > 계란 30(삼십) 개를 [геран 30 (самсиб) ггаэрыл]
   > 쌀 5(오) 킬로(킬로그램) [ссал 5 (у) киллу (киллугыраэм)]

2. **당신네 ... 있습니까?**
   [Дангсиннэ ... иссымнигга?]
   > 오늘 나온 우유가 [уныл наун үюга]
   > 병에 담긴 생수가(과일쥬스가) [бёнгэ дамгин саэнсүга (гуаилжюсыга)]

3. **저는 ... 사렵니다.**
   [Жонын ... сарёмнида.]

   > 빵 두개를 [ббанг дүгаэрыл]
   > 밀가루 3(삼) 킬로(킬로그램) [милггарү 3 (сам) киллу (киллугыраэм)]

4. **얼마입니까?**
   [Олмаимнигга?]

5. **/비닐/ 봉투는 얼마입니까?**
   [/бинил/ Бунгтүнын олмаимнигга?]

6. **이것을 싸 주십시오.**
   [Игосыл сса жүсибссиу.]

7. **이것은 무슨 고기입니까?**
   [Игосын мүсын гугиимнигга?]

8. **소고기(돼지고기, 양고기, 닭고기) 가 있습니까?**
   [Сугуги(дуэжигуги, янггуги, дагггуги)га иссымнигга?]

9. **소갈비 삼킬로를 사렵니다.**
   [Сугалби самкиллурыл сарёмнида.]

10. **돼지의 순살코기 일킬로는 얼마입니까?**
    [Дуэжиый сүнсалкуги илкиллунын олмаимнигга?]

11. **이 고기를 적당히 작게 썰어 주십시오.**
    [И гугирыл жогддангхи жаггэ ссоро жүсибссиу.]

Хүнсний ногоо
[훈쓰니: 너거:]

төмс
[텀쓰(툼쓰)]

чихэртэй төмс
[치헤르테 텀쓰(툼쓰)]

манжин
[만징]

улаан манжин
[올랑: 만징]

урт манжин(цагаан лууван)
[오르트 만징(차강: 로:왕)]

байцаа
[바이차:]

бөөрөнхий байцаа
[버:룽히: 바이차:]

урт байцаа(хятад байцаа)
[오르트 바이차(햐타뜨 바이차:)]

цэцэгт байцаа
[체체끄트 바이차:]

чэч
[체치]

хурган гуа
[호르강 고아]

лууван
[로:왕]

сонгино
[성긴]

ногоон сонгино(урт сонгино)
[너겅: 성긴(오르트 성긴)]

чинжүү
[친주:]

улаан чинжүү
[올랑: 친주:]

амтат чинжүү
[암타트 친주:]

сармис
[사르미쓰]

야채, 채소
[ячаэ, чаэсу]

감자
[гамжа]

고구마
[гугума]

무우(몽골의 둥근 무우)
[мүү(монгорый дүнггын мүү)]

빨간 무우
[ббалган мүү]

무우(우리와 같은 하얀 무우)
[мүү(үрива гатын хаян мүү)]

배추
[баэчү]

양배추
[янгбаэчү]

배추(우리와 같은 잎이 긴 배추)
[баэчү(үрива гатын ипи гин баэчү]

꽃양배추,콜리플라워
[ггутянгбаэчү,куллифыллаво]

가지
[гажи]

호박
[хубаг]

당근
[данггын]

양파
[янгпа]

파, 대파
[па, даэпа]

고추
[гучү]

빨간 고추
[ббалган гучү]

피망
[пиманг]

마늘
[маныл]

сармисын гол
[사르미씽: 걸]
마늘쫑
[манылззунг]

өргөст хэмх
[어르거스트 헴흐]
오이
[уи]

улаан лооль(помидор)
[올랑: 러:일(파미도르)]
토마토
[тумату]

мөөг
[머:ㄲ]
버섯
[босот]

вандуй
[완도이]
콩
[кунг]

шош
[셔쉬]
강남콩
[гангнамкунг]

цоохор майлз
[처:허르 마일즈]
샐러리
[ссаэллори]

нүрээ
[누레:]
치커리
[чикори]

яншуй
[양쇼이]
파슬리
[пассылли]

шанцай
[샹차이]
생채, 샐러드용 채소, 상치
[саэнгчаэ, ссаэллюдиунг чаэсу, сангчи]

жууцай
[조:차이]
부초
[бүчу]

бууцай
[보:차이]
시금치
[сигымчи]

халиар
[할리아르]
야생마늘의 잎사귀
[ясаэнгманырый ибссагүй]

Жимс
[짐쓰]
파일
[гуаил]

жимсний цэцэрлэг
[짐쓰니: 체체를레ㄲ]
과수원
[гуасүвон]

алим
[알림]
사과
[сагуа]

лийр
[리:르]
배
[баэ]

тоор
[터:르]
복숭아
[бугссүнга]

гүзээлзгэнэ
[구젤:즈근]
딸기
[ддалги]

гадил(банан)
[가딜(바난)]
바나나
[банана]

хан боргоцой(ананас)
[항 버르거처이(아나나쓰)]
파인애플
[파이나에플]

усан үзэм
[오쑹 우쩸(즘)]
포도
[푸두]

усан үзэмний талбай
[오쑹 우즘니: 탈바이]
포도원, 포도농장
[푸두원, 푸두눙장]

нимбэг(лимон)
[님베끄(리몽)]
레몬
[레문]

амтат гуа
[암타트 고아]
참외, 메론
[차무에, 메룬]

жүрж(мандарин)
[주르쮜(만다린)]
귤
[규울]

амтат жүрж(апельсин)
[암타트 주르쮜(아필씬)]
오렌지
[우렌지]

илжигэн чих
[일쥐근 치흐]
감
[감]

интоор
[인터:르]
체리, 버찌
[체리, 버쯔이]

үхрийн нүд
[우흐링: 누뜨]
구즈베리
[구즈이베리]

чангаанз
[창간:쯔]
살구
[살구]

чаваг
[차와끄]
대추, 자두
[다에추, 자두]

туулайн бөөр
[톨:라잉 버:르]
밤
[밤]

самар
[사마르]
땅콩, 잣
[딴쿵, 잗]

хатуу самар
[하토: 사마르]
호두
[후두]

инжир жимс
[인쮜르 짐쓰]
무화과
[무후아구아]

жимсний хальс
[짐쓰니: 하일쓰]
과일껍질
[구아일꺼버쯔일]

хальсыг авах(цэвэрлэх)
[하일씨:끄 아와흐(체웨를레흐)]
껍질을 까다
[꺼버쯔이릴 까다]

Max
[마흐]
<u>고기</u>
[구기]

үхрийн мах
[우흐링: 마흐]
소고기
[수구기]

гахайн мах	돼지고기
[가하잉 마흐]	[дуаэжигуги]
зэрлэг гахайн мах	산돼지고기
[제를렉 가하잉 마흐]	[санддуаэжигуги]
тахианы мах	닭고기
[타히아니: 마흐]	[дагггуги]
нугасны мах	오리고기
[노가쓰니: 마흐]	[уригуги]
галууны мах	거위고기, 기러기
[갈로:니: 마흐]	[говигуги, гироги]
гургуулийн мах	꿩고기
[고르골:링: 마흐]	[ггуонггуги]
ямааны мах	염소고기
[야마:니: 마흐]	[ёмсугуги]
хонины мах	양고기
[헌니: 마흐]	[янггуги]
адууны мах	말고기
[아또니: 마흐]	[малгуги]
тэмээний мах	낙타고기
[테메:니: 마흐]	[нагтагуги]
чонын мах	늑대고기
[처닝: 마흐]	[ныгддаэгуги]
нохойн мах	개고기
[너허잉 마흐]	[гаэгуги]
зээрийн мах	영양고기
[제:링 마흐]	[ёнгянггуги]
тарваганы мах	"타르박(와)"고기 –마르모트, 설치류동물, 몽골의 전역에 퍼져 살고 있으며 이를 사냥해 먹기도 함.
[타르바(와)끄니: 마흐]	["тарваг"гуги]
туулайн мах	토끼고기
[톨:라잉 마흐]	[туггигуги]
шувууны мах	새고기(닭고기)
[쇼오(보):니: 마흐]	[саэгуги(дагггуги)]
загасны мах	물고기, 생선
[자가쓰니: 마흐]	[мулггуги, саэнгсон]
толгой	머리
[털거이]	[мори]
хавирга	갈비
[하위라끄]	[галби]
нуруу	등뼈, 척추

[노로:] | [дынгббё, чогчу]

өвчүү
[업추:]

가슴부위
[гасымбүви]

гуя
[고이]

넓적다리
[нобззогддари]

хаа
[하:]

앞가슴다리
[абггасымдари]

дал
[달]

어깨
[оггаэ]

яс
[야쓰]

뼈
[ббё]

ходоод
[허더:뜨]

위
[ви]

шулуун гэдэс
[숄롱: 게데쓰]

창자(직장)
[чангжа(жигззанг)]

бөөр
[버:르]

신장
[синжанг]

элэг
[엘레끄]

간
[ган]

зүрх
[주르흐]

심장
[симжанг]

гол мах
[걸 마흐]

순 살코기
[сүн салкуги]

татсан мах
[타트쏭 마흐]

잘게 으깬고기
[жалгаэ ыггаэнгуги]

шинэ мах
[신 마흐]

신선한 고기
[синсонхан гуги]

хуучирсан мах
[호:치르쏭 마흐]

오래된 고기
[ураэдуэн гуги]

тарган мах
[타르강 마흐]

살쩐 고기
[салззин гуги]

туранхай мах
[토랑하이 마흐]

마른 고기
[марын гуги]

утсан мах
[오트쏭 마흐]

훈제한 고기
[хүнжэхан гуги]

шарсан мах
[샤르쏭 마흐]

구운(볶은,튀긴) 고기
[гүүн(буггын, түйгин) гуги]

чанасан мах
[차느쏭 마흐]

삶은 고기
[салмын гуги]

жигнэсэн мах
[지그네쏭 마흐]

쩐 고기
[ззингуги]

[자가쓰]

голын загас

[걸링: 자가쓰]

далайн загас

[달라잉 자가쓰]

хэлтэг загас

[헬테끄(헬텍) 자가쓰]

булуу цагаан загас

[볼로: 차강: 자가쓰]

сум загас

[솜 자가쓰]

хар мөрний гүрц

[하르 머르니: 구르츠]

хар мөрний жараа

[하르 머르니: 자라:]

мальма

[마일마]

могой толгойт загас

[머거이 털거이트 자가쓰]

алтан загас

[알탕(탕) 자가쓰]

халим

[할림]

аврага загас

[아우라끄 자가쓰]

дорнотын саамхай(сагалхай загас)

[더르너팅: 삼:하이(사갈하이 자가쓰)]

минтай

[밍타이]

балмад загас(амар загас)

[발마뜨 자가쓰(아마르 자가쓰)]

май загас

[마이 자가쓰]

хонин загас

[허닝 자가쓰]

ярхай загас

[야르하이 자가쓰]

ураацай цурхай

[오라:차이 초르하이]

сардин

물고기

[мүлггуги]

강에 서식하는 고기, 민물고기

[гангэ сосиканын гуги, минмүлггуги]

바다에 서식하는 고기, 바다고기

[бадаэ сосиканын гуги, бадаггуги]

붕어

[бунго]

잉어

[инго]

메기

[мэги]

모래무치

[мураэмүчи]

미꾸라지

[миггүражи]

산천어

[санчоно]

가물치

[гамүлчи]

금붕어

[гымбунго]

고래

[гураэ]

상어

[санго]

대구

[даэгү]

명태

[мёнгтаэ]

고등어

[гудынго]

청어

[чонго]

넙치

[нобчи]

연어

[ёно]

꽁치

[ггунгчи]

정어리

[사르떵] | [жонгори]

ул загас | **가자미**

[올 자가쓰] | [гажами]

дэвүүр загас | **가오리**

[데우:르 자가쓰] | [гаури]

хилэм загас | **철갑상어**

[힐렘 자가쓰] | [чолгабссанго]

хулд загас | **송어**

[홀뜨 자가쓰] | [сунго]

цурхай | **강꼬치고기(주둥이가 뾰족한 대형의 담수어)**

[초르하이] | [гангггучигуги]

хавч | **게, 가재, 조개**

[하브치] | [гэ, гажаэ, жугаэ]

голын хавч | **민물가재, 민물게**

[걸링: 하브치] | [минмүлгажаэ, минмүлггэ]

далайн хавч | **바닷가재, 바다게**

[달라잉: 하브치] | [бадатггажаэ, бадаггэ]

могой загас | **장어, 뱀장어**

[머거이 자가쓰] | [жанго, баэмжанго]

хар зад загас | **다랑어, 참치**

[하르 자뜨 자가쓰] | [даранго, чамчи]

жараахай | **멸치**

[자라:하이] | [мёлчи]

наймалж | **문어, 오징어**

[나이말쥐] | [мүно, ужинго]

далайн од | **불가사리**

[달라잉 어뜨] | [бүлгасари]

/загасны/ толгой | **/물고기의/ 머리**

[/자가쓰니/ 털거이] | [/мүлггугиый/ мори]

/загасны/ май | **/물고기의/ 아가미**

[/자가쓰니/ 마이] | [/мүлггугиый/ агами]

/загасны/ сэрвээ | **/물고기의/ 지느러미**

[/자가쓰니/ 세르웨] | [/мүлггугиый/ жиныроми]

/загасны/ сүүл | **/물고기의/ 꼬리**

[/자가쓰니/ 술:] | [/мүлггугиый/ ггури]

/загасны/ хайрс | **/물고기의/ 비늘**

[/자가쓰니/ 하이르쓰] | [/мүлггугиый/ биныл]

Амтлагч | 조미료류, 양념류

[암틀라꼬치] | [жумириурю, янгнёмню]

элсэн чихэр | **설탕**

[엘쑹 치헤르]

давс

[다브쓰]

перец

[페르츠]

гич

[기치]

халуун ногоо

[할룽: 너거:]

цуу(хүрэн цуу)

[초:(후렝 초:)]

цагаан цуу(уксус)

[차강: 초:(옥쑤스)]

ургамлын тос(наран цэцгийн тос)

[오르가믈링: 터쓰(나랑(란) 체츠깅: 터쓰)]

тос

[터쓰]

маргарин

[마르가린]

сүмс(соус)

[숨쓰(쏘우쓰)]

кетчуп

[켓춥]

__Хүнсний зүйл__

[훈쓰니: 주일]

цагаан будаа

[차강: 보따:]

улаан будаа

[올랑: 보따:]

хүүхдийн будаа

[후:흐딩: 보따:]

шиш

[쉬시]

шар будаа

[샤르 보따:]

гурил

[고릴]

вандуй

[완도이]

эрдэнэ шиш

[солтанг]

소금

[сугым]

후추

[хүчү]

겨자

[гёжа]

고춧가루

[гучүтггарү]

간장

[ганжанг]

식초

[сигчу]

식용유(해바라기 씨앗으로 만든 기름)

[сигиунгню]

버터

[ббото]

마아가린

[маагарин]

소스

[ссуссы]

케첩

[кэчоб]

__음식물, 식품류__

[ымсингмүл, сикпүмню]

쌀

[ссал]

현미

[хёнми]

보리

[бури]

수수

[сүсү]

좁쌀

[жубссал]

밀가루

[милггарү]

콩(완두콩)

[кунг(вандүкунг)]

옥수수

[에르덴 쉬시]

хиам

[히암]

гоймон

[거이멍]

хөндий гоймон

[헌디: 거이멍]

спагети

[스파게티]

өндөг

[언더끄(언덕)]

талх

[탈흐]

бэлэн хоол

[벨렝 헐:]

[үгссүсү]

햄

[хаэм]

국수, 면, 라면

[гүгссү, мён, рамён]

마카로니 국수(가운데가 빈)

[макаруни гүгссү]

스파게티

[спагэти]

계란

[геран]

빵

[ббанг]

인스턴트음식(주료 사발면 같온 것율 가리킴) [инстонт ымсиг]

■ ТАМХИНЫ МУХЛАГТ [탐히니: 모홀라끄트]

1. **Хаанаас** *тамхи(янжуур)* **худалдаж авч болох вэ?**
하:나:스 탐히(얀조:르) 호달다지 아브치 벌러흐 웨? [하:나:쓰 탐히(얀조:르)
호달따쥐(쮀) 아브치 벌러흐 웨?]

2. **Энэ хавьд** *тамхины* **мухлаг байна уу?**
엔 하비뜨 탐히니: 모홀락 바인 오:? [엔 하비뜨 탐히니: 모홀락 바이노:?]

3. **Танайд ... байна уу?**
타나이드 ... 바인 오:? [타나이뜨 ... 바이노:?]

> *... тамхи(янжуур)* *[... 탐히(얀조:르)]*
> *гаатай тамхи(янжуур)* *[가:태 탐히(얀조:르)]*
> *ороомол навчин тамхи* *[어러:멀 나브칭 탐히]*
> *чүдэнз(шүдэнз)* *[추덴쯔(슈덴쯔)]*
> *асаагуур* *[아싸:고:르]*
> *асаагуурын чулуу* *[아싸:고:링: 촐로:]*
> *асаагуурийн хий* *[아싸:고:링 히:]*

4. **Нэг хайрцаг нь ямар үнэтэй вэ?**
네그 하이르차그 은 야마르 운테이 웨? [네끄 하이르차근 야마르 운테 웨?]

5. **Надад ... өгөөч.**
나다드 ... 어거:치. [나다뜨 ... 어거:치.]

> *асаагуур* *[아싸:고:르]*
> *нэг хайрцаг чүдэнз(шүдэнз)* *[네끄 하이르차끄 추덴쯔(슈덴쯔)]*
> *нэг хайрцаг(боодол, блокъ тамхи* *[네끄 하이르차끄(버:덜,블럭) 탐히]*
> *соруул* *[서롤:]*
> *үнсний сав* *[운쓰니: 사우]*

■ 담배 가게에서 [ДАМБАЭ ГАГЭЭСО]

1. **어디에서 담배를 살 수 있습니까?**
   [Одиэсо дамбаэрыл сал ссу иссымнигга?]

2. **이 주변에 담배가판점이 있습니까?**
   [И жубёнэ дамбаэгапанжоми иссымнигга?]

3. **당신네 ... 있습니까?**
   [Дангсиннэ ... иссымнигга?]

   > *...담배* [...дамбаэ]
   > *멘술담배* [мэнсулдамбаэ]
   > *잎담배* [ибддамбаэ]
   > *성냥* [сонгнянг]
   > *라이터* [раито]
   > *라이터 돌* [раито дул]
   > *라이터 가스* [раито ггассы]

4. **한 갑에 얼마입니까?**
   [Хан габэ олмаимнигга?]

5. **저에게 ... 주세요.**
   [Жоэгэ ... жусэиу.]

   > *라이터* [раито]
   > *성냥 한 통* [сонгнянг хан тунг]
   > *담배 한 갑(한 보루)* [дамбаэ хан габ(хан буру)]
   > *담배 필터* [дамбаэ пилто]
   > *재떨이* [жаэддори]

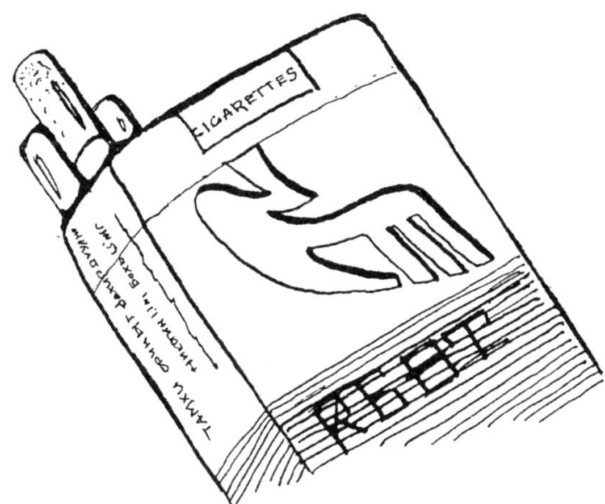

📖 참고단어 및 부가단어(ЛАВЛАХ ҮГ, НЭМЭЛТ ҮГ)

тамхи(янжуур)
[탐히(얀조:르)]

тамхины навч
[탐히니: 나브치]

хамрын тамхи
[하므링: 탐히]

нунтаг тамхи
[논타끄 탐히]

хатуу тамхи
[하토: 탐히]

зөөлөн тамхи
[절:렁 탐히]

тамхичин
[탐히칭]

гаатай тамхи
[가:태 탐히]

навчин ороомог
[나브칭 어러:머끄]

ганс(гаанс)
[간쓰(간:쓰)]

соруул
[서롤:]

хөөрөг
[허:럭]

асаагуур
[아싸:고:르]

чүдэнз(шүдэнз)
[추덴쯔(슈덴쯔)]

тамхины иш
[탐히니: 이쉬]

тамхины үнс
[탐히니: 운쓰]

тамхины гал
[탐히니: 갈]

никотин
[니코틴]

үнсний сав
[운쓰니: 사우]

담배
[담바э]

담배잎
[담바эиб]

코담배
[кудамбаэ]

가루담배
[гарудамбаэ]

독한 담배
[дукан дамбаэ]

순한 담배
[сүнхан дамбаэ]

애연가, 끽연가
[аэёнга, ггигёнга]

멘솔담배, 박하향 담배
[мэнсулдамбаэ, бакахянг дамбаэ]

말아피는 담배
[марапинын дамбаэ]

담배파이프, 담뱃대
[дамбаэпаип, дамбаэтддаэ]

담배필터
[дамбаэпилто]

코담배(대개 돌병에 담겨있는 코담배
를 가리킴) [кудамбаэ]

라이터
[раито]

성냥
[сонгнянг]

담배꽁초
[дамбаэггунгчу]

담뱃재
[дамбаэтззаэ]

담뱃불
[дамбаэтббүл]

니코틴
[никутин]

재떨이
[жаэддори]

тамхи тат/ах

[탐히 타타흐]

담배를 피다(담배피다)

[дамбаэрыл пида(дамбаэпида)]

тамхи нэрэ/х

[탐히 네레흐]

담배를 말다(종이,신문지 등에 말음)

[дамбаэрыл малда(жунги, син—мүнжи дынгэ марым]

гаансанд тамхи хий/х

[간:쓴뜨 탐히 히:흐]

담뱃대에 담배를 넣다

[дамбаэтддаээ дамбаэрыл нота]

тамхины гал асаа/х

[탐히니: 갈 아싸:흐]

담뱃불을 붙이다

[дамбаэтббүрыл бүчида]

тамхины гал унтраа/х

[탐히니: 갈 온트라:흐]

담뱃불을 끄다

[дамбаэтббүрыл ггыда]

тамхинд ор/ох

[탐힌뜨 어러흐]

담배를 피기 시작하다

[дамбаэрыл пиги сижакада]

тамхинаас гар/ах

[탐히나:쓰 가라흐]

담배를 끊다

[дамбаэрыл ггынта]

тамхичин бол/ох

[탐히칭 벌러흐]

애연가가 되다

[аэёнгага дуэда]

никотиноор хордо/х

[니코티너:르 허르더흐]

니코틴에 중독되다

[никутинэ жүнгдугддуэда]

Танд гал байна уу?

[탄뜨 갈 바인 오:?]

불 있으십니까?

[бүл иссысимнигга?]

Галаа өгөөч!

[갈라: 어거:치!]

불 좀 주세요!

[бүл жум жүсэиу!]

тамхины хайрцаг

[탐히니: 하이르착]

담뱃갑

[дамбаэтггаб]

нэг ширхэг тамхи

[네끄 시르헥 탐히]

담배 한 가치

[дамбаэ хан гачи]

хоёр хайрцаг чүдэнз

[허여르 하이르착 추덴쯔]

성냥 두 롱

[сонгнянг дү тунг]

хоёр хайрцаг тамхи

[허여르 하이르착 탐히]

담배 두 갑

[дамбаэ дү габ]

нэг боодол(блокъ тамхи

[네끄 버:덜(블럭) 탐히]

담배 한 보루

[дамбаэ хан бурү]

■ НОМЫН ДЭЛГҮҮРТ [너밍: 델구:르트]

1. **Хаана ойрхон *номын* дэлгүүр байна вэ?**
한: 어이르헝 너밍: 델구:르 바인 웨? [한: 어이르헝 너밍: 델구:르 바인 웨?]

2. **Ойрд гарсан шинэ ном байна уу?**
어이르드 가르상 신 넘 바인 오:? [어이르뜨 가르쑹 신 넘 바이노:?]

3. **Танайд ... байна уу?**
타나이드 ... 바인 오:? [타나이뜨 ... 바이노:?]

монголын уран зохиолын ном
[몽골링: 오랑 저히얼링: 넘]
дөрөвдүгээр ангийн тоозүйн сурах бичиг
[더럽(두릅) 두게:르 앙깅: 터:주인 소라흐 비치끄]

4. **Надад *монгол–англи* толь бичиг хэрэгтэй.**
나다드 몽골-앙글리 터일 비치그 헤레그테이. [나다뜨 몽골-앙글리 터일 비치끄 헤레끄테.]

5. **Надад ... өгөөч.**
나다드 ... 어거:치. [나다뜨 ... 어거:치.]

Улаанбаатар хотын газрын зураг [올람: 바: 타르 허팅: 가쯔링: 조라끄]
өнгөтэй ил захидал [엉거테(웅그테) 일 자히달]
... ном [... 넘]

6. **Би ... авмаар байна.**
비 ... 아우마:르 바인. [비 ... 아우마:르 바인.]

... ном [... 넘]
... толь бичиг [... 터일 비치끄]
... сурах бичиг [... 소라흐 비치끄]

7. **... тасаг хаана байна вэ?**
... 타사그 한: 바인 웨? [... 타사끄 한: 바인 웨?]

Хэл шинжлэлийн номын
[헬 신쥐렐링: 너밍:]
Түүхийн номын
[투: 힝: 너밍:]
Эмнэлэгийн(урлагийн) номын
[엠벨레깅:(오를라깅:) 너밍:]
Техникийн номын
[테흐니킹: 너밍:]
Хүүхдийн номын
[후:흐딩: 너밍:]

■ 서점에서 [СОЖОМЭСО]

1. 어디에 가까운 서점이 있습니까?
   [Одиэ гаггаүн сожоми иссымнигга?]

2. 요즘 출판된 새책이(신간서적이) 있습니까?
   [Иужым чүлпандуэн саэчаэги(сингансожоги) иссымнигга?]

3. 당신네 ... 있습니까?
   [Дангсиннэ ... иссымнигга?]

   몽골 문학서적이
   [монгол мүнхагсожоги]
   초등학교 사학년 수학 교과서가(수학 교재가)
   [чүдынгхаггиу сахангнён сүхаг гиуггуасога]

4. 저에게는 몽골-영어(몽영) 사전이 필요합니다.
   [Жоэгэнын монгол–ёнго(монгёнг) сажони пириухамнида.]

5. 저에게 ... 주세요.
   [Жоэгэ ... жүсэиу.]
   울란·바·타르시 지도를 *[Улаанбаатарыси жидурыл]*
   칼라 엽서를 *[калла ёбссорыл]*
   ... 책을 *[... чаэгыл]*

6. 저는 ... 사고 싶습니다.
   [Жонын ... сагу сибссымнида.]
   ... 책을 *[... чаэгыл]*
   ... 사전을 *[... сажоныл]*
   ... 교과서를(교재를) *[... гиугуасорыл(гиужаэрыл)]*

7. ... 매장은 어디 있습니까?
   [... маэжангын оди иссымнигга?]

   언어학관련서적(언어학관련도서)
   [Онохаггуаллёнсожог(онохаг гуаллёндусо)]
   역사관련서적(역사관련도서)
   [Ёгссагуаллёнсожог(ёгссагуаллёндусо)]
   의학관련(예술관련)서적(의학관련도서)
   [Ыйхаггуаллён(есул гуаллён)сожог(ыйхаггуаллёндусо)]
   기술관련서적(기술관련도서)
   [Гисүлгуаллёнсожог(гисүлгуаллёндусо)]
   아동도서
   [адунгдусо]

8. **Би ... сонирхож байна.**
비 ... 서니르허지 바인. [비 ... 서니르허쒀(쮜) 와인.]

   монголын орчин үейин утга зохиол
   [몽골링: 어르친 우잉: 오타ㄲ 저히얼]
   монголын яруу найраг
   [몽골링: 야로: 나이라ㄲ]
   монголын уран зохиол
   [몽골링: 오랑 저히얼]
   монголын сонгодог зохиолчдын бүтээлийг
   [몽골링: 성거뜩 저히얼치딩: 부텔:리ㄲ]
   монгол хэлний сурах бичиг
   [몽골 헬르니: 소라흐 비치ㄲ]

9. **Танайд ... хэл сурах бичиг байна уу?**
타나이드 ... 헬 소라흐 비치그 바인 오:? [타나이뜨 ... 헬 소라흐 비치ㄲ 바이노:?]

   солонгос [설렁거쓰]
   монгол [몽골]

10. **Танайд монгол хэл сурах бичиг англи хэл дээр байна уу?**
타나이드 몽골 헬 소라흐 비치그 앙글리 헬 데:르 바인 오:? [타나이뜨 몽골
헬 소라흐 비치ㄲ 앙글리 헬 데:르 바이노:?]

11. **Танайд оросын зохиолчдын зохиол орос хэл дээр байна уу?**
타나이드 어러싱: 저히얼치딩: 저히얼 어러스 헬 데:르 바인 오:? [타나이뜨
어러씽: 저히얼치딩: 저히얼 어러쓰 헬 데:르 바이노:?]

12. **Энэ ном өөр байна уу?**
엔 넘 어:르 바인 오:? [엔 넘 어:르 바이노:?]

13. **Энэ номыг авъя.**
엔 너미:그 아워야. [엔 너미:ㄲ 아워(야).]

14. **Энэ ном ямар үнэтэй вэ?**
엔 넘 야마르 운테이 웨? [엔 넘 야마르 운테 웨?]

15. **Хуучин номын дэлгүүр хаана байна вэ?**
호:친 너밍: 델구:르 한: 바인 웨? [호:친 너밍: 델구:르 한: 바인 웨?]

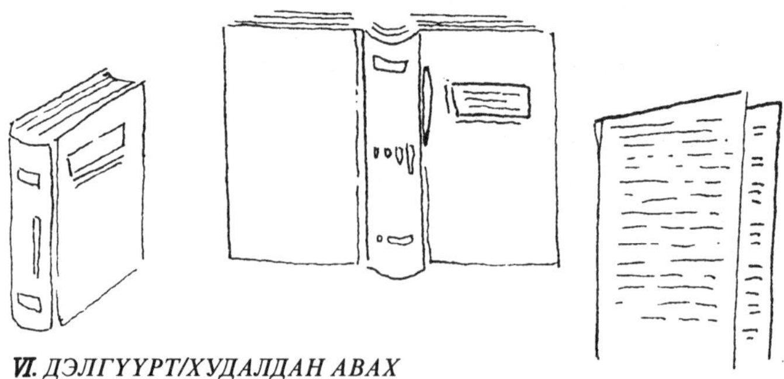

8. 저는 ... 관심 있습니다.
[Жонын ... гуансим иссымнида.]

> 몽골 현대문학에(순문학에)
>
> *[монгол хёндаэмүнхагэ(сүнмүнхагэ)]*
>
> 몽골 시에
>
> *[монгол сиэ]*
>
> 몽골 문학에(소설)
>
> *[монгол мүнхагэ(сусол)]*
>
> 몽골 고전작가들의 작품에
>
> *[монгол гужонжагггадырый жагпумэ]*
>
> 몽골어 교과서에(교재에)
>
> *[монгол(р)о гиугуасоэ(гиужаээ)]*

9. 당신네 ...어 교재가(교과서가) 있습니까?
[Дангсиннэ ...о гиужаэга(гиугуасога) иссымнигга?]

> 한국 *[хангүг]*
>
> 몽골 *[монгол]*

10. 당신네 몽골어 교재의 영문판이 있습니까?
[Дангсиннэ монгол(р)о гиужаэый ёнгмүнпани иссымнигга?]

11. 당신네 러시아 작가들이 쓴 책의 러시아 판이(원본이) 있습니까?
[Дангсиннэ росиа жагггадыри ссын чаэгый росиа пани (вонбуни) иссымнигга?]

12. 이 책이(책은) 더 있습니까?
[И чаэги(чаэгын) до иссымнигга?]

13. 이 책을 사겠습니다.
[И чаэгыл сагэссымнида.]

14. 이 책은 얼마입니까?
[И чаэгын олмаимнигга?]

15. 고서점은 어디에 있습니까?
[Гусожомын одиэ иссымнигга?]

ном
[넘]
책, 서적, 도서
[чаэг, сожог, дусо]

номын дэлгүүр
[너밍: 델구:르]
서점
[сожом]

хуучин номын дэлгүүр
[호:친 너밍: 델구:르]
고서점
[гусожом]

номын хавтас [너밍: 하브타쓰]
책의 표지 [чаэгый пиужи]

номын хуудас [너밍: 호:다쓰]
책의 쪽, 페이지 [чаэгый ззуг, пэижи]

номын гарчиг [너밍: 가르치꾸]
목차 [мугча]

оршил(өмнөх үг)
[어르쉴(엄너흐 우꾸)]
머리말
[моримал]

номын агуулга
[너밍: 아골:라꾸]
책의 내용
[чаэгый наэиунг]

ашигласан ном зүй
[아쉬글라쑹 넘 주이]
참고문헌
[чамггумүнхон]

зохиолч
[저히얼치]
필자, 저자, 작가
[пилзза, жожа, жаггга]

зохиогч
[저히어꾸치]
저자, 저술가, 작가
[жожа, жосүлга, жаггга]

редактор
[레(리)닥토르]
편집자
[пёнжибзза]

нэгдүгээр боть
[네꾸두:게르 버티]
제 1(일)권, 1(일)집
[жэ1(ил)гүон, 1(ил)жиб]

хоёрдугаар боть
[허여르도가:르 버티]
제 2(이)권, 2(이)집
[жэ2(и)гүон, 2(и)жиб]

цаасны хэмжээ [차:쓰니: 헴제:]
용지규격 [иунгззигюгёг]

хэвлэсэн тоо [헤블레쑹 터:]
출판부수 [чүлпанбүссү]

2000(хоёр мянган) хувь
[2000(허여르 먕강) 호비]
2000(이천)부(책의 출판부수)
[ичонбү(чаэгый чүлпанбүссү)]

хэвлэлийн газар
[헤브렐링: 가짜르]
출판소, 출판사, 인쇄소
[чүлпансу, чүлпанса, инсуаэсу]

сурах бичиг [소라흐 비치꾸]
교과서, 교재 [гиуггуасо, гиужэ]

толь бичиг [터일 비치꾸]
사전 [сажон]

ярианы дэвтэр
[애리아니: 데브테르(뎁테르)]
회화책, 회화집
[хуэхуачаэг, хуэхуажиб]

солонгос–монгол ярианы дэвтэр
[설렁거쓰–몽골 애리아니: 데브테르(뎁
테르)]
한국–몽골어 회화집(한.몽회화집)
[хангүг–монгол(р)о хуэхуажиб
(ханмунхуэхуажиб)]

нэр томъёоны толь бичиг [네르 터미여:니: 터일 비치ㄲ]	전문술어용어사전 [жонмүнсүроиуносажон]
нэвтэрхий толь бичиг [네브테르히: 터일 비치ㄲ]	백과사전 [баэгггуасажон]
өврийн толь бичиг [어우링: 터일 비치ㄲ]	포켓사전 [пукэтссажон]
мэргэжлийн ном [메르게질링: 넘]	전공서적 [жонгунгсожог]
анагаах ухааны ном [아나가:흐 오하:니: 넘]	의학서적 [ыйхагссожог]
барилгын ном [바릴깅: 넘]	건축서적 [гончүгссожог]
техникийн ном [테흐(크)니킹: 넘]	기술서적 [гисүлсожог]
урлагийн ном [오를라깅: 넘]	예술(미술)서적 [есүл(мисүл)сожог]
түүхийн ном [투:힝: 넘]	역사서적, 역사책 [ёгссасожог,ёгссачаэг]
хэл шинжлэлийн ном [헬 신쥐렐링: 넘]	언어학서적 [онохагсожог]
сонгодог зохиол [성거뜩 저히얼]	고전서적, 고전작품 [гужонсожог, гужонжагпүм]
шинэ ном [신 넘]	신간서적, 새책 [сингансожог, саэчаэг]
хуучин ном [호:친 넘]	고서 [гусо]
зурагт ном [조라ㄲ트 넘]	그림책, 만화책 [гыримчаэг, манхуачаэг]
шог зургийн ном [셔ㄲ 조르깅: 넘]	시사풍자 만화책, 카툰 [сисапүнгжа манхуачаэг, катүн]
роман [로망]	장편소설 [жангпёнсусол]
тууж [토:쥐]	중편소설 [жүнгпёнсусол]
өгүүллэг [어굴:레ㄲ]	단편소설 [данпёнсусол]
яруу найраг [야로: 나이라ㄲ]	시 [си]
үлгэр [울게르]	이야기, 설화, 동화 [ияги, солхуа, дунгхуа]
домог [더머ㄲ]	전설, 신화, 민담 [жонсол, синхуа, миндам]
ном хэвлүүл/эх [넘 헤브룰:레흐]	책을 출판하다 [чаэгыл чүлпанхада]

■ СОНИНЫ МУХЛАГТ [서니니: 모홀라끄트]

1. **Энэ хавьд ойрхон сонин зардаг газар байна уу?**
엔 하비드 어이르헝 서닝 자르닥 가자르 바인 오:? [엔 하비뜨 어이르헝 서닝 자르뜩 가짜르 바이노:?]

2. **Танайд "Өнөөдөр" сонин байна уу?**
타나이드 "어너:더르" 서닝 바인 오:? [타나이뜨 "어너:떠르" 서닝 바이노:?]

3. **Өнөөдрийн "Ардын эрх" сонин нэгийг авъя.**
어너:드링: "아르딩: 에르흐" 서닝 네기:그 아위야. [어너:뜨링: "아르띵: 에르흐" 서닝 네기:끄 아위야.]

4. **Надад өнөөдрийн "Улаанбаатар" сонин(сэтгүүл) өгөөч.**
나다드 어너:드링: "올란:바:타르" 서닝(세트굴:) 어거:치. [나다뜨 어너:뜨링: "올란:바:타르" 서닝(쎄트굴:) 어거:치.]

5. **Энэ сонинг авъя.**
엔 서닝그 아위야. [엔 서닝그 아위(야).]

6. **Танайд сонин(сэтгүүл) орос хэл дээр байна уу?**
타나이드 서닝(세트굴:) 어러스 헬 데:르 바인 오:? [타나이뜨 서닝(쎄트굴:) 어러쓰 헬 데:르 바이노:?]

7. **Танайх "Ардын эрх"("засгийн газрын мэдээ") сонин захиалдаг уу?**
타나이흐 "아르딩 에르흐"("자스깅: 가즈링: 메데:") 서닝 자히알닥 오:? [타나이흐 "아르띵 에르흐"("자쓰깅: 가쯔링: 미떼:") 서닝 자히알뜩 오:?]

8. **Улс төр, эдийн засгийн тухай ямар сэтгүүлүүд гардаг юм бэ?**
올스 터르, 에딩: 자스깅: 토하이 야마르 세트굴:루:드 가르닥 윰 베? [올쓰 터르, 에딩: 자쓰깅: 토하이 야마르 세트굴:루:뜨 가르뜩 윰 베?]

9. **Өсвөр үеийнхэнд зориулсан ямар сэтгүүл гардаг вэ?**
어스워르 우잉:헹드 저리올상 야마르 세트굴: 가르닥 웨? [어쓰워르 우잉:헹뜨 저리올쑹 야마르 쎄트굴: 가르뜩 웨?]

10. **Би эмэгтэйчүүдэд зориулсан сэтгүүл авмаар байна.**
비 에메끄테이추:데드 저리올상 세트굴: 아우마:르 바인. [비 에메끄테추:데뜨 저리올쑹 쎄트굴: 아우마:르 바인.]

11. **Надад ... сэтгүүлийн сүүлчийн дугаар хэрэгтэй байна.**
나다드 ... 세트굴:링: 술:칭: 도가:르 헤레그테이 바인. [나다뜨 ... 쎄트굴:링: 술:칭: 도가:르 헤레끄테 바인.]

12. **... ямар үнэтэй вэ?**
... 야마르 운테이 웨? [... 야마르 운테 웨?]

Энэ сонин [엔 서닝]
Энэ сэтгүүл [엔 쎄트굴:]

■ 신문가판대에서 [СИНМҮНГАПАНДАЭЭСО]

1. 이 주변 가까이에 신문 파는 곳이 있습니까?
   [И жүбён гаггаиэ синмүн панын гуси иссымнигга?]

2. 당신네 "어너:더르(오늘)" 신문 있습니까?
   [Дангсиннэ "Өнөөдөр(уныл)" синмүн иссымнигга?]

3. 오늘 날짜의 "아르딩: 에르흐(국민의 권리)" 신문 한부를 삽시다.
   [Уныл налззаый "Ардын эрх(гүнгминий гүолли)" синмүн
   ханбүрыл сабссида.]

4. 저에게 오늘 날짜의 "올란:바:타르" 신문을(잡지를) 주십시오.
   [Жоэгэ уныл налззаый "Улаанбаатар" синмүныл(жабззирыл)
   жүсибссиу.]

5. 이 신문을 삽시다(주세요).
   [И синмүныл сабссида(жүсэиу).]

6. 당신네 러시아어 판 신문이 있습니까?
   [Дангсиннэ росиао пан синмүни иссымнигга?]

7. 당신네는 "아르딩: 에르흐"("자스깅: 가즈링: 미데:(정부소식)")지를 정기구
독합니까?
   [Дангсиннэнын "Ардын эрх"("Засгийн газрын мэдээ(жонгбүсусиг))
   "жирыл жонггигүдугхамнигга?]

8. 정치, 경제에 관한 어떤 잡지가 나옵니까?(출판됩니까?)
   [Жонгчи, гёнгжээ гуанхан оддон жабззига наумнигга?
   (чүлпандуэмнигга?)]

9. 젊은 세대를 위한 어떤 잡지가 나옵니까?
   [Жолмын сэдэрыл вихан оддон жабззига наумнигга?]

10. 저는 *여성들을 위한* 잡지를 사고 싶습니다.
    [Жонын ёсонгдырыл вихан жабззирыл сагу сибссымнида.]

11. 저에게는 ... 잡지 최근호가 필요합니다.
    [Жоэгэнын ... жабззи чуэгынхуга пириухамнида.]

12. ... 얼마입니까?
    [... олмаимнигга?]

    이 신문 [И синмүн]
    이 잡지 [И жабззи]

📖 참고단어 및 부가단어(ЛАВЛАХ ҮГ, НЭМЭЛТ ҮГ)

... сонины газар	**... 신문사**
[... 서니니: 가짜르]	[... синмүнса]
өдөр тутмын хэвлэл	**일간지**
[어더르 토트밍: 헤브렐]	[илганжи]
долоо хоног тутмын хэвлэл	**주간지**
[덜러: 허너끄 토트밍: 헤브렐]	[жүганжи]
сар тутмын хэвлэл	**월간지**
[사르 토트밍: 헤브렐]	[волганжи]
чөлөөт хэвлэл	**비정기간행물**
[철러:트 헤브렐]	[бижонггиганхаэнгмүл]
тогтмол хэвлэл	**정기간행물**
[터끄트멀 헤브렐]	[жонггиганхаэнгмүл]
хэвлэлийн зөвшөөрөл	**출판허가**
[헤브렐링: 접서:럴]	[чүлпанхога]
орон нутгийн хэвлэл	**지방지**
[어렁 노트깅: 헤브렐]	[жибангжи]
өдрийн сонин	**조간**
[어드링: 서닝]	[жуган]
оройн сонин	**석간**
[어러잉 서닝]	[соггган]
сонины мухлаг	**신문좌판대, 신문가판대**
[서니니: 모흘락]	[синмүнжуапандаэ,синмүнгапан-ддаэ]
сонины өгүүлэл	**기사**
[서니니: 어굴:렐]	[гиса]
сонин сурвалжлагч	**신문기자**
[서닝 소르왈질라끄치]	[синмүнгижа]
хэвлэлийн бага хурал	**기자회견**
[헤브렐링: 바끄 호랄]	[гижахуэгён]
сэтгүүл	**잡지**
[쎄트굴:]	[жабззи]
сэтгүүлч	**잡지기자**
[쎄트굴:치]	[жабззигижа]
хэвлэлийн хуудас	**페이지 수, 쪽 수**
[헤브렐링: 호:다쓰]	[пэижи ссү,ззуг ссү]
сэтгүүлийг хэвлэлд бэлд/эх	**잡지를 출판할 준비하다**
[쎄트굴:리끄 헤브렐뜨 벨떼흐]	[жабззирыл чүлпанхал жүнби-хада]

сонин дэлгэ/x
[서닝 델게흐]
сонин эвхэ/x
[서닝 에우헤흐]

신문을 펼치다
[синмүныл пёлчида]
신문을 접다
[синмүныл жобдда]

■ ГЭРЭЛ ЗУРГИЙН ГАЗАРТ [게렐 조르깅: 가짜르트]

1. **Энэ хавьд ойр гэрэл зургийн газар байна уу?**
엔 하비뜨 어이르 게렐 조르깅: 가자르 바인 오:? [엔 하비뜨 어이르 게렐 조
르깅: 가짜르 바이노:?]

2. **Энд өнгөт(хар цагаан) хальс(плёнкаъ /зарж/ байна уу?**
엔드 엉거트(하르 차강:) 하일스(플령카) /자르지/ 바인 오:? [엔뜨 엉거트(하르
차강:) 하일쓰(플령카) /자르쥐(쮜)/ 바이노:?]

3. **Би өнгөт хальс хоёрыг авъя.**
비 엉거트 하일스 허여리:그 아워야. [비 엉거트 하일쓰 허여리:끄 아워(야).]

4. **Энд гэрэл зургийн аппарат /зарж/ байна уу?**
엔드 게렐 조르깅: 압파라트 /자르지/ 바인 오:? [엔뜨 게렐 조르깅: 압파라트
/자르쥐(쮜)/ 바이노:?]

5. **Ямар үнэтэй вэ?**
야마르 운테이 웨? [야마르 운테 웨?]

6. **Аппаратын хөл байна уу?**
압파라팅: 헐 바인 오:? [압파라팅: 헐 바이노:?]

7. **Энэ хальсыг угаалгая.**
엔 하일시:그 오갈:가야. [엔 하일씨:끄 오갈:가야.]

8. **Энд зөвхөн хальс(плёнкаъ угаалгахад ямар үнэтэй вэ?**
엔드 저우형 하일스(플령카) 오갈:가하드 야마르 운테이 웨? [엔뜨 저우형 하
일쓰(플령카) 오갈:가하뜨 야마르 운테 웨?]

9. **Би гарсан хальснаас зургийг нэг нэгээр буулгая.**
비 가르상 하일스나:스 조르기:그 네끄 네게:르 볼:가야. [비 가르쑹 하일쓰나:
쓰 조르기:끄 네끄 네게:르 볼:가야.]

10. **Би үүнийг ес арван хоёрынхоор таван хувь угаалгая.**
비 우:니:그 예스 아르왕 허여링:허:르 타왕 호비 오갈:가야. [비 우:니:끄 유쓰
아르왕(아롱) 허여링:허:르 타왕(타웅) 호비 오갈:가야.]

11. **Би хэзээ ирж авах вэ?**
비 헤제: 이르지 아와흐 웨? [비 히쩨: 이르쥐(쮜) 아와흐 웨?]

12. **Хэзээ бэлэн болох вэ? Одоохон хийж өгч болох уу?**
헤제: 벨렝 벌러흐 웨? 어더:헝 히지 어그치 벌러흐 오:? [히쩨: 벨렝 벌러흐
웨? 어떠:헝 히쥐(쮜) 어그치 벌호:?]

13. **Энэ зураг жаахан хар(цагаан) байна. Үүнийг дахиад буулгаж
өгч болох уу?**
엔 조라그 쟈:항 하르(차강:) 바인. 우:니:그 다히아드 볼:가지 어그치 벌러흐 오:? [엔
조라끄 짜:홍 하르(차강:) 바인. 우:니:끄 다히아뜨 볼:가쥐(쮜) 어그치 벌호:?]

■ 사진관에서 [САЖИНГУАНЭСО]

1. 이 주변 가까이에 사진관이 있습니까?
[И жүбён гаггаиэ сажингуани иссымнигга?]

2. 여기 컬러(흑백)필름 /팔고/ 있습니까?
[Ёги колло(хыгббаэг)филлым /палгу/ иссымнигга?]

3. 저는 컬러필름 2(두)롱을 사렵니다.
[Жонын коллофиллым 2(дү)тунгыл сарёмнида.]

4. 여기 카메라 /팔고/ 있습니까?
[Ёги камэра /палгу/ иссымнигга?]

5. 얼마입니까?
[Олмаимнигга?]

6. 카메라 삼각대가 있습니까?
[Камэра самгагддаэга иссымнигга?]

7. 이 필름을 현상하렵니다.
[И филлымыл хёнсангхарёмнида.]

8. 여기는 단지 필름현상만 하는데 얼마입니까?
[Ёгинын данжи филлымхёнсангман ханындэ олмаимнигга?]

9. 저는 현상된 필름에서 각각 한 장씩 인화하렵니다.(뽑으렵니다.)
[Жонын хёнсангдуэн филлымэсо гагггаг хан жангссиг инхуа-харёмнида.(ббубырёмнида.)]

10. 저는 이것을 9× 12(구 십이) 사이즈로 5(다섯)장 뽑으렵니다.
[Жонын игосыл 9× 12(гү сиби) ссаизыру 5(дасот)ззанг ббуб-ырёмнида.]

11. 저 언제 와서 찾을까요?
[Жо онжэ васо чажылггаиу?]

12. 언제 됩니까? 금방 해 주실 수 있습니까?
[Онжэ дуэмнигга? гымбанг хаэ жүсил ссү иссымнигга?]

13. 이 사진은 조금 어둡습니다.(밝습니다.) 이것을 다시 인화해 주실 수 있겠습니까?(뽑아 주실 수 있겠습니까?)
[И сажинын жугым одүбссымнида.(багссымнида.) Игосыл даси инхуахаэ жүсил ссү итгэссымнигга?(ббуба жүсил ссү итгэссым-нигга?)]

14. Зурагчин хаана байдаг юм бэ?
조라그칭 한: 바이닥 윰 베? [조라끄칭 한: 바이뜩 윰 베?]

15. Би паспортын зураг авахуулмаар байна.
비 파스포르팅: 조라그 아와홀:마:르 바인. [비 파스포르팅: 조라끄 압홀:마:르
바인.]

16. Гурав дөрвийн хэмжээтэй зураг авахуулья.
고랍 더르윙: 헴제:테이 조라그 아와홀:리야. [고랍(고릅) 더르윙: 헴제:테 조
라끄 압홀:리야.]

17. Би цээж зураг авахуулья.
비 체:지 조라그 아와홀:리야. [비 체:쥐 조라끄 압홀:리야.]

18. Таван хувь буулгахад ямар үнэтэй вэ?
타왕 호비 볼:가하드 야마르 운테이 웨? [타왕(타웅) 호비 볼:가하뜨 야마르
운테 웨?]

19. Нэг хувь нь ямар үнэтэй /вэ/?
네그 호비 은 야마르 운테이 /웨/? [네끄 호빈 야마르 운테 /웨/?]

20. Биеэ цэх байлга!
비예에 체흐 바일가! [비이에 체흐 바일가!]

21. Наашаа хар!
나:샤: 하르! [나:샤: 하르!]

22. Ийшээ хар!
이:셰: 하르! [이:셰: 하르!]

23. Инээмсэглээрэй!
이넴:세글레:레이! [이넴:쎄글레:레:!]

24. Толгойгоо жаахан ийш нь!
털거이거: 자:항 이:쉬 은! [털거이거: 짜:홍 이:쉰!]

25. Дарлаа шүү!
다를라: 슈:! [다를라: 슈:!]

✍ *ГЭРЭЛ ЗУРГИЙН АППАРАТЫН ЗАСВАР* [게렐 조르깅 압파리탕 자쓰와르]

26. *Гэрэл зургийн аппарат* засдаг газар энд ойрхон байна уу?
게렐 조르깅: 압파라트 자스닥 가자르 엔드 어이르헝 바인 오:? [게렐 조르깅:
압파라트 자스뜩 가짜르 엔뜨 어이르헝 바이노:?]

27. Та миний гэрэл зургийн аппаратыг үзэж өгнө үү.
타 미니: 게렐 조르깅: 압파라티:그 우제지 어근 우:. [타 미니: 게렐 조르깅:
압파라티:끄 우쩨쥐(쮜) 어그누:.]

14. 사진사는 어디에 있습니까?
[Сажинсанын одиэ иссымнигга?]

15. 저는 여권사진을 찍고 싶습니다.
[Жонын ёггуонсажиныл ззиггу сибссымнида.]

16. 3× 4(삼 사) 사이즈의 사진을 찍으렵니다.
[3× 4(сам са) ссаизыый сажиныл ззигырёмнида.]

17. 저는 반명함판 사진을 찍으렵니다.
[Жонын банмёнгхампан сажиныл ззигырёмнида.]

18. 5(다섯)장 뽑으면 얼마입니까?
[5(Дасот)ззанг ббубымён олмаимнигга?]

19. 1(한)장에 얼마입니까?
[1(Хан)жангэ олмаимнигга?]

20. 몸을 똑바로 펴세요!, 몸을 똑바로 하세요!
[Мумыл ддугббару пёсэиу!, Мумыл ддугббару хасэиу!]

21. 이쪽을(제쪽을) 보세요!
[Иззугыл(Жэззугыл) бусэиу!]

22. 이쪽을 보세요!(한 방향을 가리키며)
[Иззугыл бусэиу!(хан бангхянгыл гарикимё)]

23. 미소를 지으세요!, 웃으세요!
[Мисурыл жиысэиу!, Үсысэиу!]

24. 머리를 약간(조금) 이쪽으로!
[Морирыл яггган(жугым) иззугыру!]

25. 찍습니다!
[ЗЗигссымнида!]

✎ *카메라 수리* [KAMЭРA CҮPИ]

26. 카메라 수리점은 여기 가까이 있습니까?
[Камэра сүрижомын ёги гаггаи иссымнигга?]

27. 당신 제 카메라를 좀 봐 주십시오.
[Дангсин жэ камэрарыл жум буа жүсибссиу.]

28. Та миний гэрэл зургийн аппаратыг засаад өгөөч.
타 미니: 게렐 조르깅: 압파라티:그 자사:드 어거:치. [타 미니: 게렐 조르깅:
압파라티:ㄲ 자싸:뜨 어거:치.]

29. Би үүнийг унагачихлаа.
비 우:니:그 오나가치흘라:. [비 우:니:ㄲ 오나가치흘라:.]

30. Буулгах товчлуур нь гацчихжээ.
볼:가흐 터브칠로:르 은 가츠치흐제:. [볼:가흐 터브칠로:른 가츠치흐제:.]

31. Замаг нь гацаад байна.
자마그 은 가차:드 바인. [자마끈 가차:뜨 와인.]

32. Дуран нь гацаад байна.
도랑 은 가차:드 바인. [도랑은 가차:뜨 와인.]

33. Хальс нь задраад (ороогдохгүй) байна.
하일스 은 자드라:드(어러:그더흐구이) 바인. [하일쓴 자뜨라:뜨(어러:그떠흐꾸
이) 바인.]

34. Фокус нь тохирохгүй байна.
포코스 은 터히러흐구이 바인. [포코쓴 터히러흐꾸이 바인.]

35. Барилт нь тогтохгүй(буруу тогтоод) байна.
바릴트 은 터그터흐구이(보로: 터그터:드) 바인. [바릴튼 터ㄲ터흐꾸이(보로:
터ㄲ터:뜨) 바인.]

36. Гэрэл хаягч нь асахгүй байна.
게렐 하야그치 은 아사흐구이 바인. [게렐 하이ㄲ친 아싸흐꾸이 바인.]

28. 당신 제 카메라를 고쳐주십시오.
[Дангсин жэ камэрарыл гучё(о)жүсибссиу.]

29. 저는 이것을 떨어뜨렸습니다.
[Жонын игосыл ддороддырёссымнида.]

30. 셔터가 고장났습니다.
[Шётога гужангнассымнида.]

31. 잠금장치가 고장났습니다.
[Жамгымжангчига гужангнассымнида.]

32. 렌즈가 고장났습니다.
[Рэнзыга гужангнассымнида.]

33. 필름이 끊겼습니다.(감기지 않습니다.)
[Филлыми ггынкёссымнида.(гамгижи анссымнида.)]

34. 초점이 맞지 않습니다.
[Чужоми матззи анссымнида.]

35. 조리개가 맞지 않습니다.(잘못 맞춰집니다.)
[Журигаэга матззи анссымнида.(жалмут матчуожимнида.)]

36. 플래쉬가 터지지 않습니다.
[Пыллаэшига тожижи анссымнида.]

📖 참고단어 및 부가단어(ЛАВЛАХ ҮГ, НЭМЭЛТ ҮГ)

гэрэл зураг	사진
[게렐 조라ㄲ]	[сажин]
зурагчин	사진사
[조라ㄲ칭]	[сажинса]
гэрэл зургийн газар	사진관, 사진현상소
[게렐 조르깅 가짜르]	[сажингуан, сажинхёнсангсу]
өнгөт зураг	컬러 사진
[엉거트 조라ㄲ]	[коло сажин]
хар цагаан зураг	흑백 사진
[하르 차강: 조라ㄲ]	[хыгббаэг сажин]
түргэн зураг	속성 사진
[투르겡 조라ㄲ]	[сугссонг сажин]
зураг авахуул/ах	사진을 찍다
[조라ㄲ 압홀:라흐]	[сажиныл ззигдда]
зураг угаа/х	사진을 인화하다
[조라ㄲ 오가:흐]	[сажиныл инхуахада]
хальс угаа/х	필름을 현상하다
[하일쓰 오가:흐]	[филлымыл хёнсангхада]
паспортын зураг	여권사진, 여권용사진
[파스포르팅: 조라ㄲ]	[ёггуонсажин, ёггуониунгсажин]
цээж зураг	반명함판사진
[체:쥐 조라ㄲ]	[банмёнгхампансажин]
өнгөт хальс	컬러 필름
[엉거트 하일쓰]	[коло пиллым]
хар цагаан хальс	흑백 필름
[하르 차강: 하일쓰]	[хыгббаэг пиллым]
өнгөт слайдын хальс	컬러 슬라이드필름
[엉거트 슬라이딩: 하일쓰]	[колло сыллаидыпиллым]
гэрэл зургийн аппарат	카메라, 사진기
[게렐 조르깅: 압파라트]	[камэра, сажинги]
аппаратын товч(даравч)	카메라 셔터
[압파라팅: 터브치(다라브치)]	[камэра шото]
аппаратын гэр	카메라 집, 카메라 가방
[압파라팅: 게르]	[камэра жиб, камэра габанг]
аппаратын дуран	카메라 렌즈
[압파라팅: 도랑]	[камэра рэнзы]
аппаратын хөл	카메라 삼각대, 트라이포트
[압파라팅: 헐]	[камэра самгагддаэ, тыраипуты]

аппаратын зай
[압파라팅: 자이]

зураг тодруулах бодис
[조라끄(조락) 터뜨롤라흐 버디쓰]

гэрэл зургийн цаас
[게렐 조르깅: 차:쓰]

гэрэл зургийн автомат аппарат
[게렐 조르깅: 아우토마트 압파라트]

카메라 전지
[камэра жонжи]

현상액
[хёнсангаэг]

사진인화지
[сажининхуажи]

자동카메라
[жадунгкамэра]

VII. ШУУДАНД/УТСААР ЯРИХ
[쇼:당뜨/오트싸:르 얘리흐]

■ ЗАХИДАЛ/ИЛГЭЭЛТ(ИЛГЭЭМЖ) [자히달/일겔:트(일겜:쥐)]

1. ***Төв шуудан хаана байна вэ?***
   터우 쇼:당 한: 바인 웨? [터우 쇼:당 한: 바인 웨?]

2. ***Шуудангийн 46 дугаар салбар хаа(хаана) байна /вэ/?***
   쇼:당깅: 더칭 조르가 도가:르 살바르 하:(한:) 바인 /웨/? [쇼:당깅: 더칭 조르
   가 도가:르 살바르 하:(한:) 와인 /웨/?]

3. **Шуудан хэдээс хэдэн цаг хүртэл ажилладаг вэ?**
   쇼:당 헤데:스 헤뎅 차그(착) 후르텔 아질라닥 웨? [쇼:당(둥) 헤데:쓰 헤뎅 차
   끄(착) 후르텔 아질뜩 웨?]

4. **Шуудангийн хайрцаг хаана байна вэ?**
   쇼:당깅: 하이르차그 한: 바인 웨? [쇼:당깅: 하이르차끄 한: 바인 웨?]

5. **... хаана хүлээж авдаг юм бэ?**
   ... 한: 훌레:지 아브닥 윰 베? [... 한: 훌레:쥐(쮜) 아브뜩 윰 베?]

   Баталгаатай захидал *[바틀가:태 자히달]*
   Илгээмж *[일겜:쥐]*

6. **Надад ... өгөөч.**
   나다드 ... 어거:치. [나다뜨 ... 어거:치.]

   захидлын цаас *[자히들링: 차:쓰]*
   марктай дугтуй *[마르크태 도끄토이]*
   марк *[마르크]*

7. **Би** *солонгос руу* **баталгаатай захидал(захиа) явуулах гэсэн юм.**
   비 설렁거스 로: 바탈가:타이 자히달(자히아) 야올:라흐 게셍 윰. [비 설렁거쓰
   로: 바틀가:태 자히달(자히아) 야올:라흐 게쓰임.]

8. **Баталгаатай захидал явуулахад ямар үнэтэй вэ?**
   바탈가:타이 자히달 야올:라하드 야마르 운테이 웨? [바틀가:태 자히달 야올:
   라하뜨 야마르 운테 웨?]

9. **Яаралтай захидал(захиа) явуулахад ямар үнэтэй вэ?**
   야:랄타이 자히달(자히아) 야올:라하드 야마르 운테이 웨? [야:랄태 자히들(자
   히아) 야올:라하뜨 야마르 운테 웨?]

10. ***Солонгос руу* энгийн захиа явуулахад ямар үнэтэй марк наах вэ?**
    설렁거스 로: 엥깅: 자히아 야올:라하드 야마르 운테이 마르크 나:흐 웨? [설
    렁거쓰 로: 엥깅: 자히아 야올:라하뜨 야마르 운테 마르크 나:흐 웨?]

VII. 우체국에서/전화걸기
[УЧЭГУГЭСО/ЖОНХУАГОЛГИ]

■ 우편/소포 [УПЁН/СУПУ]

1. *중앙우체국이 어디에 있습니까?*
[Жүнгангүчэгүги одиэ иссымнигга?]

2. *우체국 46(사십 육)호 지점이 어디에 있습니까?*
[Үчэгүг 46(сасиб юг)ху(сасимнюку) жижоми одиэ иссымнигга?]

3. *우체국은 몇 시부터 몇 시까지 일합니까?*
[Үчэгүгын мёт ссибүто мёт ссиггажи илхамнигга?]

4. *사서함은 어디에 있습니까?*
[Сасохамын одиэ иссымнигга?]

5. *... 어디에서 찾습니까?*
[... одиэсо чатссымнигга?]

   등기우편은 [Дынггиупёнын]
   소포는 [Супунын]

6. *... 주세요.*
[... жүсэиу.]

   편지지 [Пёнжиззи]
   우표 불인 봉투 [Үпиу бүчин бунгтү]
   우표 [Үпиу]

7. *저는 한국으로 등기우편을 보내려고 합니다.*
[Жонын хангүгыру дынггиупёныл бунаэрёгу хамнида.]

8. *등기우편을 보내는데는 얼마입니까?*
[Дынггиупёныл бунаэнын дэнын олмаимнигга?]

9. *속달편지를 보내는데는 얼마입니까?*
[Сугддалпёнжирыл бунаэнындэнын олмаимнигга?]

10. *한국으로 일반편지를 보낼 때 얼마짜리 우표를 불여야 합니까?*
[Хангүгыру илбанпёнжирыл бунаэл ддаэ олмаззари үпиурыл бүчё(о)я хамнигга?]

11. **Би шинэ марк төрөл бүрээс нь авъя.**
비 신 마르크 터럴 부레:스 은 아위야. [비 신 마르크 터럴 부레:쓴 아위야.]

12. **Би хэдийг төлөх вэ?**
비 헤디:그 털러흐 웨? [비 헤디:끄 털러흐 웨?]

13. **Одоо захидал явуулбал хэдийд *солонгос*т хүрэх вэ?**
어더: 자히달 야올:발 헤디:드 설렁거스트 후레흐 웨? [어떠:(오또:) 자히달 야올:벌 헤디:뜨 설렁거쓰트 후레흐 웨?]

14. **Энэ захиа хэд хоноод хүрэх вэ?**
엔 자히아 헤드 허너:드 후레흐 웨? [엔 자히아 헤뜨 허너:뜨 후레흐 웨?]

15. **Өөрөө хүлээж авах захидлыг хаанаас авч болох вэ?**
어:러: 훌레:지 아와흐 자히들리:그 하:나:스 아브치 벌러흐 웨? [어:러: 훌레:쥐(쮜) 아와흐 자히들리:끄 하:나:쓰 아브치 벌러흐 웨?]

16. **Надад захиа байна уу? (Надад захиа ирсэн үү?)**
나다드 자히아 바인 오:?(나다드 자히아 이르셍 우:?) [나다뜨 자히아 바이노:?(나다뜨 자히아 이르쓰누:?)]

17. **Надад ил захидал үзүүлнэ үү? (Ил захидал үзүүлээч!)**
나다드 일 자히달 우줄:른 우:?(일 자히달 우줄:레:치!) [나다뜨 일 자히달 우쭐:르누:?(일 자히달 우쭐:레:치!)]

18. **Өөр янз байхгүй юу?**
어:르 얀즈 바이흐구이 유오? [어:르 얀즈 바이흐꾸이 유오?]

19. **Нэг ширхэг нь ямар үнэтэй вэ?**
네그 시르헤그 은 야마르 운테이 웨? [네끄 쉬르헤근 야마르 운테 웨?]

20. **Илгээлтийн тасаг нь хаана байдаг вэ?**
일겔:팅: 타사그 은 한: 바이닥 웨? [일겔:팅: 타싸근 한: 바이뜩 웨?]

21. **Илгээлт аль цонхноос явуулах вэ?**
일겔:트 아일 청흐너:스 야올:라흐 웨? [일겔:트 아일 청흐너:쓰 야올:라흐 웨?]

22. **Илгээлт явуулах хуудас байна уу?**
일겔:트 야올:라흐 호:다스 바인 오:? [일겔:트 야올:라흐 호:다쓰 바이노:?]

23. **Илгээлт аль цонхонд авах вэ?**
일겔:트 아일 청헌드 아와흐 웨? [일겔:트 아일 청흔뜨 아와흐 웨?]

24. **Надад ирсэн илгээмж байна уу?(Надад илгээмж ирсэн үү?) Намайг *Ким Гисонг* гэдэг.**
나다드 이르셍 일겜:지 바인 오:?(나다드 일겜:지 이르셍 우:?) 나마이그 김기성 게데그. [나다뜨 이르쑹 일겜:쥐 바이노:?(나다뜨 일겜:지 이르쓰누:?) 나마이끄 김기성 게데끄(게덱).]

11. 저는 새로 나온 우표를 각 종류별로 사렵니다.
   [Жонын саэру наун үпиурыл гаг жунгнюбёллу сарёмнида.]

12. 얼마지요?(얼마를 내야합니까?)
   [Олмажииу?(Олмарыл наэяхамнигга?)]

13. 지금 편지를 부치면 언제 한국에 도착합니까?
   [Жигым пёнжирыл бүчимён онжэ хангүгэ дучакамнигга?]

14. 이 편지는 몇일 후에 도착합니까?
   [И пёнжинын мёчил хүэ дучакамнигга?]

15. 자신이 직접 찾아야 하는 편지는 어디에서 찾습니까?
   [Жасини жигззоб чажая ханын пёнжинын одиэсо чатссымнигга?]

16. 저에게 온 편지가 있습니까?(저에게 편지가 왔습니까?)
   [Жоэгэ ун пёнжига иссымнигга?(Жоэгэ пёнжига вассымнига?)]

17. 저에게 엽서 좀 보여주십시오.(엽서 좀 보여주세요!)
   [Жоэгэ ёбссо жум буёжүсибссиу.(Ёбссо жум буёжүсэиу!)]

18. 다른 종류는 없습니까?
   [Дарын жунгнюнын обссымнигга?]

19. 한 장에 얼마입니까?
   [Хан жангэ олмаимнигга?]

20. 소포담당부서는 어디에 있습니까?
   [Супудамдангбүсонын одиэ иссымнигга?]

21. 소포는 어느 창구에서 부칩니까?
   [Супунын оны чангггүэсо бүчимнигга?]

22. 소포발송용지가 있습니까?
   [Супубалссунгиунгззига иссымнигга?]

23. 소포를 어느 창구에서 찾습니까?
   [Супурыл оны чангггүэсо чатссымнигга?]

24. 저에게 온 소포가 있습니까?(저에게 소포가 왔습니까?) 저는 김기성이라고
   합니다.
   [Жоэгэ ун супуга иссымнигга?(Жоэгэ супуга вассымнигга?)
   Жонын Ким Гисонгирагу хамнида.]

25. Надад илгээмж ирээгүй юм бол уу?
나다드 일겜:지 이레:구이 윰 벌 오:? [나다뜨 일겜:쥐 이레:구이 윰 벌 오:?]

26. *Солонгосоос* хоёр долоо хоногийн өмнө нэг илгээмж явуулсан гэсэн. Харин одоо хүртэл ирээгүй байна. Нисэх онгоцоор явуулсан бол одоо ирсэн байх ёстой. Та үүнийг шалгаж өгөхгүй юу?
설렁거서:스 허여르 덜러: 허너깅: 어문 네그 일겜:지 야올:상 게셍. 하린 어더: 후르텔 이레:구이 바인. 니세흐 엉거처:르 야올:상 벌 어더: 이르셍 바이흐 여스터이. 타 우:니:그 샬가지 어거흐구이 유:? [설렁거써:쓰 허여르 덜러: 허너깅: 어문 네끄 일겜:쥐 야올:쑹 게쑹. 하린 어떠:(오또:) 후르텔 이레:구이 바인. 니쎄흐 엉거처:르 야올:쑹 벌 어떠:(오또:) 이르쑹 바이흐 여스테. 타 우:니:끄 샬가쥐(쭤) 어거흐꾸이 유:?]

27. Энэ /ирсэн/ илгээмж дотор юу байгаа бол?
엔 /이르셍/ 일겜:지 더터르 유오 바이가: 벌? [엔 /이르쑹/ 일겜:쥐 더터르 유오 바이가: 벌?]

28. *Хүүхдийн живх, сүү, үндэсний хоол* зэрэг байгаа.
후:흐딩: 지우흐, 수:, 운데스니: 헐: 제레그 바이가:. [후:흐딩: 지우흐, 수:, 운데쓰니: 헐: 제레끄 바이가:.]

29. Та паспортаа өгөөрэй. Та хаана ажилладаг вэ?
타 파스포르타: 어거:레이. 타 한: 아질라닥 웨? [타 파스포르타: 어거:레. 타 한: 아질뜩 웨?]

/Би/ *Их сургууль*д *багшилдаг*.
/비/ 이흐 소르골:드 박쉴닥. [/비/ 이흐 소르골:뜨 박쉴뜩.]

30. Та ирсэн илгээмжийг авахдаа төлбөр төлөх ёстой.
타 이르셍 일겜:지:그 아와흐다: 털버르 털러흐 여스터이. [타 이르쑹 일겜:쥐:끄 아와흐따: 털버르 털러흐 여쓰테.]

/Би/ Хэдийг төлөх вэ?
/비/ 헤디:그 털러흐 웨? [/비/ 헤디:끄 털러흐 웨?]

***500(Таван зуун)* төгрөг.**
500(타왕 종:) 터그럭. [500(타왕(타운) 종:) 터그럭.(투그룩)]

За, баярлалаа. Баяртай.
자, 바야르랄라:. 바야르타이. [자, 바야를라:. 바이르태.]

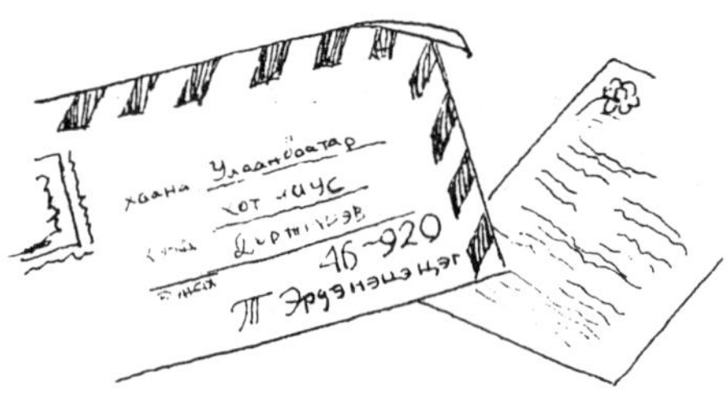

25. 저에게 소포가 오지 않았을까요?
[Жоэгэ супуга ужи анассылггаиу?]

26. *한국에서* 2(이)주 전에 소포 하나를 부쳤다고 합니다만 여태까지 도착하지 않았습니
다. 비행기로(항공으로) 부쳤으면 지금은 도착했어야 하는데 좀 확인해 주시겠습니까?
[Хангүгэсо 2(и)жү жонэ супу ханарыл бүчётддагу хамнидаман
ётаэггажи дучакажи анассымнида. Бихаэнггиру(Хангтунгыру)
бүчёссымён жигымын дучакаэссоя ханындэ жум хуагинхаэ
жүсигэссымнигга?]

27. 이 /온, 도착한/ 소포 안에는 무엇이 들어있습니까?
[И /ун, дучакан/ супу анэнын мүоси дыроиссымнигга?]

28. *아기기저귀, 우유, 전통음식* 등이 들어있습니다.
[Агигижогүй, үуү, жонтунгымсиг дынги дыроиссымнида.]

29. 여권을 주십시오. 당신 어디 근무하십니까?
[Ёггүоныл жүсибссиу. Дангсин оди гынмүхасимнигга?]

/저는/ 국립종합대학교에서 학생들을 가르칩니다.(저는 국립종합대학교 교
수입니다.)
[/жонын/ Гүнгнибжунгхабддаэхаггтиуэсо хагссаэнгдырыл гарычим-
нида. (Жонын гүнгнибжунгхабддаэхаггтиу гиусүимнида.)]

30. 도착한 소포를 찾을 때 요금을 지불해야 합니다.
[Дучакан супурыл чажыл ддаэ иугымыл жибүлхаэя хамнида.]

/저는/ 얼마를 내야합니까?
[/жонын/ Олмарыл наэяхамнигга?]

500(오백) 터그럭입니다.
[500(убаэг) төгрөгимнида.]

자, 고맙습니다. 수고하십시오.
[За, гумабссымнида. Сүгухасибссиу.]

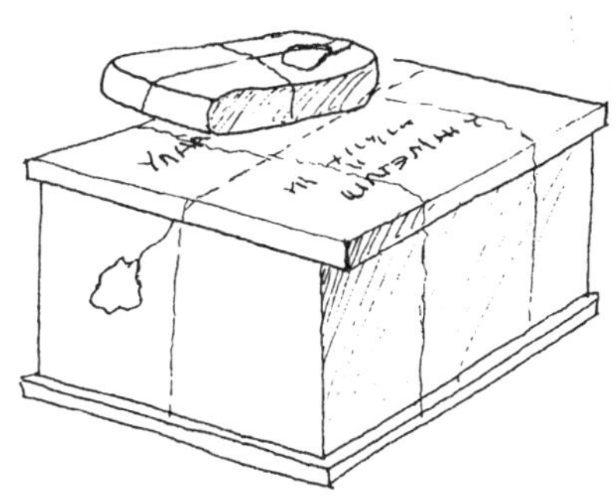

■ УТАС/ЦАХИЛГААН МЭДЭЭ [오타쓰/차힐강: 미떼:]

1. **... яаж утасдах вэ?**
   ... 야:지 오타스다흐 웨? [... 야:쥐(쮜) 오타쓰따흐 웨?]

   Хотын лавлах товчоо руу [허팅: 라블라흐 텁처: 로:]
   Зочид буудлын лавлах товчоо руу [저치드 보·들링: 라블라흐 텁처: 로:]
   Сөүл руу [서울 로:]

2. **Би одоо *Сөүлтэй* яримаар байна.**
   비 어더: 서울테이 야리마:르 바인. [비 어떠:(오또:) 서울테 얘리마:르 바인.]

3. **Би өглөөний(оройн) 6 цагт ... ярих захиалга өгмөөр байна.**
   비 어글러:니:(어러잉) 조르강: 차그트 ... 야리흐 자히알가 어그머:르 바인. [비 어글러:
   니:(어러잉) 조르강: 차끄트 ... 얘리흐 자히알라끄 어그머:르 바인.]

   Сөүлтэй [서울테]
   Улаанбаатартай [올랍:바:타르테]

4. **Улс хоорондын яриа нэг(гурван) минут нь ямар үнэтэй вэ?**
   올스 허:런딩: 야리아 네그(고르왕) 미노트 은 야마르 운테이 웨? [올쓰 허:런
   딩: 얘리아 네끄(고르왕) 미노튼 야마르 운테 웨?]

5. **Улсын утасны дугаар(кодъ *80(ная)*.**
   올싱: 오타스니: 도가:르(코드) 80(나야). [올쎙: 오타쓰니: 도가:르(코드) 80(나이).]

6. **Хотын утасны дугаар(кодъ *2(хоёр)*.**
   허팅: 오타스니: 도가:르(코드) 2(허여르). [허팅: 오타쓰니: 도가:르(코드) 2(허여르).]

7. **Тэнд авах хүний утасны дугаар(номер) *123–4567*(зуун хорин гурав дөчин
   тав жаран долоо).**
   텐드 아와흐 후니: 오타스니: 도가:르(너미르) 123–4567(종: 허링 고랍 더칭
   타우 자랑 덜러:). [텐뜨 아와흐 후니: 오타쓰니: 도가:르(너미르) 123–4567(종:
   허링 고랍 더칭 타우 자릉 덜러:).]

8. **Миний утасны дугаар(номер) *32–2801*(гучин хоёр хорин найм
   тэг нэг, гурван зуун хорин хоёр найман зуун нэг).**
   미니: 오타스니: 도가:르(너미르) 32–2801(고칭 허여르 허링 나임 테그 네그,
   고르왕 종: 허링 허여르 나이망 종: 네그). [미니: 오타쓰니: 도가:르(너미르)
   32–2801(고칭 허여르 허링 나임 테끄 네끄, 고르왕(고른) 종: 허링 허여르 나
   이망 종: 네끄).]

9. **Утсаа барьж байгаарай.**
   오트사: 바리지 바이가:라이. [오트싸: 바리쥐(쮜) 바이가:래:.]

10. **Утсаа түр тавиарай.**
    오트사: 투르 타위아라이. [오트싸: 투르 타위아래:.]

■ 전화/전보 [ЖОНХУА/ЖОНБУ]

1. *... 어떻게 전화합니까?*
[... оддокэ жонхуахамнигга?]

   시내 안내소로 [Синаэаннаэсуру]
   호텔 안내소로(호텔 안내프른트로)
   [Хутэл аннаэсуру (Хутэл аннаэфырунтыру)]
   서울로 [Сѳуллу]

2. 저는 지금 *서울로* 통화하고(얘기하고) 싶습니다.
[Жонын жигым сѳуллу тунгхуахагу(яэгихагу) сибссымнида.]

3. 저는 아침(저녁) 6(여섯)시에 *...* 통화를 예약하고 싶습니다.
[жонын ачим(жонёг) 6(ёсот)ссиэ ... тунгхуарыл еякагу сибссымнида]

   서울과의 [Сѳулгуаый]
   울란·바·타르와의 [Улаанбаатарываый]

4. 국제통화는 1(일)분 당 (삼분 당) 얼마입니까?
[Гүгзээтунгхуанын 1(ил)бүн данг (самбүн данг) олмаимнигга?]

5. 국가번호는(국가코드는) *80(팔십)* 번 입니다.
[Гүгггабонхунын(гүггга кудынын) 80(палссиб)ббон имнида.]

6. 도시번호는(도시코드는) *2(이)* 번 입니다.
[Дуси бонхунын(дуси кудынын) 2(и)бон имнида.]

7. 저쪽 수신자 번호는 *123-4567*(백이십삼 국에 사오육칠) 번입니다.
[Жоззуг сүсинжа бонхунын 123–4567(баэгисибсам гүгэ сауюгчил) бонимнида.]

8. 제 번호는 *32-2801*(삼십이 국에 이팔꽁일) 번입니다.
[Жэ бонхунын 32–2801(самсиби гүгэ ипалгунгил) бонимнида.]

9. 전화를 듣고 계십시오.
[Жонхуарыл дылгу гёсибссиу.]

10. 전화를 잠깐 끊으십시오.
[Жонхуарыл жамгган ггынысибссиу.]

11. **За, одоо яриарай.**
자, 어더: 야리아라이. [자, 어떠:(오또:) 애래래:.]

12. **Шугам ярьж байна.**
쇼감 야리지 바인. [쇼감(금) 애리쥐(쮜) 와인.]

13. **Бидний яриаг тасалчихлаа. Дахиад залгаж өгнө үү.**
비드니: 야리아그 타살치흘라:. 다히아드 잘가지 어근 우:. [비뜨니: 애리아ㄲ
타쏠치흘라:. 다히아뜨 잘가쥐(쮜) 어그누:.]

14. **Надад буруу залгаж өгчээ.**
나다드 보로: 잘가지 어그체:. [나다뜨 보로: 잘가쥐(쮜) 어그체:.]

15. **Энд автомат утас хаана байдаг юм бэ?**
엔드 아우토마트 오타스 한: 바이닥 욤 베? [엔뜨 아우(브)토마트 오타쓰 한:
바이뜩 욤 베?]

16. **Автомат утсаар *Сөул* руу шууд яаж утасдах вэ?**
아우토마트 오트사:르 서울 로: 쇼:드 야:지 오타스다흐 웨? [아우(브)토마트
오트싸:르 서울 로: 쇼:뜨 야:쥐(쮜) 오타쓰따흐 웨?]

17. **Энэ таксофонаар яаж утасдах вэ?**
엔 탁소포나:르 야:지 오타스다흐 웨? [엔 탁쏘포나:르 야:쥐(쮜) 오타쓰따흐 웨?]

18. **Танай энд утас бий юү?**
타나이 엔드 오타스 비: 유:? [타나이 엔뜨 오타쓰 비: 유:?]

19. **Утсаар ярьж болох уу?**
오트사:르 야리지 벌러흐 오:? [오트싸:르 애리쥐(쮜) 벌호:?]

20. **Байна уу? ... уу(үү)?**
바인 오:? ... 오:(우:)? [바이노:? ... 오:(우:)?]

21. **Байна уу? Энэ *Болд багшийн* гэр мөн үү? *Багштай* ярья.**
바인 오:? 엔 벌드 박셩: 게르 뭉 우:? 박쉬타이 야리야. [바이노:? 엔 벌뜨 박
셩: 게르 무누:? 박쉬태 애리.]

22. **Би *Ким Гисонг* байна. *Төв шуудангаас* ярьж байна.**
비 김기성 바인. 터우 쇼:당가:스 야리지 바인. [비 김기성 바인(바이나). 터우
쇼:당가:쓰 애리쥐(쮜) 와인.]

23. **Би *Дулмаатай* ярих гэсэн юм.(яримаар байна.)**
비 돌마:타이 야리흐 게셍 욤.(야리마:르 바인)[비 돌마:태 애리흐 게쓰임.(애리마:르 바인)]

24. **Би дараа дахиад утасдая.**
비 다라: 다히아드 오타스다야. [비 다라: 다히아뜨 오타쓰다야.]

25. **Чангахан яриарай. Таны яриа муу дуулдаж байна.**
창가항 야리아라이. 타니: 야리아 모: 돌:다지 바인. [창가항 애래래. 타니: 애
리아 모: 돌:다쥐(쮜) 와인.]

11. 자, 이제 통화하십시오.
[За, ижэ тунгхуахасибссиу.]

12. 통화 중입니다.
[Тунгхуа жүнгимнида.]

13. 저희들의 통화가 끊졌습니다. 다시 연결해 주십시오.
[Жохыйдырый тунгхуага ггынгёссымнида. Даси ёнгёлхаэ
жүсибссиу.]

14. 저에게 잘못 연결해 주셨습니다.
[Жоэгэ жалмут ёнгёлхаэ жүсёссымнида.]

15. 이곳에 자동전화는(직통전화는) 어디 있습니까?
[Игусэ жадунгжонхуанын(жигтунгжонхуанын) оди иссымнигга?]

16. 자동전화로는 서울로 어떻게 전화합니까?
[Жадунгжонхуарунын сөүлру оддокэ жонхуахамнигга?]

17. 이 공중전화로는 어떻게 전화합니까?
[И гунгжүнгжонхуарунын оддокэ жонхуахамнигга?]

18. 당신네 여기 전화 있습니까?
[Дангсиннэ ёги жонхуа иссымнигга?]

19. 전화 좀 써도 되겠습니까?
[Жонхуа жум ссоду дуэгэссымнигга?]

20. 여보세요? ... 입니까?
[Ёбусэиу? ... имнигга?]

21. 여보세요? 거기 "벌드" 선생님 댁이 맞습니까? 선생님 좀 부탁합니다.
[Ёбусэиу? Гоги "Болд" сонсаэнгним даэги матссымнигга?
сонсаэнгним жум бүтакамнида.]

22. 저 김기성 입니다. 중앙우체국에서 얘기하고 있습니다.
[Жо Ким Гисонг имнида. Жүнгангүчэгүгэсо яэгихагу иссымнида.]

23. 저 돌마:와 통화하고 싶습니다.
[Жо Дулмаава тунгхуахагу сибссымнида.]

24. 나중에 다시 걸겠습니다.
[Нажүнгэ даси голгэссымнида.]

25. 크게 말씀하십시오. 소리가 잘 안 들립니다.
[Кыгэ малссымхасибссиу. Сурига жал ан дыллимнида.]

26. **Байна уу? дуулдахгүй байна. Та чангахан яриарай.**
바인 오:? 돌:다흐구이 바인. 타 창가항 야리아라이. [바이노:? 돌:따흐꾸이 바인. 타 창가항 애래래:.]

27. **Байна уу? Энэ *32–2801* номерийн утас мөн үү?**
바인 오:? 엔 고칭 허여르 허링 나임 테그 네그 너미링: 오타스 뭉 우:? [바이노:? 엔 고칭 허여르 허링 나임 테끄 네끄 너미링: 오타쓰 무누:?]

28. **Батыг яриулж өгөөч.**
바티:그 야리올지 어거:치. [바티:끄 애리올쮜(쮜) 어거:치.]

29. **Доржийг над руу утасдаарай гэж хэлж өгөөч.**
더르지:그 나드 로: 오타스다:라이 게지 헬지 어거:치. [더르지:끄 나뜨 로: 오타쓰다:래: 게쮜(쮜) 헬쮜(쮜) 어거:치.]

30. **Та миний утсыг бичээд авна уу.**
타 미니: 오트시:그 비체:드 아운 오:. [타 미니: 오트씨:끄 비체:뜨 아우노:.]

31. **Над руу утасдаарай гэж хэлээрэй.**
나드 로: 오타스다:라이 게지 헬레:레이. [나뜨 로: 오타쓰다:래: 게쮜(쮜) 헬레:레:.]

32. **Оройн арван цагт утасдаарай гэж хэлээрэй.**
어러잉 아르왕 차그트 오타스다:라이 게지 헬레:레이. [어러잉 아르왕(아롱) 차끄트 오타쓰다:래: 게쮜(쮜) 헬레:레:.]

33. **Танайхаас утасдаж болох уу?**
타나이하:스 오타스다지 벌러흐 오:? [타나이하:쓰 오타쓰다쮜(쮜) 벌호:?]

34. **Танай утасны дугаар хэд вэ?**
타나이 오타스니: 도가:르 헤드 웨? [타나이 오타쓰니: 도가:르 헤뜨 웨?]

35. **Уучлаарай. Би буруу залгачихжээ.**
오:칠라:라이. 비 보로: 잘가치흐제:. [오:칠라:래. 비 보로: 잘가치흐제:.]

36. **Уучлаарай. Би утасны дугаар андуурчээ.**
오:칠라:라이. 비 오타스니: 도가:르 안도:르체:. [오:칠라:래:. 비 오타쓰니: 도가:르 안도:르체:.]

37. **Та хэн бэ? Хаанаас ярьж байна?**
타 헹 베? 하:나:스 야리지 바인? [타 헴 베? 하:나:쓰 애리쮜(쮜) 와인?]

38. **Энэ таны(түүний) албаны утас уу, гэрийн утас уу?**
엔 타니:(투:니:) 알바니: 오타스 오:, 게링: 오타스 오:? [엔 타니:(투:니:) 알바니: 오타쏘:, 게링: 오타쏘:?]

39. **Байна уу? /Та/ Хэнтэй ярих вэ?**
바인 오:? /타/ 헹테이 야리흐 웨? [바이노:? /타/ 헹테 애리흐 웨?]

40. **Энд тийм хүн байдаггүй. Та буруу залгажээ.**
엔드 팀: 홍 바이닥구이. 타 보로: 잘가제:.[엔뜨 팀: 홍 바이뜩꾸이. 타 보로: 잘가제:.]

26. 여보세요? 안 들립니다. 크게 말씀하세요.
[Ёбусэиу? Ан дыллимнида. Кыгэ малссымхасэиу.]

27. 여보세요? 거기 32-2801(삼십이 국에 이팔공일) 번이 맞습니까?
[Ёбусэиу? Гоги 32–2801(самсиби гүгэ ипалгунгил)бони матссымнигга?]

28. "바트"를 바꿔 주십시오.
["Бат"рыл баггүо жүсибссиу.]

29. "더르지"한테 저에게로 전화해 달라고 전해주십시오.
["Дорж"хантэ жоэгэру жонхуахаэ даллагу жонхаэжүсибссиу.]

30. 제 전화번호를 적어서 남겨주십시오.
[Жэ жонхуабонхурыл жогосо намгёжүсибссиу.]

31. 저에게 전화하라고 전해주십시오.
[Жоэгэ жонхуахарагу жонхаэжүсибссиу.]

32. 저녁 10(열)시에 전화해 달라고 전해주십시오.
[Жонёг 10(ёл)ссиэ жонхуахаэ даллагу жонхаэжүсибссиу.]

33. 당신네에서 전화 좀 해도 되겠습니까?
[Дангсиннээсо жонхуа жум хаэду дуэгэссымнигга?]

34. 당신네 전화번호는 몇 번입니까?
[Дангсиннэ жонхуабонхунын мёт ббонимнигга?]

35. 미안합니다. 잘못 걸었습니다.
[Мианхамнида. Жалмут гороссымнида.]

36. 미안합니다. 전화번호를 착각했습니다.
[Мианхамнида. Жонхуабонхурыл чаггакэссымнида.]

37. 누구세요? 어디십니까?
[Нүгүсэиу? Одисимнигга?]

38. 이것 당신네(그의) 사무실 전화입니까, 집 전화입니까?
[Игот дангсиннэ(гыый) самүсил жонхуаимнигга, жиб жонхуаимнигга?]

39. 여보세요? /당신/ 누구를 찾으십니까?
[Ёбусэиу? /дангсин/ Нүгүрыл чажысимнигга?]

40. 이곳에는 그런 사람 없습니다. 잘못 거셨습니다.
[Игусэнын гырон сарам обссымнида. Жалмут госёссымнида.]

41. **Жаахан хүлээгээрэй. Би түүнийг одоохон дуудаад өгье.**
자:항 훌레:게:레이. 비 투:니:그 어더:헝 도:다:드 어기예. [짜:홍 훌레:게:레:.
비 투:니:ㄲ 어떠:헝 도:따:뜨 어기.]

42. **Уучлаарай, тэр одоогоор байхгүй байна. Юу гэж хэлэх вэ?**
오칠라:라이, 테르 어더:거:르 바이흐구이 바인. 유오 게지 헬레흐 웨? [오칠
라:래:, 테르 어떠:거:르 바이흐꾸이 바인. 유오 게쥐(쮜) 헬레흐 웨?]

43. **Түүнийг ирэхээр нааш нь утсаар яриарай гэж хэлээрэй.**
투:니:그 이레헤:르 나:쉬 은 오트사:르 야리아라이 게지 헬레:레이. [투:니:ㄲ
이레헤:르 나:쉰 오트싸:르 애래래: 게쥐(쮜) 헬레:레:.]

44. **Таныг хүн утсаар ярья гэж байна.**
타니:그 훙 오트사:르 야리야 게지 바인. [타니:ㄲ 홍 오트싸:르 애리야 게쥐(쮜) 와인.]

45. **Дахиад утасдана уу. Та буруу залгажээ.**
다히아드 오타스단 오:. 타 보로: 잘가제:. [다히아뜨 오타쓰다노:. 타 보로: 잘
가제:.]

46. **Та утасны дугаар андуурчээ.**
타 오타스니: 도가:르 안도:르체:. [타 오타쓰니: 도가:르 안도:르체:.]

47. **Танай руу утасдаж болох уу?**
타나이 로: 오타스다지 벌러흐 오:? [타나이 로: 오타쓰다쥐(쮜) 벌호:?]

Бололгүй яах вэ!
벌럴구이 야흐 웨! [벌럴구이 야헤!]

Би хоёр цагийн үед утасдавал та байх уу?
비 허여르 차깅: 우예드 오타스다발 타 바이흐 오:? [비 허여르 차깅: 우이뜨
오타쓰다벌 타 바이호:?]

Байна аа.
바인 아:. [바이나:.]

48. **Та гэртээ утастай юу?**
타 게르테 오타스타이 유오? [타 게르테 오타쓰태 유오?]

Утастай.
오타스타이. [오타쓰태.]

**Утасгүй, та дуудуулаад яриарай! Миний нэрийг хэлбэл дуудаад
өгдөг юм аа.**
오타스구이, 타 도:둘:라:드 야리아라이! 미니: 네리:그 헬벨 도:다:드 어그덕 움 아:. [오
타쓰구이, 타 도:똘:라:뜨 애래래:! 미니: 네리:ㄲ 헬벨 도:따:드 어그뜩 유마:.]

Таны утасны дугаар хэд вэ? Би тэмдэглээд авъя.
타니: 오타스니: 도가:르 헤드 웨? 비 템데글레:드 아워야. [타니: 오타쓰니:
도가:르 헤뜨 웨? 비 템데글레:뜨 아위.]

41. 조금 기다리십시오. 그 사람을(그 분을) 불러 드리겠습니다.
[Жугым гидарисибссиу. Гы сарамыл(Гы бүныл) бүлло дыригэссым-
нида.]

42. 미안합니다, 그 사람(그분) 지금 현재 없습니다. 뭐라고 전해드릴까요?
[Мианхамнида, гы сарам(гы бүн) жигым хёнжаэ обссымнида.
Мүорагу жонхаэдырилггаиу?]

43. 그 사람이(그 분이) 오면 이쪽으로 전화해 달라고 해주십시오.
[Гы сарами(гы бүни) умён иззугыру жонхуахаэ даллагу хаэ-
жүсибссиу.]

44. 당신을 어떤 사람이 바꿔달라고 합니다.
[Дангсиныл оддон сарами баггүодаллагу хамнида.]

45. 다시 거십시오. 잘못 거셨습니다.
[Даси госибссиу. Жалмут госёссымнида.]

46. 당신 전화번호를 착각하셨습니다.
[Дангсин жонхуабонхурыл чаггакасёссымнида.]

47. 당신네로 전화해도 되겠습니까?
[Дангсиннэру жонхуахаэду дуэгэссымнигга?]

되고 말고요!
[Дуэгу малгуиу!]

제가 두 시경에 전화하면 당신은 계십니까?
[Жэга дү сигёнгэ жонхуахамён дангсинын гесимнигга?]

있습니다.
[Иссымнида.]

48. 당신 집에 전화가 있습니까?
[Дангсин жибэ жонхуага иссымнигга?]

전화가 있습니다.
[Жонхуага иссымнида.]

전화가 없습니다, 당신 저를 찾으십시오! 제 이름을 대면 불러 줍니다.
[Жонхуага обссымнида, дангсин жорыл чажысибссиу! Жэ
ирымыл даэмён бүлло жүмнида.]

당신네 전화번호가 몇 번입니까? 적읍시다.
[Дангсиннэ жонхуабонхуга мёт ббонимнигга? Жогыбссида.]

49. Дорж гуай байна уу?
더르지 고아이 바인 오:? [더르줘 고아이 바이노:?]

Энд тийм хүн байдаггүй. Та андуурч залгасан юм шиг байна.
엔드 팀: 홍 바이닥구이. 타 안도:르치 잘가상 윰 식 바인. [엔뜨 팀: 홍 바이
뜩꾸이. 타 안도:르치 잘가쑹 윰 식 바인.]

Уучлаарай. Би буруу залгачихжээ.
오:칠라:라이. 비 보로: 잘가치흐제:. [오:칠라:래. 비 보로: 잘가치흐제:.]

50. Би сөүл руу яаралтай цахилгаан явуулах гэсэн юм.
비 서울 로: 야:랄타이 차힐강: 야올:라흐 게셍 윰. [비 서울 로: 야:랄태 차힐
강: 야올:라흐 게쓰임.]

51. Цахилгааны хуудас нэгийг өгөөч.
차힐가:니: 호:다스 네기:그 어거:치. [차힐가:니: 호:다쓰 네기:끄 어거:치.]

52. Нэг үг ямар үнэтэй вэ?
네그 우그 야마르 운테이 웨? [네끄 우끄(욱) 야마르 운테 웨?]

53. Энэ цахилгаан хэдийд хүрэх бол?
엔 차힐강: 헤디:드 후레흐 벌? [엔 차힐강: 헤디:뜨 후레흐 벌?]

54. Цахилгаан хаана хүлээж авдаг юм бэ?
차힐강: 한: 홀레:지 아브닥 윰 베? [차힐강: 한: 홀레:쥐(쮜) 아브뜩 윰 베?]

 Ⅶ. ШУУДАН/УТСААР ЯРИХ

49. "더르지"씨 계십니까?
["Дорж"сси гесимнигга?]

이곳에는 그런 사람 없습니다. 잘못 거신 것 같군요.
[Игусэнын гырон сарам обссымнида. Жалмут госин гот гатггүнниу.]

미안합니다. 잘못 걸었습니다.
[Мианхамнида. Жалмут гороссымнида.]

50. 저는 서울로 급전을 치려고 합니다.
[Жонын Сөүллу гыбззоныл чирёгу хамнида.]

51. 전보신청용지 한 장 주십시오.
[Жонбусинчонгиунгззи хан жанг жүсибссиу.]

52. 말 한마디에 얼마입니까?
[Мал ханмадиэ олмаимнигга?]

53. 이 전보는 언제 도착할까요?
[И жонбунын онжэ дучакалггаиу?]

54. 전보를 어디에서 받습니까?
[Жонбурыл одиэсо батссымнигга?]

шуудан, холбооны газар	우체국
[쇼:당, 헐버:니: 가짜르]	[үчэгүг]
төв шуудан	중앙우체국
[터우 쇼:당]	[жүнгангүчэгүг]
олон улсын шуудан	국제우편
[얼렁 올씽: 쇼:당]	[гүгззэүпён]
агаарын шуудан	항공우편
[아가:링: 쇼:당]	[ханггунгүпён]
яаралтай шуудан	특급우편
[야:랄태 쇼:당]	[тыггыбүпён]
шуудангийн уут	우편물을 담는 푸대
[쇼:당깅: 오:트]	[үпёнмүрыл дамнын пүдаэ]
шуудангийн хайрцаг	사서함
[쇼:당깅: 하이르착]	[сасохам]
шуудан зөөгч	우체부
[쇼:당 저:ㄲ치]	[үчэбү]
утас	전화
[오타쓰]	[жонхуа]
гэрийн утас	집전화, 가정전화
[게링: 오타쓰]	[жибззонхуа, гажонгжонхуа]
ажлын утас	사무실전화
[아질링: 오타쓰]	[самүсилжонхуа]
албаны яриа	공적인 대화
[알바니: 얘리아]	[гунгззогин даэхуа]
хувийн яриа	사적인 대화
[호웡: 얘리아]	[саззогин даэхуа]
утасны дугаар	전화번호
[오타쓰니: 도가:르]	[жонхуабонху]
утасны дугаарын дэвтэр	전화번호부
[오타쓰니: 도가:링: 데브테르]	[жонхуабонхубү]
дотоор утас	내선전화
[더터:르 오타쓰]	[наэсонжонхуа]
утасны аппарат	전화기
[오타쓰니: 압파라트]	[жонхуаги]
утас дуугар/ах	전화벨이 울리다
[오타쓰 도:가라흐(도:고라흐)]	[жонхуабэри үллида]
утасны чагнуур	수화기
[오타쓰니: 차그노:르]	[сүхуаги]

утасны чагнуураа салга/х	수화기를 들다
[오타쓰니: 차그노:라: 살가흐]	[сухуагирыл дылда]
чагнуураа ав/ах	수화기를 잡다, 받다
[차그노:라: 아와흐]	[сухуагирыл жабдда, батдда]
утасда/х	전화하다, 통화하다
[오타쓰다흐]	[жонхуахада, тунгхуахада]
утас залгах	전화를 걸다
[오타쓰 잘가흐]	[жонхуарыл голда]
утас тави/х	전화를 끊다
[오타쓰 타위흐]	[жонхуарыл ггынта]
утсаа тасал/ах	전화가 끊기다
[오트싸 타쓸라흐]	[жонхуага ггынкида]
утас эвдрэ/х	전화가 고장나다
[오타쓰 엡뜨레흐]	[жонхуага гужангнада]
утасны дугаар эргүүл/эх	전화번호를 돌리다
[오타쓰니: 도가:르 에르굴:레흐]	[жонхуабонхурыл дуллида]
хот хоорондын шугам	시외전화선
[허트 허:런딩: 쇼감]	[сиуэжонхуасон]
таксофон(нийтийн утас)	공중전화
[탁소폰(니:팅: 오타쓰)]	[гунгжунгжонхуа]
утасны бүхээг	전화박스
[오타쓰니: 부헤:ㄲ]	[жонхуаббагссы]
захиалга өг/өх	예약하다, 신청하다(전화)
[자히알라ㄲ 어거흐]	[еякада, синчонгхада(жонхуа)]
дуудуул/ах	부르다
[도:똘:라흐]	[бурыда]
захиа(захидал)	편지, 우편
[자히아(자히달)]	[пёнжи, үпён]
ил захидал	엽서
[일 자히달]	[ёбссо]
албан захиа	공문서
[알방 자히아]	[гунгмүнсо]
хувийн захиа	일반사문서, 개인편지
[호윈: 자히아]	[илбансамүнсо, гаэинпёнжи]
захианы(захидлын) цаас	편지지
[자히아니:(자히들링:) 차:쓰]	[пёнжиззи]
марк	우표
[마르크]	[үпиу]
марк наа/х	우표를 붙이다
[마르크 나:흐]	[үпиурыл бүчида]
дугтуй	편지봉투

[도끄토이]

цавуу

[차오:]

нэр

[네르]

хаяг

[하이끄]

явуулах хаяг

[야올:라흐 하이끄]

авах хаяг

[아와흐 하이끄]

илгээмж

[일겜:쉬]

илгээмжийн тасаг

[일겜:쥉: 타싸끄]

дуудлага

[도:들라끄]

хүлээн авагч

[훌렝: 아와끄치]

асуулт

[아쏠:트]

хариу

[하리오]

цахилгаан /утас/

[차힐강: /오타쓰/]

цахилгааны хуудас

[차힐가:니: 호:다쓰]

энгийн цахилгаан

[엥깅: 차힐강:]

яаралтай цахилгаан

[야:랄태 차힐강:]

баярын цахилгаан

[바이링: 차힐강:]

эмгэнэлийн цахилгаан

[엠게넬링: 차힐강:]

цахилгаан явуул/ах

[차힐강: 야올:라흐]

цахилгаан ав/ах

[차힐강: 아와흐]

цахилгаан ир/эх

[차힐강: 이레흐]

[пёнжибунгтү]

풀

[пул]

이름, 성명

[ирым, сонгмёнг]

주소

[жүсу]

발송인 주소

[балссунгин жүсу]

수신인 주소

[сүсинин жүсу]

소포, 짐

[супу, жим]

소포담당부서

[супудамдангбүсо]

호출, 부름

[хучүл, бүрым]

수신자, 수신기, 라디오

[сүсинжа, сүсинги, радиу]

질문, 물음

[жилмүн, мүрым]

대답, 답변

[даэдаб, дабббён]

전보

[жонбу]

전보신청용지

[жонбусинчонгиунгззи]

보통전보, 일반전보

[бутунгжонбу, илбанжонбу]

급전

[гыбззон]

축전

[чүгззон]

조전

[жужон]

전보를 치다

[жонбурыл чида]

전보를 받다

[жонбурыл батдда]

전보가 오다

[жонбуга уда]

утасны хонх
[오타쓰니: 헝흐(헝크)]
утасны утас
[오타쓰니: 오타쓰]
маркийн цомог
[마르킹: 처머끄(처먹)]
ховор марк
[허워르 마르크]
хуудас бөглөх
[호:다쓰 버글러흐]
утас ярьж байна!
[오타쓰 얘리쮀(쬐) 와인!]

전화벨
[жонхуабэл]
전화선
[жонхуасон]
우표첩
[үпиучоб]
희귀우표
[хыйгүй(хигүй) үпиу]
용지를 기입하다, 작성하다
[иунззирыл гиипада, жагссонгхада]
통화중입니다!
[тунгхуажүнгимнида!]

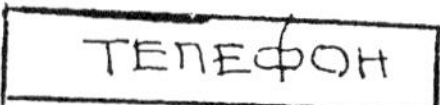

VIII. АЯЛАЛ/ЖУУЛЧЛАЛ
[아일랄/졸:칠랄]

1. **... хаана байна вэ?**
... 한: 바인 웨? [... 한: 바인 웨?]

> *Жуулчин компани* [졸:칭 컴파니]
> *Онгоцны билет зардаг газар* [엉거츠니: 빌레트 자르뜩 가짜르]
> *Вокзал* [와크잘]
> *Тээврийн товчоо* [테우링: 텁처:]

2. **Одоо явж ... билет авъя.**
어떠: 야브지 ... 빌레트 아위야. [어떠:(오또:) 야브지 ... 빌레트 아위야.]

> *нисэх онгоцны* [니쎄흐 엉거츠니:]
> *галт тэрэгний* [갈트 테레끄니:]

3. **Би(Бид) аялалаар хөдөө явах санаатай.**
비(비드) 아야랄라:르 허더: 야와흐 사나:타이. [비(비뜨) 아이랄라:르 허떠: 야와흐 사나:태.]

4. **Бид зуны амралтаар хөдөө явах санаатай.**
비드 조니: 아므랄타:르 허더: 야와흐 사나:타이. [비뜨 조니: 아므랄타:르 허떠: 야와흐 사나:태.]

5. **Ямар унаагаар явах нь дээр вэ?**
야마르 오나:가:르 야와흐 은 데:르 웨? [야마르 오나:가:르 야와흔 데:르 웨?]

6. *Мөрөн руу* **онгоц нисдэг үү?**
머렁(무룽) 루: 엉거츠 니스덱 우:? [머렁(무룽) 루: 엉거츠 니쓰뜩 우:?]

7. *Өмнөговь руу галт тэрэг* **явдаг уу?**
어문거비(고비) 로: 갈트 테레그 야브닥 오:? [어문거비(고비) 로: 갈트 테레끄 야브뜩 오:?]

8. **Хэдэн цагт** *Өмнөговьд* **хүрэх вэ?**
헤뎅 차그트 어문거비(고비)드 후레흐 웨? [헤뎅 차끄트 어문거비(고비)뜨 후레흐 웨?]

9. *Нисэх онгоц(Галт тэрэг, автобус, усан онгоц)* **Хужирт руу хэд дэх өдөрт явдаг юм бэ?**
니세흐 엉거츠(갈트 테레그, 아브토보스, 오상 엉거츠) 호지르트 로: 헤드 데흐 어더르트 야브닥 윰 베? [니쎄흐 엉거츠(갈트 테레끄, 아브토보쓰, 오쌍 엉거츠) 호지르트 로: 헤뜨 데흐 어더르트 야브뜩 윰 베?]

10. **Үдээс өмнө хэдэн цагт** *галт тэрэг* **байна /вэ/?**
우데:스 어문 헤뎅 차그트 갈트 테레그 바인 /웨/? [우데:쓰 어문 헤뎅 차끄트 갈트 테레끄 바인 /웨/?]

VIII. 여행/관광
[ЁХАЭНГ/ГУАНГУАНГ]

1. ... 어디 있습니까?
    [... оди иссымнигга?]

    "쥴·칭" 회사는 *["Жуулчин" хуэсанын]*
    비행기표(항공표) 파는 곳은 *[Бихаэнггитиу (ханггунгтиу) панын гусын]*
    기차역은 *[Гичаёгын]*
    버스터미날은 *[ББоссытоминарын]*

2. 지금 가서 ... 표를 삽시다.
    [Жигым гасо ... пиурыл сабссида.]

    비행기 *[бихаэнгги]*
    기차 *[гича]*

3. 저는(저희는) 여행으로 시골에 갈 생각입니다.
    [Жонын(жохыйнын) ёхаэнгыру сигурэ гал саэнггагимнида.]

4. 저희는 여름휴가로 시골에 갈 생각입니다.
    [Жохыйнын ёрымхюгару сигурэ гал саэнггагимнида.]

5. 어떤 교통수단으로 가는 것이 좋겠습니까?
    [Оддон гиутунгсуданыру ганын госи жукэссымнигга?]

6. "머렁"으로 비행기가 뜹니까?
    ["Мөрөн"ыру бихаэнггига ддымнигга?]

7. "어문고비"로 기차가 다닙니까?
    ["Өмнөговь"ру гичага данимнигга?]

8. 몇 시에 "어문고비"에 도착합니까?
    [Мёт ссиэ "Өмнөговь"э дучакамнигга?]

9. 비행기는(기차는, 버스는, 배는) "호지르트"로 무슨 요일에 운행합니까?
    [Бихаэнггинын(гичанын, ббоссынын, баэнын) "Хужирт"ру мусын иуирэ үнхаэнгхамнигга?]

10. 오전 몇 시행 기차가 있습니까?
    [Ужон мёт ссихаэнг гичага иссымнигга?]

11. **Үдээс хойш хэдэн цагт *автобус* байна /вэ/?**
우데:스 허이시 헤뎅 차그트 아브토보스 바인 /웨/? [우데:쓰 어문 헤뎅 차끄트 갈트 테레끄 바인 /웨/?]

12. **Хэдэн цагт хөдлөх вэ?**
헤뎅 차그트 허들러흐 웨? [헤뎅 차끄트 허뜰러흐 웨?]

13. **Хэдэн цагт явах вэ?**
헤뎅 차그트 야와흐 웨? [헤뎅 차끄트 야와흐 웨?]

14. **Хэдэн цагт нисэх вэ?**
헤뎅 차그트 니세흐 웨? [헤뎅 차끄트 니쎄흐 웨?]

15. **Хэдэн цагт хүрэх вэ?**
헤뎅 차그트 후레흐 웨? [헤뎅 차끄트 후레흐 웨?]

16. **Би(Бид) *онгоцоор(галт тэргээр, машинаар)* явах гэж байна.**
비(비드) 엉거처:르(갈트 테르게:르, 마시나:르) 야와흐 게지 바인. [비(비뜨) 엉거처:르(갈트 테르게:르, 마시나:르) 야와흐 게쥐(쮜) 바인.]

17. **Билет хаанаас авах вэ?**
빌레트 하:나:스 아와흐 웨? [빌레트 하:나:쓰 아와흐 웨?]

18. **Хөвсгөлийн мөрөн хүртэл *онгоцны* билет ямар үнэтэй вэ?**
흡스걸링: 머렁(무릉) 후르텔 엉거츠니: 빌레트 야마르 운테이 웨? [흡스걸링: 머렁(무룽) 후르텔 엉거츠니: 빌레트 야마르 운테 웨?]

19. **Билет хэд хоногийн хүчинтэй вэ?**
빌레트 헤드 허너깅: 후칭테이 웨? [빌레트 헤뜨 허너깅: 후칭테 웨?]

20. **Билетээ урьдаар захиалах хэрэгтэй юу?**
빌레테 오리다:르 자히알라흐 헤레그테이 유:? [빌레테 오리따:르 자히알라흐 헤레끄테 유:?]

21. **Билетээ утсаар захиалж болох уу?**
빌레테 오트사:르 자히알지 벌러흐 오:? [빌레테 오트싸:르 자히알쥐(쮜) 벌호:?]

22. **Би *гурван хүний суудал* захиалмаар байна.**
비 고르왕 후니: 소:달 자히알마:르 바인. [비 고르왕(고룽) 후니: 소:들 자히알마:르 바인.]

23. **Мөрөн хүртэл гурван суудал авъя.**
머렁(무룽) 후르텔 고르왕 소:달 아위야. [머렁(무룽) 후르텔 고르왕(고룽) 소:들 아위(야).]

24. **Хүүхдийн билет ямар үнэтэй вэ?**
후:흐딩: 빌레트 야마르 운테이 웨? [후:흐딩: 빌레트 야마르 운테 웨?]

25. **Миний суудлыг зааж өгнө үү.**
미니: 소:들리:그 자:지 어근 우:. [미니: 소:들리:끄 자:쥐(쮜) 어그누:.]

11. 오후 몇 시행 버스가 있습니까?
[Уху мёт ссихаэнг ббоссыга иссымнигга?]

12. 몇 시에 출발합니까?
[Мёт ссиэ чулбалхамнигга?]

13. 몇 시에 떠납니까?
[Мёт ссиэ ддонамнигга?]

14. 몇 시에 뜹니까?
[Мёт ссиэ ддымнигга?]

15. 몇 시에 도착합니까?
[Мёт ссиэ дучакамнигга?]

16. 저는(저희는) 비행기로(기차로, 자동차로) 가려고 합니다.
[Жонын(жохыйнын) бихаэнггиру(гичару, жадунгчару) гарёгу хамнида.]

17. 표는 어디에서 구입합니까?(삽니까?)
[Пиунын одиэсо гүипамнигга?(самнигга?)]

18. "헙스걸"도의 "머렁"까지 비행기표는 얼마입니까?
["Хөвсгөл"дуый "Мөрөн"ггажи бихаэнггипиунын олмаимнигга?]

19. 표는 몇 일간 효력이 있습니까?
[Пиунын мёчилган хиурёги иссымнигга?]

20. 표를 미리 예약해야 합니까?
[Пиурыл мири еякаэя хамнигга?]

21. 표를 전화로 예약해도 됩니까?(예약할 수 있습니까?)
[Пиурыл жонхуару еякаэду дуэмнигга?(еякал ссү иссымнигга?)]

22. 저는 세 명의 자리를(세 명의 좌석을) 예약하고 싶습니다.
[Жонын сэ мёнгый жарирыл(сэ мёнгый жуасогыл) еякагу сибссымнида.]

23. "머렁"까지 자리 셋 부탁합니다.
["Мөрөн"ггажи жари сэт бүтакамнида.]

24. 어린이 표는 얼마입니까?
[Орини пиунын олмаимнигга?]

25. 제 좌석을 알려주십시오.
[Жэ жуасогыл аллёжүсибссиу.]

26. **Уучлаарай, энэ миний суудал.**
오:칠라:라이, 엔 미니: 소:달. [오:칠라:래:, 엔 미니: 소:달(소:들).]

27. **Ачаагаа хаана өгөх вэ?**
아차:가: 한: 어거흐 웨? [아차:가: 한: 어거흐 웨?]

28. **Ачаагаа хаанаас авах вэ?**
아차:가: 하:나:스 아와흐 웨? [아차:가: 하:나:쓰 아와흐 웨?]

29. **Ачаа зөөгч өө, миний ачаа энэ.**
아차: 저:그치 어:, 미니: 아차: 엔. [아차: 저:끄처:, 미니: 아차: 엔.]

30. **Юм хадгалах газар хаана байна вэ?**
윰 하드갈라흐 가자르 한: 바인 웨? [윰 하뜨갈라흐 가짜르 한: 바인 웨?]

31. **Би үүнийг юм хадгалах газарт өгмөөр байна.**
비 우:니:그 윰 하드갈라흐 가자르트 어그머:르 바인. [비 우:니:끄 윰 하뜨갈라흐 가짜르트 어그머:르 바인.]

32. **Миний ачааг өгнө үү.**
미니: 아차:그 어근 우:. [미니: 아차:끄 어그누:.]

33. **Миний ачааны тасалбар энэ байна.**
미니: 아차:니: 타살바르 엔 바인. [미니: 아차:니: 타쌀바르 엔 바인.]

34. **Замдаа жаахан амрах газар бий юү?**
잠다: 자:항 아므라흐 가자르 비: 유:? [잠다: 짜:홍 아므라흐 가짜르 비: 유:?]

35. **... хүртэл хэдэн километр үлдэж байна вэ?**
... 후르텔 헤뎅 킬로메트르 울데지 바인 웨? [... 후르텔 헤뎅 킬로메트르 울떼쥐(쮜) 바인 웨?]

26. 실례합니다, 이것은 제 좌석입니다.
[Силехамнида, игосын жэ жуасогимнида.]

27. 짐은(하물은) 어디에 넣습니까?
[Жимын(Хамурын) одиэ носсымнигга?]

28. 짐은 어디에서 찾습니까?
[Жимын одиэсо чатссымнигга?]

29. 이봐요 아저씨(짐꾼), 제 짐은 이것입니다.
[Ибуаиу ажосси(жимггун), жэ жимын игосимнида.]

30. 물품보관소는 어디에 있습니까?
[Мүлпүмбугуансунын одиэ иссымнигга?]

31. 저는 이것을 물품보관소에 맡겼으면 합니다.
[Жонын игосыл мүлпүмбугуансуэ матггёссымён хамнида.]

32. 제 짐을 주십시오.
[Жэ жимыл жүсибссиу.]

33. 제 짐 표는 여기 있습니다.
[Жэ жим пиунын ёги иссымнида.]

34. 길가다가 조금 쉴 만한 곳이(휴게소가) 있습니까?
[Гилгадага жугым сүйл манхан гуси(хюгэсуга) иссымнигга?]

35. ...까지 몇 킬로미터 남았습니까?
[...ггажи мёт киллумито намассымнигга?]

📖 참고단어 및 부가단어(ЛАВЛАХ ҮГ, НЭМЭЛТ ҮГ)

ачаа (тээш)
[아차:(테쉬)]
гар тээш
[가르 테쉬]
ачаа хүлээж авах
[아차: 훌:레:쉬(쮜) 아와흐]
ачаа олгох
[아차: 얼거흐]
ачааны пайз
[아차:니: 파이즈]
ачааны тасаг
[아차:니: 타싸끄]
билет
[빌레트]
хүүхдийн билет
[후:흐딩: 빌레트]
буцах билет
[보차흐 빌레트]
дамжин өнгөрөх билет
[담징 엉거러흐 빌레트]
явах цаг
[야와흐 차끄(착)]
ирэх цаг
[이레흐 차끄(착)]
хүлээх танхим
[훌레:흐 탕힘]
юм хадгалах газар
[윰 하뜨갈라흐 가짜르]
эмнэлгийн цэг
[엠넬레깅: 체끄]
ачаа зөөгч
[아차: 저:끄치]
явах, хөдлөх
[야와흐, 허뜰러흐]

зорчигч
[저르치그치]
сэлгэж суух

짐, 하물
[жим, хамүл]
수하물
[сүхамүл]
짐을 기다려 찾다
[жимыл гидарё чатдда]
짐을 찾다
[жимыл чатдда]
짐표
[жимпиу]
짐칸, 하물칸
[жимкан, хамүлкан]
표, 티켓, 승차권
[пиу, тикэт, сынгчаггүон]
어린이표
[оринипиу]
돌아오는 표
[дураунын пиу]
경유표
[гёнгнюпиу]
갈 시간, 출발시간
[гал ссиган, чүлбалссиган]
올 시간, 도착시간
[ул ссиган, дучагссиган]
대합실
[даэхабссил]
물품보관소
[мүлпүмбугуансу]
응급실
[ынггыбссил]
짐꾼, 포터
[жимггүн, путо]
가다, 떠나다, 움직이다, 출발하다
[гада, ддонада, үмжигида, чүл-
балхада]

승객
[сынггаэг]
바꿔앉다(좌석 등에)

[셸게쥐(쮜) 소:흐]

ирэх

[이레흐]

галт тэрэгний цагийн хуваарь

[갈트 테레끄니: 차깅: 호위아:르]

лавлах товчоо

[라블라흐 텁처:]

унаанд сэлгэж суух

[오난:뜨 셸게쥐(쮜) 소:흐]

[баггүоандда(жуасог дынэ)]

오다

[уда]

열차 운행시간표

[ёлча үнхаэнгсиганпиу]

안내소

[аннаэсу]

차를 바꿔타다

[чарыл баггүотада]

■ НИСЭХ ОНГОЦООР АЯЛАХ [니쎄흐 엉거처:르 아일라흐]

1. **МИАТ–ийн билетийн газрын утасны дугаар хэд вэ?**
   미아팅: 빌레팅: 가즈링: 오타스니: 도가:르 헤드 웨? [미아팅: 빌레팅: 가쯔링: 오타쓰니: 도가:르 헤뜨 웨?]

2. **МИАТ–ийн билетийн газар хаана байдаг вэ?**
   미아팅: 빌레팅: 가자르 한: 바이닥 웨? [미아팅: 빌레팅: 가짜르 한: 바이뜩 웨?]

3. **Танайхаас нэг юм асууж(лавлаж) болох уу?**
   타나이하:스 네그 윰 아소:지(라블라지) 벌러흐 오:? [타나이하:쓰 네끄 윰 아쏘:쥐(쮀)(라블라쮜(쮀)) 벌호:?]

4. **... руу(рүү) онгоц хэд дэх өдрүүдэд нисдэг вэ?**
   ... 로:(루:) 엉거츠 헤드 데흐 어드루:데드 니스덱 웨? [... 로:(루:) 엉거츠 헤뜨 데흐 어드루:데뜨 니쓰뜩 웨?]

   Мөрөн *[머렁(무룽)]*
   Эрдэнэт *[에르떼네트/에르멘트/]*

5. **... руу нисэх онгоцны цагийн хуваарийг мэдмээр байна.**
   ... 로: 니세흐 엉거츠니: 차깅: 호와:리:그 메드메:르 바인. [... 로: 니쎄흐 엉거츠니: 차깅: 호와:리:끄 미뜨메:르 바인.]

6. **Би энэ компанийн захиралтай уулзмаар байна.**
   비 엔 컴파닝: 자히랄타이 올:즈마:르 바인. [비 엔 컴파닝: 자히랄태 올:쯔마:르 바인.]

7. **Онгоц эндээс хэдэн цагт нисэх вэ?**
   엉거츠 엔데:스 헤뎅 차그트 니세흐 웨? [엉거츠 엔데:쓰 헤뎅 차끄트 니쎄흐 웨?]

8. **Тэнд хэдэн цагт буух вэ?**
   텐드 헤뎅 차그트 보:흐 웨? [텐뜨 헤뎅 차끄트 보:흐 웨?]

9. **... хүрэх дараагийн онгоц хэзээ нисэх вэ?**
   ... 후레흐 다라:깅: 엉거츠 헤제: 니세흐 웨? [... 후레흐 다라:깅: 엉거츠 히쩨: 니쎄흐 웨?]

10. **... дугаар онгоц хэзээ нисэх вэ?**
    ... 도가:르 엉거츠 헤제: 니세흐 웨? [... 도가:르 엉거츠 히쩨: 니쎄흐 웨?]

11. **Бид онгоцны буудал дээр хэдийд бэлэн байх ёстой вэ?**
    비드 엉거츠니: 보:달 데:르 헤디:드 벨렝 바이흐 여스터이 웨? [비뜨 엉거츠니: 보:들 데:르 헤디:뜨 벨렝 바이흐 여쓰테 웨?]

12. **Онгоцны буудал хотоос хол уу?**
    엉거츠니: 보:달 허터:스 헐 오:? [엉거츠니: 보:들 허터:쓰 헐로:?]

■ 비행기 여행 [БИХАЭНГГИ ЁХАЭНГ]

1. "МИАТ(몽골민항)" 항공권 담당실의 전화번호는 몇 번입니까?
   ["МИАТ(монголминханг)" ханггунггүон дамдангсирый жон–хуабонхунын мёт ббонимнигга?]

2. "МИАТ(몽골민항)" 항공권 담당실은 어디에 있습니까?
   ["МИАТ(монголминханг)" ханггунггүон дамдангсирын одиэ иссымнигга?]

3. 당신네에서 뭐하나 물어봐도 되겠습니까?
   [Дангсиннээсо мүо хана мүробуаду дуэгэссымнигга?]

4. ...가는 비행기는 무슨 요일에 운행합니까?
   [...ру биханггинын мүсын иуирэ үнхаэнгхамнигга?]

   "머렁" *["Мөрөн"]*
   "에르데네트/에르렌트/" *["Эрдэнэт"]*

5. ....로 가는 비행기의 운행시간표를 알고 싶습니다.
   [...ру ганын бихаэнгтиый үнхаэнгсиганпиурыл алгу сибссымнида.]

6. 저는 이 회사의 사장과 만나고 싶습니다.
   [Жонын и хуэсаый сажанггуа маннагу сибссымнида.]

7. 비행기는 여기에서 몇 시에 뜹니까?
   [Бихаэнггинын ёгиэсо мёт ссиэ ддымнигга?]

8. 그 곳에는 몇 시에 내립니까?
   [Гы гусэнын мёт ссиэ наэримнигга?]

9. ...로 가는 다음 비행기는 언제 뜹니까?
   [...ру ганын даым бихангтинын онжэ ддымнигга?]

10. ...편 비행기는 언제 뜹니까?
    [...пён бихаэнггинын онжэ ддымнигга?]

11. 저희는 공항에 언제까지 준비해야 합니까?
    [Жохыйнын гунгхангэ онжэггажи жүнбихаэя хамнигга?]

12. 공항은 시내에서 멉니까?
    [Гунгхангын синаээсо момнигга?]

13. **Онгоцны буудал хүртэл хэдэн номерийн автобус явдаг вэ?**
엉거츠니: 보:달 후르텔 헤뎅 너미링: 아브토보스 야브닥 웨? [엉거츠니: 보:들
후르텔 헤뎅 너미링: 아브토보쓰 야브뜩 웨?]

14. **Долоо хоногийн дараа ... руу явах нисэх онгоцны билет байна уу?**
덜러: 허너깅: 다라: ... 로: 야와흐 니세흐 엉거츠니: 빌레트 바인 오:? [덜러:
허너깅: 다라: ... 로: 야와흐 니쎄흐 엉거츠니: 빌레트 바이노:?]

15. **Хоёр талын билет авъя.**
허여르 탈링: 빌레트 아위야. [허여르 탈링: 빌레트 아위(야).]

16. **Мөрөн хүртэл нислэг хэр удаан үргэлжлэх вэ?**
머렁(무룽) 후르텔 니슬렉 헤르 오당: 우르겔질레흐 웨? [머렁(무룽) 후르텔
니쓸렉 헤르 오땅: 우르겔쬘레흐 웨?]

17. **Эндээс Мөрөн хүртэл хэдэн цаг нисдэг вэ?**
엔데:스 머렁(무룽) 후르텔 헤뎅 차그(착) 니스덱 웨? [엔데:쓰 머렁(무룽) 후
르텔 헤뎅 차끄(착) 니스뜩 웨?]

18. **Хэдийд хаана бүртгүүлэх вэ?**
헤디:드 한: 부르트굴:레흐 웨? [헤디:뜨 한: 부르트굴:레흐 웨?]

19. **Хаанаас суух вэ?**
하:나:스 소:흐 웨? [하:나:쓰 소:흐 웨?]

20. **Хүлээх танхим хаана байна вэ?**
훌레:흐 탕힘 한: 바인 웨? [훌레:흐 탕힘 한: 바인 웨?]

21. **Миний ... энэ.**
미니: ... 엔. [미니: ... 엔.]
билет [빌레트]
паспорт [파스포르트]
ачаа [아차:]
гар тээш [가르 테쉬]

22. **Илүү ачаанд мөнгө төлөх үү? Би хэдийг төлөх вэ?**
일루: 아찬:드 멍거(뭉그) 털러흐 우:? 비 헤디:그 털러흐 웨? [일루: 아찬:뜨
멍거(뭉그) 털러후:? 비 헤디:끄 털러흐 웨?]

23. **Энэ(Миний) суудал хаа байна /вэ/ ? Зааж өгнө үү.**
엔(미니:) 소:달 하: 바인 /웨/? 자:지 어근 우:. [엔(미니:) 소:들 하: 와인 /웨/?
자:쥐(쮜) 어그누:.]

24. **Би суудлаа сольж болохгүй юу?**
비 소:들라: 서일지 벌러흐구이 유오? [비 소:들라: 서일쥐(쮜) 벌러흐꾸이 유오?]

25. **Уучлаарай! Би суудлаа арагш жаахан хойшлуулж болох уу?**
오:칠라:라이! 비 소:들라: 아라그시 자:항 허이시룰:지 벌러흐 오:? [오:칠라:
래! 비 소:들라: 아라끄쉬 짜:홍 허이쉬룰:쥐(쮜) 벌호:?]

13. 공항까지 몇 번 버스가 다닙니까?
[Гунгхангггажи мёт ббон ббоссыга данимнигга?]

14. 일주일 후에 ...로 가는 비행기표가(항공권이) 있습니까?
[Илззүил хүэ ...ру ганын бихангггипиуга(ханггунгггүони) иссымнигга?]

15. 왕복표로 사겠습니다.(왕복표를 주십시오.)
[Вангбугпиуру сагэссымнида.(Вангбугпиурыл жүсибссиу.)]

16. "머렁"까지 비행을 얼마나 계속합니까?
["Мөрөн"ггажи бихаэнгыл олмана гесукамнигга?]

17. 여기에서 "머렁"까지 몇 시간 비행합니까?
[Ёгиэсо "Мөрөн"ггажи мёт ссиган бихаэнгхамнигга?]

18. 언제 어디서 수속을 밟습니까?
[Онжэ одисо сүсугыл бабссымнигга?]

19. 어디에서 탑승합니까?
[Одиэсо табссынгхамнигга?]

20. 대합실은 어디에 있습니까?
[Даэхабссирын одиэ иссымнигга?]

21. 제 ... 이것입니다.(여기 있습니다.)
[Жэ ... игосимнида.(ёги иссымнида.)]

> 표는 [пиунын]
> 여권은 [ёггүонын]
> 짐은 [жимын]
> 수하물은 [сүхамүрын]

22. 초과하물에 대해서 돈을 넵니까? 저는 얼마를 넵니까?(내야 합니까?)
[Чугуахамүрэ даэхаэсо дуныл наэмнигга? Жонын олмарыл наэмнигга?(наэя хамнигга?)]

23. 이(제) 자리는 어디에 있습니까? 알려 주십시오.
[И(Жэ) жаринын одиэ иссымнигга? аллё жүсибссиу.]

24. 자리를 바꾸면 안되겠습니까?
[Жарирыл баггүмён андуэгэссымнигга?]

25. 실례합니다! 좌석을 뒤로 조금 젖혀도 되겠습니까?
[Силлехамнида! Жуасогыл дүйру жугым жочё(о)ду дуэгэссымнигга?]

26. **Аюулгүй бүс бүслэхэд надад туслаач.**
아유올구이 부스 부슬레헤드 나다드 토슬라:치. [아율구이 부쓰 부쓸레헤드
나다뜨 토슬라:치.]

27. ***/Миний/ Бие жаахан эвгүй байна. Толгой өвдөж байна. Нэг эм
өгнө үү.***
/미니/ 비예 자:항 에브구이 바인. 털거이 어브더지 바인. 네그 엠 어근 우:. [/미니/ 비
이 짜:홍 에브구이 바인. 털거이 어브더쥐(쮜) 와인. 네끄 엠 어그누:.]

28. ***Юм уумаар байна.***
윰 오:마:르 바인. [윰 오:마:르 바인.]

29. **Дотор эвгүй байна.**
더터르 에브구이 바인. [더터르 에브구이 바인.]

30. **Би бөөлжих юм шиг байна.**
비 벌:지흐 윰 식 바인. [비 벌:쥐(쮜)흐 윰 식 바인.]

31. **Би бөөлжимөөр байна.**
비 벌:지머:르 바인. [비 벌:쥐(쮜)머:르 바인.]

32. **Миний чих өвдөөд байна.**
미니: 치흐 어브더:드 바인. [미니: 치흐 어브더:뜨 바인.]

33. **Надад ус авчирч өгөөч.**
나다드 오스 압치르치 어거:치. [나다뜨 오쓰 압치르치 어거:치.]

34. **Надад эм авчирч өгөөч.**
나다드 엠 압치르치 어거:치. [나다뜨 엠 압치르치 어거:치.]

35. **Үйлчлэгч ээ! Энэ агаар тохируулагчийг яаж ажиллуулах вэ?**
우일칠레그치 에:! 엔 아가:르 터히롤:라그치:그 야:지 아질롤:라흐 웨? [우일
칠레끄체:! 엔 아가:르 터히롤:라끄치:끄 야:쥐(쮜) 아질롤:라흐 웨?]

36. **Үйлчлэгч ээ! Үүнийг яаж унтраах вэ?**
우일칠레그치 에:! 우:니:그 야:지 온트라:흐 웨? [우일칠레끄체:! 우:니:끄 야:
쥐(쮜) 온트라:흐 웨?]

37. **Үйлчлэгч ээ! *Бие засах газар* хаана байдаг вэ?**
우일칠레그치 에:! 비예 자사흐 가자르 한: 바이닥 웨? [우일칠레끄체:! 비이
자싸흐 가짜르 한: 바이뜩 웨?]

38. **Бид одоо хаагуур нисч байна вэ?**
비드 어더: 하:고:르 니스치 바인 웨? [비뜨 어떠:(오또:) 하:고:르 니쓰치 바인
웨?]

39. **Бид хэдий хэр өндөрт нисэж явна вэ?**
비드 헤디: 헤르 언더르트 니세지 야운 웨? [비뜨 헤띠: 헤르 언더르트 니쓰
쥐(쮜) 야운 웨?]

26. 안전벨트 매는 것을(착용을) 좀 도와주세요.
[анжонбэлты маэнын госыл(чагиунгыл) жум дуважүсэиу.]

27. /제/ 몸의 컨디션이 별로 안 좋습니다. 머리가 아픕니다. 약을 좀 갖다 주십시오.
[/жэ/ Мумый кондисёни бёллу ан жуссымнида. Морига апымнида. ягыл жум гатдда жүсибссиу.]

28. 뭘 좀 마시고 싶습니다.
[Мүол жум масигу сибссымнида.]

29. 속이 좀 불편합니다.(거북합니다.)
[Суги жум бүлпёнхамнида.(гобүкамнида.)]

30. 저는 토할 것 같습니다.(구토할 것 같습니다.)
[Жонын тухал ггот гатссымнида.(гүтухал ггот гатссымнида.)]

31. 저는 토하고 싶습니다.
[Жонын тухагу сибссымнида.]

32. 귀가 아픕니다.
[Гүйга апымнида.]

33. 저에게 물 좀 갖다 주십시오.
[Жоэгэ мүл жум гатдда жүсибссиу.]

34. 저에게 약 좀 갖다 주십시오.
[Жоэгэ яг ззум гатдда жүсибссиу.]

35. 아가씨!(승무원!) 이 에어컨을/히터를 어떻게 작동시킵니까?
[Агасси!(Сынгмүвон!) И эоконыл/хиторыл оддокэ жагддунгссиким-нигга?]

36. 아가씨!(승무원!) 이것을 어떻게 끕니까?
[Агасси!(Сынгмүвон!) Игосыл оддокэ ггымнигга?]

37. 아가씨!(승무원!) 화장실이 어디 있습니까?
[Агасси!(Сынгмүвон!) Хуажангсири оди иссымнигга?]

38. 우리는 지금 어디를 날고 있습니까?
[Үринын жигым одирыл налгу иссымнигга?]

39. 우리는 얼마의(어느 정도의) 높이를 날고 있습니까?
[Үринын олмаый(оны жонгдуый) нупирыл налгу иссымнигга?]

40. Тэнгэр сайхан байна. Цонхоор сайхан харагдаж байна.
텡게르 사이항 바인. 청허:르 사이항 하라그다지 바인. [텡게르 사이항 바인.
청허:르 사이항 하라그다쥐(쮜) 와인.]

41. Тэр доорх ямар *хот* вэ?
테르 더:르흐 야마르 허트 웨? [테르 더:르흐 야마르 허트 웨?]

42. Бид ямар онгоцны буудал дээр буух вэ?
비드 야마르 엉거츠니: 보:달 데:르 보:흐 웨? [비뜨 야마르 엉거츠니: 보:들
데:르 보:흐 웨?]

43. Бид нарын буух онгоцны буудал ямар нэртэй билээ?
비드 나링: 보:흐 엉거츠니: 보:달 야마르 네르테이 빌레:? [비뜨 나링: 보:흐
엉거츠니: 보:들 야마르 네르테 빌레:?]

44. Үйлчлэгч ээ! Бид хэдийд(хэдэн цагт) буух(газардах) вэ?
우일칠레그치 에:! 비드 헤디:드(헤뎅 차그트) 보:흐(가자르다흐) 웨? [우일칠
레끄체:! 비뜨 헤디:뜨(헤뎅 차끄트) 보:흐(가짜르다흐) 웨?]

40. **하늘이 멋지군요.(아름답군요.) 창문으로 멋지게(아름답게) 보입니다.**
[Ханыри   мотззигүниу.(Арымдабггүниу.)   Чангмүныру   мотззигэ
(арымдабггэ) буимнида.]

41. **저 밑에 있는 것은 무슨 도시입니까?**
[Жо митэ иннын госын мүсын дусиимнигга?]

42. **우리는 무슨 공항에 내립니까?**
[Үринын мүсын гунгхангэ наэримнигга?]

43. **우리가 내리려는 공항의 이름이 무엇이었지요?**
[Үрига наэрирёнын гунгхангый ирыми мүосиотззииу?]

44. **아가씨!(승무원!) 우리는 언제 내립니까?(착륙합니까?)**
[Агасси!(Сынгмүвон!) Үринын онжэ наэримнигга? (чангнюкам—
нигга?)]

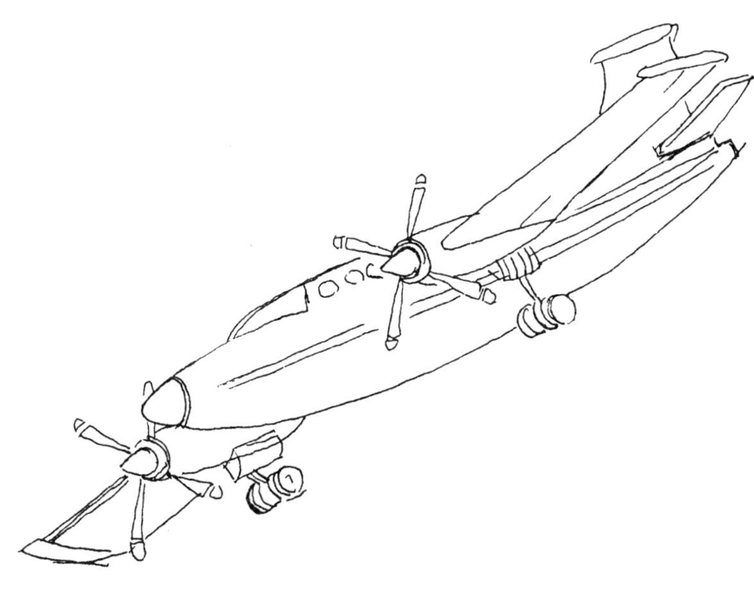

VIII. 여행/관광 435

онгоцны буудал
[엉거츠니: 보:달(들)]

비행장, 공항
[бихаэнгжанг, гунгханг]

онгоцны үйлчлэгч эмэгтэй
[엉거츠니: 우일칠레ㄲ치 에메ㄲ테]

스튜어디스
[стюодиссы]

нисдэг тэрэг
[니쓰뜩 테레ㄲ]

헬리콥터
[хэлликубто]

онгоцны дарга
[엉거츠니: 다라ㄲ]

기장
[гижанг]

нисэгч
[니쎼ㄲ치]

비행기 조종사
[бихаэнгги жужунгса]

илүү ачаа
[일루: 아차]

초과 중량의 하물
[чугуа жүнгнянгый хамүл]

зам, чиглэл
[잠, 치그렐]

길, 가는길, 항로
[гил, ганын гил, хангру]

суудал
[소:달(들)]

자리, 좌석
[жари, жуасог]

нисэх (нислэг)
[니쎼흐(니쓸레ㄲ)]

비행하다(비행)
[бихаэнгхада(бихаэнг)]

буух(газардах)
[보:흐(가짜르다흐)]

내리다(착륙하다)
[наэрида(чангнюкада)]

аюулгүйн бүс
[아율구인 부쓰]

안전벨트
[анжонбэлты]

онгоц
[엉거츠]

비행기
[бихаэнгги]

жуулчны суудлын зэрэг
[죨:치니: 소:들링: 제레ㄲ]

여행객들의 좌석등급
[ёхаэнгаэгдырый жуасогдынгтыб]

экипаж, баг
[에키파쥐, 박]

승무대, 승무팀
[сынгмүдаэ, сынгмүтим]

буухыг зарлах
[보:히ㄲ 자를라흐]

착륙을 안내하다(알리다)
[чангнюгыл аннаэхада(аллида)]

бүртгүүлэх
[부르트굴:레흐]

수속하다, 수속밟다
[сүсукада, сүсугббабдда]

онгоцонд суух
[엉거츤뜨 소:흐]

비행기에 탑승하다
[бихаэнггиэ табссынгхада]

доошлох
[더:쉴러흐]

하강하다
[хагангхада]

нэг талын билет
[네ㄲ 탈링: 빌레트]

편도비행기표
[пёндубихаэнггипиу]

ирэх очихын билет
[이레흐 어치힝: 빌레트]
왕복비행기표
[вангбугбихаэнггипиу]

онгоцны шатахуун
[엉거츠니: 샤타훙:]
비행기 연료
[бихаэнгги ёлриу]

онгоцны шат
[엉거츠니: 샤트]
비행기 승강대(계단)
[бихаэнгги сынггангдаэ(гедан)]

онгоцны сэнс
[엉거츠니: 쎈쓰]
비행기 프로펠라
[бихаэнгги прупэлла]

онгоцны дугуй
[엉거츠니: 도고이]
비행기 바퀴
[бихаэнгги бакүй]

онгоцны далавч
[엉거츠니: 달라브치]
비행기 날개
[бихаэнгги налгаэ]

онгоцны их бие
[엉거츠니: 이흐 비예(이)]
비행기 몸체
[бихаэнгги мумчэ]

нисэх буух зурвас зам
[니쎄흐 보:흐 조르와쓰 잠]
활주로
[хуалззүру]

холбоо
[헐버:]
관제소
[гуанжэсу]

нисэгч(нисгэгч)
[니쎄끄치(니쓰게그치)]
비행사, 조종사
[бихаэнгса, жужунгса]

нисэх онгоцны бүрэлдэхүүн(баг)
[니쎄흐 엉거츠니: 부렐떼훙:(박)]
비행기 승무원
[бихаэнгги сынгмүвон]

багийн ахлагч
[바깅: 아흘라끄치]
기장
[гижанг]

нярав
[냐라브]
사무장(항법사)
[самүжанг(хангббобсса)]

үйлчлэгч эрэгтэй
[우일칠레끄치 에레끄테]
남자승무원, 스튜어드
[намжасынгмүвон, стюоды]

үйлчлэгч эмэгтэй
[우일칠레끄치 에메끄테]
여자승무원, 스튜어디스
[ёжасынгмүвон, стюодисы]

зорчигч
[저르치끄치]
승객
[сынггаэг]

Тамхи татаж үл болно!(тамхи татах
хориотой!) [탐히 타트쥐(쮜) 울 벌
른!(탐히 타타흐 허리어테!)]
금연!(담배피지 마시오!)
[гымён!(дамбаэпижи масиу!)]

Аюулгүй бүсээ бүслээрэй!
[아율구이 부쎄: 부쓸레:레:!]
벨트착용!(안전벨트를 착용하시오!)
[бэлтчагиунг!(анжонбэлтрыл
чагиунгхасиу!)]

■ ГАЛТ ТЭРГЭЭР АЯЛАХ [갈트 테르게:르 아일라흐]

1. **Галт тэрэгний буудал(Вокзалъ хаана байдаг вэ?**
갈트 테레그니: 보:달(와크잘) 한: 바이닥 웨? [갈트 테레끄니: 보:들(와크잘) 한: 바이뜩 웨?]

2. **Галт тэрэгний буудал(Вокзалъ руу яаж очих вэ?**
갈트 테레그니: 보:달(와크잘) 로: 야:지 어치흐 웨? [갈트 테레끄니: 보:들(와크잘) 로: 야:쥐(쮜) 어치흐 웨?]

3. **Билет зардаг газар(Тасалбар түгээвэр) хаана байдаг вэ?**
빌레트 자르닥 가자르(타살바르 투게:웨르) 한: 바이닥 웨? [빌레트 자르뜩 가짜르(타쌀바르 투게:웨르) 한: 바이뜩 웨?]

4. **Галт тэрэгний цагийн хуваарийг хаанаас харж болох вэ?**
갈트 테레그니: 차깅: 호와:리:그 하:나:스 하르지 벌러흐 웨? [갈트 테레끄니: 차깅: 호와:리:끄 하:나:쓰 하르쥐(쮜) 벌러흐 웨?]

5. **Дарханд хүрэх шууд галт тэрэг бий юү?**
다르항드 후레흐 쇼:드 갈트 테레그 비: 유:? [다르항뜨 후레흐 쇼:뜨 갈트 테레끄 비: 유:?]

6. **Дархан хүртэл … галт тэрэгний билет ямар үнэтэй вэ?**
다르항 후르텔 … 갈트 테레그니: 빌레트 야마르 운테이 웨? [다르항 후르텔 … 갈트 테레끄니: 빌레트 야마르 운테 웨?]

   зөөлөн(Нэгдүгээр зэргийн) [절:렁(네끄두게:르 제르깅:)]
   хатуу(Хоёрдугаар зэргийн) [하토:(허여르도가:르 제르깅:)]
   унтлагын(купе) [온틀라깅:(쿠페)]

7. **Дархан хүртэл явах *зөөлөн вагоны* очих ирэх *нэг* билет өгөөч. Ямар үнэтэй вэ?**
다르항 후르텔 야와흐 절:렁 와고니: 어치흐 이레흐 네그 빌레트 어거:치. [다르항 후르텔 야와흐 절:렁 와고니: 어치흐 이레흐 네끄 빌레트 어거:치.]

8. **Энэ билетийг буцаж болох уу?**
엔 빌레티:그 보차지 벌러흐 오:? [엔 빌레티:끄 보차(츠)쥐(쮜) 벌호:?]

9. **Галт тэрэг хэддүгээр тавцангаас хөдлөх(явах) вэ?**
갈트 테레그 헤드두게:르 타브창가:스 허들러흐(야와흐) 웨? [갈트 테레끄 헤뜨두게:르 타브창가:쓰 허뜰러흐(야와흐) 웨?]

10. **5 дугаар тавцан руу хаагуур очих вэ?**
타우도가:르 타브창 로: 하:고:르 어치흐 웨? [타우도가:르 타브창 로: 하:고:르 어치흐 웨?]

11. **Галт тэрэг Дархан хүртэл хэдэн цаг явах вэ?**
갈트 테레그 다르항 후르텔 헤뎅 차그(착) 야와흐 웨? [갈트 테레끄 다르항 후르텔 헤뎅 차끄(착) 야와흐 웨?]

■ 기차 여행 [ГИЧА ЁХАЭНГ]

1. *기차역이 어디에 있습니까?*
[Гичаёги одиэ иссымнигга?]

2. *기차역으로 어떻게 갑니까?*
[Гичаёгыру оддокэ гамнигга?]

3. **매표소는 어디에 있습니까?**
[Маэпиусунын одиэ иссымнигга?]

4. *열차운행시간표는 어디에서 볼 수 있습니까?*
[Ёлчаүнхаэнгсиганпиунын одиэсо бул ссү иссымнигга?]

5. *"다르항"까지 가는 특급열차가 있습니까?*
["Дархан"ггажи ганын тыгггыбёлчага иссымнигга?]

6. *"다르항"까지 ... 기차표는 얼마입니까?*
["Дархан"ггажи ... гичапиунын олмаимнигга?]

> *부드러운 좌석칸의(일등석)*
> *[бүдыроүн жуасогканый(илддынгсог)]*
> *딱딱한 좌석칸의(이등석)*
> *[ддагддакан жуасогканый(идынгсог)]*
> *침대칸(특석)*
> *[чимдаэкан(тыгссог)]*

7. *"다르항"까지 가는 부드러운 좌석칸의(일등석의) 왕복표를 주세요. 얼마죠?*
["Дархан"ггажи ганын бүдыроүн жуасогканый (илддынг-
согый) вангбугпиурыл жүсэиу. олмажиу?]

8. *이 표를 물러도 됩니까?*
[И пиурыл мүллоду дуэмнигга?]

9. *기차는 몇 번 승강장에서(플랫폼에서) 떠납니까?*
[Гичанын мёт ббон сынгтангжангэсо (пыллаэтпумэсо) ддонамнигга?]

10. *5(오) 번 승강장으로는 어디로 갑니까?*
[5(У)бон сынгтангжангырунын одиру гамнигга?]

11. *기차로는 "다르항"까지 몇 시간 갑니까?*
[Гичарунын "Дархан"ггажи мёт ссиган гамнигга?]

12. **Галт тэрэг _Дарханд_ хэдэн цагт очих вэ?**
갈트 테레그 다르항드 헤뎅 차그트 어치흐 웨? [갈트 테레끄 다르항뜨 헤뎅
차끄트 어치흐 웨?]

13. **_Дарханы_ галт тэрэг хэдэн цагт хөдлөх вэ?**
다르하니: 갈트 테레그 헤뎅 차그트 허들러흐 웨? [다르하니: 갈트 테레끄 헤
뎅 차끄트 허뜰러흐 웨?]

14. **Энэ _Дархан_ явах галт тэрэг мөн үү?**
엔 다르항 야와흐 갈트 테레그 뭉 우:? [엔 다르항 야와흐 갈트 테레끄 무누:?]

15. **Миний суух галт тэрэгний дугаар хэд вэ?**
미니: 소:흐 갈트 테레그니: 도가:르 헤드 웨? [미니: 소:흐 갈트 테레끄니: 도
가:르 헤뜨 웨?]

16. **_999 дугээр_ галт тэрэг хэдэн цагт хөдлөх(ирэх) вэ?**
예승 종: 예링: 예스 두게:르 갈트 테레그 헤뎅 차그트 허들러흐(이레흐) 웨? [유쑹
종: 예링: 유쓰 두게:르 갈트 테레끄 헤뎅 차끄트 허뜰러흐(이레흐) 웨?]

17. **Энэ _999 дугээр_ галт тэрэг мөн үү?**
엔 예승 종: 예링: 예스 두게:르 갈트 테레그 뭉 우:? [엔 유쑹 종: 예링: 유쓰
두게:르 갈트 테레끄 무누:?]

18. **Галт тэрэг хөдлөхөд хэдэн минут дутуу байна вэ?**
갈트 테레그 허들러허드 헤뎅 미노트 도토: 바인 웨? [갈트 테레끄 허뜰러허
뜨 헤뎅 미노트 도토: 바인 웨?]

19. **_5(Тав) дугаар_ вагон хаа байна?**
5(타우) 도가:르 와곤 하: 바인? [5(타우) 도가:르 와곤 하: 와인?]

20. **Энэ _5(тав) дугаар_ вагон _19(арван ес) дугээр_ суудал мөн үү?**
엔 5(타우) 도가:르 와곤 19(아르왕 예스) 두게:르 소:달 뭉 우:? [엔 5(타우)
도가:르 와곤 19(아르왕 유쓰) 두게:르 소:들 무누:?]

21. **Миний суудлыг зааж өгнө үү.**
미니: 소:들리:그 자:지 어근 우:. [미니: 소:들리:끄 자:쥐(쮜) 어그누:.]

22. **Миний билет энэ байна.**
미니: 빌레트 엔 바인. [미니: 빌레트 엔 바인.]

23. **... хаана байна /вэ/?**
... 한: 바인 /웨/? [... 한: 바인 /웨/?]

Үйлчлэгч
[우일칠레끄치]
Вагон–ресторан(Галт тэрэгний зоогийн газар)
[와곤–레스토랑(갈트 테레끄니: 저:깅: 가짜르)]
Бие засах газар
[비이 자싸흐 가짜르]

12. 기차는 "다르항"에 몇 시에 도착합니까?
   [Гичанын "Дархан"э мёт ссиэ дучакамнигга?]

13. "다르항"행 기차는 몇 시에 출발합니까?
   ["Дархан"хаэнг гичанын мёт ссиэ чүлбалхамнигга?]

14. 이게 "다르항" 가는 기차 맞습니까?
   [Игэ "Дархан" ганын гича матссымнигга?]

15. 제가 타야 하는 열차번호는 몇 호입니까?
   [Жэга тая ханын ёлчабонхунын мёт хуимнигга?]

16. 999(구백구십구)호 열차는 몇 시에 출발합니까?(도착합니까?)
   [999(Гүбаэггүсибггү)ху ёлчанын мёт ссиэ чүлбалхамнигга? (дуча–
   камнигга?)]

17. 이게 999(구백구십구)호 열차 맞습니까?
   [Игэ 999(гүбаэггүсибггү)ху ёлча матссымнигга?]

18. 열차가 출발하려면 몇 분 남았습니까?
   [Ёлчага чүлбалхарёмён мёт ббүн намассымнигга?]

19. 5(오)호 칸은 어디 있습니까?
   [5(У)ху канын оди иссымнигга?]

20. 이게 5(오)호 칸 19(십구)번 좌석 맞습니까?
   [Игэ 5(у)ху кан 19(сибггү)бон жуасог матссымнигга?]

21. 제 좌석을 가르쳐 주십시오.
   [Жэ жуасогыл гарычё(о) жүсибссиу.]

22. 제 표는 여기 있습니다.
   [Жэ пиунын ёги иссымнида.]

23. ... 어디 있습니까?
   [... оди иссымнигга?]

   승무원은(차장이)
   [Сынгмүвонын(чажанги)]
   식당 객차는
   [Сигдданг гаэгчанын]
   화장실은
   [Хуажангсирын]

24. **Үйлчлэгч ээ! Та миний орыг засаад өгнө үү(өгөөрэй).**
우일칠레그치 에:! 타 미니: 어리:그 자사:드 어근 우:(어거:레이). [우일칠레끄
체:! 타 미니: 어리:끄 자싸:드 어그누:(어거:레:).]

25. **Үйлчлэгч ээ! Та шөнийн гэрэл асаагаад өгнө үү(өгөөрэй).**
우일칠레그치 에:! 타 셔닝: 게렐 아사:가:드 어근 우:(어거:레이). [우일칠레끄
체:! 타 셔닝: 게렐 아싸:가:뜨 어그누:(어거:레:).]

26. **Дарханд хүрэхээс *цагийн* өмнө намайг сэрээгээрэй.**
다르항드 후레헤:스 차깅: 어문 나마이그 세레:게:레이. [다르항뜨 후레헤:쓰
차깅: 어문 나마이끄 세레:게:레.]

27. *7(Долоон)* **цагт намайг сэрээгээрэй.**
7(덜렁:) 차그트 나마이그 세레:게:레이. [7(덜렁:) 차끄트 나마이끄 세레:게:레.]

28. **Энд тамхи татаж болох уу?**
엔드 탐히 타타지 벌러흐 오:? [엔뜨 탐히 타트쥐(쮜) 벌호:?]

29. **Үйлчлэгч ээ! ... авчирч өгөөрэй(өгөөч).**
우일칠레그치 에:! ... 압치르치 어거:레이(어거:치). [우일칠레끄체:! ... 압치르치
어거:레:(어거:치).]

> ***аяга цай*** *[아야끄(아약) 차이]*
> ***буцалсан ус, бас дэр, хөнжил*** *[보찰쌍 오쓰, 바쓰 데르, 헌질]*

30. **Энэ ямар зогсоол(өртөө) вэ?**
엔 야마르 적설:(어르터:) 웨? [엔 야마르 적설:(어르터:) 웨?]

31. **Дараагийнх ямар зогсоол(өртөө) вэ?**
다라:깅:흐 야마르 적설:(어르터:) 웨? [다라:깅:흐 야마르 적설:(어르터:) 웨?]

32. **Ямар буудалд бид хүрч ирсэн бэ?**
야마르 보:달드 비드 후르치 이르셍 베? [야마르 보:달(들)뜨 비드 후르치 이
르씀 베?]

33. **Энд хэдэн минут зогсох вэ? Удаан зогсох уу?**
엔드 헤뎅 미노트 적서흐 웨? 오당: 적서흐 오:? [엔뜨 헤뎅 미노트 적써흐
웨? 오땅: 적쓰호:?]

34. **Яагаад явахгүй зогсоод байгаа юм бэ?**
야가:드 야와흐구이 적서:드 바이가: 윰 베? [야가:드 야와흐꾸이 적써:뜨 바이
가: 윰 베?]

35. **/Одоо/ Жаахан халуун байна, цонхоо онгойлгох уу?**
/어더:/ 자:항 할룽: 바인, 청허: 엉거일거흐 오:? [/어떠:/ 짜:흥 할룽: 바인, 청
허: 엉거일거호:?]

36. **/Одоо/ Жаахан хүйтэн байна, цонхоо хаах уу?**
/어더:/ 자:항 후이텡 바인, 청허: 하:흐 오:? [/어떠:/ 짜:흥 후이퉁 바인, 청허: 하:호:?]

24. 승무원!(차장!) 제 침대를 손질해 주십시오.
[Сынгмувон!(Чажанг!) Жэ чимдаэрыл сунжилхаэ жүсибссиу.]

25. 승무원!(차장!) 야등을 켜 주십시오.
[Сынгмувон!(Чажанг!) Ядынгыл кё жүсибссиу.]

26. "다르항"에 도착하기 한 시간 전에 저를 깨워주십시오.
["Дархан"э дучакаги хан сиган жонэ жорыл ггаэвожүсибссиу.]

27. 7(일곱) 시에 저를 깨워주십시오.
[7(Илгуб)ссиэ жорыл ггаэвожүсибссиу.]

28. 여기에서 담배를 펴도 됩니까?
[Ёгиэсо дамбаэрыл пёду дуэмнигга?]

29. 승무원!(차장!) ... 가져다 주십시오.
[Сынгмувон!(Чажанг!) ... гажё(о)да жүсибссиу.]

    차 한잔 [ча ханжан]
    끓인 물과 베개, 담요를 [ггырин мүлгуа бэгаэ, дамиурыл]

30. 여기는 무슨 역입니까?
[Ёгинын мүсын ёгимнигга?]

31. 다음은 무슨 역입니까?
[Даымын мүсын ёгимнигга?]

32. 무슨 역에 우리는 도착했습니까?
[Мүсын ёгэ үринын дучакэссымнигга?]

33. 여기에 몇 분간 정차합니까? 오래 정차합니까?
[Ёгиэ мёт ббүн ган жонгчахамнигга?ураэ жонгчахамнигга?]

34. 어째서 가지 않고 정차해 있는 겁니까?
[Оззаэсо гажи анку жонгчахаэ иннын гомнигга?]

35. /지금/ 조금 덥군요, 창문을 열을까요?
[/жигым/ Жугым добггүнниу, чангмүныл ёрылггаиу?]

36. /지금/ 조금 춥군요, 창문을 닫을까요?
[/жигым/ Жугым чүбггүнниу, чангмүныл дадылггаиу?]

37. Бид хэдэн цагт *Дарханд* хүрэх(очих) вэ?
비드 헤뎅 차그트 다르항드 후레흐(어치흐) 웨? [비뜨 헤뎅 차끄트 다르항뜨 후레흐(어치흐) 웨?]

38. Бид *Дарханд* хүрээд ирлээ. Миний буух зогсоол(өртөө) боллоо! Та нар сайн яваарай.
비드 다르항드 후레:드 이를레:. 미니: 보:흐 적설:(어르터:) 벌러:! 타 나르 사인 야와:라이. [비뜨 다르항뜨 후레:드 이를레:. 미니: 보:흐 적썰:(어르터:) 벌를러:! 타 나르 사인 야와:래:.]

39. Бид гал тэргээр *Дарханд* сайхан аялаад буцаж ирлээ.
비드 갈 테르게:르 다르항드 사이항 아얄라:드 보차지 이를레:. [비뜨 갈 테르게:르 다르항뜨 사이항 아일라:뜨 보차쥐(쮀) 이를레:.]

37. 우리는 몇 시에 "다르항"에 도착합니까?
[Үринын мёт ссиэ "Дархан"э дучакамнигга?]

38. 우리는 "다르항"에 도착했습니다. 제가 내려야 할 역이군요! 당신들 안녕
히 가십시오.
[Үринын "Дархан"э дучакаэссымнида. Жэга наэрёя хал
ёгигүниу! Дангсиндыл аннёнгхи гасибссиу.]

39. 우리는 기차로 "다르항"에 잘 다녀왔습니다.
[Үринын гичару "Дархан"э жал данёвассымнида.]

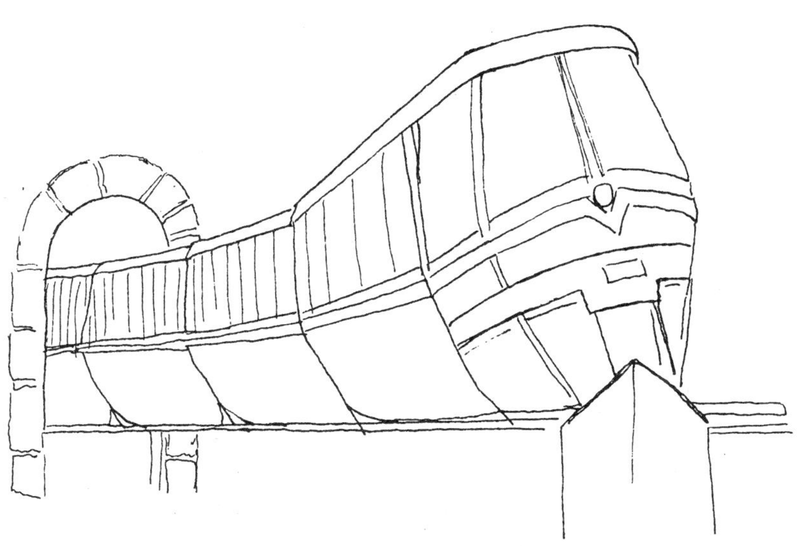

галт тэрэг(вагон)	기차, 열차
[갈트 테레ㄲ(와곤)]	[гича, ёлча]
олон улсын галт тэрэг(вагон)	국제열차
[얼렁 올씽: 갈트 테레ㄲ(와곤)]	[гүгззэёлча]
зөөлөн вагон	부드러운 좌석의 기차
[절:렁 와곤]	[бүдроүн жуасогый гича]
вагон ресторан	식당열차
[와곤 레스토랑]	[сигдданёлча]
галт тэрэгний буудал	기차역
[갈트 테레ㄲ니: 보:달(들)]	[гичаёг]
төмөр зам	철도
[터머르 잠]	[чолдду]
купе	특급열차, 우등열차
[쿠페]	[тыгггыбёлча, үдынгёлча]
ачаа зөөгч	짐꾼, 포터
[아차: 저:ㄲ치]	[жимггүн, путо]
зорчигч	승객
[저르치ㄲ치]	[сынггаэг]
тавцан	승강장, 플랫폼
[타브창]	[сынггангжанг, пыллаэтпум]
тавиур	탁자
[타위오르]	[тагзза]
ор дэрний хэрэглэл	침구
[어르 데르니: 헤레ㄲ렐]	[чимггү]
үйлчлэгч	승무원
[우일칠레ㄲ치]	[сынгмүвон]
цагийн хуваарь	열차운행시간표
[차깅: 호이와:르]	[ёлчаүнхаэнгсиганпиу]
өртөө	역, 정거장
[어르터:]	[ёг, жонггожанг]
цахилгаан галт тэрэг	전차
[차힐강: 갈트 테레ㄲ]	[жонча]
билет захиалах	표를 예매하다
[빌레트 자히알라흐]	[пиурыл емаэхада]
галт тэрэгнээс хожигдох	기차를 놓치다
[갈트 테레ㄲ네:쓰 허쥐ㄲ더흐]	[гичарыл нутчида]
солих	바꾸다
[설리흐]	[баггүда]

билет солих

[빌레트 설리흐]

суудал солих

[소:달(들) 설리흐]

купе солих

[쿠페 설리흐]

вагон солих

[와곤 설리흐]

ирэх

[이레흐]

галт тэргэнд суух

[갈트 테르겐드 소:흐]

галт тэргээр явах

[갈트 테르게:르 야와흐]

표를 바꾸다

[пиурыл баггуда]

자리를 바꾸다

[жарирыл баггуда]

특등칸을 바꾸다

[тыгддынгканыл баггуда]

기차를 바꾸다

[гичарыл баггуда]

오다

[уда]

기차에 타다

[гичаэ тада]

기차로 가다

[гичару гада]

■ АВТОМАШИНААР АЯЛАХ [아우토마시나:르 아일라흐]

1. **Бид Хөвсгөл руу аялах санаатай. Тийшээ явах машин байна уу?**
비드 헙스걸 로: 아얄라흐 사나:타이. 티:셰: 야와흐 마신 바인 오:? [비뜨 헙스걸 로: 아일라흐 사나:태. 티:셰: 야와흐 마신 바이노:?]

2. **Машин хөлсөлбөл нь ямар үнэтэй вэ?**
마신 헐설벌 은 야마르 운테이 웨? [마신 헐쏠벌 은 야마르 운테 웨?]

3. **Танай машинаар Хөвсгөл явья гэвэл та хэдээр явах вэ?**
타나이 마시나:르 헙스걸 야위야 게웰 타 헤데:르 야와흐 웨? [타나이 마시나:르 헙스걸 야위(야) 게웰 타 헤떼:르 야와흐 웨?]

4. **Хэрвээ эндээс Хөвсгөл явна гэвэл мөнгө нь яаж тооцох вэ? Очсон замын километрээр тооцдог уу?**
헤르웨: 엔데:스 헙스걸 야운 게웰 멍거 은 야:지 터:처흐 웨? 어치성 자밍: 킬로메트레:르 터:츠덕 오:? [헤르웨: 엔데:쓰 헙스걸 야운 게웰 멍건(뭉근) 야:쥐(쮜) 터:처흐 웨? 어치쑹 자밍: 킬로메트레:르 터:츠뜩 오:?]

5. **Машин хөлслөхөд нэг километр нь ямар үнэтэй вэ?**
마신 헐슬러허드 네그 킬로메트르 은 야마르 운테이 웨? [마신 헐쓸러허뜨 네끄 킬로메트른 야마르 운테 웨?]

6. **Нэг өдөрт жолоочийн хөлс нь ямар үнэтэй вэ?**
네그 어더르트 절러:칭: 헐스 은 야마르 운테이 웨? [네끄 어더르트 절러:칭: 헐쓴 야마르 운테 웨?]

7. **Машин хөлслөх газар хаана байдаг вэ?**
마신 헐슬러흐 가자르 한: 바이닥 웨? [마신 헐쓸러흐 가짜르 한: 바이뜩 웨?]

8. **Машиныг би өөрөө жолоодож болох уу?**
마시니:그 비 어:러: 절러:더지 벌러흐 오:? [마시니:끄 비 어:러: 절러:떠쥐(쮜) 벌호:?]

9. **Миний ... энэ байна.**
미니: ... 엔 바인. [미니: ... 엔 바인.]

   олон улсын жолоочийн үнэмлэх [얼렁 올씽: 절러:칭: 우넴레흐]
   машин жолоодох эрх [마신 절러:떠흐 에르흐]

10. **Хөвсгөл рүү явах замыг газрын зураг дээр зааж өгөөч.**
헙스걸 루: 야와흐 자미:그 가즈링: 조라그 데:르 자:지 어거:치. [헙스걸 루: 야와흐 자미:끄 가쯔링: 조라끄 데:르 자:쥐(쮜) 어거:치.]

11. **Хөвсгөл хүртэл хэдэн километрийн зайтай вэ?**
헙스걸 후르텔 헤뎅 킬로메트링: 자이타이 웨? [헙스걸 후르텔 헤뎅 킬로메트링: 자이태 웨?]

■ 자동차 여행 [ЖАДУНГЧА ЁХАЭНГ]

1. 우리는 "헙스걸"로 여행할 생각입니다. 그 쪽으로 가는 차가 있습니까?
[Үринын "Хөвсгөл"ру ёхаэнгхал саэнггагимнида. Гы ззугыру ганын чага иссымнигга?]

2. 차를 렌트한다면 얼마입니까?
[Чарыл рэнтыхандамён олмаимнигга?]

3. 당신 차로 "헙스걸"을 가자고 하면 얼마에 가겠습니까?
[Дангсин чару "Хөвсгөл"ыл(Хөвсгөрыл) гажагу хамён олмаэ гагэссымнигга?]

4. 만약에 여기에서 "헙스걸"을 간다면 비용은(돈은) 어떻게 계산합니까? 도달한 지역까지의 거리로 계산합니까?
[Манягэ ёгиэсо "Хөвсгөл"ыл(Хөвсгөрыл) гандамён бииунгын(дунын) оддокэ гесанхамнигга? Дудалхан жиёгттажиый гориру гесанхамнигга?]

5. 차를 렌트할 때 1(일) 킬로미터 당 얼마입니까?
[Чарыл рэнтхал ддаэ 1(ил) киллумито данг олмаимнигга?]

6. 하루에 운전사의 일당은 얼마입니까?
[Харүэ үнжонсаый илддангын олмаимнигга?]

7. 차를 렌트하는 곳이 어디에 있습니까?
[Чарыл рэнтханын гуси одиэ иссымнигга?]

8. 차를 제가 직접 몰아도 됩니까?
[Чарыл жэга жигззоб мураду дуэмнигга?]

9. 제 ... 이것입니다.
[Жэ ... игосимнида.]

　　　국제면허증은 [гүгзззэмёнхоззынгын]
　　　면허증은 [мёнхоззынгын]

10. "헙스걸"로 가는 길을 지도상에서 가르쳐 주십시오.
["Хөвсгөл"ру ганын гирыл жидусангэсо гарычё жүсибссиу.]

11. "헙스걸"까지는 몇 킬로미터의 거리입니까?
["Хөвсгөл"ггажинын мёт киллумитоый гориимнигга?]

12. **... руу яаж хүрэх вэ?**
   ... 로: 야:지 후레흐 웨? [... 로: 야:쥐(쮜) 후레흐 웨?]

   Засмал зам
   [자쓰말 잠]
   Улаанбаатар–Хөвсгөлийн машины зам
   [올람:바:타르–헙스걸링: 마시니: 잠]

13. **Энэ хаашаа явдаг зам бэ?**
   엔 하:샤: 야브닥 잠 베? [엔 하:샤: 야브뜩 잠 베?]

14. **Бид *Хөвсгөл* руу зөв явж байна уу?**
   비드 헙스걸 루: 저우 야우지 바인 오:? [비드 헙스걸 루: 저우 야브쥐(쮜) 와이노:?]

15. ***Хөвсгөл* хүртэл яаж явах вэ?**
   헙스걸 후르텔 야:지 야와흐 웨? [헙스걸 후르텔 야:쥐(쮜) 야와흐 웨?]

16. **Энэ сайн зам уу?**
   엔 사인 잠 오:? [엔 사인 자모:?]

17. **Эндээс *Хөвсгөл нуур* хүртэл хэдэн цаг(минут) явах вэ?**
   엔데:스 헙스걸 노:르 후르텔 헤뎅 차그(미노트) 야와흐 웨? [엔데:쓰 헙스걸
   노:르 후르텔 헤뎅 차끄(착)(미노트) 야와흐 웨?]

18. **Энэ замд ... бий юү?**
   엔 잠드 ... 비: 유:? [엔 잠뜨 ... 비: 유:?]

   засварын газар *[자쓰와링: 가짜르]*
   техникийн үйлчилгээний газар *[테흐니킹: 우일칠게:니: 가짜르]*
   автомашины зогсоол *[아브토마쉬니: 적썰:]*
   зочид буудал *[저치드 보:달(들)]*
   ресторан *[레스토랑]*

19. **Ойрхон *бензин колонк* хаана байна вэ?**
   어이르헝 벤진 콜롱크 한: 바인 웨? [어이르헝 벤진 콜롱크 한: 바인 웨?]

20. ***Нэг* литр бензин ямар үнэтэй вэ?**
   네그 리트르 벤진 야마르 운테이 웨? [네끄 리트르 벤진 야마르 운테 웨?]

21. **Надад *30(гучин)* литр бензин(дизелийн түлш) хэрэгтэй.**
   나다드 30(고칭) 리트르 벤진(디젤링: 툴쉬) 헤레그테이. [나다뜨 30(고칭) 리
   트르 벤진(디젤링: 툴쉬) 헤레끄테.]

22. **Бензиний савыг дүүргэж өгнө үү.**
   벤지니: 사위:그 두:르게지 어근 우:. [벤지니: 사위:끄 두:르게쥐(쮜) 어그누:.]

23. **Танайд ... байна уу?**
   타나이드 ... 바인 오:? [타나이뜨 ... 바이노:?]

12. ...로는 어떻게 도달합니까?
[...рунын оддокэ дудалхамнигга?]

포장도로
[Пужангдуру]
"울란:바:타르–헙스걸"구간의 도로
["Улаанбаатар–Хөвсгөл"гуганый дуру]

13. 이것은 어디 가는 도로입니까?
[Игосын оди ганын дуруимнигга?]

14. 우리는 "헙스걸"로 제대로 가고 있습니까?
[Υринын "Хөвсгөл"ру жэдаэру гагу иссымнигга?]

15. *"헙스걸"*까지 어떻게 갑니까?
["Хөвсгөл"ггажи оддокэ гамнигга?]

16. 이것은 잘 포장된 도로입니까?
[Игосын жал пужангдуэн дуруимнигга?]

17. 여기에서 "헙스걸 노:르(헙스걸 호수)"까지는 몇 시간이(분이) 걸립니까?
[Ёгиэсо "Хөвсгөл нуур(Хөвсгөл хусγ)"ггажинын мёт ссигани
(ббγни) голлимнигга?]

18. 이 길에(도로에) ... 있습니까?
[И гирэ(дуруэ) ... иссымнигга?]

자동차 수리소가 *[жадунгча сγрисуга]*
기술서비스센터가 *[гисγлсобисысэнтога]*
버스정류장이 *[ббоссы жонгнюжанги]*
호텔,모텔, 여관이 *[хутэл, мутэл,ёгуани]*
레스토랑이,식당이 *[рэсытуранги, сигдданги]*

19. 가까이 주유소가 어디 있습니까? (가까운 근처 어디에 주유소가 있습니까?)
[Гаггаи жγюсуга оди иссымнигга?]

20. 휘발유 1(일)리터는 얼마입니까?
[Хγйбаллю 1(ил)литонын олмаимнигга?]

21. 저에게는 30(삼십)리터의 휘발유가(디젤유가) 필요합니다.
[Жоэгэнын 30(самсиб)литоый хγйбаллюга(дижэллюга) пириухамнида.]

22. 기름통을 꽉 채워 주십시오.
[Гирымтунгыл ггуаг чаэво жγсибссиу.]

23. 당신네 ... 있습니까?
[Дангсиннэ ... иссымнигга?]

моторын тос [모토링: 터쓰]
тормосны шингэн [터르머쓰니: 싱겡]
нэрсэн ус [네르쏭 오쓰]
хөлддөггүй шингэн [헐뜨뜩꾸이 싱겡]

24. Та ... өгөөч.
타 ... 어거:치. [타 ... 어거:치.]

машинд бензин хийж
[마신뜨 벤진 히:줘(쮜)]
радиаторт ус (хөлддөггүй шингэн) хийж
[라디아토르트 오쓰(헐뜨뜩꾸이 싱겡) 히:줘(쮜)]
тос сольж
[터쓰 서일줘(쮜)]
дугуй хийлж
[도고이 힐:줘(쮜)]

25. Хаана автомашин засуулж болох вэ?
한: 아브토마신 자솔:지 벌러흐 웨? [한: 아브토마신 자쏠:줘(쮜) 벌러흐 웨?]

26. Би замдаа осолд орчихлоо.
비 잠다: 어설드 어르치흘러:. [비 잠다: 어썰뜨 어르치흘러:.]

27. Дугуйны хий гарчихжээ.
도고이니: 히: 가르치흐제:. [도고이니: 히: 가르치흐제:.]

28. Хөдөлгүүр эвдэрсэн байна.
허덜구:르 엡데르셍 바인. [허떨구:르 엡데르쏭 바인.]

29. Надад(Манайд) сэлбэг хэрэгсэл байхгүй.
나다드(마나이드) 셀베그 헤레그셀 바이흐구이. [나다뜨(마나이뜨) 셀베끄 헤레끄셀 바이흐꾸이.]

30. Энэ эвдэрхий чигээрээ цааш явж болох уу?
엔 엡데르히: 치게:레: 차:쉬 야우지 벌러흐 오:? [엔 엡떼르히: 치게:레: 차:쉬 야브줘(쮜) 벌호:?]

31. Засвар хийхэд хэр удах бол?
자스와르 히:헤드 헤르 오다흐 벌? [자쓰와르 히:헤뜨 헤르 오따흐 벌?]

32. Үйлчилгээний хөлсөнд би танд хэдийг төлөх хэрэгтэй вэ?
우일칠게:니: 헐성드 비 탄드 헤디:그 털러흐 헤레그테이 웨? [우일칠게:니: 헐쓴뜨 비 탄뜨 헤디:끄 털러흐 헤레끄테 웨?]

엔진오일 *[энжинуил]*
브레이크액 *[бырэикыаэг]*
워셔액 *[восёаэг]*
부동액 *[бүдунгаэг]*

24. ... 주십시오.
[... жүсибссиу.]

차에 기름을(휘발유를) 넣어
[Чаэ гирымыл(хүйбаллюрыл) ноо]
라디에타에 물을(부동액을) 넣어
[Радиэтаэ мүрыл(бүдунгаэгыл) ноо]
오일을 교환해
[Уирыл гиухуанхаэ]
바퀴에 공기를 보충해
[Бакүйэ гунггирыл бучүнгхаэ]

25. 어디에서 자동차를 수리할 수 있습니까?
[Одиэсо жадунгчарыл сүрихал ссү иссымнигга?]

26. 길에서 사고를 당했습니다.
[Гирэсо сагурыл дангхаэссымнида.]

27. 바퀴의 바람이 빠졌습니다.
[Бакүйый барами ббажёссымнида.]

28. 엔진이 고장났습니다.
[Энжини гужангнассымнида.]

29. 저에게는(우리에게는) 스페어 부품이 없습니다.
[Жоэгэнын(Үриэгэнын) сыпэо бүпүми обссымнида.]

30. 이렇게 고장난 상태로 계속가도 되겠습니까?
[Ирокэ гужангнан сангтаэру гесуггаду дуэгэссымнигга?]

31. 수리할 때 얼마나 오래 걸릴까요?
[Сүрихал ддаэ олманаураэ голлилггаиу?]

32. 수리요금으로 얼마를 내야합니까?
[Сүрииугымыру олмарыл наэяхамнигга?]

автобус
[아브토보쓰]

버스
[ббоссы]

автомашины гол зам
[아브토마시니: 걸 잠]

자동차 전용도로, 자동차길
[жадунгча жониунгдуру, жадунгча
гил]

автомашины жолооч
[아브토마시니: 절러:치]

버스운전사
[ббоссы үнжонса]

суудлын автомашин
[소:들링: 아브토마신]

좌석버스
[жуасогбboссы]

засварын газар
[자쓰와링: 가짜르]

자동차수리소
[жадунгчасүрису]

автын үйлчилгээ
[아브팅: 우일칠게:]

자동차서비스
[жадунгчассобиссы]

хурдасгуур
[호르따스고:르]

속도계
[сугддуге]

хөлддөггүй шингэн
[헐뜨뜩꾸이 싱겡]

부동액
[бүдунгаэг]

бампер
[밤페르]

범퍼
[бомпо]

бензин
[벤진]

휘발유
[хүйбаллю]

бензиний сав
[벤지니: 사우]

휘발유통, 기름통
[хүйбаллютунг, гирымтунг]

бензин колонк(бензин түгээх газар)
[벤진 콜롱크(벤진 투게:흐 가짜르)]

주유소
[жүюсу]

бензин дамжуулагч
[벤진 담졸:라꾸치]

주유기
[жүюги]

салхины шил
[살히니: 실]

창문
[чангмүн]

ус
[오쓰]

물
[мүл]

жолооч
[절러:치]

운전사
[үнжонса]

утааны хоолой
[오타:니: 헐:러이]

머플러
[мопылло]

гарааш
[가라:쉬]

차고
[чагу]

ачааны машин

화물트럭

[아차:니 마신]

дугуйн хийн даралт

[도고잉 힝: 다랄트]

хөдөлгүүр

[허떨구:르]

өргүүл, хөшүүр(домкрат)

[어르굴:, 허슈:르(돔크라트)]

замын тэмдэг

[자밍: 템데끄]

төмөр замын гарц

[터머르 자밍: 가르츠]

сэлбэг хэрэгсэл

[셀베끄 헤레끄셀]

багаж хэрэгсэл

[바가쥐(쮜) 헤레끄셀]

дотор хаймар

[더터르 하이마르]

бүтээлэг

[부텔:레끄]

карбюратор

[카르뷰라토르]

асаах түлхүүр

[아싸:흐 툴후:르]

дугуй

[도고이]

тос

[터쓰]

мотор

[모토르]

мотоцикл

[모토치클]

хөдөлгөөний дүрэм зөрчих

[허떨거:니: 두렘 저르치흐]

эвдэрхий

[엡떼르히:]

хурдын хязгаар

[호르딩: 햐쯔가:르]

явган хүн

[야우강 훙]

эвдэрхий газар, гэмтэл

[엡떼르히: 가짜르, 겜텔]

[хуамүлтырог]

바퀴공기압

[бакүйгунггиаб]

발동기, 원동기, 모터

[балддунгги, вондунгги, муто]

기중기, 작크

[гижүнгги, жагкы]

교통 표지판

[гиутунг пиужипан]

철도 건널목

[чолдду гоннолмуг]

스페어부품

[сыпэобүпүм]

공구

[гунггү]

쥬브

[жюбы]

자동차 시트

[жадунгча сситы]

카뷰레타

[кабюрэта]

시동열쇠

[сидунгёлсуэ]

바퀴

[бакүй]

오일

[уил]

모터

[муто]

오토바이

[утубаи]

속도위반

[сугддувибан]

고장난 상태

[гужангнан сангтаэ]

속도한계

[сугддуханге]

행인

[хаэнгин]

고장난 곳, 파손

[гужангнан гут, пасун]

замын хөдөлгөөний дүрэм
[자밍: 허떨거:니: 두렘]
교통법규
[гиутунгбобггю]

радиатор
[라디아토르]
라디에타
[радиэта]

засвар
[자쓰와르]
수선, 수리
[сүсон, сүри]

араа залгах бариул
[아라: 잘가흐 바리올]
기어손잡이
[гиосунжаби]

гэрлэн дохио
[게를렝 더히어]
자동차 깜빡이등
[жадунгча ггамббагидынг]

дохио
[더히어]
신호
[синху]

дугуй, тэнхлэгтэй дугуй
[도고이, 텡흘레끄테 도고이]
바퀴
[бакүй]

хурд
[호르뜨]
속도
[сугдду]

хурд хэтрүүлэх
[호르뜨 헤트룰:레흐]
과속
[гуасуг]

хурдын хэмжүүр
[호르띵: 헴주:르]
속도계
[сугддуге]

техникийн үйлчилгээний газар
[테흐니킹: 우일칠게:니: 가짜르]
정비소
[жонгбису]

хөдөлгөгч
[허떨거그치]
시동장치
[сидунгжангчи]

зогс–дохио
[적쓰–더히어]
정거신호
[жонггосинху]

тоормос
[터:르머쓰]
브레이크, 제동기
[бырэикы, жэдунгги]

тоормосны шингэн
[터:르머쓰니: 싱겡]
브레이크오일
[бырэикыуил]

машины гэрэл
[마시니: 게렐]
자동차등
[жадунгчадынг]

хальтаргаанаас хамгаалах гинж
[하일타르가:나:쓰 함갈:라흐 긴줘(쮜)]
미끄럼방지 체인, 스노우 체인
[миггыромбангжи чэин, снуү чэин]

засмал зам
[자쓰말 잠]
포장도로
[пужангдуру]

эвдэрхий байх
[엡데르히 바이흐]
고장난 상태로 있다
[гужангнан сангтаэру итдда]

шатахуун хийх
[샤타훙: 히:흐]
연료를 주입하다
[ёнриурыл жүипада]

тохируулах
맞추다

[터히롤:라흐]
засах
[자싸흐]
чирч явах
[치르치 야와흐]

[матчуда]
고치다
[구치다]
끌고 가다
[ггылгу гада]

IX. ДЭЭРЭМ(ХУЛГАЙ)/АЛДАГДАЛ/ОСОЛ
[데:렘(훌가이)/알따끄달/어쎌]

1. **Цагдаагийн газар хаа байна?**
   차그다:깅: 가자르 하: 바인? [차끄따:깅: 가짜르 하: 와인?]

2. **Би мөнгөө хулгайд алдчихлаа.**
   비 멍거: 훌가이드 알드치흘라:. [비 멍거: 훌가이뜨 알뜨치흘라:.]

3. **Би түрийвчээ гээчихлээ.**
   비 투리:브체: 게:치흘레:. [비 투리:브체: 게:치흘레:.]

4. **Миний паспорт, түрийвч, мөнгө бүгдээрээ алга болчихсон.**
   미니: 파스포르트, 투리:브치, 멍거 북데:레: 알라그 벌치흐성. [미니: 파스포르트, 투리:브치, 멍거 북데:레: 알라끄 벌치흐쑹.]

5. **Түрийвч дотор 500(таван зуун) гаруй доллар байгаа.**
   투리:브치 더터르 500(타왕 종:) 가로이 덜라르 바이가:. [투리:브치 더터르 500(타운 종:) 가로이 덜라르(덜러르) 바이가:.]

6. **Миний алдчихсан паспорт, мөнгийг олж чадах бол уу?**
   미니: 알드치흐상 파스포르트, 멍기:그 얼지 차다흐 벌 오:? [미니: 알뜨치흐쑹 파스포르트, 멍기:끄 얼쥐(쮀) 차따흐 벌로:?]

7. **Би таксид цүнхээ мартчихжээ.(орхичихжээ.)**
   비 탁시드 충헤: 마르트치흐제:.(어르히치흐제:.) [비 탁씨뜨 충헤: 마르트치흐제:.(어르히치흐제:.)]

8. **Таксины номер нь УББ 49–89(дөчин ес наян ес) байсан.**
   탁시니: 너미르 은 오베베 더칭 예스 나양 예스 바이상. [탁시니: 너미른 오베베 더칭 유쓰–나잉 유쓰 바이쑹.]

9. **Олсон юм хадгалах газар хаа байна?**
   얼성 윰 하드갈라흐 가자르 하: 바인? [얼쑹 윰 하뜨갈라흐 가짜르 하: 와인?]

10. **Надад туслана уу.(Туслаарай!)**
    나다드 토슬른 오:.(토슬라:라이!) [나다뜨 토슬르노:.(토슬라:래:!)]

11. **Алдсан юмыг минь олж өгөхийг хичээгээрэй.**
    알드상 유미:그 민 얼지 어거히:그 히체:게:레이. [알드쑹 유미:끄 민 얼쥐(쮀) 어거히:끄 히체:게:레.]

12. **Солонгосын элчин сайдын яамтай холбоо барьж өгнө үү.**
    설렁거싱: 엘친 사이딩: 얌타이 헐버: 바리지 어근 우:. [설렁거씽: 엘친 사이딩: 얌태 헐버: 바리쥐(쮀) 어그누:.]

IX. 도난/분실/사고

1. 경찰서는 어디에 있습니까?
[Гёнгчалссонын одиэ иссымнигга?]

2. 돈을 소매치기에게 쓰리당했습니다.
[Дуныл сумаэчигиэгэ ссыридангхаэссымнида.]

3. 지갑을 잊어버렸습니다.(분실했습니다.)
[Жигабыл ижоборёссымнида.(бүнсилхаэссымнида.)]

4. 제 여권, 지갑, 현금 모두 없어졌습니다.
[Жэ ёггүон, жигаб, хёнгым мудү обссожё(о)ссымнида.]

5. 지갑 안에는 500(오백)달러 가량 들어있습니다.
[Жигаб анэнын 500(убаэг)ддалло гарянг дыроиссымнида.]

6. 제가 분실한 여권, 현금을 찾을 수 있을까요?
[Жэга бүнсилхан ёггүон, хёнгымыл чажыл ссү иссылггаиу?]

7. 택시에 가방을 놓고 내렸습니다.
[Таэгссиэ габангыл нуку наэрёссымнида.]

8. 택시번호는 УББ(오베베) 49–89(사구–팔구) 였습니다.
[Таэгссибонхунын убэбэ сагүпалгү ёссымнида.]

9. 분실물보관소는 어디에 있습니까?
[Бүнсилмүлбугуансунын одиэ иссымнигга?]

10. 저를 도와주십시오
[Жорыл дуважүсибссиу.]

11. 분실한 물건을 찾아 주시길 부탁드립니다.
[Бүнсилхан мүлгоныл чажа жүсигил бүтагдыримнида.]

12. 한국대사관에 연락을 취해주십시오
[Хангүгдаэсагуанэ ёллагыл чүйхаэжүсибссиу.]

Х. ЭМЧИЛГЭЭ/БИЕ ӨВДӨЖ БАЙХАД

[엠칠게:/비예(이) 어브더쥐(쮜) 바이하뜨]

1. **Миний бие ... .**
   미니: 비예 ... . [미니: 비예 ... .]

   жаахан муу байна *[짜:홍 모: 바인(바이나)]*
   их муу байна *[이흐 모: 바인(바이나)]*

2. **... дуудаж өгөөч.**
   ... 도:다지 어거:치. [... 도:뜨쥐(쮜) 어거:치.]

   Эмч *[엠치]*
   Түргэн тусламж *[투르겡 토슬람쥐]*

3. **Надад 1–р (нэгдүгээр) эмнэлгийн утсыг өгөөч.**
   나다드 네그두게:르 엠넬깅: 오트시:그 어거:치. [나다뜨 네끄두게:르 엠넬레
   깅: 오트씨:끄 어거:치.]

4. **Надад 1–р (нэгдүгээр) эмнэлгийн хаягыг өгөөч.**
   나다드 네그두게:르 엠넬깅: 하야기:그 어거:치. [나다뜨 네끄두게:르 엠넬레
   깅: 하이기:끄 어거:치.]

5. **... руу(рүү) яаж утасдах вэ?**
   ... 로:(루:) 야:지 오타스다흐 웨? [... 로:(루:) 야:쥐(쮜) 오타스다흐 웨?]

   Нэгдсэн эмнэлэг *[네끄드쑹(넥뜨쑹) 엠넬레끄]*
   1–р (Нэгдүгээр) эмнэлэг *[네끄두게:르 엠넬레끄]*

6. **... руу(рүү) яаж очих вэ?**
   ... 로:(루:) 야:지 어치흐 웨? [... 로:(루:) 야:쥐(쮜) 어치흐 웨?]

7. **Намайг эмнэлэгт хүргэж өгөөч.**
   나마이그 엠넬레그트 후르게지 어거:치. [나마이끄 엠넬레끄트 후르게쥐(쮜)
   어거:치.]

8. **Би дотор эмчид үзүүлмээр байна.**
   비 더터르 엠치드 우줄:메르 바인. [비 더터르 엠치뜨 우쭐:메:르 바인.]

9. **Би шүдний эмчид үзүүлмээр байна.**
   비 슈드니: 엠치드 우줄:메르 바인. [비 슈뜨니: 엠치뜨 우쭐:메:르 바인.]

10. **Эмч ээ, би хир зэрэг муу байна вэ?.**
    엠치 에:, 비 히르 제레그 모: 바인 웨? [엠체:, 비 히르 제레끄 모: 바인 웨?]

X. 의료/몸이 아플 때
[ЫЙРИУ/МУМИ АПЫЛ ДДАЭ]

1. 제 몸이 ... .
[Жэ муми ... .]

>조금 안 좋습니다 [Жугым ан жуссымнида]
>평장히 안 좋습니다 [Гуэнгжангхи ан жуссымнида]

2. ... 불러주세요.
[... бүлложүсэиу.]

>의사룔 [Ыйсарыл]
>구급차룔 [Гүгыбчарыл]

3. 저에게 1(일)호 병원의 전화번호룔 알려주십시오.
[Жоэгэ 1(ил)ху бёнгвоный жонхуабонхурыл аллёжүсибссиу.]

4. 저에게 1(일)호 병원의 주소룔 알려주십시오.
[Жоэгэ 1(ил)ху бёнгвоный жүсурыл аллёжүсибссиу.]

5. ...으로 어떻게 전화합니까?
[...ыру оддокэ жонхуахамнигга?]

>종합병원 [Жунгхаббёнгвон]
>1(일)호 병원 [1(Ил)ху бёнгвон]

6. ...로 어떻게 갑니까?
[...ру оддокэ гамнигга?]

7. 저룔 병원에 좀 데려다 주십시오.
[Жорыл бёнгвонэ жум дэрёда жүсибссиу.]

8. 저는 내과 의사에게 보였으면 합니다.
[Жонын наэггуа ыйсаэгэ буёссымён хамнида.]

9. 저는 치과 의사에게 보였으면 합니다.
[Жонын чиггуа ыйсаэгэ буёссымён хамнида.]

10. 의사 선생님, 얼마나 나쁩니까?
[Ыйса сонсаэнгним, олмана наббымнигга?]

■ ЭМНЭЛЭГТ [엠넬레끄트]

1. Миний бие жаахан муу(эвгүй) байна.
미니: 비예 자:항 모:(에브구이) 바인. [미니: 비이 짜:홍 모:(에브구이) 바인.]

2. Би ямар эмчид үзүүлэх вэ?
비 야마르 엠치드 우줄:레흐 웨? [비 야마르 엠치뜨 우쭐:레흐 웨?]

3. Би ... үзүүлж болох уу?
비 ... 우줄:지 벌러흐 오:? [비 ... 우쭐:쥐(쮜) 벌호:?]

> **дотрын эмчид** *[더트링: 엠치뜨]*
> **мэс заслын эмчид** *[메쓰 자쓸링: 엠치뜨]*
> **мэдрэлийн эмчид** *[미뜨렐링: 엠치뜨]*
> **шүдний эмчид** *[슈뜨니: 엠치뜨]*
> **нүдний эмчид** *[누뜨니: 엠치뜨]*
> **чихний эмчид** *[치흐니: 엠치뜨]*

4. Миний ... өвдөж(өвдөөд) байна.
미니: ... 어브더지(어브더:드) 바인. [미니: ... 어브더쮜(쮜)(어브더:뜨) 와인.]

> **толгой** *[털거이]*
> **ходоод** *[허더:뜨]*
> **гэдэс** *[게데쓰]*
> **хөл** *[힐]*
> **гар** *[가르]*
> **зүрх** *[주르흐]*

5. Миний ... өвдөж(өвдөөд) байна.
미니: ... 어브더지(어브더:드) 바인. [미니: ... 어브더쮜(쮜)(어브더:뜨) 와인.]

> **хажуу талаар** *[하조: 탈라:르]*
> **бүсэлхийгээр** *[부쎌히:게:르]*
> **цээжээр** *[체: 줴:르]*

6. Би ... байна.
비 ... 바인. [비 ... 바인.]

> **халуунтай** *[할룽: 태]*
> **ханиадтай** *[하니아뜨태]*
> **хоолонд дургүй** *[힐: 런뜨 도르구이]*

7. Би хоолонд дургүй болоод жаахан удаж байна.
비 힐:런드 도르구이 벌러:드 자:항 오다지 바인. [비 힐:런뜨 도르구이 벌러: 뜨 짜:홍 오뜨쮜(쮜) 와인.]

■ 병원에서 [БЁНГВОНЭСО]

1. 제 몸이 조금 안 좋습니다.
[Жэ муми жугым ан жуссымнида.]

2. 저는 무슨 의사에게 보여야 합니까?
[Жонын мүсын ыйсаэгэ буёя хамнигга?]

3. 저는 ... 보여도 되겠습니까?
[Жонын ... буёду дуэгэссымнигга?]

내과 의사에게 [наэггуа ыйсаэгэ]
외과 의사에게 [уэггуа ыйсаэгэ]
정신과 의사에게 [жонгсинггуа ыйсаэгэ]
치과 의사에게 [чиггуа ыйсаэгэ]
안과 의사에게 [анггуа ыйсаэгэ]
이비인후과 의사에게 [ибиинхүггуа ыйсаэгэ]

4. 제 ... 아픕니다.
[жэ ... апымнида.]

머리가 [морига]
위가 [вига]
배가 [баэга]
다리가, 발이 [дарига, бари]
손이, 팔이 [суни, пари]
심장이 [симжанги]

5. 제 ... 통증이 있습니다.(아픕니다.)
[жэ ... тунгззынги иссымнида.(апымнида.)]

옆구리쪽으로 [ёбггуриззугыру]
허리쪽으로 [хориззугыру]
가슴쪽으로 [гасымззугыру]

6. 저는 ... .
[жонын ... .]

열이 있습니다 [ёри иссымнида]
감기가 걸렸습니다 [гамгига голёссымнида]
음식 먹기가 싫습니다(식욕부진입니다)
[ымсиг моггига силссымнида(сигиугбужинимнида)]

7. 저는 음식 먹기가 싫어진 지 조금 오래 되었습니다.
[Жонын ымсиг моггига сирожин жи жугым ураэ дуэоссымнида.]

8. **Шөнө унтахад үргэлж хөлс гарч байна.(Шөнө унтах үед хөлөрч байна.)**
션 온타하드 우르겔지 헐스 가르치 바인.(션 온타흐 우예드 헐러르치 바인.) [션 온타하뜨 우르겔쥐 헐쓰 가르치 와인.(션 온타흐 우이뜨 헐러르치 와인.)]

9. **Би халуураад байна.**
비 할로:라:드 바인. [비 할로:라:뜨 바인.]

10. **Миний толгой эргэж байна.**
미니: 털거이 에르게지 바인. [미니: 털거이 에르게쥐(쮜) 와인.]

11. **Миний нүд эрээлжилж байна.**
미니: 누드 에렐:질지 바인. [미니: 누뜨 에렐:질쥐(쮜) 와인.]

12. **Миний зүрх хүчтэй цохилж байна.**
미니: 주르흐 후치테이 처힐지 바인. [미니: 주르흐 후치테 처힐쥐(쮜) 와인.]

13. **Миний нойр муу байна. Өчигдөр бүхэл шөнө унтаж чадаагүй.**
미니: 너이르 모: 바인. 어치그더르 부헬 션 온타지 차다:구이. [미니: 너이르 모: 바인. 어치그더르 부헬 션 온트쥐(쮜) 차따:구이.]

14. **Надад ханиад хүрээд миний хамар тагжирч байна.**
나다드 하니아드 후레:드 미니: 하마르 타그지르치 바인. [나다뜨 하니아뜨 후레:뜨 미니: 하마르 타끄쥐르치 와인.]

15. **Надад ханиад хүрээд ерөөсөө салахгүй байна.**
나다드 하니아드 후레:드 예러:서: 살라흐구이 바인. [나다뜨 하니아뜨 후레:뜨 유러:써: 살라흐꾸이 바인.]

16. **Миний үе мөчөөр өвдөөд байна.**
미니: 우예 머처:르 어브더:드 바인. [미니: 우이 머처:르 어브더:뜨 와인.]

17. **Би хоолонд хордчихсон юм шиг байна. Үргэлж гүйлгээд (суулгаад) байна.**
비 헐:런드 허르드치흐성 윰 식 바인. 우르겔지 구일게:드(솔:가:드) 바인. [비 헐:런뜨 허르뜨치흐쑹 윰 식 바인. 우르겔쥐 구일게:뜨(솔:가:뜨) 와인.]

18. **Миний нүдэнд нэг юм орчихжээ.**
미니: 누덴드 네그 윰 어르치흐제:. [미니: 누덴뜨 네끄 윰 어르치흐제:.]

19. **Би ... харшилтай.** 비 ... 하르실타이. [비 ... 하르실태.]

> ***хиншүүний (эвгүй үнэрийн)*** *[힝슈:니:(에브구이 우네링:)]*
> ***ургамлын*** *[오르가믈링:]*
> ***арьсны*** *[아리쓰니:]*
> ***эмийн*** *[에밍:]*

20. **Миний бөөлжис хүрээд(бие агзайгаад) байна.**
미니: 벌:지스 후레:드(비예 악자이가:드) 바인. [미니: 벌:지쓰 후레:뜨(비이 악자이가:뜨) 와인.]

8. 밤에 잘 때 계속 땀이 납니다.(밤에 잘 때 땀을 흘립니다.)
[Бамэ жал ддаэ гесуг ддами намнида.(Бамэ жал ддаэ ддамыл хыллимнида.]

9. 저는 계속 열이 납니다.
[Жонын гесуг ёри намнида.]

10. 머리가 어지럽습니다.
[Морига ожиробссымнида.]

11. 눈이 시접습니다.
[Нүни сигобссымнида.]

12. 제 심장이 세게 뛰고 있습니다.
[Жэ симжанги сэгэ ддүйгу иссымнида.]

13. 잠을 자기가 힘듭니다. 어제는 밤새껏 자지 못했습니다.
[Жамыл жагига химдымнида. Ожэнын бамсаэггот жажи мутаэссымнида.]

14. 감기가 걸려 제 코가 막혔습니다.
[Гамгига голлё жэ куга макёссымнида.]

15. 감기가 걸려 도무지 떨어지지가 않습니다.
[Гамгига голлё думүжи ддорожижига анссымнида.]

16. 뼈 마디가 쑥쑥 아픕니다.
[ББё мадига ссугссуг апымнида.]

17. 저는 식중독에 걸린 것 같습니다. 계속 설사를 합니다.
[Жонын сигззүнгдугэ голлин гот гассымнида. гесуг солссарыл хамнида.]

18. 제 눈에 뭐가 들어갔습니다.
[Жэ нүнэ мүога дырогассымнида.]

19. 저는 ... 알레르기가 있습니다.
[Жонын ... аллэрыгига иссымнида.]

> **탄 냄새(역겨운 냄새)** *[тан наэмсаэ(ёгггёүн наэмсаэ)]*
> **식물에 대한** *[сигмүрэ даэхан]*
> **피부** *[пибү]*
> **약물** *[янгмүл]*

20. 토할 것만 같습니다.
[Тухал гонман гатссымнида.]

21. **Би хууругаа эсгэчихлээ.**
비 호로:가: 에스게치흘레:. [비 호로:가: 에쓰게치흘레:. 비 헐러:(가라:) … .]

  Би хөлөө(гараа) … .
비 헐러:(가라:) … .[비 헐러:(가라:) … .]

  хугалчихлаа [호갈치흘라:]
  цохиулчихлаа [처히올치흘라:]

22. **Би … гэмтээчихлээ.**
비 … 겜테치흘레:. [비 … 겜테치흘레:.]

  өвдгөө [어브드거:]
  мөрөө [머러:]
  цээжээ [체:줴:]
  нуруугаа [노로:가:]

23. **Миний өтгөн хатаад байна.**
미니: 어트겅 하타:드 바인. [미니: 어트겅 하타:뜨 와인.]

24. **Би гүйлгээд байна.(Суулгаад байна.)**
비 구일게:드 바인.(솔:가:드 바인.) [비 구일게:뜨 와인.(솔:가:뜨 와인.)]

25. **Би яасан байна, эмч ээ? Зүгээр үү?**
비 야:상 바인, 엠치 에:? 주게:르 우:? [비 야:쌍 바인, 엠체:? 쭈게:루:?]

26. **Энэ халдвартай өвчин үү?**
엔 할드와르타이 업친 우:? [엔 할뜨와르태 업치누:?]

27. **Энэ аюултай юу?**
엔 아유올타이 유오? [엔 아욜:태 유오?]

28. **Би эмнэлэгт хэвтэх ёстой юу?**
비 엠넬레그트 헤브테흐 여스터이 유오? [비 엠넬레끄트 헤브테흐 여쓰테 유오?]

29. **Би эмнэлэгт удаан хэвтэх бол уу?**
비 엠넬레그트 오당: 헤브테흐 벌 오:? [비 엠넬레끄트 오땅: 헤브테흐 벌로:?]

30. **Би гэртээ эмчлүүлж болохгүй юу?**
비 게르테 엠칠룰:지 벌러흐구이 유오? [비 게르테 엠칠룰:줘(쮜) 벌러흐꾸이 유오?]

31. **Би ямар хоол идэж байх хэрэгтэй вэ?**
비 야마르 헐: 이데지 바이흐 헤레그테이 웨? [비 야마르 헐: 이뜨줘(쮜) 바이흐 헤레끄테 웨?]

32. **Та ямар эм уухыг зөвлөхсөн бол?**
타 야마르 엠 오:히:그 저블러흐성 벌? [타 야마르 엠 오:히:끄 저블러흐썽 벌?]

33. **Эмийн жор бичиж өгнө үү.**
에밍: 저르 비치지 어근 우:? [에밍: 저르 비치줘(쮜) 어그누:?]

21. 저는 손을 베었습니다.
[Жонын суныл бэоссымнида. Жонын дарига(пари) … .]

저는 다리가(팔이) … .
[Жонын дарига(пари) … .]

부러졌습니다 [бурожё(о)ссымнида]
타박상을 입었습니다 [табагссангыл ибоссымнида]

22. 저는 … 다쳤습니다.
[Жонын … дачё(о)ссымнида.]

무릎을 [мурыбыл]
어깨를 [оггаэрыл]
가슴을 [гасымыл]
등을 [дынгыл]

23. 변비입니다.
[Бёнбиимнида]

24. 저는 설사를 합니다.
[Жонын солссарыл хамнида.]

25. 저 어떻습니까, 의사 선생님? 괜찮습니까?
[Жо оддоссымнигга, ыйса сонсаэнгним? Гуэнчанссымнигга?]

26. 이것은(이병은) 전염성 있는 병인가요?(전염병인가요?)
[Игосын(Ибёнгын) жонёмссонгиннын бёнгингаиу?(жонёмббёнгингаиу?)]

27. 이것은(이병은) 위험합니까?
[Игосын(ибёнгын) вихомхамнигга?]

28. 저는 병원에 입원해야만 합니까?
[Жонын бёнгвонэ ибуонхаэяман хамнигга?]

29. 저는 병원에 오래 입원하게 될까요?
[Жонын бёнгвонэ ураэ ибуонхагэ дуэлггаиу?]

30. 저는 집에서 치료하면 안되겠습니까?
[Жонын жибэсо чириухамён андуэгэссымнигга?]

31. 저는 어떤 음식을 먹어야만 합니까?
[Жонын оддон ымсигыл могояман хамнигга?]

32. 당신 어떤 약 복용을 추천하셨습니까?
[Дангсин оддон яг бугиунгыл чучонхасёссымнигга?]

33. 약 처방전을 써 주십시오.
[Яг чобангжоныл ссо жусибссиу.]

34. Энэ эмийг өдөрт хэдэн удаа уух вэ?
엔 에미:그 어더르트 헤뎅 오다: 오:흐 웨? [엔 에미:ㄲ 어더르트 헤뎅 오따:
오:흐 웨?]

35. Энэ /эм/ хэдэн өдрийнх вэ?
엔 /엠/ 헤뎅 어드링:흐 웨? [엔 /엠/ 헤뎅 어드링:흐 웨?]

36. Энэ эмийг яаж уух вэ?
엔 에미:그 야:지 오:흐 웨? [엔 에미:ㄲ 야:쥐(쮀) 오:흐 웨?]

37. Хэзээ дахиж ирэх вэ?
헤제: 다히지 이레흐 웨? [히쩨: 다히쥐(쮀) 이레흐 웨?]

38. /Миний/ бие сайн болсон байна.
/미니:/ 비예 사인 벌성 바인. [/미니:/ 비이 사인 벌씀 바인.]

39. /Миний/ бие жаахан гайгүй болсон байна.
/미니:/ 비예 자:항 가이구이 벌성 바인. [/미니:/ 비이 짜:훙 가이구이 벌씀 바
인.]

40. /Миний/ бие сайн болоогүй байна. Бас л тааруу байна.
/미니:/ 비예 사인 벌러:구이 바인. 바스 을 타:로: 바인. [/미니:/ 비이 사인 벌
러:구이 바인. 바쏠 타:로: 바인.]

☞ ШҮДНИЙ ЭМЧИД [슈뜨니: 엠치뜨]

41. /Миний/ шүдийг үзээд өгөөч.
/미니:/ 슈디:그 우제:드 어거:치. [/미니:/ 슈띠:ㄲ 우쩨:뜨 어거:치.]

42. /Миний/ шүд өвдөөд байна.
/미니:/ 슈드 어브더:드 바인. [/미니:/ 슈뜨 어브더:뜨 와인.]

43. /Миний/ энэ шүд өвдөж байна.
/미니:/ 엔 슈드 어브더지 바인. [/미니:/ 엔 슈뜨 어브더쥐(쮀) 와인.]

44. /Миний/ араа өвдөж байна.
/미니:/ 아라: 어브더지 바인. [/미니:/ 아라: 어브더쥐(쮀) 와인.]

45. /Миний/ соёо өвдөж байна.
/미니:/ 서여: 어브더지 바인. [/미니:/ 서여: 어브더쥐(쮀) 와인.]

46. /Миний/ үүдэн шүд хугарчихлаа.
/미니:/ 우:뎅 슈드 호가르치흘라:. [/미니:/ 우:뗑 슈뜨 호가르치흘라:.]

47. Би хиймэл шүд хийлгэмээр байна.
비 히:멜 슈드 힐:게메:르 바인. [비 히:멜 슈뜨 힐:게메:르 바인.]

34. 이 약을 하루에 몇 번 복용합니까?
[И ягыл харүэ мёт ббон бугиунгхамнигга?]

35. 이것은/약은/ 몇일 분입니까?
[Игосын/Ягын/ мёчил бүнимнигга?]

36. 이 약을 어떻게 복용합니까?
[И ягыл оддокэ бугиунгхамнигга?]

37. 언제 다시 옵니까?(올까요?)
[Онжэ даси умнигга?(улггаиу?)]

38. /제/ 몸이 좋아졌습니다.
[/жэ/ Муми жуажё(о)ссымнигга?]

39. /제/ 몸은 조금 괜찮아졌습니다.
[/жэ/ Мумын жугым гуэнчанажёссымнида.]

40. /제/ 몸이 좋아지지 않았습니다. 계속 그저 좋지 않습니다.
[/жэ/ муми жуажижи анассымнида. гесуг гыжо жучи анссым-
нида.]

✎ *치과 의사에게* [ЧИГГУА ЫЙСАЭГЭ]

41. /제/ 이빨을 봐주세요.
[/жэ/ Иббарыл буажүсэиу.]

42. /제/ 이빨이 아픕니다.
[/жэ/ Иббари апымнида.]

43. /저의/ 이 이빨이 아픕니다.
[/жоый/ И иббари апымнида.]

44. /제/ 어금니가 아픕니다.
[/жэ/ Огымнига апымнида.]

45. /제/ 송곳니가 아픕니다.
[/жэ/ Сунггуннига апымнида.]

46. /제/ 앞니가 부러졌습니다.
[/жэ/ Амнига бүрожё(о)ссымнида.]

47. 저는 의치를 하고 싶습니다.
[Жонын ыйчирыл хагу сибссымнида.]

48. **/Миний/ шүдний буйл хавдаад байна.**
/미니/ 슈드니: 보일 하브다:드 바인. [/미니/ 슈뜨니: 보일 하브다:뜨 와인.]

49. **/Миний/ шүдний ломб(бөглөөс) нь уначихлаа. Ломб тавьж өгөөч.**
/미니/ 슈드니: 럼브(버글러:스) 은 오나치홀라:. 럼브 타비지 어거:치. [/미니/ 슈뜨니: 럼븐(버글러:쓴) 오나치홀라:. 럼브 타워쥐(쮜) 어거:치.]

50. **Энэ шүдийг бөглөж өгөөч.(өгөөрэй.)**
엔 슈디:그 버글러지 어거:치.(어거:레이.) [엔 슈띠:끄 버글러쥐(쮜) 어거:치.(어거:레:.)]

51. **/Миний/ шүдний бүрээс хугарчихлаа.**
/미니/ 슈드니: 부레:스 호가르치흘라:. [/미니/ 슈뜨니: 부레:쓰 호가르치흘라:.]

52. **/Миний/ буйлнаас цус гараад байна.**
/미니/ 보일나:스 초스 가라:드 바인. [/미니/ 보일나:쓰 초쓰 가라:뜨 와인.]

53. **Энэ шүд хөдлөөд байна. Үүнийг аваад өгөөч.(өгөөрэй.)**
엔 슈드 허들러:드 바인. 우:니:그 아와:드 어거:치.(어거:레이.) [엔 슈뜨 허뜰러:뜨 와인. 우:니:끄 아와:뜨 어거:치.(어거:레:.)]

54. **Энэ шүдийг аваад өгөөч.**
엔 슈디:그 아와:드 어거:치. [엔 슈띠:그 아와:뜨 어거:치.]

55. **Өвчин намдаах ямар нэг эм надад өгөөч.**
업친 남다:흐 야마르 네그 엠 나다드 어거:치. [업친 남다:흐 야마르 네끄 엠 나다뜨 어거:치.]

✒ *НҮДНИЙ ЭМЧИД* [누뜨니: 엠치뜨]

56. **Миний нүд жаахан эвгүй байна.**
미니: 누드 자:항 에브구이 바인. [미니: 누뜨 짜:홍 에브구이 바인.]

57. **Нүд эрээлжлээд байна.**
누드 에렐:질레:드 바인. [누뜨 에렐:질레:뜨 와인.]

58. **Нулмис үргэлж гоожоод байна.**
놀미스 우르겔지 거:저:드 바인. [놀림쓰 우르겔쥐 거:저:뜨 와인.]

59. **Нүдэнд ямар нэг юм орчихсон юм шиг байна.**
누덴드 야마르 네그 욤 어르치흐성 욤 식 바인. [누덴뜨 야마르 네끄 욤 어르치흐쑹 욤 식 바인.]

60. **Юм сайн харагдахгүй байна.**
욤 사인 하라그다흐구이 바인. [욤 사인 하라그따흐꾸이 바인.]

61. **Ном жаахан үзэхээр нүдний ухархайгаар өвдөөд байна.**
넘 자:항 우제헤:르 누드니: 오하르하이가:르 어브더:드 바인. [넘 짜:홍 우제헤:르 누뜨니: 오하르하이가:르 어브더:뜨 바인.]

48. /제/ 잇몸이 부어 있습니다.(부었습니다.)
[/жэ/ Инмуми бүо иссымнида.(бүоссымнида.)]

49. /제/ 이빨의 봉이 빠졌습니다. 봉을 해 넣어 주세요.
[/жэ/ Иббарый бунги ббажё(о)ссымнида. бунгыл хаэ ноо жүсэиу.]

50. 이 이빨을 때워주세요.
[И иббарыл ддаэвожүсэиу.]

51. /제/ 치아교정기가 부러졌습니다.
[/жэ/ чиагиужонггига бүрожёссымнида.]

52. /제/ 잇몸에서 피가 납니다.
[/жэ/ Инмумэсо пига намнида.]

53. 이 이빨이 흔들립니다. 이것을 뽑아 주십시오.
[И иббари хындыллимнида. игосыл ббуба жүсибссиу.]

54. 이 이빨을 뽑아주십시오.
[И иббарыл ббубажүсибссиу.]

55. 통증을 가라앉힐 아무 약이나 하나 주십시오.
[Тунгззынгыл гараанчил амү ягина хана жүсибссиу.]

✎ *안과 의사에게* [АНГГУА ЫЙСАЭГЭ]

56. 제 눈이 조금 안 좋습니다.
[Жэ нүни жугым ан жуссымнида.]

57. 눈이 시겁습니다.
[Нүни сигобссымнида.]

58. 눈물이 계속 흘러내립니다.
[Нүнмүри гесуг хыллонаэримнида.]

59. 눈에 뭔가가 들어간 것 같습니다.
[Нүнэ мүонгага дыроган гот гассымнида.]

60. 사물이 잘 안보입니다.
[Самүри жал анбуимнида.]

61. 책을 조금만 봐도 눈이(눈구멍이) 아픕니다.
[Чаэгыл жугымман буаду нүни(нүнгүмонги) апымнида.]

62. **Миний чих /жаахан/ өвдөөд байна.**
미니: 치흐 /자:항/ 어브더:드 바인. [미니: 치흐 /짜:훙/ 어브더:뜨 와인.]

63. **Миний чих шуугиад байна.**
미니: 치흐 쇼:기아드 바인. [미니: 치흐 쇼:기아뜨 와인.]

64. **Миний чих загатнаад байна.**
미니: 치흐 자가트나:드 바인. [미니: 치흐 자가트나:뜨 와인.]

65. **Миний чихэнд ямар нэг хорхой орчихсон юм шиг байна.**
미니: 치헨드 야마르 네그 허르허이 어르치흐성 윰 식 바인. [미니: 치헨뜨 야마르 네끄 허르허이 어르치흐쑹 윰 식 와인.]

66. **Миний хамар битүү байна.**
미니: 하마르 비투: 바인. [미니: 하마르 비투: 와인.]

67. **Миний хамар байнга битүүрдэг.**
미니: 하마르 바잉가 비투:르덱. [미니: 하마르 바잉가 비투:르뜩.]

68. **Хамар дотор юм гарсан.**
하마르 더터르 윰 가르상. [하마르 더터르 윰 가르쑹.]

69. **Миний хоолой өвдөж байна.**
미니: 헐:러이 어브더지 바인. [미니: 헐:러이 어브더쥐(쮜) 와인.]

70. **Миний хоолой сөөсөн.**
미니: 헐:러이 서:성. [미니: 헐:러이 서:쑹.]

71. **Хоолой сэрвэгэнээд байна.**
헐:러이 세르웨게네:드 바인. [헐:러이 세르웨게네:뜨 와인.]

72. **Шүлс залгихад хөндүүрлэж байна.**
슐스 잘기하드 헌두:를레지 바인. [슐쓰 잘기하뜨 헌두:를레쥐(쮜) 와인.]

73. **Миний хоолой хатдаг.**
미니: 헐:러이 하트닥. [미니: 헐:러이 하트뜩.]

74. **Хоолойд нэг юм тээглэчихлээ.**
헐:러이드 네그 윰 테글레치흘레:. [헐:러이뜨 네끄 윰 테글레치흘레:.]

75. **Миний хоолой идээлсэн.**
미니: 헐:러이 이델:셍. [미니: 헐:러이 이뗄:쑹.]

76. **хоолой өвдөх** 헐:러이 어브더흐 [헐:러이 어브떠흐]

77. **хоолой зайлах** 헐:러이 자일라흐 [헐:러이 자일라흐]

78. **хоолойгоо утуулах** 헐:러이거: 오톨:라흐 [헐:러이거: 오톨:라흐]

62. 제 귀가 /조금/ 아픕니다.
[Жэ гүйга /жугым/ апымнида.]

63. 제 귀가 윙윙거립니다.
[Жэ гүйга вингвинггоримнида.]

64. 제 귀가 근질거립니다.
[Жэ гүйга гынжилгоримнида.]

65. 제 귀에 어떤 벌레가 들어간 것 같습니다.
[Жэ гүйэ оддон боллэга дыроган гот гатссымнида.]

66. 제 코가 막혔습니다.
[Жэ куга макёссымнида.]

67. 제 코는 항상 막힙니다.
[Жэ кунын хангсанг макимнида.]

68. 코 안에 뭐가 났습니다.
[Ку анэ мүога натссымнида.]

69. 제 목이 아픕니다.
[Жэ муги апымнида.]

70. 제 목이 쉬었습니다.
[Жэ муги шүйоссымнида.]

71. 목이 갈갈합니다.
[Муги галгалхамнида.]

72. 침을 삼킬 때 아픕니다.(통증이 있습니다.)
[Чимыл самкил ддаэ апымнида.(тунгззынги иссымнида.)]

73. 제 목이 마릅니다(탐니다, 건조합니다).
[Жэ муги марымнида(тамнида, гонжухамнида).]

74. 목에 뭔가가 걸렸습니다.
[Мугэ мүонгага голлёссымнида.]

75. 제 목이 곪았습니다. [Жэ муги гулмассымнида.]
76. 목이 아프다. [Муги апыда.]
77. 목을 양치질하다. [Мугыл янгчижилхада.]
78. 목을 훈증하다. [Мугыл хүнжынгхада.]

■ ЭМИЙН САНД [에밍: 상뜨]

1. **Эмийн сан хаана байдаг вэ?**
에밍: 상 한: 바이닥 웨? [에밍: 상 한: 바이뜩 웨?]

2. **Зочид буудалд эмийн сан бий юү?**
저치드 보:달드 에밍: 상 비: 유:? [저치드 보:들뜨 에밍: 상 비: 유:?]

3. **Хаана ойрхон эмийн сан байна вэ?**
한: 어이르헝 에밍: 상 바인 웨? [한: 어이르헝 에밍: 상 바인 웨?]

4. **Энэ жороор би эм авах хэрэгтэй байна.**
엔 저러:르 비 엠 아와흐 헤레그테이 바인. [엔 저러:르 비 엠 아와흐 헤레끄
테 와인.]

5. **Танайд энэ эм ... байна уу?**
타나이드 엔 엠 ... 바인 오:? [타나이뜨 엔 엠 ... 바이노:?]

    дугаргийгаар [도가르기:갸:르]
    нунтагаар [논타갸:르]

6. **Надад ... ямар нэг эм өгөөч.**
나다드 ... 야마르 네그 엠 어거:치. [나다뜨 ... 야마르 네끄 엠 어거:치.]

    ханиалганы (ханиадны) [하니알라끄니: (하니아뜨니:)]
    толгойн [털거잉]
    ходоодны [허더:뜨니:]
    шар хөөрхөд уух [샤르 허:르허뜨 오:흐]

7. **Энэ эм хэзээ бэлэн болох вэ?**
엔 엠 헤제: 벨렝 벌러흐 웨? [엔 엠 히쩨: 벨렝 벌러흐 웨?]

8. **Энэ эмийг яаж уух вэ?**
엔 에미:그 야:지 오:흐 웨? [엔 에미:끄 야:쥐(쮀) 오:흐 웨?]

9. **Өлөн элгэн дээр үү?**
얼렁 엘겡 데:르 우:? [얼렁 엘겡 데:루:?]

10. **Хоолны дараа юу?**
헐:니: 다라: 유오? [헐:르니: 다라: 유오?]

11. **Энэ эмийг ямар тунгаар уух вэ?**
엔 에미:그 야마르 통가:르 오:흐 웨? [엔 에미:끄 야마르 통가:르 오:흐 웨?]

12. **Энэ эмийг өдөрт хэдэн удаа уух вэ?**
엔 에미:그 어더르트 헤뎅 오다: 오:흐 웨? [엔 에미:끄 어더르트 헤뎅 오따:
오:흐 웨?]

■ 약국에서 [ЯГГГҮГЭСО]

1. 약국은 어디에 있습니까?
[Ягггүгын одиэ иссымнигга?]

2. 호텔에 약국이 있습니까?
[Хутэрэ яггГүги иссымнигга?]

3. 어디에 가까운 약국이 있습니까?
[Одиэ гаггаүн яггГүги иссымнигга?]

4. 이 처방대로 저는 약을 구해야 합니다.
[И чобангдаэру жонын ягыл гүхаэя хамнида.]

5. 당신네 이 약이 ... 있습니까?
[Дангсиннэ и яги ... иссымнигга?]

  알약으로 [аллягыру]
  가루약으로 [гарүягыру]

6. 저에게 ... 아무거나 하나 주세요.
[Жоэгэ ... амүгона хана жүсэиу.]

  감기약 [гамгияг]
  두통약 [дүтунгяг]
  위장약 [вижангяг]
  황달 증세가 있을 때 먹는 [хуангдал жьынгсэга иссыл ддаэ монгнын]

7. 이 약은 언제 준비됩니까?
[И ягын онжэ жүнбидуэмнигга?]

8. 이 약을 어떻게 복용합니까?
[И ягыл оддокэ бугиунгхамнигга?]

9. 공복에요?
[Гунгбугэиу?]

10. 식후에요?
[Сикүэиу?]

11. 이 약을 어떤 분량으로 복용합니까?
[И ягыл оддон бүллянгыру бугиунгхамнигга?]

12. 이 약을 하루에 몇 번 복용합니까?
[И ягыл харүэ мёт ббон бугиунгхамнигга?]

13. **... эм өгөөч.**
   ... 엠 어거:치. [... 엠 어거:치.]

> *Халдваргүй болгох* [할뜨와르구이 벌거흐]
> *Өвчин намдах* [업친 남다흐]
> *Тайвшруулах* [타입쉬룰:라흐]
> *Халуун бууруулах* [할롱: 보:룰:라흐]
> *Туулгах* [톨:가흐]

14. **Энэ эмийг жоргүй авч болох уу?**
   엔 에미:그 저르구이 아브치 벌러흐 오:? [엔 에미:끄 저르구이 아브치 벌호:?]

15. **Эмийн танилцуулга нь энэ байна.**
   에밍: 타닐촐:가 은 엔 바인. [에밍: 타닐촐:라근 엔 바인.]

16. **Энэ эмтэй адил үйлчилгээтэй эм танайд байхгүй юу?**
   엔 엠테이 아딜 우일칠게:테이 엠 타나이드 바이흐구이 유오? [엔 엠테 아딜 우일칠게:테 엠 타나이뜨 바이흐꾸이 유오?]

17. **... өгөөч.**
   ... 어거:치. [... 어거:치.]

> *Шархны боолт* [샤르흐니: 벌:트]
> *Хөвөн* [허웡]
> *Халуун жин(хөлчлөг)* [할롱: 징(헐칠럭)]
> *Иод* [이오드(요드)]
> *Гоюу* [고유오(고요)]
> *Вазелин* [와젤린]
> *Халууны шил* [할로:니: 실]
> *Нүдний дусаал эм* [누뜨니: 도쌀: 엠]

18. **Хоолой зайлах ямар нэг эм надад өгөөч.**
   헐:러이 자일라흐 야마르 네그 엠 나다드 어거:치. [헐:러이 자일라흐 야마르 네끄 엠 나다뜨 어거:치.]

19. **Та надад ... уух ямар ургамлын эм хэлж өгөхсөн бол?**
   타 나다드 ... 오:흐 야마르 오르가믈링: 엠 헬지 어거흐성 벌? [타 나다뜨 ... 오:흐 야마르 오르가믈링: 엠 헬쥐(쮜) 어거흐쑹 벌?]

> *ядаргаанд* [야따르간:뜨]
> *зүрхэнд* [주르흔뜨]
> *бөөрөнд* [버:른뜨]

13. ... 약을 주세요.
[... ягыл җүсэиу.]

전염되지 않게 하는(예방약) [Җонёмдуэжи анкэ ханын(Ебангяг)]
진통제(통증을 가라앉히는) [Җинтунгҗэ(тунгззынгыл гараанчинын)]
안정을 취하게 하는(안정제) [Анҗонгыл чүйхагэ ханын(Анҗонгҗэ)]
열을 내리게 하는(해열제) [Ёрыл наэригэ ханын(Хаэёлззэ)]
설사하게 하는(변비약) [Солссахагэ ханын(Бёнбияг)]
설사를 멈추게 하는(지사제) [Солссарыл момчүгэ ханын(Җисажэ)]

14. 이 약을 처방전 없이 사도 됩니까?
[И ягыл чобангжон обсси саду дуэмнигга?]

15. 약의 내용 설명서는 여기 있습니다.
[Яг наэиунг солмёнгсонын ёги иссымнида.]

16. 이 약과 같은 효과가 있는 약이 당신네는 없습니까?
[И яттуа гатын хиугтуага иннын яги дангсиннэнын обссымнигта?]

17. ... 주세요.
[... җүсэиу.]

반창고, 밴드 [Банчанггу, Баэнды]
솜 [Сум]
온습포 [Унсыбпу]
요오드, 옥도정기 [Иууды, Угддужонгги]
고약 [Гуяг]
바세린 [Басэрин]
체온계 [Чэунге]
안약 [Аняг]

18. 목 양치질하는 아무 약이나 하나 저에게 주십시오.
[Муг янгчижилханын амү ягина жоэгэ җүсибссиу.]

19. 당신 저에게 ... 먹는 어떤 약초를 소개해 주셨지요?
[Дангсин жоэгэ ... монгнын оддон ягчурыл сугаэхаэ җүсётззииу?]

피로할 때 [пирухал ддаэ]
심장에 [симжангэ]
신장에 [синжангэ]

харшил	**알레르기**
[하르실(쉴)]	[аллэрыги]
шинжилгээ	**검사, 검진**
[신질게:]	[гомса, гомжин]
цусны шинжилгээ	**피검사**
[초쓰니: 신질게:]	[пигомса]
хоолой өвдөх	**목이 아프다**
[횔:러이 어브더흐]	[муги апыда]
хоол идэх дур	**식욕**
[횔: 이떼흐 도르]	[сигиуг]
эмийн сан	**약국**
[에밍: 상]	[яггүг]
өвчин, эмгэг	**병, 질병**
[업칭, 엠게끄]	[бёнг, жилбёнг]
өвдөх	**아프다**
[어브더흐]	[апыда]
толгойн өвчин	**두통**
[털거잉 업칭]	[дүтунг]
шүдний өвчин	**치통**
[슈뜨니: 업칭]	[читунг]
цочмог өвчин	**급성병**
[처츠먹 업칭]	[гыбссонгбёнг]
эмнэлэг	**병원**
[엠넬레끄(엠넬렉)]	[бёнгвон]
үрэвсэх, үрэвсэл	**염증이 생기다, 염증**
[우레브쎄흐, 우레브쎌]	[ёмззынги саэнггида, ёмззынг]
мултрал, мултрах	**회복, 회복하다**
[몰트랄, 몰트라흐]	[хуэбуг, хуэбукада]
ходоод үрэвсэх	**위궤양**
[허더:드 우레브쎄흐]	[вигүэянг]
толгой эргэх	**어지럽다, 아찔하다**
[털거이 에르게흐]	[ожиробдда, аззилхада]
ханиад	**감기**
[하니아뜨]	[гамги]
цусны даралт	**혈압**
[초쓰니: 다랄트]	[хёраб]
хэвийн даралт	**정상혈압**
[헤윙: 다랄트]	[жонгсангхёраб]

их даралт

[이흐 다랄트]

고혈압

[гухёраб]

бага даралт

[바끄 다랄트]

저혈압

[жохёраб]

ойрын харалган

[어이링: 하랄강]

근시

[гынси]

холын харалган

[헐링: 하랄강]

원시

[вонси]

өвчин хүрэх (өвчлөх)

[업칭 후레흐(어브/업/칠러흐)]

병에 걸리다

[бёнгэ голлида]

ходоодны өвчин хүрэх (өвчлөх)

[허더:뜨니: 업칭 후레흐((어브/업/칠러흐)]

위장병이 걸리다

[вижангббёнги голлида]

халдварт өвчин хүрэх (өвчлөх)

[할뜨와르트 업칭 후레흐(어브/업/칠러흐)]

전염병에 걸리다

[жонёмббёнгэ голлида]

өтгөн хатах

[어트겅 하타흐]

변비에 걸리다

[бёнбиэ голлида]

хараа

[하라:]

시력

[сирёг]

загатнаа

[자가트나:]

가려움

[гарёүм]

шар хөөрөх

[샤르 허:러흐]

황달에 걸리다

[хуангдарэ голлида]

өрөө

[어러:]

방, 실

[банг, сил]

эмчилгээний өрөө

[엠칠게:니: 어러:]

진료실, 진찰실, 치료실

[жинриусил, жинчалсил, чириусил]

эмчийн өрөө

[엠칭: 어러:]

의사실

[ыйсасил]

салстах өвчин

[살쓰타흐 업칭]

동통

[дунгтунг]

хатгах, хатгалга

[하트가흐, 하트갈라끄(하트갈락)]

저리다/뻣뻣하다, 저림

[жорида/бботбботада, жорим]

бигнүүр, жин

[비그누:르, 징]

점액

[ззимпаэг]

эмчлэх, эмчилгээ

[엠칠레흐, 엠칠게:]

치료(진료)하다, 치료(진료)

[чириу(жинриу)хада, чириу(жинриу)]

халуурах, чичрэх

[할로:라흐, 치치레흐]

열나다, 떨다(열이나서)

[ёлнада, ддолда(ёринасо)]

эмнэлгийн үзлэг

[엠넬깅:(엠넬레깅:) 우쯜레끄(우쯜렉)]

병원의 소견

[бёнгвоный сугён]

идээлсэн газар, бугшсан хавдар

곪은 곳, 악성종양

[이뗄:쑹 가짜르, 보그쉬쑹 하브따르(합따르)] | [гулмын гут, агссонгжунгянг]

хамрын ханиад, нусгай
[하므링: 하니아뜨, 노쓰가이] | 코감기, 콧물이 흐르는
[кугамги, кутмүри хырынын]

муурах, муужрах
[모:라흐, 모:쥐라흐] | 실신하다, 기절하다
[силссинхада, гижолхада]

түлэгдэх, түлэнхий
[툴레ㄲ데흐, 툴렝히:] | 화상입다(데다), 불에 덴
[хуасангибдда(дэда), бүрэ дэн]

мэс засал
[메쓰 자쌀] | 수술
[сүсүл]

хавдар
[하브따르(합따르)] | 종양, 암
[жунгянг, ам]

үгдрэх, үгдрэл
[우그뜨레흐, 우그뜨렐] | 재발하다(병이 도지다), 재발
[жаэбалхада(бёнги дужида), жаэбал]

хордлого (хордох)
[허르뜰러ㄲ (허르떠흐)] | 중독(중독되다)
[жүнгдуг(жүнгдугддуэда]

хоолны хордлого (хордох)
[힐:르니: 허르뜰러ㄲ (허르떠흐)] | 식중독(식중독 걸리다)
[сигзэүнгдуг(сигзэүнгдуг голлида)]

боолт, боох
[벌:트, 버:흐] | 봉대, 봉대감다
[бүнгдаэ, бүнгдаэгамдда]

хугарал, хугарах
[호가랄, 호가라흐] | 끌절, 부러지다
[гулээол, бүрожида]

хоол, тэжээл
[힐:, 테젤:] | 음식물, 영양제
[ымсингмүл, ёнгянгжэ]

хоол, хүнс
[힐:, 훈쓰] | 음식, 식료품
[ымсиг, сингниупүм]

поликлиник, нэгдсэн эмнэлэг
[폴리클리닉, 네ㄲ드쑹 엠넬레ㄲ] | 종합병원
[жунгхаббёнгвон]

зайлах
[자일라흐] | 가글렁하다
[гагыллингхада]

гүйлгэх, дотор эвгүйрэх
[구일게흐, 더터르 에브구이레흐] | 설사하다, 속이 더부룩하다(불편하다,거북하다)
[солссахада, суги добүрүкада (бүлпёнхада, гобүкада)]

тариа
[타리아] | 주사
[жүса]

тариа хийх, тарих, тарилга хийх
[타리아 히:흐, 타리흐, 타리알라ㄲ 히:흐] | 주사놓다
[жүсанута]

салхинд цохиулах, салхи авах
[살힌드 처히올라흐, 살히 아와흐] | 풍을 맞다(중풍에 걸리다)
[пүнгыл матдда(жүнппүнгэ голлида)]

тусгаарлах байр, эмчлэн сэргийлэх газар
[토쓰가:를라흐 바이르, 엠칠렝 세르길:레흐 가짜르] | 격리병동, 보건소
[гёнгнибёнгдунг, бугонсу]

эмчилгээ [엠칠게:]	진료(치료) [жилриу(чириу)]
судас [소다쓰]	혈관, 핏줄 [хёлгуан, питзэзүл]
артерийн судас [아르테링: 소다쓰]	동맥 [дунгмаэг]
венийн судас [웨닝: 소다쓰]	정맥 [жонгмаэг]
шарх [샤르흐]	상처 [сангчо]
сунах, сунгах [소나흐, 송가흐]	편다(다리, 팔 등율) [ббoтдда(дари, пал дынгыл)]
бөөлжих, бөөлжис [벌:쥐(쬐)흐, 벌:쥐(쬐)쓰]	구토하다, 구토물 [гүтухада, гүтумүл]
зүрхний өвчин хүндрэх, сэдрэх [주르히니: 업칭 훈드레흐, 세뜨레흐]	심장병이 중해지다 [симжангбёнги жүнгхаэжида]
түргэн тусламж [투르겡 토슬람쥐]	응급처치, 구급차 [ынггыбчочи, гүгыбча]
бөөлжис хүрэх [벌:쥐쓰 후레흐]	구토물 느끼다 [гүтурыл ныггида]
гэмтэл [겜텔]	부상 [бүсанг]
гэмтэх, няцрах [겜테흐, 냐츠라흐]	부상하다, 부상당하다 [бүсангхада, бүсангдангхада]
хатиг [하티끄(하틱)]	종기, 등창 [жунгги, дынгчанг]
шарх [샤르흐]	상처 [сангчо]
эмч дуудах [엠치 도:따흐]	의사를 부르다 [ыйсарыл бүрыда]
эм бичих [엠 비치흐]	약을 처방하다 [ягыл чобангхада]
жор бичих [저르 비치흐]	처방전을 쓰다 [чобангжоныл ссыда]
шинжилгээ хийх [신질게: 히:흐]	검사하다, 검진하다 [гомсахада, гомжинхада]
иллэг хийх [일레끄 히:흐]	마사지하다 [массажихада]
рентген гэрэлд харах [렌트겐 게렐뜨 하라흐]	엑스레이 찍다 [эгссрэи ззигда]
цус гарах	피가 나다

[초쓰 가라흐]

цус гоожих
[초쓰 거:쥐흐]

эмчлэх
[엠칠레흐]

цус тогтоох
[초쓰 터꼬터:흐]

шүд ломбодох
[슈뜨 럼버떠흐]

ходоод угаах
[허더:뜨 오가:흐]

хоолны дэг сахих
[힐:르니 데꼬 사히흐]

хэвтрийн дэглэм сахих
[헤브트링: 데글렘 사히흐]

шүд авах
[슈뜨 아와흐]

өвчин намдаах
[업칭 남다:흐]

[пига нада]

피가 흐르다
[пига хырыда]

치료하다
[чириухада]

피가 굳다(피가 멈추다)
[пига гүтдда(пига момчүда)]

이빨을 때우다
[иббарыл ддаэүда]

위를 세척하다
[вирыл сэчокада]

식이요법하다
[сигииуббопада]

입원규칙을 지키다
[ибүонгючигыл жикида]

이빨뽑다
[иббалббубдда]

몸중이 가라앉다
[тунгжынги гараанда]

–ЭМНЭЛГИЙН МЭРГЭЖИЛ(의료전공)–

эмч, ерөнхий эмч
[엠치, 유릉히: 엠치]

эмэгтэйчүүдийн эмч
[에메꼬테추:딩: 엠치]

арьс өнгөний эмч
[아리쓰 엉거니:(웅그니:) 엠치]

шүдний эмч
[슈뜨니: 엠치]

зүрх судасны эмч
[주르흐 소다쓰니: 엠치]

мэдрэлийн эмч
[미뜨렐링: 엠치]

сэтгэл мэдрэлийн эмч
[쎄트겔 미뜨렐링: 엠치]

нүдний эмч
[누뜨니: 엠치]

의사, 전문의
[ыйса, жонмүный]

여성과 의사(산부인과 의사)
[ёсонгттуа ыйса(санбүингтуа ыйса]

피부과의사
[пибүггуаыйса]

치과의사
[чиггуаыйса]

심장전문의
[симжангжонмүный]

신경과의사
[сингёнггуаыйса]

정신과의사
[жонгсинггуаыйса]

안과의사
[анггуаыйса]

хавдар судлалын эмч

암 전문의

[하브따르(합따르) 소뜨랄링: 엠치]

[ам жонмүный]

ГЭМТЭЛ СОГОГИЙН ЭМЧ

정형외과의사

[겜텔 서거깅: 엠치]

[жонгхёнгуэггуаыйса]

чих, хамар, хоолойн эмч

이비인후과의사

[치흐, 하마르, 헐:러잉 엠치]

[ибиинхүггуаыйса]

хүүхдийн эмч

소아과의사

[후:흐딩: 엠치]

[суаггуаыйса]

эрүү нүүрний эмч

성형외과의사

[에루: 누:르니: 엠치]

[сонгхёнгуэггуаыйса]

дотрын эмч

내과의사

[더트링: 엠치]

[наэггуаыйса]

бөөрний эмч

신장 전문의

[버:르니: 엠치]

[синжанг жонмүный]

мэс заслын эмч

외과의사

[메쓰 자쓸링: 엠치]

[уэггуаыйса]

дурангийн эмч

내시경 전문의

[도랑깅: 엠치]

[наэсигёнг жонмүный]

сувилагч

간호사

[소빌(월)라ㄲ치]

[ганхуса]

асрагч

보모, 유모

[아쓰라ㄲ치]

[буму, юму]

–ХҮНИЙ БИЕИЙН ХЭСЭГ БА ГОЛ ЭРХТЭН(인체와 주요장기)–

(их биеийн хэсэг)

(몸체 부분)

[이흐 비잉: 헤쎄ㄲ]

[мумчэ бүбүн]

хүний бие

인체

[후니: 비예(이)]

[инчэ]

толгой

머리

[털거이]

[мори]

хүзүү

목

[후쭈:]

[муг]

цээж

가슴, 흉부

[체:쥐]

[гасым, хюнгбү]

нуруу

등

[노로:]

[дынг]

мөр

어깨

[머르]

[оггаэ]

ташаа	옆구리
[타샤:]	[ёбггүри]
бүсэлхий	허리
[부쎌히:]	[хори]
өгзөг	엉덩이, 둔부
[어그적]	[онгдонги, дүнбү]
гар	팔, 손
[가르]	[пал, сун]
хуруу	손가락
[호로:]	[сунггараг]
хумс	손톱
[홈쓰]	[сунтуб]
алга	손바닥
[알라ㄲ]	[сунббадаг]
хөл	다리, 발
[헐]	[дари, бал]
хөлний хуруу	발가락
[헐르니: 호로:]	[балггараг]
тохой	팔꿈치
[터허이]	[палггүмчи]
өвдөг	무릎
[어브더ㄲ(덕)]	[мүрыб]
хэвлий	하복부, 아랫배
[헤블리:]	[хабугббү, араэтббаэ]
булчин	근육, 알통
[볼칭]	[гынюк, алтунг]
үе мөч	관절, 뼈마디
[우이 머치(무치)]	[гуанжол, ббёмади]
бэлэг эрхтэн	생식기, 성기
[벨레ㄲ 에르흐텡]	[саэнгсигггги, сонгги]
(толгойн хэсэг)	*(머리 부분)*
[털거잉 헤쎄ㄲ]	[мори бүбүн]
үс	머리카락
[우쓰]	[морикараг]
дух, магнай	이마
[도흐, 마그나이]	[има]
хацар	뺨
[하차르]	[ббям]
хөмсөг	눈썹
[험써ㄲ]	[нүнссоб]

нүд 눈
[누뜨] [нүн]
сурмуус 속눈썹
[소르모:쓰] [сунгнүнссоб]
чих 귀
[치흐] [гүй]
хамар 코
[하마르] [ку]
ам 입
[암] [иб]
уруул 입술
[오롤:] [ибссүл]
хэл 혀
[헬] [хё]
шүд 이빨, 이
[슈뜨] [иббал, и]
эрүү 턱
[에루:] [тог]
буйл 잇몸
[보일] [инмум]

(дотор хэсэг) *(몸의 내부)*
[더터르(도토르) 헤쎄ㄲ] [мумый наэбү]
уушиг 폐
[오:쉬ㄲ] [пе]
зүрх 심장
[주르흐] [симжанг]
бөөр 신장
[버:르] [синжанг]
элэг 간
[엘레ㄲ] [ган]
дэлүү 비장
[델루:] [бижанг]
цөсний хүүдий 쓸개
[처쓰니: 후:디:] [ссылгаэ]
гэдэс 창자
[게데쓰] [чангжа]
нарийн гэдэс 직장
[나링: 게데쓰] [жигззанг]
ходоод 위
[허더:뜨] [ви]

давсаг
[다브싸끄(다브싹)]
суудас
[소:다쓰]
гол суудас
[걸 소:다쓰]
яс
[야쓰]
хавирга
[하위라끄]
цус
[초쓰]
арьс
[아리쓰]

방광
[방꾸앙]
혈관, 핏줄
[хёлгуан, питззүл]
대동맥
[даэдунгмаэг]
뼈
[ббё]
갈비뼈
[галбиббё]
피
[пи]
피부, 살갗
[пибү, салггат]

АШИГЛАСАН НОМ ЗОХИОЛ

1. Г.А.Сорокин, Д.Бадарч 「Русско • монгольский разговорник」, Москва, 1990

2. Ө.Гүрсэд 「Монгол–хятад ярианы дэвтэр」, Улаанбаатар, 1957

3. Г.Датаатунгаа 「Монгол–англи ярианы дэвтэр」, УБ., 1994

4. Чой.Лувсанжав, Л.Цэцэгмаа, Ц.Эрдэнэцэцэг 「Монгол–англи ярианы дэвтэр」, Улаанбаатар, 1988

5. Л.Чулуунбаатар 「Монгол ярианы хэл」, Улаанбаатар, 1996

6. Ц.Сүхбаатар 「Монголоор ярьцгаая」, Улаанбаатар, 1991

7. Б.Дашзэвэг 「Англи, орос, франц, монгол 5000 үг хэллэг」, Улаанбаатар, 1994

8. "ЭРЭЛ пүүс" 「Монгол–англи–орос–герман–хятад–полыш ярианы дэвтэр」

9. С.Мөнхжаргал, И.Соёлт 「Хятад–монгол ярианы дэвтэр」, 山西教育音像出版社, Хөх хот, 1992

10. Номхон далайн баруун хэсгийн загасны аж ахуйгсудлах комисс 「Номхон далайн баруун хэсгийн агнуурын загасны нэрсийн толь бичиг」, Бээжин, 1964

11. Т.Доржавга, Г.Лувсан, Х.Шульц 「Монгол–орос–герман хэлний зурагт толь」, Улаанбаатар, 1984

12. Д.Алтангэрэл 「Монгол–Англи толь」, Улаанбаатар, 1997

13. Д.Алтангэрэл 「Шинэ Англи–Монгол толь」, Улаанбаатар, 1993

14. БНМАУ Шинжлэх Ухааны Академи 「Орчин цагийн монгол хэлний зүй」, Улаанбаатар, 1966

15. Ц.Тэрбиш 「Монгол хэл өөрөө сур」, Улаанбаатар, 1994

16. Д.Төмөртогоо, 小澤重男, 蓮見治雄 『現代蒙英日辭典 (A MODERN MONGOLIAN-ENGLISH-JAPANESE DICTIONARY)』, 開明書院, 1977

17. 『蒙漢簡明詞典 (МОНГОЛ–ХЯТАД ТОВЧ ТОЛЬ)』, 北京, 1978

18. 高大러시아文化研究所 『露韓詞典 (РУССКО–КОРЕЙСКИЙ СЛОВАРЬ)』, 도서출판主流, Seoul, 1991

19. 『엣센스 국어사전』, 민중서림, 1993

20. Pong Kook Lee, Chi Sik Ryu 「Let's talk in korean」 Hollym, 1995

21. 김기성 『현대몽골어교본』, 한림대학교출판부, 1994

22. 이희승, 안병희 『한글 맞춤법 강의』, 신구문화사, 1989

23. "국어의 로마자 표기법", (문화관광부 고시 제 2000–8 호, 2000.7.7)

저자소개

김기성

몽골국립대학교(몽골국립과학아카데미) 몽골어문학 박사
한림대학교 국제학대학원, 단국대학교 몽골어과 출강

저서, 논문, 번역서 :
"The Simple Tense in the Modern Mongolian and Its System",
"The Tense of Verb in the Modern Mongolian and Its System",
"현대 몽골어의 한글표기에 대해",
「현대 몽골어 교본」, 「몽골·대한민국 수교 10주년」 외 다수.

현대 몽골 / 한국어 회화

인 쇄 2002년 7월 20일
발 행 2002년 7월 25일
지은이 김 기 성
펴낸이 이 대 현
편 집 안영하·조유미
영 업 전성호
펴낸곳 도서출판 역락 / 서울 성동구 성수2가 3동 277-17
        성수아카데미타워 422호(우133-123)
Tel 대표·영업 3409-2058 편집부 3409-2060 FAX 3409-2059
E-mail yk3888@kornet.net / youkrack@hanmail.net
등   록 1999년 4월 19일 제2-2803호

정 가 17,000원
ISBN 89-5556-163-6-13790
*잘못된 책은 교환해 드립니다.